СЕВЕРНЫЙ ЛЕДОВИТЫЙ ОКЕАН
ФИНЛЯНДИЯ
ШВЕЦИЯ
Балтийское море
ЕВРОПА
РОССИЙСКАЯ ФЕДЕРАЦИЯ
ПОЛЬША
ГЕРМАНИЯ
УКРАИНА
ИТАЛИЯ
Чёрное море
Каспийское море
ГРЕЦИЯ
ТУРЦИЯ
Средиземное море
КАЗАХСТАН
УЗБЕКИСТАН
ТУРКМЕНИСТАН
АФГАНИСТАН
ИРАК
ИРАН
ПАКИСТАН
НЕПАЛ
ИНДИЯ
САУДОВСКАЯ АРАВИЯ
Красное море
МОНГОЛИЯ
АЗИЯ
КИТАЙ
КОРЕЯ
ЯПОНИЯ
Японское море
Охотское море
МЬЯНМА
ТАИЛАНД
ВЬЕТНАМ
ФИЛИППИНЫ
ИНДОНЕЗИЯ
ЛИВИЯ
ЕГИПЕТ
ЧАД
СУДАН
ЭФИОПИЯ
НИГЕРИЯ
СОМАЛИ
КОНГО
КЕНИЯ
АФРИКА
ТАНЗАНИЯ
АНГОЛА
ЗАМБИЯ
МОЗАМБИК
НАМИБИЯ
БОТСВАНА
МАДАГАСКАР
ЮЖНО-АФРИКАНСКАЯ РЕСПУБЛИКА
ИНДИЙСКИЙ ОКЕАН
АВСТРАЛИЯ
НОВАЯ ЗЕЛАНДИЯ

Proven Results • Engaging Experiences • A Trusted Partner

More than 350,000 students and 700 language programs use a MyLanguageLab product to access all the materials they need for their language course in one place. If your instructor has required use of MyRussianLab, you will have online access to an eText, an interactive Student Activities Manual, audio and video materials, and many more resources to help you succeed. For more information, visit us online at http://www.mylanguagelabs.com/books.html.

A GUIDE TO *GOLOSA* ICONS

ACTIVITY TYPES		
	Text Audio Program	This icon indicates that recorded material to accompany *Golosa* is available in MyRussianLab, on audio CD, or in the Companion Website.
	Pair Activity	This icon indicates that the activity is designed to be done by students working in pairs.
	Group Activity	This icon indicates that the activity is designed to be done by students working in small groups or as a whole class.
	Student Activities Manual	This icon indicates that there are practice activities available in the *Golosa* Student Activities Manual. The activities may be found either in the printed version of the manual or in the interactive version available through MyRussianLab. Activity numbers are indicated in the text for ease of reference.
	Video	This icon indicates that a video is available on DVD and in MyRussianLab to accompany an activity. All video-related activities are found in the Student Activities Manual.

Голоса

A BASIC COURSE IN RUSSIAN ■ BOOK ONE

Fifth Edition

RICHARD ROBIN
The George Washington University

KAREN EVANS-ROMAINE
University of Wisconsin–Madison

GALINA SHATALINA
The George Washington University

PEARSON

Boston Columbus Indianapolis New York San Francisco Upper Saddle River
Amsterdam Cape Town Dubai London Madrid Milan Munich Paris Montréal Toronto
Delhi Mexico City São Paulo Sydney Hong Kong Seoul Singapore Taipei Tokyo

Executive Acquisitions Editor: *Rachel McCoy*
Editorial Assistant: *Lindsay Miglionica*
Publishing Coordinator: *Regina Rivera*
Executive Marketing Manager: *Kris Ellis-Levy*
Senior Managing Editor for Product Development: *Mary Rottino*
Associate Managing Editor: *Janice Stangel*
Production Project Manager: *Manuel Echevarria*
Executive Editor, MyLanguageLabs: *Bob Hemmer*
Senior Media Editor: *Samantha Alducin*
MyLanguageLabs Development Editor: *Bill Bliss*
Procurement Manager: *Mary Fischer*
Senior Operations Specialist: *Brian Mackey*
Senior Art Director: *Maria Lange*
Cover Designer: *Red Kite Project*
Interior Designer: *Red Kite Project*
Composition: *MPS Limited, a Macmillan Company*
Printer/Binder: *LSC Communications/Harrisonburg*
Cover Printer: *LSC Communications/Harrisonburg*
Publisher: *Phil Miller*

This book was set in 11/13 Minion.

Printed in the United States of America

17

Library of Congress Cataloging-in-Publication Data

Robin, Richard M.

Golosa : a basic course in Russian : book 1 / Robin Richard, Karen Evans-Romaine, Galina Shatalina. -- 5th ed.

p. cm.

Includes index.

ISBN-13: 978-0-205-74135-9 (student edition)

ISBN-10: 0-205-74135-5 (student edition)

1. Russian language--Textbook for foreign speakers--English. I. Evans-Romaine, Karen. II. Shatalina, Galina. III. Title.

PG2129.E5R63 2011

491.782'421--dc23

2011024439

ISBN 10: 0-205-74135-5
ISBN 13: 978-0-205-74135-9

Contents

Scope and Sequence

Грамматика	Культура и быт
Formal and informal speech situations: **ты – вы** Russian names Gender—Introduction Gender of modifier "my" Grammatical case: introduction Nominative case Prepositional case—Introduction The verb *to be* in Russian present-tense sentences	Saying "hello" Physical contact
Grammatical gender Nominative plural of nouns The 5- and 7-letter spelling rules Pronouns **он, она́, оно́, они́** Possessive modifiers **чей, мой, твой, наш, ваш, его́, её, их** Nominative case of adjectives What: **что** vs. **како́й** This is/these are: **э́то** vs. **э́тот, э́то, э́та, э́ти** Have: **У меня́ (тебя́, вас) есть**	Slippers at home: **та́почки** Documents in Russia: **па́спорт и ви́за**
Verb conjugation: present and past tense Position of adverbial modifiers Talking about languages: **ру́сский язы́к** vs. **по-ру́сски** Talking about nationalities Prepositional case of singular and plural modifiers and nouns Conjunctions: **и, а, но**	The place of foreign languages in Russia Responding to compliments

Урок		Коммуникативные задания
4. Университет 113		Talking about where and what people study Making a presentation about yourself Reading and writing academic schedules Reading diplomas and transcripts Reading university websites Listening: university welcome speech
5. Распорядок дня 147		Talking about daily activities and schedules Talking about classes Asking and telling time on the hour Making and responding to simple invitations Talking on the phone Reading and writing notes and letters Listening to messages and voicemail Speaking and writing in paragraphs
6. Дом, квартира, общежитие 189		Talking about homes, rooms, furnishings Colors: **Како́го цве́та . . . ?** Making and responding to invitations Reading want ads Renting an apartment

Грамматика	Культура и быт
Study verbs: **учи́ться, изуча́ть, занима́ться** The 8-letter spelling rule **На како́м ку́рсе . . . ?** **На** + prepositional case for location Accusative case of modifiers and nouns **Люби́ть** + accusative or infinitive Prepositional case of question words and personal pronouns Question words and sentence expanders: **где, что, как, како́й, почему́, потому́ что** **То́же** vs. **та́кже**	The most popular majors in Russia Higher education in Russia: universities and institutes University departments Standardized exams: **Еди́ный госуда́рственный экза́мен** (ЕГЭ) Russian diplomas and the Russian grade system Great Russian scholars: **Михаи́л Васи́льевич Ломоно́сов, Никола́й Ива́нович Лобаче́вский**
Class: **курс, заня́тия, уро́к, ле́кция, па́ра** Days of the week Times of the day: **у́тром, днём, ве́чером, но́чью** Time on the hour New verbs to answer: **Что вы де́лаете?** Stable and shifting stress in verb conjugations Going: **идти́** vs. **е́хать; я иду́** vs. **я хожу́** Questions with **где** and **куда́** **В/на** + accusative case for direction Expressing necessity or obligation: **до́лжен, должна́, должно́, должны́** Free (not busy): **свобо́ден, свобо́дна, свобо́дно, свобо́дны**	Times of the day—Russian style
Хоте́ть Verbs of position—**стоя́ть, висе́ть, лежа́ть** Genitive case of pronouns, question words, and singular modifiers and nouns Uses of the genitive case Ownership, existence, and presence: **(у кого́) есть что** Expressing Nonexistence and Absence: **нет чего́** Possession and attribution (*"of"*): genitive case of noun phrases Specifying quantity At someone's place: **у кого́**	Adjectives used to name a room **Что в шкафу́?** Russian closets **Ты и вы** How many rooms? Apartment size in square meters Living conditions in Russia Soviet history: communal apartments Russian apartments, dormitories, and dachas

Урок	Коммуникативные задания
7. Наша семья 229 	Naming family members Talking about people: names, ages, professions, where they were born, and where they grew up Exchanging letters and e-mails about families Job ads and résumés
8. В магазине 269 	Asking for advice about purchases Making simple purchases Birthday greetings Presents and gift giving Reading and listening to store advertisements Shopping in Russia
9. Что мы будем есть? 311 	Making plans to cook dinner Making plans to go to a restaurant Ordering meals in a restaurant Reading menus and restaurant reviews Listening to restaurant advertisements

Грамматика	Культура и быт
Was born, grew up: **роди́лся, вы́рос** Expressing age: the dative case of pronouns; **год, го́да, лет** Genitive plural of nouns and modifiers: introduction Specifying quantity Comparing ages: **моло́же/ста́рше кого́ на ско́лько лет** Accusative case of pronouns Telling someone's name: **зову́т** Accusative case: summary	Teachers vs. professors Office work
Past tense: **был, была́, бы́ло, бы́ли** Have and did not have: the past tense of **есть** and **нет** Went: **ходи́л** vs. **пошёл, е́здил** vs. **пое́хал** Dative case of modifiers and nouns Uses of the dative case • Expressing age • Indirect objects • The preposition **по** • Expressing necessity, possibility, impossibility • Expressions of possibility and impossibility: **мо́жно, невозмо́жно** • Other dative subjectless constructions: **тру́дно, легко́, интере́сно** Liking or not liking: **нра́виться**	Viktor Pelevin Shopping in Russia: **магази́н, универма́г, ры́нок** Russian clothing sizes
Eating and drinking: conjugation of **есть** and **пить** Instrumental case with the preposition **с** Verbs in **-овать: сове́товать** Future tense of **быть** The future tense Verbal aspect – introduction Question words and pronouns	Russian food stores: **магази́ны и ры́нок** Metric system: weight and volume Restaurants and cafés Russian meals: **Что едя́т и пьют?**

Урок		Коммуникативные задания
10. Биография 349		Talking more about yourself and your family Telling where your city is located Reading and listening to short biographies

Грамматика	Культура и быт
Expressing resemblance: **похо́ж (-а, -и) на кого́** Expressing location: **на ю́ге (се́вере, восто́ке, за́паде) (от) чего́** Entering and graduating from school: **поступа́ть/поступи́ть куда́; око́нчить что** Indicating the year in which an event takes (took) place: **В како́м году́?** Time expressions with **че́рез** and **наза́д** Verbal aspect: past tense Review of motion verbs Have been doing: use present tense	Russian educational system Which Tolstoy?

Preface

Голоса: A Basic Course in Russian, **Fifth Edition,** strikes a true balance between communication and structure. It takes a contemporary approach to language learning by focusing on the development of functional competence in the four skills (listening, speaking, reading, and writing), as well as the expansion of cultural knowledge. It also provides comprehensive explanations of Russian grammar along with the structural practice students need to build accuracy.

What's New to This Edition

1. Давайте поговорим. Dialogues and conversations, as well as accompanying exercises in conversation, have been updated to reflect changes in Russian life today.

2. Грамматика. This edition features completely rewritten grammar explanations and tables for greater emphasis on simpler language and accessible illustrations.

3. Давайте почитаем. The fifth edition of ***Голоса*** features new and updated readings based on authentic Russian materials (online ads, social networking sites, documents, menus, etc.), as well as the series of e-mail correspondence between a Russian studying abroad in America and her teacher and friend at home.

4. Давайте послушаем. Some audio recordings and related activities have been revised to reflect current prices in Russia (Units 3, 5, 7, and 9), technology changes (Units 2, 3), and updated references to famous Russian people to reflect contemporary life (Unit 10).

5. The **Student Activities Manual (SAM),** available in print and online via MyRussianLab, features an increased variety of exercises: simple form checks, fill-ins, sentence-building exercises, and translations familiar from previous editions; new exercises that encourage students to pay closer attention to form and associate form with meaning; and more creative exercises that encourage students to read or listen to unfamiliar material and write sentences, compositions, and presentations based on that material and on material throughout the textbook units.

6. Видео. The video component has been substantially revised to include more on the lives of young people in Russia. Exercises have also been revised for clarity and immediate feedback, accessible on MyRussianLab.

7. MyRussianLab. Proven Results. Engaging Experiences. A Trusted Partner. More than 350,000 students and 700 language programs use a MyLanguageLab product to access all the materials they need for their language course in one place. MyRussianLab access includes course management and a flexible gradebook for instructors, including the eText, Student Activities Manual, Video and Audio programs, and much more. Icons throughout the text direct students to MyRussianLab whenever it will offer the support or resources they need to accomplish an activity.

Голоса is divided into two books (Book One and Book Two) of ten units each. The units are organized thematically, and each unit contains dialogs, texts, exercises, and other material designed to enable students to read, speak, and write about the topic, as well as to understand simple conversations. The systematic grammar explanations and exercises enable students to develop a conceptual understanding and partial control of all basic Russian structures. This strong structural base enables students to accomplish the linguistic tasks and prepares them for further study of the language.

Students successfully completing Books One and Two of ***Голоса*** will be able to perform the following skill-related tasks:

- **Listening.** Understand simple conversations about daily routine, home, family, school, and work. Understand simple airport announcements, radio and television advertisements, personal interviews, and brief news items such as weather forecasts. Get the gist of more complicated scripts such as short lectures and news items.
- **Speaking.** Use complete sentences to express immediate needs and interests. Hold a simple conversation about daily routine, home, family, school, and work. Discuss basic likes and dislikes in literature and the arts. Manage simple transactional situations in stores, post offices, hotels, dormitories, libraries, and so on.
- **Reading.** Read signs and public notices. Understand common printed advertisements and announcements. Understand basic personal and business correspondence. Get the gist of important details in brief articles of topical interest such as news reports on familiar topics, weather forecasts, and entries in reference books. Understand significant parts of longer articles on familiar topics and brief literary texts.
- **Writing.** Write short notes to Russian acquaintances, including invitations, thank-you notes, and simple directions. Write longer letters providing basic biographical information. Write simple compositions about daily routine, home, family, school, and work.

Students who have completed ***Голоса*** will also be well on their way toward achieving the ACTFL Standards for Foreign Language Learning, the "5 Cs":

- **Communication.** ***Голоса*** emphasizes the use of Russian for "real-life" situations. Students working through the activities will learn to communicate on a basic level orally and in writing, and will be better prepared to communicate in the Russian-speaking world outside the classroom.
- **Cultures.** Students will understand the essentials of "small-c" culture necessary to function in Russia. The sections on **Культура и быт** (Culture and Everyday Life) provide necessary background information for each unit's topic, and will give students and teachers material for further discussion of Russian culture, in Russian or English. Students should gain enough control of sociolinguistic aspects of Russian necessary for basic interaction, such as forms of address, greeting and salutations, giving and accepting compliments and invitations, and telephone etiquette. Students will also be acquainted with some of Russia's cultural heritage: famous writers and their works, as well as other figures in the arts.

- **Connections.** Students will learn, through readings, audio and video materials, activities, and information in **Культура и быт,** about aspects of Russian society, family life, daily rituals, housing, education, the economy, and culture.
- **Comparisons.** Through an examination of basic aspects of Russian language and culture, students will be able to make some conclusions about language and culture at home. ***Голоса***'s approach to grammar encourages students to think about linguistic structures generally. Through ***Голоса***'s approach to "large-c" and "small-c" culture, students will be able to compare societies, careers, living spaces, economic and educational systems, family life, and other aspects of Russian and students' native culture.
- **Communities.** The reading materials in the textbook, and the listening and video exercises, allow students to gain a sense of how Russia might look, sound, and feel, and will better prepare students to engage in active communication with friends and colleagues in the Russian-speaking world.

Features of the Голоса *Program*

- **Focused attention to skills development**
  Each language skill (listening, speaking, reading, writing) is addressed in its own right. Abundant activities are provided to promote the development of competence and confidence in each skill area.
- **Modularity**
  Голоса incorporates the best aspects of a variety of methods as appropriate to the material. All skills are presented on an equal footing, but instructors may choose to focus on those that best serve their students' needs without violating the structural integrity of individual units or the program as a whole.
- **Authenticity and cultural relevance**
  Each unit contains authentic materials and realistic communicative activities for all skills. In addition, each unit features two e-mails with accompanying exercises to help students both focus on aspects of form and grammar and get the gist of what they are reading, giving students further practice in reading and understanding more complex, connected prose.
- **Spiraling approach**
  Students are exposed repeatedly to similar functions and structures at an increasing level of complexity. Vocabulary patterns of reading texts are recycled into subsequent listening scripts.
- **Learner-centered approach**
  Each unit places students in communicative settings where they can practice the four skills. In addition to core lexicon, students acquire personalized vocabulary to express individual needs.
- **Comprehensive coverage of beginning grammar**
  Communicative goals do not displace conceptual control of the main points of Russian grammar. By the end of Book One, students have had meaningful

contextual exposure to all the cases in both the singular and plural, as well as tense/aspects. Book Two spirals out the basic grammar and fills in those items needed for basic communication and for reading texts geared toward the general reader, such as simple prose and press articles.

- **Learning strategies**
  Students acquire strategies that help them develop both the productive and receptive skills. This problem-solving approach leads students to become independent and confident in using the language.
- **Phonetics and intonation**
  Pronunciation is fully integrated and practiced with the material in each unit's audio materials and SAM exercises, rather than covered in isolation. Intonation training includes requests, commands, nouns of address, exclamations, and non-final pauses, in addition to declaratives and interrogatives. Dialog and situation practice help students to absorb aspects of Russian phonetics and intonation.

Textbook and Student Activities Manual Structure

Each ***Голоса*** textbook and Student Activities Manual (SAM) unit is organized as follows:

ТОЧКА ОТСЧЁТА

This warm-up section uses illustrations and simple contexts to introduce the unit vocabulary. A few simple activities provide practice of the new material, thereby preparing students for the taped **Разговоры,** which introduce the unit topics.

Разговоры для слушания. Students listen to semiauthentic conversations based on situations they might encounter in Russia, from homestays to shopping. Simple prescript questions help students understand these introductory conversations. Students learn to grasp the gist of what they hear, rather than focus on every word. The **разговоры** serve as an introduction to the themes of the unit and prepare students for active conversational work to follow in **Давайте поговорим.**

ДАВАЙТЕ ПОГОВОРИМ

Диалоги. As in previous editions, the **Диалоги** introduce the active lexicon and structures to be mastered.

Вопросы к диалогам. Straightforward questions in Russian, keyed to the dialogs, beginning with Unit 5.

Упражнения к диалогам. These exercises help develop the language presented in the dialogs. They consist of communicative exercises in which students learn how to search out language in context and use it. Exercises proceed from less-complicated activities based on recognition to those requiring active use of the language in context. This set of activities prepares students for the **Игровые ситуации.**

Игровые ситуации. Role-plays put the students "onstage" with the language they know.

Устный перевод. This section, which requires students to play interpreter for a non-Russian speaker, resembles the **Игровые ситуации,** but here students find that they must be more precise in conveying their message.

ГРАММАТИКА

This section, substantially revised for this edition, contains grammatical presentations designed to encourage students to study the material at home. They feature clear succinct explanations, charts and tables for easy reference, and numerous examples. Important rules and tricky points are highlighted in special boxes. Simple exercises follow each grammar explanation, for use in class. Additional practice is provided by recorded oral pattern drills and written exercises in the Student Activities Manual; these drills and exercises can be completed as homework. The new MyRussianLab provides students with immediate feedback on most exercises, including Feedback Hints to help guide students toward information that can help them arrive at correct responses on their own.

ДАВАЙТЕ ПОЧИТАЕМ

Authentic reading texts are supplemented with activities that direct students' attention to global content. Students learn strategies for guessing unfamiliar vocabulary from context and for getting information they might consider too difficult. The variety of text types included in **Давайте почитаем** ensures that students gain extensive practice with many kinds of reading material: official documents, daily schedules, menus, shopping directories, maps, advertisements, TV and movie schedules, weather reports, classified ads, résumés, social networking sites, brief messages, e-mail correspondence, news articles, poetry, and short stories.

ДАВАЙТЕ ПОСЛУШАЕМ

Guided activities teach students strategies for developing global listening skills. Questions in the textbook accompany texts on the audio program (scripts appear in the Instructor's Resource Manual). Students learn to get the gist of and extract important information from what they hear, rather than trying to understand every word. They are exposed to a great variety of aural materials, including messages recorded on telephone answering machines, personal audio postings, public announcements, weather reports, radio and TV advertisements, brief speeches, conversations, interviews, news features and reports, and poems.

КУЛЬТУРА И БЫТ

Culture boxes, spread throughout each unit, serve as an introduction to realia of Russia.

СЛОВАРЬ

The **Словарь** at the end of each unit separates active vocabulary from receptive-skills vocabulary. The **Словарь** at the end of the book lists the first unit in which the entry is introduced both for active and receptive use.

Program Components

Student Resources

Student Activities Manual

This is the main vehicle for student work outside of class. It consists of the following parts:

Устные упражнения. In Oral Drills, now moved to the beginning of each SAM unit and in a separate folder on MyRussianLab, students practice active structures and receive immediate feedback in the form of an audio "key."

Числительные. Students become familiar with numbers in context and at normal conversational speed. These sections are especially important for transactional situations.

Фонетика и интонация. ***Голоса*** has been the field's leader in explicit work in phonetics and intonation.

Письменные упражнения. The written homework section starts with mechanical manipulation and builds up to activities resembling free composition. The fifth edition features a variety of new exercises, from simpler checks on form presented in a wider variety of ways that encourage students to attach forms to meaning, to simple English-Russian translation exercises, especially for those constructions that give English speakers problems (e.g., possessives, **у**-constructions, subjectless sentences). More complex exercises toward the end of this section, formerly a part of **Обзорные упражнения,** provide students with further listening, reading, and especially composition practice. Here students listen to brief audio items, write notes and compositions, and prepare presentations or other more challenging assignments based on material presented in this unit. This section requires the integration of several skills, with a particular focus on writing.

Answer Key for the Student Activities Manual

The answer key provides answers to all discrete-answer activities in the Student Activities Manual.

Audio for the Text

The audio program features exercises on numbers, phonetics and intonation, oral drills, and an abundance of listening activities.

Video

The revised video program features authentic interviews in which Russians you might meet every day—not actors—discuss their daily lives and introduce you to their families, homes, hometowns, workplaces, and events in their lives. This video program is available on DVD and MyRussianLab.

Audio for the Student Activities Manual

The audio program features exercises on numbers, phonetics and intonation, oral drills, and an abundance of listening activities.

Instructor Resources

Instructor's Resource Manual (IRM)

Available online (downloadable format) via the Instructor's Resource Center (IRC) and MyRussianLab, the IRM provides sample syllabi, lesson plans, and scripts for all audio and video exercises.

Testing Program

By adopting a "modular" approach, the Testing Program allows for maximum flexibility: each unit of the Testing Program consists of a bank of customizable quiz activities closely coordinated with the vocabulary and grammar presented in the corresponding unit of the textbook. These quiz activities primarily elicit discrete answers. In addition, a highly flexible testing program provides two types of tests for each unit—one that solicits more open-ended answers, and one that elicits more discrete answers. The Testing Program is available in electronic formats (on the IRC and in MyRussianLab, which allows instructors to customize the tests more easily) and includes unit tests and comprehensive examinations that test listening, reading, and writing skills, as well as cultural knowledge.

Audio for the Testing Program

All aural sections are recorded for the instructor's use in a classroom or laboratory setting.

Online Resources

MyRussianLab

MyRussianLab™ Proven Results. Engaging Experiences. A Trusted Partner. More than 350,000 students and 700 language programs use a MyLanguageLab product to access all the materials they need for their language course in one place. It includes the ***Голоса*** Student Activities Manual and all materials from the ***Голоса*** audio and video programs. Readiness checks and English grammar tutorials personalize instruction to meet the unique needs of individual students. Instructors receive the most flexible course management tools available on the market, empowering them to teach the way they *want* to teach. Instructor access is provided at no charge. Students can purchase access codes online or at their local bookstore.

Instructor's Resource Center (IRC)

The IRC, located on **www.pearsonhighered.com,** provides instructors access to an electronic version of the printed instructor resources. This material is available electronically for downloading.

Companion Website

The Companion Website, located at **www.pearsonhighered.com/golosa,** is organized by unit, and offers access to some of the in-text audio and to the SAM audio program.

Acknowledgments

The authors would like to thank our Executive Acquisitions Editor at Pearson, Rachel McCoy, for her careful and patient work with us and her excellent suggestions as we prepared the fifth edition and integrated MyRussianLab into ***Голоса.*** A special thanks to the World Languages team, including: Phil Miller, Publisher for World Languages; Lindsay Miglionica, Editorial Assistant; Mary Rottino, Senior Managing Editor for Development & Production; Manual Echevarria, Senior Production Editor; Samantha Alducin, Senior Media Editor; Bill Bliss, MyLanguageLabs Development Editor; and Bob Hemmer, Executive Editor, MyLanguageLabs, for their guidance in creating the robust MyRussianLab; and Kris Ellis-Levy, Executive Marketing Manager. We are also deeply grateful to our copyeditor, Audra Starcheus, whose watchful eye and perceptive queries greatly improved our work. Thanks also to our proofreaders Elizabeth Sara Yellen and Karen Hohner. We also extend our profound gratitude to Jill Traut, Project Manager at MPS, and the MPS composition team, particularly Composition Manager Kuldeep Singh Rawat, for keeping production moving along smoothly.

We would also like to thank the many who were involved in the audio and video ancillaries:

Zenoviy Avrutin, Vladimir Bunash, Aleksey Burago, Snezhana Chernova, Jihane-Rachel Dančik, Dina Dardyk, Sasha Denisov, Olga Fedycheva, Sergei Glazunov, Tatyana Gritsevich, Mikail Gurov, Valery Gushchenko, Nadezhda Gushchenko, Alexander Guslistov, Ludmila Guslistova, Eugene Gutkin, Ksenia Ivanova, Natalia Jacobsen, Zoya Kazakova, Nadezhda Krylova, Yuri Kudriashov, Aleksandra Kudriashova, Elena Kudriashova, Tatiana Kudriashova, Ida Kurinnaya, Katya Lawson, Boris Leskin, Anastasiya Lezina, Anna Litman, Igor Litman, Liliana Markova, Aleksandr Morozov, Natasha Naumenko, Yura Naumkin, Yuri Olkhovsky, Mikhail Openkov, Vsevolod Osipov, Elena Ovtcharenko, Kristin Peterson, Sergei Petukhov, Aleksei Pimenov, Artur Ponomarenko, Viktor Ponomarev, Olga Pospelova, Oksana Prokhvacheva, Alex Reyf, Olga Rines, Mark Segal, Andrei Shatalin, Klara Shrayber, Nikolai Smetanin, Yelena Solovey, Ksenia Titova, Emily Urevich, Mark Yoffe, Andrei Zaitsev, and the The George Washington University Language Center.

The authors would also like to thank Shannon Spasova for development of the MyRussianLab testing program. Special thanks to Vera Belousova, Ohio University, for her helpful comments as we prepared the third and fourth editions; to

Irina Shevelenko, University of Wisconsin–Madison, for consultations as we prepared the fourth and fifth editions; to UW-Madison graduate assistants Andrew Pixler and Anna Borovskaya, who provided assistance on the Instructor's Resource Manual and SAM respectively, and to the Wisconsin Alumni Research Foundation, whose generous support made their work possible; to Julia Byrd and Jennifer Durina, for their assistance with the initial preparation of MyRussianLab; and especially to Alexei Pavlenko, Colorado College, for his excellent suggestions and tremendous help in connecting us with students at the Nevsky Institute, St. Petersburg, some of whom appear on the video. We would also like to thank the following reviewers who provided invaluable suggestions for improving this edition.

Charles L. Byrd, University of Georgia
Steven Clancy, University of Chicago
William J. Comer, University of Kansas
Lynne deBenedette, Brown University, RI
Elisabeth Elliott, Northwestern University, IL
Mark J. Elson, University of Virginia
Curtis Ford, University of South Carolina
Serafima Gettys, Lewis University, IL
Linda Ivanits, Penn State University
Judith E. Kalb, University of South Carolina
Susan Kalina, University of Alaska–Anchorage
Mary Helen Kashuba, Chestnut Hill College, PA
Galina Kogan, Portland State University, OR
Elena Kostoglodova, University of Colorado–Boulder
Lisa Little, University of California, Berkeley
Benjamin Rifkin, The College of New Jersey

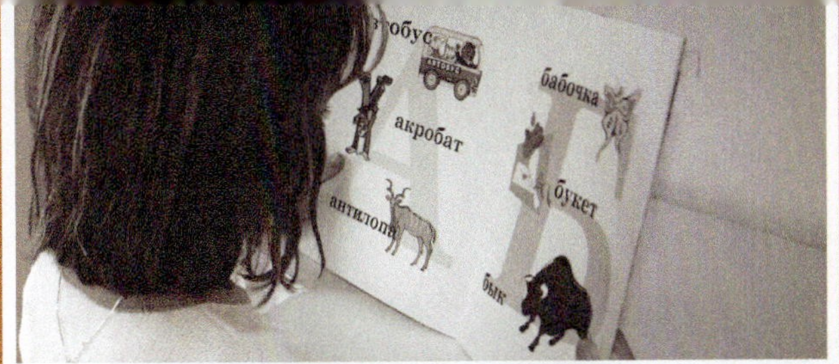

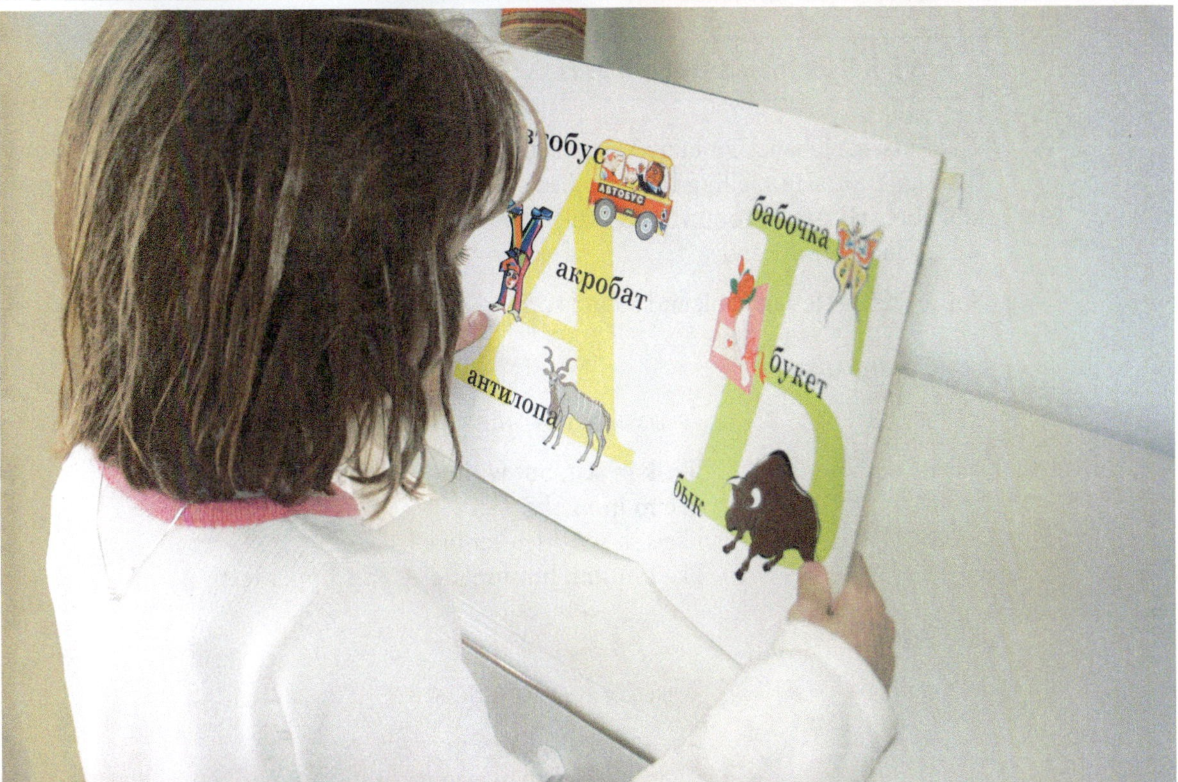

Алфавит

- The Russian alphabet and sound system
- Vowel reduction
- Palatalization
- Devoicing of consonants in final position
- Consonant assimilation
- Print, italic, and cursive

Русский алфавит

Introduction to the Russian Alphabet

А Б В Г Д Е Ё Ж З И Й К Л М Н О П Р С Т У Ф Х Ц Ч Ш Щ Ъ Ы Ь Э Ю Я

The Russian alphabet contains 33 characters: 10 vowel letters, 21 consonant letters, and two signs. Russian spelling closely reflects pronunciation. Once you have learned the alphabet and a few pronunciation rules, you will be able to recognize many familiar words and proper names.

Some Russian letters look and sound somewhat like their English counterparts:

Consonants

LETTER		APPROXIMATE PRONUNCIATION
К	**к**	like **k** in *skit,* but without aspiration or breath
М	**м**	like **m** in *mother*
С	**с**	like **s** in *sail*—(never like **k**)
Т	**т**	like **t** in *stay,* but tongue against upper teeth

Vowels

LETTER		APPROXIMATE PRONUNCIATION
А	**а**	when stressed, like **a** in *father*
О	**о**	when stressed, between the **o** in *mole* and the vowel sound in *talk*

Words you knew all along: Each word is under a drawing that illustrates it.

ма́ска

ма́ма

ма́сса

тост

кот

ко́смос

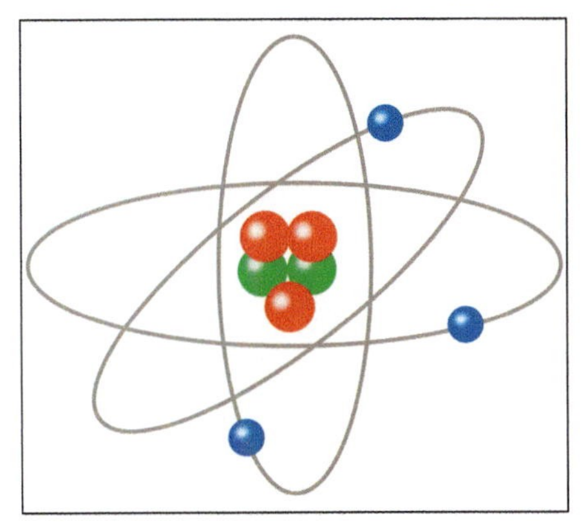

а́том

Who's there?

— Кто там?
— Том.

Stress

Stress refers to the "strong" syllable in a word. A *désert* gets little rain. A *dessért* is something sweet. In Russian (as in English), the place of stress affects the sound of some vowels. Listen to the first two words: **ма́ска, ма́ма.** The stressed **a** is pronounced like the **a** in *father,* whereas the unstressed **a** is pronounced like the **a** in *about.* This change in the sound of an unstressed vowel letter, called **vowel reduction,** is even more noticeable with the vowel letter **o.** For example, in the word **ко́смос,** the unstressed **o** in the second syllable is reduced to the sound of **a** in *about.*

Russian publications mark stress only in dictionaries. But since the stress on a word determines how some of the vowel letters are pronounced, we mark it for all the words you need to pronounce (in dialogs, glossaries, and tables). If a word has only one syllable, however (like **кот, кто, там**), no stress mark will be included. Capitalized stressed vowels are also not marked. So if you see the proper name **Отто,** you know to place the stress on the first syllable.

Some Russian letters look like Greek letters, which you may recognize from their use in mathematics or by some student organizations:

LETTER		APPROXIMATE PRONUNCIATION
Г	**г**	like **g** in *gamma*
Д	**д**	like **d** in *delta,* but with tongue against upper teeth
Л	**л**	like **l** in *lambda,* but tongue against upper teeth
П	**п**	like **p** in *spot* (looks like Greek "pi")
Р	**р**	flap **r,** similar to trilled **r** in Spanish; similar to **tt** in *better* and *butter* (looks like Greek "rho")
Ф	**ф**	like **f** in *fun* (looks like Greek "phi")
Х	**х**	like **ch** in *Bach* (looks like Greek "chi")

More geographical names

Да́ллас
Оклахо́ма
Омаха
Корк
Ха́ртфорд
Ога́ста

You'll no doubt recognize ...

Да!
ла́мпа
па́па
порт
сорт
па́спорт
фо́то
фотоаппара́т
фото́граф
Ха-ха-ха!

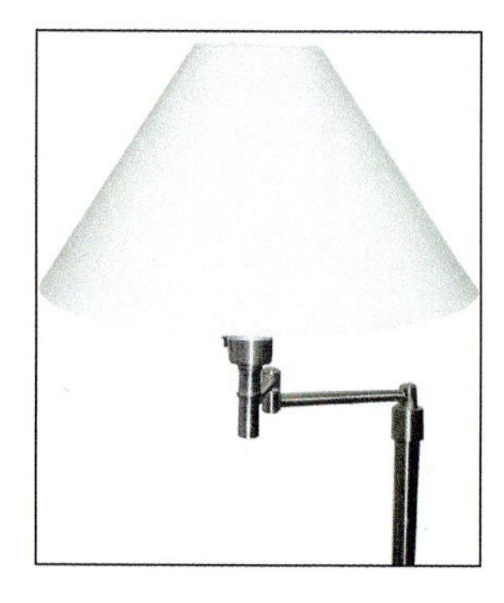

Your textbook is called …

Голоса́ “voices” (**Го́лос** is one voice).

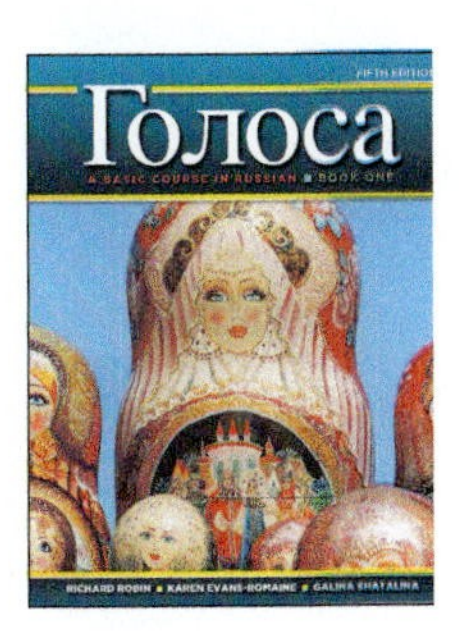

Here are four Russian letters that look but do not sound like English letters:

Consonants

LETTER		APPROXIMATE PRONUNCIATION
В	**в**	like **v** in *volcano*
Н	**н**	like **n** in *no,* but with tongue against upper teeth

Vowels

LETTER		APPROXIMATE PRONUNCIATION
Е	**е**	when stressed, like **ye** in *yesterday*
У	**у**	like **oo** in *shoot,* but with extreme lip rounding

Words you already know

до́нор
нет
но́та
кларне́т
профе́ссор
студе́нт
студе́нтка
Ура́!
а́вгуст
панора́ма
пропага́нда

Places you might have been

Москвá
Атлáнта
Тýсон
Техáс
Канáда
Вермóнт

Four more Russian consonants are introduced below. Note that **Б б** has a different shape for its upper- and lowercase forms.

LETTER		APPROXIMATE PRONUNCIATION
З	**з**	like **z** in *zebra*
Б	**б**	like **b** in *boy*
Й	**й**	like **y** in *boy* or *gray*
Ж	**ж**	like **s** in *measure,* but with tongue farther back

Кто геóграф?

Бóстон
Лос-Анджелес
Женéва
Канзáс
Арканзáс
Небрáска
Айдáхо
Айóва
Род-Айленд
Огáйо
Квебéк

В ансáмбле

тромбóн
флéйта
кларнéт
бáнджо
áрфа
саксофóн

More words you know

трамвáй
троллéйбус
банáн
зéбра
журнáл

 Here are the last four Russian consonants and two more vowel letters:

Consonants

LETTER		APPROXIMATE PRONUNCIATION
Ц	**ц**	like **ts** in *cats*
Ч	**ч**	like **ch** in *cheer*
Ш	**ш**	like **sh** sound in *sure,* but with tongue farther back
Щ	**щ**	like long **sh** sound in *fresh sherbet,* but with tongue farther forward

Vowels

LETTER		APPROXIMATE PRONUNCIATION
И	**и**	like **i** in *machine*
Ё	**ё**	like **yo** in *New York;* always stressed

Города́ США

Цинцинна́ти
Сан-Франци́ско
Чика́го
Вашингто́н

В Росси́и

Чёрное мо́ре
Со́чи
Камча́тка
Благове́щенск

Ве́щи

маши́на

шокола́д

матч

плащ

Names of the famous

Анто́н Па́влович
Че́хов
а́втор дра́мы «Ча́йка»

Фёдор Миха́йлович
Достое́вский
а́втор рома́на «Идио́т»

Алекса́ндра Миха́йловна
Коллонта́й
диплома́т

Лев Дави́дович
Тро́цкий
ру́сский поли́тик,
команди́р Кра́сной а́рмии

Лев Никола́евич
Толсто́й
а́втор рома́на
«Анна Каре́нина»

Михаи́л Серге́евич
Горбачёв
Президе́нт СССР

Алла Бори́совна
Пугачёва
певи́ца, поп-звезда́

Алекса́ндр Серге́евич
Пу́шкин
оте́ц ру́сской литерату́ры

Ники́та Серге́евич
Хрущёв
коммунисти́ческий ли́дер

Гали́на Серге́евна
Ула́нова
балери́на

Валенти́на
Влади́мировна
Терешко́ва
космона́вт

Бори́с Бори́сович
Гребенщико́в
рок-звезда́

The last four Russian vowel letters are given below:

LETTER		APPROXIMATE PRONUNCIATION
Ы	**ы**	between the **a** in *about* and the **ee** in *see*
Э	**э**	like **e** in *set*
Ю	**ю**	like **yu** in *yule*
Я	**я**	when stressed, like **ya** in *yacht*

Кто э́то?

Это америка́нцы.

Это юри́сты.

Это музыка́нты.

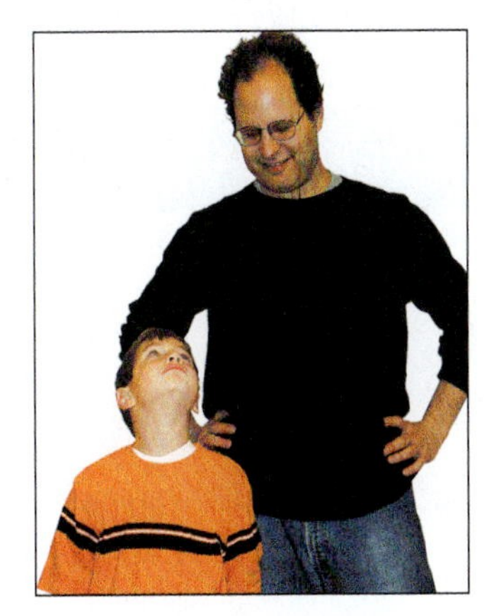

Это оте́ц и сын.

Что э́то?

Это каранда́ш.

Это ру́чка.

Это су́мка.

Это рюкза́к.

Это я́щик.

Это я́блоко.

Complete Exercises A-04–A-13 in the Student Activities Manual (S.A.M.).

Palatalized and Unpalatalized (Hard and Soft) Consonants and Ь, Ъ

The Russian alphabet also includes the following two symbols, which represent no sound in and of themselves:

Ь (**мя́гкий знак**) soft sign—indicates that the preceding consonant is palatalized; before a vowel it also indicates a full [y] sound between the consonant and vowel.

Ъ (**твёрдый знак**) hard sign—rarely used in contemporary language—indicates [y] sound between consonant and vowel.

A **palatalized consonant** is pronounced with the blade of the tongue pressed up against the hard palate. A palatalized consonant sounds like a consonant plus the [y] sound of "yes" pronounced *at the exact same time*. The letter **ь** (**мя́гкий знак**) indicates that the preceding consonant is **palatalized.** Look at these examples:

NOT PALATALIZED (no ь)		PALATALIZED (ь)	
мат	checkmate	мать	mother
бит	computer bit	бить	to beat
гото́в	ready	Гото́вь!	Prepare it!
то́лком	clearly	то́лько	only
мел	chalk	мель	sandbar
вон	over there	вонь	stench
спор	debate	Спорь!	Argue!
Бори́с	Boris	Бори́сь!	Fight!

In addition to **ь,** the vowel letters **е, ё, и, ю,** and **я** also indicate that the preceding consonant is **palatalized.**

In the following conversation the palatalized consonants are double-underlined and their vowel indicators are single-underlined.

— Меня́ зову́т О́льга.
— О́чень прия́тно, О́льга! Сэ́лли. Вы студе́нтка?
— Да.
— Вы америка́нка?
— Да, я из Нью-Йо́рка.

When Russians talk about consonants, they say …

Unpalatalized ("normal") consonants are referred to as **HARD CONSONANTS.**

Palatalized consonants are referred to as **SOFT CONSONANTS.**

We will refer to consonants from now on as **hard** and **soft**.

To summarize what we have said so far …

а	э	о	ы	у	∅*	indicate that the previous consonant is HARD
я	е	ё	и	ю	ь	indicate that the preceding consonant is SOFT

*The symbol ∅ means *no vowel at all.*

In short, after consonants the vowel letter pairs **а/я, э/е, о/ё, ы/и,** and **у/ю** represent essentially the *same* vowel *sound.* Their only difference is that the letters in the bottom row tell you that the preceding consonant is **palatalized,** or **soft.**

HARD CONSONANTS		SOFT CONSONANTS	
Да-да!	Oh yes!	дя́дя	uncle
мэр	mayor	мер	of measures
быт	daily life	бит	computer bit
живо́т	belly	живёт	he/she lives
му́зыка	music	мю́зикл	musical (show)

Let's get acquainted!

— Здра́вствуйте! Как вас зову́т?
— Меня́ зову́т Жа́нна.
— Очень прия́тно познако́миться, Жа́нна!

— Жа́нна, где вы живёте?
— Я живу́ в Нью-Йо́рке. А вы?
— Я живу́ в Москве́.
— Пра́вда?

ТСЯ and **ТЬСЯ**
These two combinations are pronounced as if spelled **ца.**

More about Ь and Ъ (мя́гкий знак and твёрдый знак)

You already know that **ь** (**мя́гкий знак**) softens the preceding consonant. When **ь** occurs before another vowel, it adds an additional English [y] sound. For example:

налёт = air raid   **нальёт** = will pour

Complete Exercise A-14 in the SAM

The letter **ъ** (**твёрдый знак**) occurs rarely. It adds an extra English [y] sound into a syllable. For example:

се́ла = she sat down   **съе́ла** = she ate up

Vowel Reduction

Russian vowels **о, а, е,** and **я** are pronounced differently when unstressed.

Vowel Reduction Rule 1:

о ⟶ **а**
one syllable before the stress

We write:	We say:
Москва́	Масква́

Places you might recognize ...

Монта́на
Владивосто́к
Москва́
Отта́ва
Соно́ра
Колу́мбус

Vowel Reduction Rule 2:

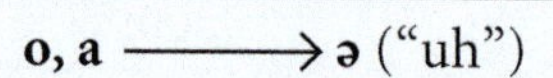

о, а ⟶ **ə** (“uh”)
more than one syllable before the stress and anywhere after the stress

We write:	We say:
Колора́до	Кə ла ра́ дə
Мани́то́ба	Мə ни то́ бə

Words you know

профе́ссор
шокола́д
Ло́ндон
Волгогра́д
Влади́мир
панора́ма
пропага́нда
маргари́н
телеви́зор
контра́кт

Vowel Reduction Rule 3:

е, я (not at the end of a word)	⟶	**I** (“ih”)
я (at the end of a word)	⟶	**yə** (“yuh”)
	when unstressed	

We write:	We say:
Петербýрг	Пɪ тɪр бýг
Япóния	**Yɪ** пó ни **yə**

Months you may recognize . . .

в январé
в февралé
в мáрте
в апрéле
в мáе
в июне
в июле
в áвгусте
в сентябрé
в октябрé
в ноябрé
в декабрé

Name, please?

— Как вас зовýт?
— Меня́ зовýт Фёдор.

— Как егó зовýт?
— Егó зовýт Пётр.
— Кто он?
— Он фотóграф.

— Как её зовýт?
— Её зовýт Мáша.

Г pronounced how?
In a few words **г** is pronounced as if it were **в:**
We spell **егó** but say [**евó**].

Familiar objects

— Что э́то?
— Это мой карандáш.
— А э́то что?
— Это моя́ рýчка.
— А э́то?
— Это мой рюкзáк.
— А э́то?
— Это моя́ сýмка.
— Вот фотогрáфия.

ч in что
Russians pronounce **что** as if it were spelled [**што**].

Voiced and Voiceless Consonants

Place your fingers on your vocal chords and say the *sounds* (not the names of the letters) in the chart below:

в	з	ж	б	г	д	Vocal chords vibrate (voiced)
ф	с	ш	п	к	т	Vocal chords do not vibrate (voiceless)

Two rules affect these consonants:

1. Word final devoicing

Voiced consonants at the end of words are pronounced voiceless.

We write:	**We say:**
Чéхо**в**	Чéхо[**ф**]
джа**з**	джа[**с**]
гаpá**ж**	гаpá[**ш**]
сно**б**	сно[**п**]
маркéтин**г**	маркéтин[**к**]
Мадри́**д**	Мадри́[**т**]

2. Voiced-voiceless assimilation

When voiced and voiceless consonants are adjacent to each other, the nature of the *second* consonant dictates the nature of the first. To put it more succinctly, when two consonants go walking, the second one does the talking:

voiced + voiceless ⟶ *voiceless + voiceless*

в Ки́еве ⟶ [**ф К**]и́еве

су**бт**и́тры ⟶ су[**пт**]и́тры

voiceless + voiced ⟶ *voiced + voiced*

баске**тб**óл ⟶ баске[**дб**]óл

Пи́**тсб**ург ⟶ Пи́[**дзб**]ург

ва**с з**овýт ⟶ ва[**з з**]овýт

Russian Alphabet—Cursive and Italic

The Russian script alphabet is given below. ***Russians do not print when writing by hand! Script is universal.*** For this reason, you must learn to read and write script.

Print	Italic	Cursive	Notes
Аа	*Аа*	Аа	Uppercase cursive **А** is not *а*.
Бб	*Бб*	Бб	*б* and *в* are the only tall lowercase cursive letters.
Вв	*Вв*	Вв	
Гг	*Гг*	Гг	*г* is rounded. Squared-off corners result in *ч* (**ч**).
Дд	*Дд*	Дд	Do not confuse *д* (**д**) and *г* (**г**).
Ее	*Ее*	Ее	
Ёё	*Ёё*	Ёё	In most printed texts, the two dots are omitted.
Жж	*Жж*	Жж	
Зз	*Зз*	Зз	Do not confuse *з* (**з**) and *э* (**э**).
Ии	*Ии*	Ии	Bring *и* down to the baseline (not *u*).
Йй	*Йй*	Йй	
Кк	*Кк*	Кк	Lowercase *к* is small, not tall.
Лл	*Лл*	Лл	Begins with a hook.
Мм	*Мм*	Мм	Begins with a hook. Do not confuse *м* (**м**) and *т* (**т**).
Нн	*Нн*	Нн	Do not confuse *н* (**н**) and *п* (**п**).
Оо	*Оо*	Оо	
Пп	*Пп*	Пп	Do not confuse *п* (**п**) and *н* (**н**).
Рр	*Рр*	Рр	
Сс	*Сс*	Сс	
Тт	*Тт*	Тт	Do not confuse *т* (**т**) and *м* (**м**).
Уу	*Уу*	Уу	Uppercase *У* does not dip below the line.
Фф	*Фф*	Фф	
Хх	*Хх*	Хх	
Цц	*Цц*	Цц	
Чч	*Чч*	Чч	*ч* is squared off. Rounded corners result in *г* (**г**).
Шш	*Шш*	Шш	Do not confuse Russian *ш* and English *w*.
Щщ	*Щщ*	Щщ	
Ъъ	*Ъъ*	ъ	Like a small *seven* merged with a *six*, not like a tall *b*.
Ыы	*Ыы*	ы	Since **ъ**, **ы**, and **ь** never begin a word, there is no uppercase cursive version for any of these letters.
Ьь	*Ьь*	ь	Like a small *six*, not like a tall *b*.

Ээ	Ээ	*Ээ*	Do not confuse *э* (**э**) and *з* (**з**).
Юю	Юю	*Юю*	
Яя	Яя	*Яя*	Begins with a hook.

Summary of handwriting hints:

1. The letters *л, м,* and *я* begin with hooks.
2. There are only two tall lowercase script letters: *б* (**б**) and *в* (**в**).
3. **Мя́гкий знак** (**ь**) looks like a *small* six: *ь*. **Твёрдый знак** (**ъ**) looks like a small six with a tail: *ъ*. Neither letter has anything in common with an English script *b*.
4. The letter *ы* (**ы**) is small and looks somewhat like a *small* six connected to a "1" *not bL, bi*, etc.
5. Do not confuse *м* (**м**) with *т* (**т**) or *з* (**з**) with *э* (**э**).
6. The letters *ш, и,* and *й* all terminate on the base line and connect together at the bottom. Avoid writing *W, V*, etc.

Practice writing the following words from the Introductory Unit.

маска *масса* *кот* *– Кто там?*
мама *тост* *космос* *– Том.*
атом

Даллас *Оклахома* *Омаха*
Корк *Хартфорд* *Огаста*

Да! *порт* *фото* *Ха-ха-ха!*
лампа *сорт* *фотоаппарат* *Голоса*
папа *паспорт* *фотограф*

донор *кларнет* *студентка* *панорама*
нет *профессор* *Ура!* *пропаганда*
нота *студент* *август*

Москва *Атланта* *Тусон* *Канада*
Техас *Вермонт*

Бостон *Канзас* *Айдахо* *Огайо*
Лос-Анджелес *Арканзас* *Айова* *Квебек*
Женева *Небраска* *Род-Айленд*

В ансамбле: *тромбон* *флейта* *кларнет*
банджо *арфа* *саксофон*

трамвай	банан	журнал	
троллейбус	зебра		
Города США:	Цинциннати	Сан-Франциско	Чикаго
	Вашингтон		
В России:	Чёрное море	Сочи	Камчатка
	Благовещенск		
Вещи:	машина	шоколад	
	матч	плащ	

Антон Павлович Чехов, автор драмы "Чайка"
Фёдор Михайлович Достоевский, автор романа "Идиот"
Александра Михайловна Коллонтай, дипломат
Лев Давидович Троцкий, русский политик, командир Красной армии
Лев Николаевич Толстой, автор романа "Анна Каренина"
Михаил Сергеевич Горбачёв, президент СССР
Алла Борисовна Пугачёва, певица
Александр Сергеевич Пушкин, отец русской литературы
Никита Сергеевич Хрущёв, коммунистический лидер
Галина Сергеевна Уланова, балерина
Валентина Владимировна Терешкова, космонавт
Борис Борисович Гребенщиков, рок-музыкант

Кто это?	Это американцы.	Это юристы.
	Это музыканты.	Это отец и сын.
Что это?	Это карандаш.	Это ручка.
	Это сумка.	Это рюкзак.
	Это ящик.	Это яблоко.

мат	готов	мел	спор
мать	Готовь!	мель	Спорь!
бит	толком	вон	Борис
бить	только	вонь	Борись!

Keyboarding in Cyrillic

All Russians write script. Fewer type. However, as computers are now widely used in Russia, typing has become a necessary skill. The Russian keyboard follows a different pattern, which you can see in the chart below.

Й Ц У К Е Н Г Ш Щ З Х Ъ Ё
Ф Ы В А П Р О Л Д Ж Э
Я Ч С М И Т Ь Б Ю.

This keyboard is universal in Russia and is the one that Microsoft has adopted for use in Cyrillic-enabled versions of Windows; it is also used for Macintosh computers.

Although you should learn to type using the Russian keyboard, you can use an alternative keyboard layout in which **Б** is on the "B" key, **Г** on the "G" key, **Д** on the "D" key, and so on.

You can find out how to go about getting your computer to produce Russian in MyRussianLab.

УРОК 1

Немного о себе

Коммуникативные задания

- Greetings and good-byes, formal and informal
- Introducing and giving information about yourself
- Introducing family and friends
- Asking for information about someone else
- Reading Russian business cards
- Russian social networking
- Letters to and from Russian host family

Культура и быт

- Saying "hello"
- Physical contact

Грамматика

- Formal and informal speech situations: **ты–вы**
- Russian names
- Gender—Introduction
- Gender of modifier "my"
- Grammatical case: introduction
- Nominative case
- Prepositional case—Introduction
- The verb *to be* in Russian present-tense sentences

Точка отсчёта

О чём идёт речь?

When greeting each other, Russians say: **Здра́вствуйте** and **Здра́вствуй.**

The informal greeting, like the English "Hi!," is **Приве́т!**

Other greetings include: **до́брое у́тро, до́брый день, до́брый ве́чер**.

The standard way to say good-bye is **До свида́ния!**

The informal variant is **Пока́!**

1-1 How would you greet people at the following times of day?

9:00 A.M.	3:00 P.M.
10:00 A.M.	7:00 P.M.
2:00 P.M.	9:00 P.M.

Культура и быт

Saying "Hello." Russians greet each other only the first time they meet on a particular day. During subsequent encounters that day they usually just nod or make eye contact.

Physical contact. Russians often embrace if they haven't seen each other for a long time. Occasionally this greeting may involve three kisses on the cheek. Men tend to shake hands each time they meet and sometimes when they part. Women sometimes greet and take leave of each other with a kiss on the cheek.

When Russians introduce each other, the new acquaintances usually shake hands and give their own names.

Ли́за.
Познако́мьтесь!
Ка́тя.

1-2 Introduce yourself to your classmates.

1-3 Now use the model above to introduce your classmates to each other.

1-4 **Что чему́ соотве́тствует?** Match the noun referring to a man with the corresponding noun referring to a woman.

1. ру́сский	_____ англича́нка
2. америка́нец	_____ студе́нтка
3. кана́дец	_____ бизнесме́н
4. студе́нт	_____ кана́дка
5. англича́нин	_____ америка́нка
6. бизнесме́н	_____ ру́сская

1-5 Which words would you use to describe yourself?

Я ______________________________________.

Я ______________________________________.

1-6 Which words would you use to describe your classmates?

Марк ____.

Мари́я ______________________________________.

Разговоры для слушания

You will probably always be able to *understand* more Russian than you are able to speak. So one part of each unit will be devoted to listening to conversations that practice the unit's topic. In the following conversations you will hear the way Russians greet each other, introduce themselves, and say good-bye. You will not be able to understand everything you hear. In fact, you shouldn't even try. As soon as you have understood enough information to answer the questions, you have completed the assignment.

Разгово́р 1. Здра́вствуйте!

1. What is the name of the male speaker?
2. What is the name of the female speaker?
3. What nationality is the woman?
4. Where is she from?
5. Where does the man go to school?

You will now hear two more conversations. Here are some suggestions on how to proceed:

- Read the questions first.
- Listen to the whole conversation to get the gist of it.
- Keeping the questions in mind, listen to the conversation again for more detail.
- If necessary, listen one more time to confirm your understanding of what is going on. Don't worry if you don't understand everything. (This cannot be overemphasized!)

Разгово́р 2. До́брый день!

1. What is the American's name?
2. What is the Russian's name?
3. What does she teach?
4. What American cities has the young man lived in?
5. Where does he go to school?

Разгово́р 3. Вы кана́дец?

1. What is the name of the male speaker?
2. What is the name of the female speaker?
3. What is the man's nationality?
4. Where is he from?
5. Where does the woman go to school?

Давайте поговорим

Диалоги

 **1. Познако́мьтесь!**

— Познако́мьтесь! Это мой друг Эд.
— Здра́вствуйте! Ма́ша.
— Очень прия́тно!
— Очень прия́тно!

 **2. До́брое у́тро!**

— До́брое у́тро! Меня́ зову́т Ве́ра. А как тебя́ зову́т?
— Меня́? Эван.
— Как ты сказа́л? Эванс?
— Эван. Это и́мя. А фами́лия Джо́нсон. Я америка́нец.
— Очень прия́тно познако́миться! Ты студе́нт?
— Да.
— Я то́же студе́нтка. Ну, пока́.
— Пока́.

 **3. До́брый день!**

— До́брый день! Меня́ зову́т Джейн Па́ркер. Я америка́нка.
— Здра́вствуйте. Красно́ва Ольга Петро́вна. Вы студе́нтка, Джейн?
— Да, студе́нтка. Прости́те, как ва́ше о́тчество?
— Петро́вна.
— Очень прия́тно с ва́ми познако́миться, Ольга Петро́вна. До свида́ния.
— До свида́ния.

 **4. До́брый ве́чер!**

— До́брый вечер! Меня́ зову́т Вале́рий.
— Джим. Очень прия́тно.
— Ты кана́дец, да? Где ты живёшь в Кана́де?
— Я живу́ и учу́сь в Квебе́ке.
— Зна́чит, ты студе́нт. Я то́же.
— Пра́вда? А где ты у́чишься?
— Я живу́ и учу́сь здесь, в Ирку́тске.

 **5. Здра́вствуйте! Дава́йте познако́мимся!**

— Здра́вствуйте! Дава́йте познако́мимся. Меня́ зову́т Ольга Алекса́ндровна. А как вас зову́т?
— Меня́ зову́т Джейн. Очень прия́тно.
— Вы студе́нтка, Джейн?
— Да, студе́нтка. Англича́нка. Я учу́сь в университе́те здесь, в Москве́.
— А в Англии где вы у́читесь?
— В Англии? Я живу́ и учу́сь в Ло́ндоне.

Упражнения к диалогам

1-7 Go through the dialogs and determine which names qualify as **и́мя,** which as **о́тчество,** and which as **фами́лия**.

 **1-8** With a partner or in small groups, go through **То́чка отсчёта** and **Диало́ги** and determine the difference between the words or phrases in each pair. Note as many differences as you can. Be prepared to discuss your findings with the class.

1. Здра́вствуйте!	До свида́ния!
2. Здра́вствуйте!	Здра́вствуй!
3. До́брое у́тро!	До́брый ве́чер!
4. Здра́вствуйте!	Приве́т!
5. Приве́т!	Пока́!
6. До свида́ния.	Пока́!
7. Познако́мьтесь!	Давайте познако́мимся!
8. Ты студе́нт?	Вы студе́нтка, Джейн?
9. Ты студе́нт?	Я то́же студе́нтка.
10. Как ты сказа́л? Эванс?	Прости́те, как ва́ше о́тчество?
11. Дава́йте познако́мимся!	Очень прия́тно познако́миться!
12. Очень прия́тно познако́миться!	Очень прия́тно с ва́ми познако́миться.

1-9 Fill in the blanks with the appropriate words and phrases.

1. An older member of a Russian delegation visiting your university wants to get acquainted with you. Open and close the conversation appropriately.

— Здра́вствуйте. Дава́йте ______________. Меня́ ______________ Белоу́сова Анна Никола́евна. А ___________ ______________ зову́т?
— Меня́? ______________ .
— Очень ______________ познако́миться.
— До ______________!
— До ______________!

2. A fellow student wants to get acquainted with you. Open and close the conversation appropriately.

— Здра́вствуй! ____________ зову́т Ма́ша. А как ____________ зову́т?
— ____________ зову́т ____________.
— Очень ____________.
— Ну, ____________!
— ____________!

1-10 Немно́го о себе́.

1. Меня́ зову́т ____________________. Моя́ фами́лия ____________________.
2. Я ____________________. Я ____________________.

   студе́нт, студе́нтка, бизнесме́н

   америка́нец, америка́нка, кана́дец, кана́дка, англича́нин, англича́нка

3. Я живу́ в ____.

   Бо́стоне, Вашингто́не, Нью-Йо́рке, Чика́го, Лос-Анджелесе, Сан-Франци́ско, Торо́нто, Квебе́ке, Монреа́ле (*fill in your city*)

4. Я живу́ в шта́те/в прови́нции ________________________________.

   Миссу́ри, Иллино́йс, Ога́йо, Нью-Йо́рк, Монта́на, Квебе́к, Онта́рио (*fill in your state or province*)

5. Я учу́сь в ________________________________.

   шко́ле, университе́те

1-11 Подгото́вка к разгово́ру. Review the dialogs. How would you do the following?

1. Initiate an introduction.
2. Say what your name is.
3. Ask a person with whom you are on formal terms what his/her name is.
4. Ask a person with whom you are on informal terms what his/her name is.
5. Give your first and last name.
6. State your nationality.
7. Say how pleased you are to meet someone.
8. Say hello and good-bye to someone with whom you are on formal terms.
9. Say hello (hi) and good-bye to someone informally.
10. Tell someone where you live.
11. Tell someone in which city you go to school.
12. Ask someone what his/her patronymic (first name, last name) is.

1-12 Develop a short dialog for each picture.

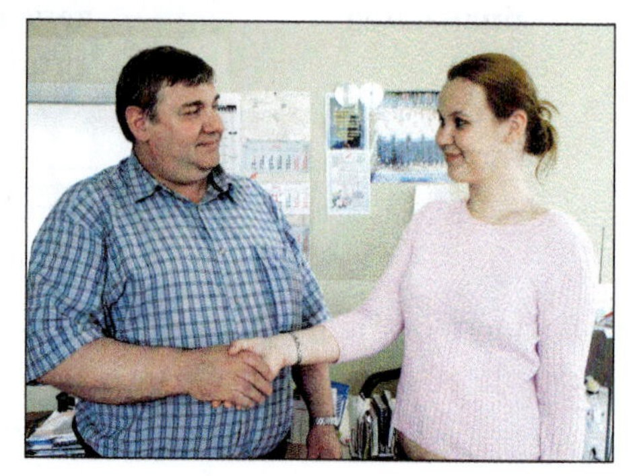

Игровые ситуации

This part of the unit gives you the opportunity to use the language you have learned. Read the role-play situations and consider what language and strategies you would use to deal with each one. Do not write out dialogs. Get together with a partner and practice the situations. Then act them out in class.

1-13 You are in Moscow:

1. Get acquainted with the following people. Tell them as much as you can about yourself and find out as much as you can about them.
   a. your new Russian teacher
   b. a student sitting next to you
   c. your new host family
   d. a young Russian at a party in the cafeteria
2. It is your first day of class in Russia. Introduce yourself to the class. Say as much about yourself as you can.
3. Working with a partner, prepare and act out an introduction situation of your own design. Use what you know, not what you don't know.

Устный перевод

1-14 Here is your chance to act as an interpreter for an English speaker and a Russian. The purpose is to give additional practice using the linguistic material you are learning. Try to express your client's ideas rather than translating every word.

One student will play the role of the English speaker who knows no Russian. This person's script is given. Your instructor will play the role of the Russian. All students should prepare the interpreter's role by planning how they will express the English speaker's comments in Russian. If you play the interpreter, you will have to give the English version of the Russian's comments as well as the Russian version of the English speaker's comments; those playing the English and Russian speakers must pretend not to know the other language. If the interpreter runs into difficulty, he/she may ask a classmate to help out.

You are in Moscow. A friend who does not know Russian has asked you to help her get acquainted with someone at a party.

ENGLISH SPEAKER'S PART

1. Hello. I'd like to meet you. What's your name?
2. My name is ______________. It's nice to meet you.
3. My last name is ____________. What's your last name?
4. Is that so! I'm a student too.
5. Yes, I'm an American.
6. Good-bye!

Грамматика

1. Formal and Informal Speech Situations

Family members and friends normally address each other informally: They call each other by first name and use the **ты** forms of the pronoun *you*. When they first meet, adults normally address each other formally: They may call each other by name and patronymic and use the **вы** forms of the pronoun *you*.

The **вы** forms are also used to address more than one person.

ТЫ FORMS (INFORMAL SINGULAR)	**ВЫ** FORMS (FORMAL AND PLURAL)
Здра́вствуй! Приве́т!	Здра́вствуйте! До́брый день (ве́чер)!
Как тебя́ зову́т?	Как вас зову́т?
Как ты сказа́л(а)?	Как вы сказа́ли?
Где ты у́чишься?	Где вы у́читесь?
Где ты живёшь?	Где вы живёте?
Пока́!	До свида́ния!

Упражнения

1-15 How would you say hello and good-bye to the following people?

- your new Russian teacher
- a four-year-old boy
- three little girls
- your next-door neighbor
- your classmate

1-16 How would you ask the above people their names?

1-17 Would you address the people below with **ты** or with **вы**?

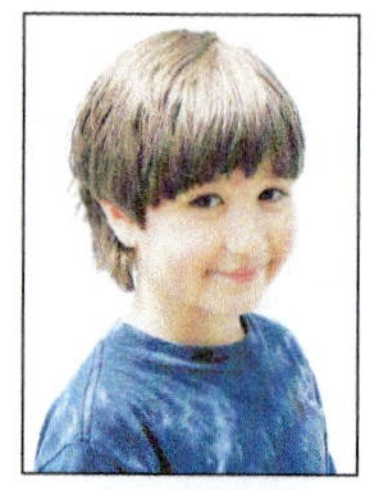

1-18 The following dialog takes place between people on formal terms (**вы**). Change it to one between people whose relationship is informal.

— Здра́вствуйте! Меня́ зову́т О́льга. А как вас зову́т?
— Меня́ зову́т Джейн. О́чень прия́тно.
— Вы студе́нтка, Джейн?
— Да, студе́нтка. Я учу́сь в университе́те здесь, в Москве́.
— А в Аме́рике где вы у́читесь?
— В Аме́рике? Я живу́ и учу́сь в Лос-Анджелесе.
— До свида́ния!
— До свида́ния!

Complete Oral Drills 1 and 2 in the SAM

2. Russian Names

Russians have three names: a first name (**и́мя**), a patronymic (**о́тчество**), and a last name (**фами́лия**).

1. **Имя.** This is the given name, the name the parents select when a baby is born. Examples are **Миха́ил, Серге́й, Екатери́на,** and **Ната́лья.** Most names have one or more commonly used nicknames. **Екатери́на,** for example, is called **Ка́тя, Ка́тенька,** and **Катю́ша** by close friends and relatives.

2. **Отчество.** The **о́тчество** is derived from the father's first name by adding a suffix to it (**-овна/-евна** for daughters, **-ович/-евич** for sons). It means "daughter of . . ." or "son of . . ." It is part of a Russian's full name as it appears in all documents.

   When Russians reach their twenties, usually when they acquire some degree of status at work, they begin to be addressed by their **имя–о́тчество** in formal situations. This carries the semantic weight of "Mr." and "Ms." The literal Russian equivalents of "Mr." (**господи́н**) and "Ms." (**госпожа́**) are used only in the most official of circumstances. The **о́тчество** is used only with the full form of the **и́мя,** never with a nickname.

   Foreigners do not have an **о́тчество.** Unless you are Russian, it is culturally inappropriate for you to introduce yourself using **и́мя–о́тчество.**

3. **Фами́лия.** Russian last names are slightly different for males and females:

Он . . .
Каре́нин
Пу́шкин
Ле́нский

Она́ . . .
Каре́нина
Пу́шкина
Ле́нская

Call your Russian friends by their first name or nickname. Call all other adults, especially your teacher and individuals with whom you are conducting business negotiations, by their first name and patronymic. But remember that last names are rarely used as forms of address: **Профе́ссор Петро́в** is **Ви́ктор Никола́евич** to his students.

Упражнение

1-19 Что чему́ соотве́тствует? Match the people on the left with their fathers on the right.

PERSON'S FULL NAME	FATHER'S FIRST NAME
__ Еле́на Ви́кторовна Гусли́стова	а. Ива́н
__ Игорь Петро́вич Ка́спин	б. Алексе́й
__ Алексе́й Миха́йлович Ма́рков	в. Пётр
__ Анна Григо́рьевна Леви́цкая	г. Ви́ктор
__ Мари́на Андре́евна Соловьёва	д. Андре́й
__ Ива́н Серге́евич Канды́бин	е. Миха́ил
__ Ната́лья Ива́новна Петро́ва	ж. Григо́рий
__ Пётр Алексе́евич Вишне́вский	з. Серге́й

3. Gender—Introduction

Russian women's names end in **-а** or **-я.**
Russian men's *full* names end in a consonant. (Many men's *nicknames* end in **-а** or **-я.** For example, a nickname for **Евге́ний** is **Же́ня,** and a nickname for **Па́вел** is **Па́ша.**)

Nouns denoting nationality also show gender. So far you have seen **америка́нец/америка́нка, кана́дец/кана́дка, англича́нин/англича́нка**, and **ру́сский/ру́сская**.

Упражнения

*****и́ли** – *or*

1-20 Он и́ли* она́?

Образцы́: Илья́ Ильи́ч Обло́мов — он
Анна Арка́дьевна Каре́нина — она́

1. Григо́рий Анто́нович Бо́ский
2. Мари́я Петро́вна Петро́ва
3. Ната́лья Петро́вна Ивано́ва
4. Фёдор Ива́нович Гага́рин
5. Алекса́ндра Миха́йловна Аксёнова
6. Алекса́ндр Григо́рьевич Буга́ев
7. Бори́с Серге́евич Макси́мов
8. Евге́ния Алекса́ндровна Вознесе́нская
9. Никола́й Па́влович Зерно́в

1-21 Parts of the following list were smeared in the rain. Help restore the names by filling in the missing letters. Note that in official Russian, the **фами́лия** comes first, followed by the **и́мя** and **о́тчество.** They are not separated by commas.

Астафьев__ Мария Ивановна
Зайцев__ Ольга Максимовна
Монахов__ Сергей Михайлович
Тришин__ Валерий Петрович
Устинов__ Александра Андреевна

1-22 Match each full name in the left column with its appropriate nickname in the right column. Two nicknames can be used twice.

1. ___ Па́вел	а. Ната́ша
2. ___ Евге́ний	б. Аня
3. ___ Алекса́ндра	в. Са́ша
4. ___ Мари́я	г. Бо́ря
5. ___ Екатери́на	д. Ле́на
6. ___ Бори́с	е. Пе́тя
7. ___ Еле́на	ж. Ка́тя
8. ___ Алекса́ндр	з. Ма́ша
9. ___ Пётр	и. Же́ня
10. ___ Ива́н	к. Ми́тя
11. ___ Анна	л. Ми́ша
12. ___ Михаи́л	м. Па́ша
13. ___ Евге́ния	н. Ва́ня
14. ___ Ната́лья	
15. ___ Дми́трий	

1-23 **Он и́ли она́?** Look again at the previous exercise and identify each name as male or female.

Образе́ц: Ви́ктор — он
Татья́на — она́

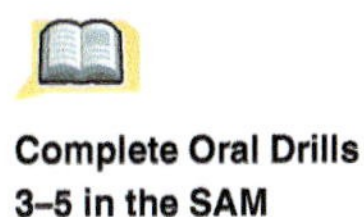

Complete Oral Drills 3–5 in the SAM

4. Gender of Modifier "My"

You can introduce someone as you do in English: "This is my brother." The pronoun "my" would change according to the gender of the person you are describing. For example:

Это **мой** друг Марк.	*This is my (male) friend Mark.*
Это **мой** брат Са́ша.	*This is my brother Sasha.*
Это **мой** па́па Бори́с Миха́йлович.	*This is my father Boris Mikhailovich.*
Это **моя́** подру́га Ма́ша.	*This is my (female) friend Masha.*
Это **моя́** сестра́ Ле́на.	*This is my sister Lena.*
Это **моя́** ма́ма Анна Серге́евна.	*This is my mother Anna Sergeevna.*

Упражнения

1-24 Мой и́ли моя́? Fill in the blanks with the appropriate form of "my."

1. Это ______________________ друг Бо́ря.
2. Это ______________________ подру́га Ле́на.
3. Это ______________________ сестра́ Та́ня.
4. Это ______________________ брат Са́ша.
5. Это ______________________ па́па Марк Ма́ркович.
6. Это ______________________ ма́ма Ири́на Никола́евна.

1-25 Introduce the following people to your partner:

- your brother
- your sister
- your (male) friend
- your (female) friend
- your mother
- your father

Complete Oral Drill 6 and Written Exercise 01-11 in the SAM

5. Case

One way in which Russian differs from English is that Russian nouns, adjectives, and pronouns have endings that indicate their function in a sentence. Consider these two English sentences.

Mother loves Maria. and **Maria loves Mother.**

How can you tell which is the subject and which is the object in these sentences? In English, word order tells you which is which. In Russian, however, endings on nouns and adjectives identify their roles in sentences. For instance, the Russian sentences **Ма́ма лю́бит Мари́ю** and **Мари́ю лю́бит ма́ма** both mean *Mother loves Maria.*

The system of putting endings on nouns, adjectives, and pronouns is called the *case system*. Russian has six cases: nominative, accusative, genitive, prepositional, dative, and instrumental.

6. Nominative Case

The nominative case is used for naming. Nouns and adjectives given in the dictionary are in the nominative case. The nominative case is used for:

1. The subject of the sentence.

   Джон америка́нец. — *John* is an American.

2. The predicate complement in an equational sentence (any word that "is" the subject).

   Джон **америка́нец.** — John is *an American.*

7. Prepositional Case—Introduction

— Я живу́ **в** Аме́рик**е**. — *I live in America.*
— Вы живёте **в** Нью-Йо́рк**е**? — *Do you live in New York?*
— Нет, **в** Мичига́н**е**. — *No, in Michigan.*
— А я живу́ **в** Калифо́рни**и**. — *Well, I live in California.*

To say "in" a place, use the preposition **в** followed by a noun in the prepositional case. In most situations, form the prepositional by adding **-е**. Sometimes we add **-и**.

In a Place: The Prepositional Case after в

	Add -е (Drop -а, -я, -й)	BUT Replace -ия, -ие with -ии	AND Don't change foreign names ending in -о, -и, or -у.
в	Нью-Йо́рк **Нью-Йо́рке**	Джо́рджия **Джо́рджии**	**Чика́го**
			Миссу́ри
	Москва́ **Москве́**	Индия **Индии**	**Баку́**

In the state of . . . In the city of . . . To say something like "*in the state* of Michigan," use **в шта́те** + the state name in nominative:

в Мичига́не *OR* в шта́те Мичига́н
в Калифо́рнии *OR* в шта́те Калифо́рния

For "in an American city," you may hear either the nominative or the prepositional:

в Анн-Арборе *OR* в го́роде Анн-Арборе
в Та́мпе *OR* в го́роде Та́мпа

В or во? В becomes **во** before words that begin with *two* consonants if the first consonant is **в** or **ф**. This affects three combinations that you are likely to use often:

во Фло́риде
во Фра́нции
во Владивосто́ке

Since **во** is never stressed, pronounce it as [**ва**].

Упражнения

1-26 Где они́ живу́т? Tell where the following people live.

Образе́ц: Где живёт Кэ́рен? (Мичига́н) → Кэ́рен живёт в Мичига́не.

1. Где живёт Джон? (Иллино́йс)
2. Где живёт Кэ́рол? (Арканза́с)
3. Где живёт Ва́ня? (Санкт-Петербу́рг)
4. Где живёт Сью́зан?(Индиа́на)
5. Где живёт Курт? (Монта́на)
6. Где живёт Са́ша? (Москва́)
7. Где живёт Ди́ма? (Росси́я)
8. Где живёт Мэ́ри? (Калифо́рния)
9. Где живёт Де́ннис? (Колора́до)
10. Где живёт Са́ра? (Миссиси́пи)

1-27 Где ты у́чишься? Locate each of the places below on the map inside the back cover. Then use the names in sentences following the example. Note that some place names are provided in the nominative and some in the prepositional case. Don't change the case of the word: instead, select the sentence that requires the case in which the word is provided.

Образе́ц: Воро́неж → Это Воро́неж?
Воро́неже → Ты у́чишься в Воро́неже?

Это ________________? Ты у́чишься в ________________?

Хаба́ровске	Краснода́р
Ирку́тск	Гру́зия
Каза́нь	Арме́нии
Перми́	Уфа́
Яросла́вле	Москве́
Владивосто́к	Казахста́не
Магада́не	Бишке́к

1-28 О себе́. Отве́тьте на вопро́сы. Answer these questions with your own information.

Где вы живёте?
Где вы у́читесь?

1-29 Как по-ру́сски? Translate into Russian.

1. — What is your name?
   — My name is Natasha.
2. — What is your last name?
   — Sokolova.
3. — It's nice to meet you.
4. — Are you Russian?
   — Yes, I am.
5. — Where do you live in Russia?
   — I live in Smolensk.
6. — Where do you study?
   — I study here in Washington.
7. — This is my friend John. He also lives in Washington.
8. — This is my sister Mila. She lives in Moscow.

Complete Oral Drills 7–10 and Written Exercises 01-12—01-16 in the SAM

8. The Verb *to be* in Russian Present-Tense Sentences

The present tense of *to be* (*am, is, are*) is absent in Russian.

Я студе́нт.	*I am a student.*
Я студе́нтка.	*I am a student.*

In writing, a dash is sometimes used in place of the verb "to be" when both the subject and the predicate are nouns. You might see this dash in complex sentences, or in simpler sentences when the second noun defines the first:

Москва́— ру́сский го́род.

Давайте почитаем

In each unit you will read Russian documents and other texts to develop specific strategies for reading in Russian. Do not be surprised or frustrated if you do not know many of the words. First, read the initial questions in English, and then read the Russian text silently, trying to find answers to the questions.

1-30 Визи́тные ка́рточки. Look through these business cards and decide whom you would consult if you:

- needed to find out about a video copyright
- wanted to find out about the banking system
- were interested in U.S.–Russian trade
- wanted to inquire about courses in cultural history
- were interested in socioeconomic issues

ИНСТИТУТ НЕЗАВИСИМЫХ
СОЦИАЛЬНО-ЭКОНОМИЧЕСКИХ
ИССЛЕДОВАНИЙ

СУХОВИЦКАЯ ЕЛЕНА ЛЬВОВНА
СЕКРЕТАРЬ – РЕФЕРЕНТ

191023, Россия, Санкт-Петербург
Кан. Грибоедова, 34, к.210
тел: (812) 110 57 20, факс (812) 110 57 51
e-mail: insei@sovamsu.com

Российская ассоциация
интеллектуальной собственности

РОЗАНОВ АЛЕКСАНДР БОРИСОВИЧ
Директор отдела кино- и видеопродукции

Москва, Башиловская ул., 14
Тел.: 261-64-10 Факс: 261-11-78
e-mail: rozanov@rais.ru

Валерий Михайлович
МОНАХОВ

Вице-Президент
международные отношения

РОССИЙСКО —
АМЕРИКАНСКАЯ
КОМПАНИЯ

199226, Санкт-Петербург
Галерный проезд, 3
Тел. (812) 352 12 49
Факс. (812) 352 03 80

МЕЖЭКОНОМСБЕРБАНК

ФИЛИАЛ В Г. С.-ПЕТЕРБУРГЕ

ГУЩЕНКО
НАДЕЖДА АЛЕКСАНДРОВНА
ЗАМЕСТИТЕЛЬ ГЛАВНОГО БУХГАЛТЕРА

196128, . г. Санкт-Петербург тел.: (812) 296-97-55
ул. Благодатная, 6 факс: (812) 296-88-45

НИЖЕГОРОДСКИЙ ГОСУДАРСТВЕННЫЙ
ЛИНГВИСТИЧЕСКИЙ УНИВЕРСИТЕТ
имени Н. А. Добролюбова

ЖИВОЛУПОВА
Наталья Васильевна
доцент
кафедры теории и истории культуры

603163, Нижний Новгород
Тел. (8312) 25-13-78 Факс (8312) 36-20-39
Электронная почта: gen@nnifl.nnov.ru

Which of these cardholders are women?

1-31 В конта́кте. V kontakte.ru is Russia's biggest social networking site. What can you find out about the person shown?

1. What is her name? How many different forms of her name do you see on this page?
2. What does the "У" in МГУ 2016 (upper right on the page) most likely stand for?
3. Where does she live?
4. How many photos of her does she have in her album?
5. What kinds of movies does she like?
6. What is her taste in TV shows?
7. Does this person read only Russian writers? Have you read any of the authors she has read?
8. Do you share any of her taste in music?

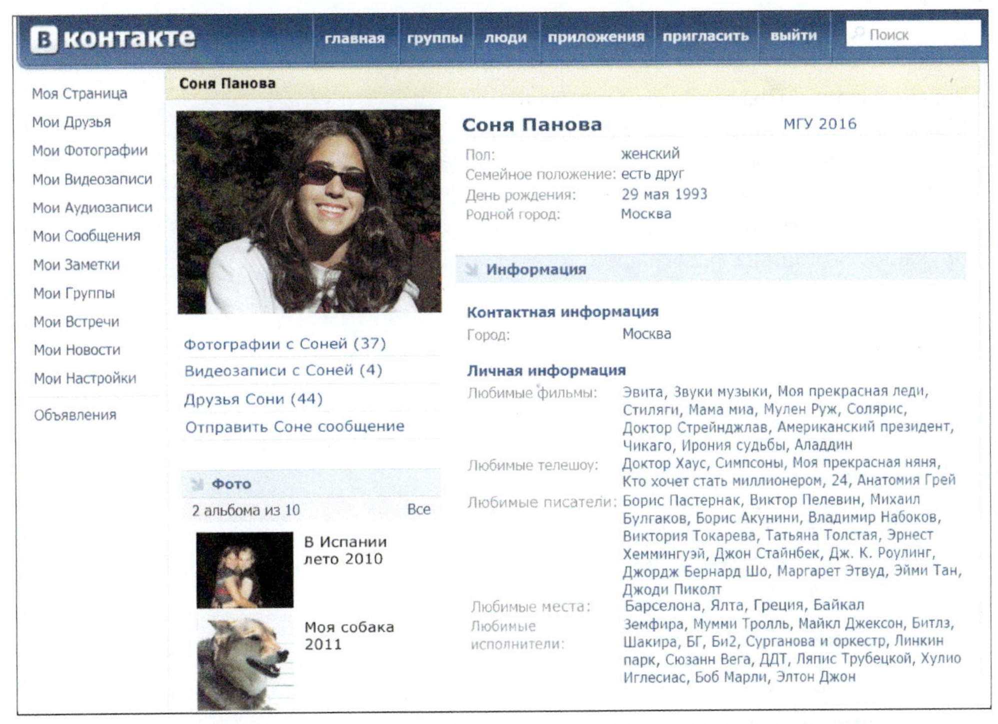

Now go back through the page and find the Russian for the following words:

favorite (*given here in the plural form*) –
date of birth –
hometown –
dog –

1-32 Ва́ля в Аме́рике. In each unit of *Golosa*, we will follow the e-mail of Valya, a Russian exchange student now in a small college in the town of Centerport. Valya is corresponding with Elena Anatolievna, a teacher from her last year in high school in Arkhangelsk. At this point, Valya has arrived in New York, where she will stay for a few days before she takes a bus to Centerport, where she will live with a family and enroll in the local college.

Read Valya's first e-mail and answer the questions that follow.

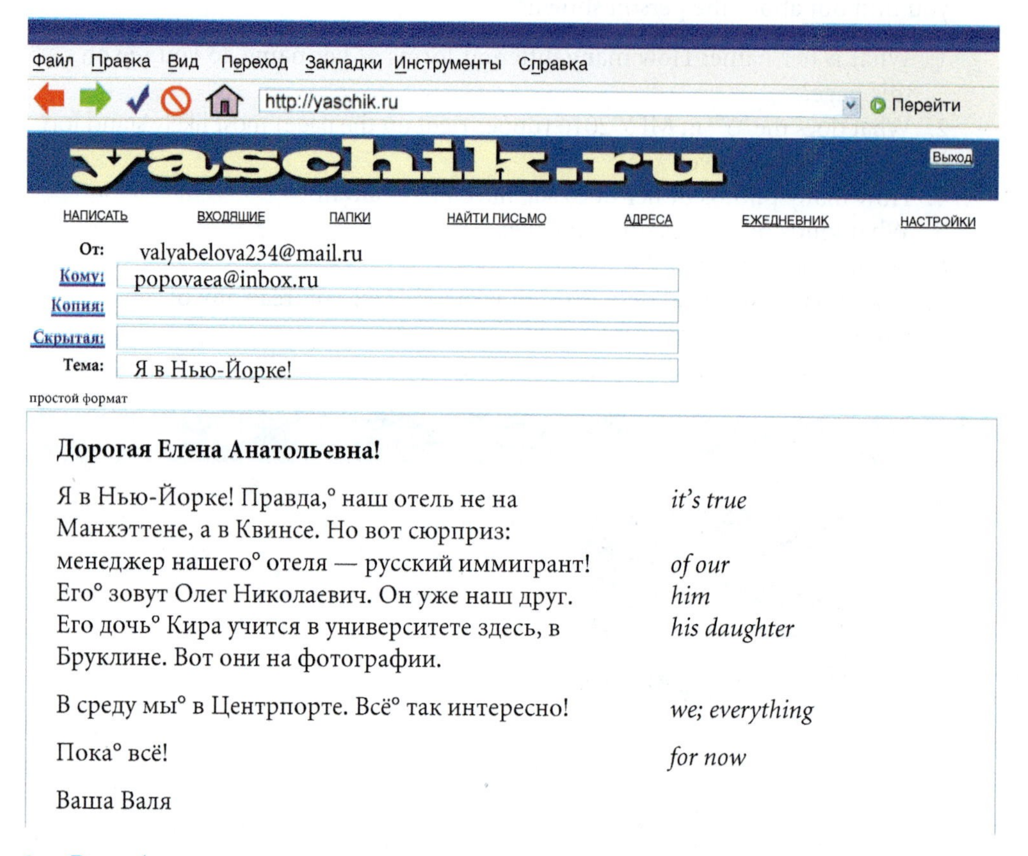

Дорогая Елена Анатольевна!

Я в Нью-Йорке! Правда,° наш отель не на Манхэттене, а в Квинсе. Но вот сюрприз: менеджер нашего° отеля — русский иммигрант! Его° зовут Олег Николаевич. Он уже наш друг. Его дочь° Кира учится в университете здесь, в Бруклине. Вот они на фотографии.	*it's true*; *of our*; *him*; *his daughter*
В среду мы° в Центрпорте. Всё° так интересно!	*we; everything*
Пока° всё!	*for now*

Ваша Валя

1. Вопро́сы

а. Ва́ля в Нью-Йо́рке и́ли в Москве́?
б. Кто ме́неджер оте́ля? Как его́ зову́т?
в. Как зову́т его́ дочь?

2. Грамма́тика в конте́ксте

a. What words are in the prepositional case in this e-mail?
b. Here **пока́** means *for now*. In what other context have you seen it?

Давайте послушаем

 **1-33 Расписа́ние.** You just arrived in Moscow to study Russian. You have a list of names of the Russian teachers, but you don't know who is teaching what. On the first day of class, the program director reads the schedule to you. Write down the

names of the teachers in longhand next to the subjects they teach. The list of teachers is given below.

Па́влова Ири́на Семёновна
Купри́н Никола́й Влади́мирович
Али́ева Мари́на Никола́евна
Аввaку́мов Ива́н Алексе́евич
Каза́нцева Мари́на Васи́льевна

Заня́тия	Фами́лия, и́мя, о́тчество преподава́теля
1. Граммáтика	______________________
2. Ле́ксика	______________________
3. Фоне́тика	______________________
4. Литерату́ра	______________________
5. Исто́рия	______________________

1-34 Пресс-конфере́нция. You are an American reporter in Moscow attending a press conference at the Ministry of Foreign Affairs. A government spokesperson is announcing the names of a delegation to an important meeting in Washington. Check them against the list you were given earlier. There are more names on your list than in the announcement.

1. Арбатова Татьяна Алексеевна
2. Борисов Кирилл Петрович
3. Герулайтис Герман Карлович
4. Константинов Евгений Павлович
5. Крапивкина Зоя Дмитриевна
6. Кукуева Нина Георгиевна
7. Курский Евгений Ильич
8. Муратов Ахмед Алиевич
9. Туруханов Сергей Николаевич
10. Шестко Тарас Иванович
11. Чайкин Максим Павлович

1-35 Приглаше́ние на ве́чер. Listen to the announcer read the names of the people invited to a party. Check off the names you hear.

Боский Григорий Антонович
Вишевский Антон Николаевич
Владимирова Зинаида Сергеевна
Гагарин Фёдор Игнатьевич
Литвинова Наталья Петровна
Иванова Александра Ивановна
Иванов Максим Ильич
Павлов Пётр Петрович
Петрова Мария Петровна
Шукшин Михаил Петрович

Could any of the people on the list be brother and sister? Who? How do you know?

Новые слова и выражения

NOUNS

америка́нец/америка́нка	American (*person*)
англича́нин/англича́нка	English (*person*)
Англия	England
го́род	city
друг/подру́га	friend (*male/female*)
и́мя	first name
Кана́да	Canada
кана́дец/кана́дка	Canadian (*person*)
Квебе́к	Quebec
Ло́ндон	London
Москва́	Moscow
о́тчество	patronymic
пра́вда	truth
ру́сский/ру́сская	Russian (*person*)
студе́нт/студе́нтка	student in college
университе́т	university; college
фами́лия	last name
штат	state

PRONOUNS

вы	you (*singular formal or formal/informal plural*)
мой/моя́	my; mine
ты	you (*informal and singular*)
я	I
э́то	this is; that is; these are; those are

ADVERBS

здесь	here
о́чень	very
то́же	also

QUESTION WORDS

где	where
кто	who
что	what

VERBS

Я живу́ . . .	I live . . .
Ты живёшь . . . /Вы живёте . . .	You live . . .
Я учу́сь	I go to school; I'm in school
Ты у́чишься?	You go to school?; You're in school?
Вы у́читесь?	You go to school?; You're in school?

Новые слова и выражения

CONJUNCTIONS

а	and; and what about . . . ? (*introduces new questions*)
и	and

PREPOSITIONS

в + *prepositional case*	in

OTHER WORDS AND PHRASES

Да!	yes; yeah
Давáйте познакóмимся!	Let's get acquainted!
До свидáния!	Good-bye!
Дóброе ýтро!	Good morning!
Дóбрый вéчер!	Good evening!
Дóбрый день!	Good afternoon!
Здрáвствуй(те)!	Hello!
Знáчит . . .	so; that means
Как вас (тебя́) зовýт?	What is your name?
Как вáша фамúлия?	What is your last name?
Как вáше óтчество?	What is your patronymic?
Как вы сказáли?	What did you say? (*formal and plural*)
Как ты сказáл(а)?	What did you say? (*informal*)
Меня́ зовýт . . .	My name is . . .
Немнóго о себé.	A bit about myself/yourself.
Ну, . . .	Well, . . .
óчень прия́тно	very nice
Очень прия́тно с вáми познакóмиться!	It's very nice to meet you!
Познакóмьтесь!	Let me introduce you! (*lit.* Get acquainted!)
Покá!	So long! (*informal*)
Прáвда?	Really?
Привéт!	Hi! (*informal*)
Простúте!	Excuse me!
Это мой друг/моя́ подрýга.	This is my (*male/female*) friend.

FIRST NAMES

Full name	**For short**
Алексáндр	Сáша
Алексáндра	Сáша
Анна	Аня
Борúс	Бóря
Вéра	Вéра
Дмúтрий	Дúма, Мúтя
Евгéний	Жéня

Новые слова и выражения

Евгéния	Жéня
Екатери́на	Кáтя
Елéна	Лéна
Елизавéта	Ли́за
Ивáн	Вáня
Мари́я	Мáша
Марк	Марк
Михаи́л	Ми́ша
Натáлья	Натáша
Ольга	Оля
Пáвел	Пáша
Пётр	Пéтя

PASSIVE VOCABULARY

Давáйте поговори́м!	Let's talk!
брат	brother
(Вáня) живёт ...	(Vanya) lives ...
вопрóсы	questions
Где они́ живýт?	Where do they live?
гóлос (*pl.* голосá)	voice
граммáтика	grammar
Давáйте поговори́м!	Let's talk!
Давáйте послýшаем!	Let's listen!
Давáйте почитáем!	Let's read!
диалóг	dialog
игровáя ситуáция	role-play
и́ли	or
Как по-рýсски ...?	How do you say in Russian ...?
культýра и быт	culture and everyday life
нóвые словá и выражéния	new words and expressions
образéц	example
Отвéтьте на вопрóсы.	Answer the questions.
О чём идёт речь?	What are we talking about?
подготóвка	preparation
приглашéние на вéчер	invitation to a party
разговóр	conversation
разговóры для слýшания	listening conversations
Разреши́те предстáвиться.	Allow me to introduce myself.
расписáние	schedule
сестрá	sister
слóво (*pl.* словá)	word
тóчка отсчёта	point of departure
упражнéние (*pl.* упражнéния)	exercise
ýстный перевóд	oral interpretation
Что чемý соотвéтствует?	What matches what?

УРОК 2

Что у меня есть?

Коммуникативные задания

- Naming common objects, clothing, and basic colors
- Arrival in Russia, greetings at the airport
- Russian homestays
- Reading and listening to ads

Культура и быт

- Slippers at home (**та́почки**)
- Documents in Russia: **па́спорт и ви́за**

Грамматика

- Grammatical gender: continuation
- Nominative plural of nouns
- The 5- and 7-letter spelling rules
- Pronouns **он, она́, оно́,** and **они́**
- Possessive modifiers **чей, мой, твой, наш, ваш, его́, её,** and **их**
- Nominative case of adjectives
- What: **Что** vs. **како́й**
- This is/these are: **Это** vs. **э́тот, э́то, э́та, э́ти**
- Have: **У меня́ (у тебя́, вас) есть**

Точка отсчёта

О чём идёт речь?

Одéжда

Культура и быт

When you enter a Russian's home, the hosts will offer you slippers, **та́почки.** Russians generally remove their street shoes and put on slippers as soon as they enter their own or anyone else's home. This custom is practical in Russia's northern climate, where the streets can be slushy or muddy for most of the year. Slippers keep your feet warm and dry, and your hosts' floors clean.

2-1 **Ва́ша оде́жда.** Classify the clothing into related groups such as casual–formal, top–bottom, winter–summer, things you have–things you don't have, men's–women's.

2-2 You are going to visit a friend for three days. What will you take?

2-3 Что чему́ соотве́тствует? Which words go together?

1. ______ компью́тер	а. видеоди́ск
2. ______ фотоаппара́т	б. ли́нза
3. ______ DVD-пле́ер	в. ка́ртридж
4. ______ при́нтер	г. фотогра́фия
5. ______ медиапле́ер	д. музыка́льный файл

2-4 Те́хника. A lot of Russian technical terminology is borrowed from English. Match the pictures with the words. Are there any words you do not recognize? Which items do you own?

1. ______ моби́льный телефо́н (моби́льник)	7. ______ маши́на
2. ______ телеви́зор	8. ______ коло́нки
3. ______ компью́тер	9. ______ при́нтер
4. ______ фотоаппара́т	10. ______ видеока́мера
5. ______ аудиопле́ер	11. ______ CD-пле́ер
6. ______ ра́дио	12. ______ DVD-пле́ер

а.

б.

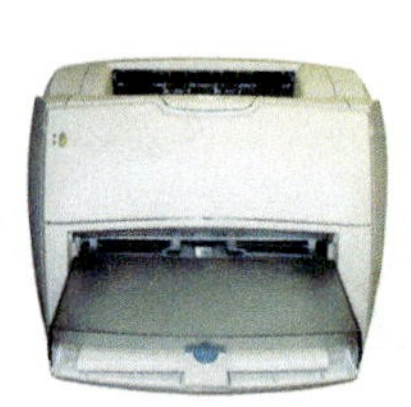
в.

г.

д.

ж.

з.

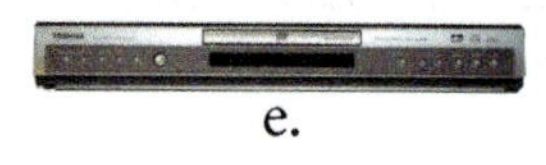
е.

л.

и.

к.

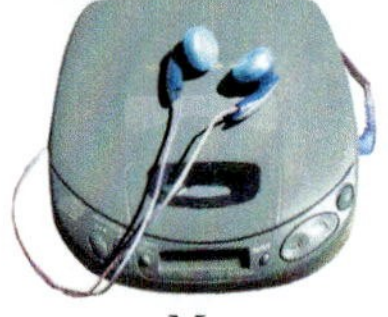
м.

2-5 Печа́ть. Here are some things that people read. Do you have any of these things with you?

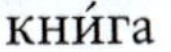

кни́га

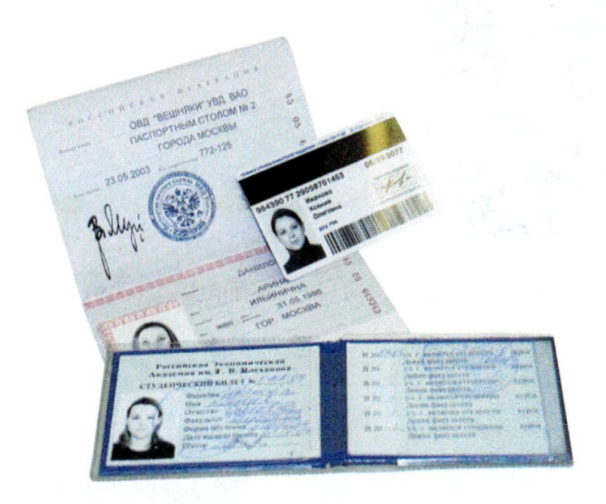

докуме́нты

газе́та

письмо́

журна́л

слова́рь

Культура и быт

Ва́ши докуме́нты, пожа́луйста. In order to enter Russia, you need **докуме́нты: па́спорт и ви́за.** The police (**мили́ция**) could ask you to show your **докуме́нты** on the street or in the metro. All Russians carry an internal **па́спорт** with them as identification. If you have something to declare at customs (**тамо́жня**) you may be asked to fill out a customs declaration (**деклара́ция**) upon entering or leaving Russia.

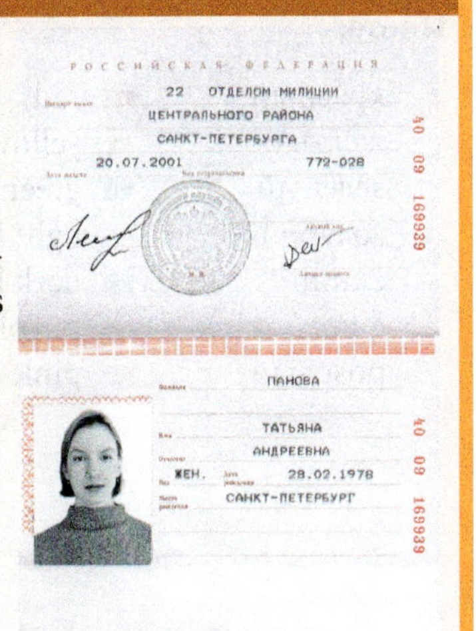

2-6 В аудито́рии. Can you find these objects in your classroom?

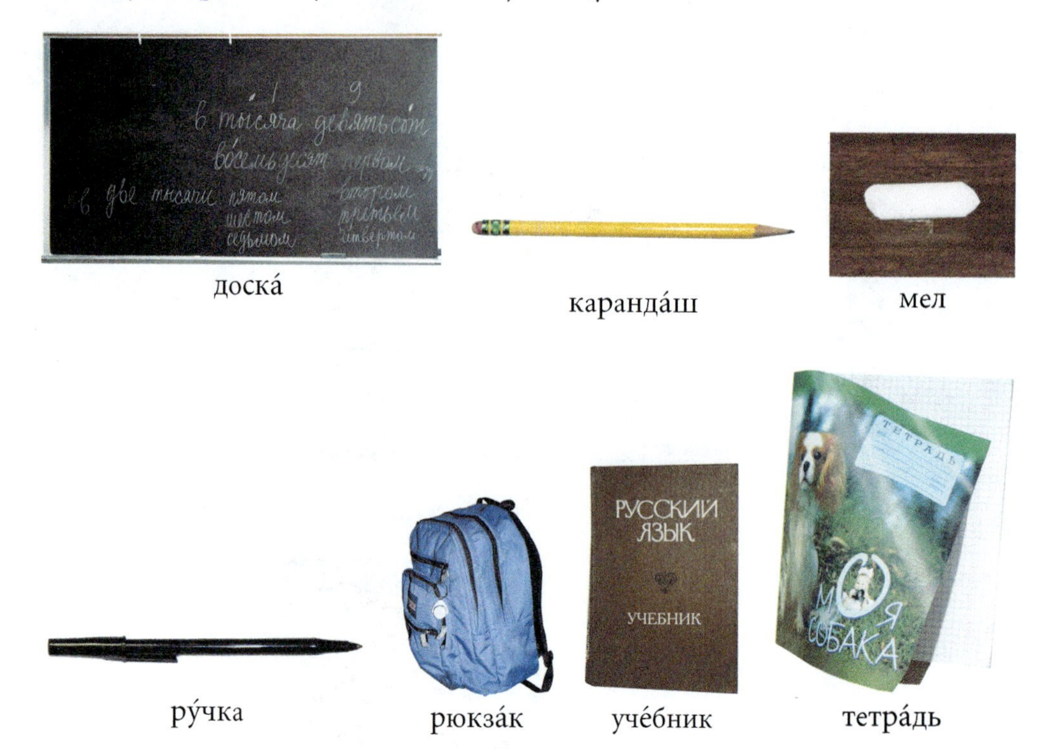

доска́ — каранда́ш — мел

ру́чка — рюкза́к — уче́бник — тетра́дь

2-7 Како́й? Кака́я? Here are some useful adjectives. Organize the Russian words into opposites or contrasting pairs. It will be easier to remember them that way.

но́вый	*new*	хоро́ший	*good*
большо́й	*large*	ма́ленький	*small*
ста́рый	*old*	плохо́й	*bad*
краси́вый	*beautiful*	некраси́вый	*ugly*
ру́сский	*Russian*	неинтере́сный	*uninteresting*
интере́сный	*interesting*	америка́нский	*American*

Цвета́:

кра́сный	red	чёрный	black
жёлтый	yellow	бе́лый	white
зелёный	green	се́рый	gray
голубо́й	light blue	кори́чневый	brown
си́ний	dark blue	бе́жевый	beige
фиоле́товый	purple	ора́нжевый	orange
ро́зовый	pink		

Разговоры для слушания

Разговóр 1. Пóсле тамóжни.
Разговáривают Мэ́ри и Кáтя.

1. What is Katya commenting on?
2. What does Mary have in the suitcase?
3. What is Katya's surprise?

Разговóр 2. С приéздом!
Разговáривают Валéра и Джим.

1. What does Valera say about Jim's suitcase?
2. What does Jim have in the lighter suitcase?
3. What does Jim have in the heavier suitcase?
4. What gift has Jim brought for Valera?
5. What is Valera's surprise?

Разговóр 3. И вот мы дóма!
Разговáривают Кéйти и Людми́ла Пáвловна.

1. What does Ludmila Pavlovna offer to Katie upon Katie's arrival?
2. What furniture is in Katie's room?
3. What does Katie say about the room?
4. What does Katie give to Ludmila Pavlovna?
5. What does Ludmila Pavlovna say?

Давайте поговорим

Диалоги

1. С приéздом!

С приéздом! Use this phrase only to greet someone who has arrived from another city or country

— С приéздом, Джим! Ну, как ты? Где твой чемодáн?
— Вот он.
— Какóй большóй! Что у тебя́ в чемодáне? Тéхника?
— Да. Компью́тер, фотоаппарáт, кни́ги, подáрки.
— Подáрки! Каки́е?
— Это сюрпри́з.
— А у меня́ тóже сюрпри́з.
— Какóй?
— Нóвая маши́на.

2. Ты молодéц!

Молодéц! Use this form of praise only with friends. It is not appropriate to praise a teacher or a business colleague like this.

— Ли́нда! С приéздом! Как ты?
— Хорошó, спаси́бо. Здрáвствуй, Кáтя!
— Это твой чемодáн? Си́ний? Ой, какóй большóй!
— И э́тот — тóже мой. Тут у меня́ тóлько одéжда — плáтья, мáйки, а там тéхника — фотоаппарáт, моби́льник, подáрки.
— Подáрки?! Интерéсно, каки́е?
— Нóвые компью́терные и́гры. Послéдние вéрсии.
— Ну, Ли́нда, ты молодéц!

3. И вот мы дóма!

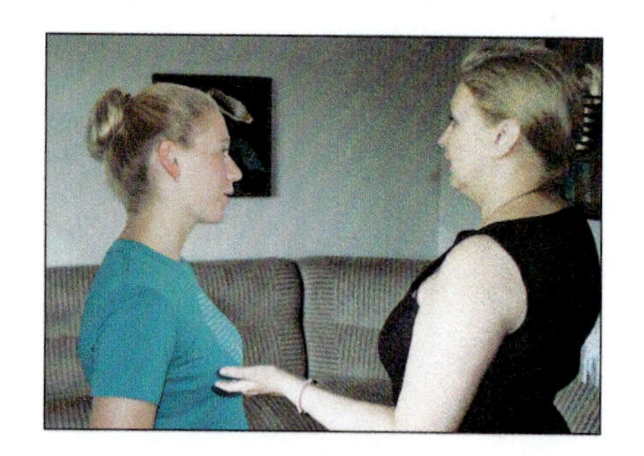

— И вот мы дóма, Кéйти! Проходи́те! Вот тáпочки.
— Спаси́бо, Людми́ла Пáвловна!
— Вот э́то вáша кóмната . . . Бу́дьте как дóма!
— Какáя краси́вая кóмната! И óкна каки́е больши́е!
— А э́то шкаф. Вот кровáть, пи́сьменный стол . . . Вот и всё. А э́то что у вас?

— Тут у меня́ компью́тер-ноутбу́к, фотоаппара́т и пода́рки. А вот ма́ленький пода́рок, Людми́ла Па́вловна.
— Кака́я краси́вая кни́га, Ке́йти! Каки́е здесь хоро́шие фотогра́фии! Спаси́бо большо́е!
— Пожа́луйста!

4. Познако́мьтесь!

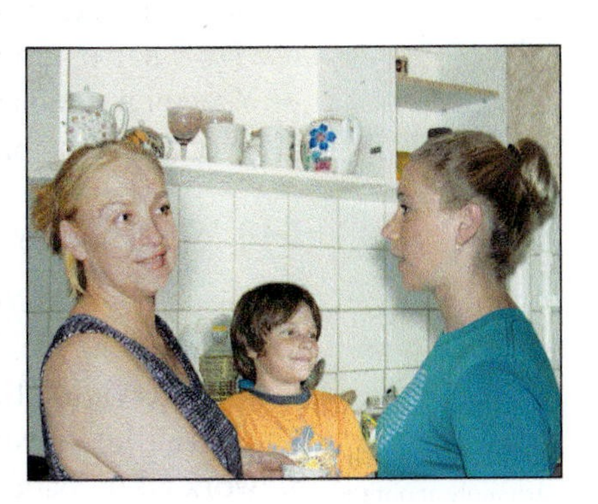

— Ке́йти, познако́мьтесь! Это моя́ дочь Юля. А э́то её сын Са́ша.
— Очень прия́тно, Юля! Здра́вствуй, Са́ша!
— Где вы живёте, Ке́йти?
— Я живу́ в Кли́вленде. Это большо́й го́род в шта́те Ога́йо.
— Поня́тно. У вас есть фотогра́фии?
— Да, вот фотогра́фия. Это наш дом и на́ша маши́на. А э́то ма́ма и па́па.
— А кто э́то?
— Это мой брат Джо.
— А чья э́та чёрная ко́шка?
— Это на́ша ко́шка Ми́на.
— Кака́я она́ больша́я!

Упражнения к диалогам

2-8 У вас есть . . . ? Working with a partner, ask and answer questions as in the models.

Образе́ц: — У вас есть моби́льник?
— Да, у меня́ есть моби́льник. (Да, есть.)
и́ли
— Нет, у меня́ нет.

Вопро́сы:

— У вас есть . . . ? — У тебя́ есть . . . ?	ра́дио, компью́тер, медиапле́ер, телеви́зор, фотоаппара́т, маши́на, газе́та, англо-ру́сский слова́рь, чемода́н, часы́, очки́, ко́шка, соба́ка

Отве́ты:

— Да, (у меня́) есть.
— Нет, у меня́ нет.

2-9 You just arrived in Moscow, but your luggage didn't make it. Talk to someone at the lost baggage desk and explain what was in your suitcase. List at least ten items, using as many colors and adjectives as you can to describe them (see the list on p. 48). Use the dialog below to model your conversation.

— Ой, како́й кошма́р! Где мой чемода́н?
— Како́й у вас чемода́н?
— Большо́й зелёный.
— Что у вас в чемода́не?
— У меня́ в чемода́не есть . . . (медиапле́ер, оде́жда, фотоаппара́т, англо-ру́сский слова́рь, пальто́, кни́ги, . . .)

2-10 What would you wear if you were at the places mentioned below?

На (я на работе – *I'm at work*) also takes the prepositional case and means *at*. You'll learn more about **на** and **в** in Unit 3.

1. theater (Я в теа́тре. У меня́ . . .)
2. club (Я в клу́бе. У меня́ . . .)
3. job interview (Я на интервью́. У меня́ . . .)
4. class at the university (Я в университе́те. У меня́ . . .)
5. work (Я на рабо́те. У меня́ . . .)
6. resort (Я на куро́рте. У меня́ . . .)

2-11 You have invited a Russian friend to visit you in your hometown. List a few things your friend should bring by asking if your friend has these items.

У тебя́ есть . . . ? (пальто́, сапоги́, ша́пка, пиджа́к, кроссо́вки, . . .)

2-12 Что у тебя́ есть? Ask your partner what he/she has on and with him/her: clothes, backpack, and classroom items. Partner: Give the color of each item.

Образе́ц: — Что у тебя́ есть?
— У меня́ есть си́ние джи́нсы, голубо́й сви́тер, чёрная футбо́лка, бе́лые кроссо́вки, си́ние носки́, бе́жевый пиджа́к, кра́сная тетра́дь и зелёный рюкза́к.

2-13 День рожде́ния. What ten things would you like to get for your birthday? Describe at least five of your items using adjectives.

2-14 Пое́здка в Москву́. Sasha and Lena have invited you to visit them in Moscow for two weeks in April. With a friend helping you, make a list of ten things to pack. You can use the following dialog to help you figure out what you need.

— У тебя́ есть ку́ртка?
— Да, у меня́ есть ку́ртка (хоро́шая чёрная ку́ртка).
и́ли
— Нет, у меня́ нет.

2-15 У меня́ есть пода́рок! Take turns telling your group that you have a gift, but don't say what it is. Others in the group will ask questions in Russian to find out what the gift is.

POSSIBLE QUESTIONS:

Пода́рок большо́й и́ли ма́ленький?
Это оде́жда? Это блу́зка?
Это те́хника? Это аудиопле́ер?

2-16 Review the dialogs. How might your hosts ask you these questions? Practice asking and answering them, using the dialogs as your guide.

- Whose suitcase is this?
- Do you have a computer (mobile phone, car)?
- What is this?
- Who is this?

Review the dialogs again. How would you do the following?

- Indicate that you have understood something.
- Welcome someone at the airport.
- Praise someone informally.
- Thank someone.

2-17 В аэропорту́ и до́ма. Working with a partner, practice responding to the following situations, then switch roles.

1. WITH A FRIEND AT THE AIRPORT

   С прие́здом!
   Как ты?
   Како́й большо́й чемода́н! Что в чемода́не?
   Это пода́рок.
   Большо́е спаси́бо!
   У меня́ но́вая маши́на.

2. WITH YOUR HOST FAMILY AT HOME

   У вас есть фотогра́фия?
   Кто э́то?
   Где вы живёте? Где вы у́читесь?
   Чья э́то маши́на?
   Ваш го́род краси́вый?

Игровые ситуации

2-18 В Росси́и . . .

1. You have just arrived in Russia for a homestay. Get acquainted with your host.
2. Your flight arrives in a large Russian city. Your Russian host family meets you there. Act out your arrival at the airport.
3. You are now unpacking at your host's home. Explain what items you have brought with you.
   a. media player
   b. computer and printer
   c. cell phone
   d. camera
   e. dictionary and books
   f. magazines
4. Working with a partner, prepare and act out a situation that deals with the topics of this unit.

Устный перевод

2-19 Your friend's host father doesn't understand any English, but your friend's Russian is shaky. Act as translator for them. Note that the Russian speaker starts the conversation.

ENGLISH SPEAKER'S PART

1. Thank you! Nice to meet you!
2. My coat? Here it is.
3. This little suitcase is mine.
4. The big suitcase is mine too.
5. Okay.
6. Clothes and books . . .
7. My computer, camera, and presents.

Грамматика

1. Grammatical Gender

Gender of Russian Nouns

	Masculine	Neuter	Feminine
Hard stem	чемода́н – ∅	окн – **о́**	газе́т – **а**
Soft stem	музе́ – **й** слова́р – **ь**	плать – **е**	фамили – **я** крова́т – **ь**

Russian nouns belong to one of three grammatical genders: **masculine, neuter,** or **feminine.** You can usually tell the gender of a noun by looking at its last letter in the nominative singular (the dictionary form). For inanimate objects like "dictionary" or "newspaper," gender is not tied to the noun's meaning. For example, there is nothing inherently feminine about a newspaper. The **-а** ending of **газе́та** tells you that it's feminine.

The gender of *animate* nouns usually matches their meaning. **Студе́нт** has a masculine ending (∅, which stands for "no vowel") and designates a male student. The grammatical ending of **студе́нтка,** *female student*, is feminine.

Exceptions:

Some masculine and neuter nouns cross gender lines. These include:

1. **Masculine** nouns that look feminine. Some family members like **па́па** and many male Russian nicknames such as **Ва́н*я*, Ви́т*я*, То́л*я*,** and **Са́ш*а* are masculine** but look feminine — with endings in **-а** or **-я.**
2. **Neuter** nouns ending in **-мя.** These nouns look feminine but in fact are **neuter.** Russian has only ten of them, one of which you have already seen: **и́мя** – *first name.*

What about nouns that end in -ь? Alas, there's no way to tell! Some nouns ending in **-ь** are masculine (**слова́рь** – *dictionary*) and some feminine (**тетра́дь** – *notebook*). None are neuter. In glossaries we mark **-ь** words as **он** or **она́.**

Упражнение

2-20 Он, она́ и́ли оно́? Absent-minded Masha (**Ма́ша-растеря́ша**) loses everything. As she finds each item she says:

Где фотоаппара́т? А, вот он!
и́ли
Где ру́чка? А, вот она́!
и́ли
Где пла́тье? А, вот оно́!

Recreate what Masha says for each of the items below.

фотоаппара́т, сви́тер, футбо́лка, руба́шка, письмо́, маши́на, слова́рь, крова́ть, ру́чка, ко́шка, соба́ка, пла́тье, пода́рок, ра́дио, га́лстук, телеви́зор, тетра́дь, рюкза́к

2. Nominative Plural of Nouns

	Masculine	Feminine	Neuter
Hard stem	чемода́н → чемода́н – **ы**	газе́та → газе́т – **ы**	окно́ → о́кн – **а**
Soft stem	музе́й → музе́ – **и** слова́рь → словар – **и́**	фами́лия → фами́лии – **и** тетра́дь → тетра́д – **и**	пла́тье → пла́ть – **я**

A glance at the plural chart above shows that for **masculine** and **feminine** nouns, the basic endings are -**ы** and -**и**.

Neuter nouns have plural endings in -**а** and -**я**. Remember, in the *plural, neuter nouns are different from masculine and feminine nouns.*

The 7-letter spelling rule

After the letters **к, г, х, ш, щ, ж,** and **ч,** do not write the letter -**ы.** Write -**и** instead.

Complete Written Exercises 02-10 and 02-11 in the SAM

Examples:

кни́га	кни́ги
га́лстук	га́лстуки
гара́ж	гаражи́

Notes:

1. Stress often shifts in the plural.

   Examples:

слова́рь	словари́
пиджа́к	пиджаки́
окно́	о́кна
письмо́	пи́сьма

2. Some masculine nouns ending in **-ок** or **-ец** lose this vowel whenever an ending is added. In the word lists and glossaries in this textbook, these words will be listed like this: **пода́р(о)к, америка́н(е)ц.**
3. Some masculine nouns take stressed **-á** as the plural ending. In the word lists and glossaries in this textbook, the plural of such words will be indicated. This unit presents three such words:

NOMINATIVE SINGULAR	NOMINATIVE PLURAL
дом	дома́
сви́тер	свитера́
па́спорт	паспорта́

4. Words of *foreign origin* ending in **-о, -и,** or **-у** are *indeclinable*: they never change their form. The nominative plural form of such a word is the same as the nominative singular form. For example: **ра́дио, пальто́, такси́, кенгуру́.**

Упражнение

2-21 Give the nominative plural form of the following nouns.

фотоаппара́т, дом, чемода́н, музе́й, слова́рь, па́спорт, маши́на, шко́ла, ма́ма, крова́ть, ле́кция, фами́лия, студе́нтка, кни́га, ма́йка, тетра́дь, пиджа́к, пода́рок, америка́нец, письмо́, о́тчество, окно́, пла́тье, пальто́, ра́дио, сви́тер, рюкза́к, каранда́ш, ру́чка, ко́шка

Complete Oral Drill 1 and Written Exercise 02-12 in the SAM

3. The Personal Pronouns: он, она́, оно́, они́

Где твой чемода́н?
Вот он.
ЕР_-549

The pronouns **он** – *he*, **она́** – *she*, and **они́** – *they* replace nouns, as in the following examples:

— Где Бори́с Миха́йлович?	— Вот он.	There *he* is.
— Где па́па?	— Вот он.	There *he* is.
— Где Мари́на Ива́новна?	— Вот она́.	There *she* is.
— Где Аня и Гри́ша?	— Вот они́.	There *they* are.

These pronouns also mean *it* or *they*:

Masculine	— Где чемода́н?	— Вот он.	There *it* is.
Neuter	— Где пла́тье?	— Вот оно́.	There *it* is.
Feminine	— Где маши́на?	— Вот она́.	There *it* is.
Plural	— Где часы́?	— Вот они́.	There *it* is.
	— Где кни́ги?	— Вот они́.	There *they* are.

Упражнение

2-22 Answer the following questions, using the models given above.

1. Где па́спорт?
2. Где Алекса́ндр Петро́вич?
3. Где Ни́на Па́вловна?
4. Где пла́тье?
5. Где моби́льник?
6. Где тетра́дь?
7. Где докуме́нты?
8. Где чемода́н?
9. Где джи́нсы?
10. Где ко́шка?
11. Где па́па?
12. Где пода́рки?
13. Где Ле́на и Са́ша?
14. Где пальто́?
15. Где окно́?
16. Где часы́?

2-23 Reread the e-mail from Valya to her professor, Елена Анатольевна, from Unit 1, p. 38. Work with a partner.

1. Find all the personal pronouns you can.
2. Act out the following situation: You are **Еле́на Анато́льевна,** reading the e-mail out loud over the phone to Valya's great-grandmother, **Ве́ра Алексе́евна,** who is a little hard of hearing but very inquisitive. **Ве́ра Алексе́евна** wants to find out as much about Valya and her life in the U.S. as she can, and you, **Еле́на Анато́льевна,** need to answer her questions. In asking and answering questions, use personal pronouns whenever you logically can. The following question words will help you:

Кто – *Who*
Что – *What*
Где – *Where*

Complete Oral Drills 2-3 and Written Exercise 02-13 in the SAM

Образе́ц: Наш оте́ль не на Манхэ́ттене, а в Кви́нсе. →
— Где он?
— Он в Кви́нсе.

4. Whose? Чей? and the Possessive Modifiers мой, твой, его́, её, наш, ваш, их

To ask *Whose?* use **чей, чья, чьё,** or **чьи,** followed by **э́то** and the relevant noun.

Masculine	Чей э́то чемода́н?	*Whose suitcase is this?*
Neuter	Чьё э́то пальто́?	*Whose coat is this?*
Feminine	Чья э́то су́мка?	*Whose bag is this?*
Plural	Чьи э́то часы́?	*Whose watch is this?*
	Чьи э́то кни́ги?	*Whose books are these?*

Possessive modifiers indicating *my, your*, etc. also modify, or *agree with*, the noun to which they refer (like *my book*). The chart below lists all the nominative case forms of these words.

	Masculine	Neuter	Feminine	Plural
whose?	чей	чьё	чья	чьи
my	мой	моё	моя́	мои́
your (informal)	твой	твоё	твоя́	твои́
our	наш	на́ше	на́ша	на́ши
your (formal)	ваш	ва́ше	ва́ша	ва́ши

The possessive modifiers **его́** – *his* (pronounced [ево́]), **её** – *her*, and **их** – *their* have only one form.

	Masculine	Neuter	Feminine	Plural
his		его́		
hers		её		
theirs		их		

For example, we have to change **мой** – *my*, to agree with the noun possessed: **мой** дом, **моё** окно. But **его** – *his*, **её** – *her*, and **их** – *their* never change: **её** дом – *her house*, **её** окно – *her window*.

Упражнения

2-24 Supply the correct form of the possessive modifiers.

1. — Это (**ваш**) ма́йка?
   — Да, (**мой**).
2. — (**Чей**) э́то ша́пка?
   — (**Его́**).
3. (**Мой**) компью́тер но́вый, а (**её**) ста́рый.
4. — (**Чей**) э́то рюкзаки́?
   — (**Наш**).
5. — Это (**твой**) пла́тье?
   — Да, (**мой**).

2-25 You and your group are getting ready to leave for the airport, and you're having trouble keeping track of all the luggage. Replace the English word in bold with the correct Russian equivalent to figure out what is whose, using the correct form of the appropriate possessive modifiers.

— (**Whose**) э́то ку́ртка? (**Yours, formal**)?
— Да, (**mine**).
— Так. А э́то (**your**) чемода́н?
— Нет. Не (**mine**). Это, наве́рное, (**his**) чемода́н. Вот э́тот большо́й чемода́н (**mine**).
— (**Whose**) э́то кни́ги?
— Это (**our**) кни́ги. А э́та кни́га не (**ours**). Это не (**your, informal**) кни́га?
— Нет, не (**mine**).
— Интере́сно, (**whose**) э́то кни́га?

2-26 Go back to Valya's e-mail to **Еле́на Анато́льевна** once again (2-23). Work with a partner.

1. Find all the possessive modifiers you can. What is the difference between the pronouns **его́** in the sentences **Его́ дочь Ки́ра** and **Его́ зову́т Оле́г?**
2. One of you is Valya's friend **Та́ня,** who also got Valya's e-mail. Retell as much of Valya's story as you can to her concerned **бойфре́нд Бори́с (Бо́ря). Бо́ря:** ask lots of questions!

2-27 Как по-ру́сски?

1. — Whose pen is this?
   — This is her pen.
2. — This is our video camera.
3. — Is this your watch?
   — No, this is his.
4. — Where is my cell phone?
   — There it is.
5. — Whose letter is this?
   — This is your letter.
6. — Are these our notebooks?
   — No, theirs.
7. — Whose dog is that?
   — It's our dog.

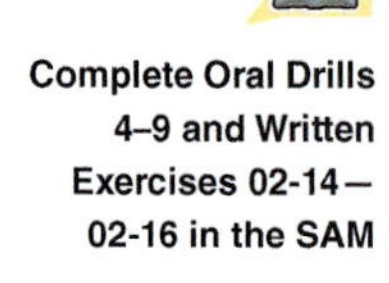

Complete Oral Drills 4–9 and Written Exercises 02-14—02-16 in the SAM

5. Adjectives (Nominative Case)

Consider these sentences. Pay attention to the endings in the adjectives **како́й** – *what a . . . !* and **большо́й** – *big*.

Как**о́й** больш**о́й** дом!	*What a big house!*
Как**а́я** больш**а́я** ко́мната!	*What a big room!*
Как**о́е** больш**о́е** окно́!	*What a big window!*
Как**и́е** больш**и́е** о́кна!	*What big windows!*

Russian adjectives always agree in **gender, number,** and **case** with the nouns they modify.

Nominative Case of Adjectives

	Masculine	Neuter	Feminine	Plural (All genders)
Hard endings	но́в**ый** каранда́ш	но́в**ое** пла́тье	но́в**ая** газе́та	но́в**ые** рюкзаки́
Hard endings, end stressed	голуб**о́й** сви́тер	голуб**о́е** пла́тье	голуб**а́я** руба́шка	голуб**ы́е** ма́йки
Soft endings	си́н**ий** рюкза́к	си́н**ее** пальто́	си́н**яя** кни́га	си́н**ие** костю́мы
Spelling rules	русск**ий**[7] слова́рь	ру́сск**ое** пла́тье	ру́сск**ая** газе́та	ру́сск**ие**[7] словари́
5 – See 5-letter rule below.	больш**о́й** чемода́н	больш**о́е** **окно́**	больш**а́я** ку́ртка	больш**и́е**[7] о́кна
7 – See 7-letter rule below.	хоро́ш**ий**[7] журна́л	хоро́ш**ее**[5] ра́дио	хоро́ш**ая** маши́на	хоро́ш**ие**[7] очки́

The 7-letter spelling rule
After the letters **к, г, х, ш, щ, ж, ч,** do not write **-ы;** write **-и** instead.

ру́сск**и**й хоро́ш**и**е
ы

The 5-letter spelling rule
After the letters **ш, щ, ж, ч, ц,** do not write **unstressed -о;** write **-е** instead.

хоро́ш**е**е большо́е
о
unstressed!
stressed and legal

For the time being, you must consider five things for each adjective you use.

1. *Number*: Is the noun singular or plural?
2. *Gender*: If singular, look at the noun's gender: masculine, neuter, or feminine?
3. *Hard or soft*: Most adjectives are hard. Soft adjectives are rare, but you've seen two: **си́ний** – *dark blue* and **после́дний** – *last*.
4. *Stress*: Is it an *end-stressed* adjective, like **большо́й**? The masculine ending is different (**-о́й**, not **-ый**).
5. *Spelling rules*: Is the adjective subject to the 5- or 7-letter rule? (See the spelling rules above.)

Notes:

1. Adjectives agree with nouns in gender and number, but not in hardness or softness. **Но́вые** (hard) **словари́** (soft) is perfectly legal.
2. Masculine nouns with feminine endings like **па́па** take masculine adjectives: **мой ста́рый па́па**.
3. Adjectives of nationality are not capitalized: **америка́нская ви́за**.

Упражнения

2-28 Supply the correct forms of the adjectives.

1. Где (**чёрный**) боти́нки?
2. У меня́ есть (**зелёный**) футбо́лка.
3. Где (**ста́рый**) очки́?
4. Это (**хоро́ший**) пальто́.
5. У вас есть (**большо́й**) слова́рь?
6. Это (**си́ний**) маши́на.
7. Вот (**ма́ленький**) часы́.
8. Тут (**большо́й**) окно́.
9. У тебя́ есть (**си́ний**) ру́чка?
10. Вот (**голубо́й**) ша́пка.

2-29 Как по-ру́сски? Translate into Russian.

1. — Where is my new red tie?
   — Here it is!
2. — Where is her old white blouse?
   — There it is!
3. — Do you have Russian magazines?
   — No, we have American newspapers.
4. — Is that an interesting book?
   — Yes, it is very interesting.
5. This is an old watch.
6. Your new dress is beautiful.
7. Their room is small, but (**но**) the closet is big.

2-30 Где мой рюкза́к? Half the classroom: You lost your backpack. Make a list of everything you had in your backpack, so that you can ask around in classroom buildings, in the library, and in cafés you visited today. Be prepared to describe the contents in as much detail as you can, using the phrase **У меня есть . . .**

Other half of the classroom: You are a librarian (**библиоте́карь**), café manager (**ме́неджер кафе́**), or building guard (**вахтёр**). People are always leaving found items with you. Make a list of the contents of the most recent backpack left in your care. When students come by asking if you have seen their backpack, check their lists against the contents of the most recent backpack left with you. You can check with the absent-minded students by asking **Что у вас есть?**

Complete Oral Drills 10–11 and Written Exercises 02-17—02-20 in the SAM

6. What: что vs. како́й

Both **что** and **како́й (како́е, кака́я, каки́е)** mean *what*, but they are not interchangeable. Look at the examples:

Что в чемода́не?	*What* is in the suitcase?
Кака́я кни́га в чемода́не?	*What (which) book* is in the suitcase?

When *what* stands alone, use **что.**

When *what* is followed by a noun, it is adjectival. Use **како́й.**

Like **большо́й,** the adjective **како́й has** end stress and is subject to the 7-letter spelling rule.

The Adjective како́й

Masculine	Neuter	Feminine	Plural (All genders)
Как**о́й** чемода́н?	Как**о́е** окно́?	Как**а́я** маши́на?	Каки́е часы́?

Упражнение

2-31 Запо́лните про́пуски. Fill in the blanks with the correct Russian equivalent of *what.*

1. What is that? ________________ э́то?
2. What documents are those? ________________ э́то докуме́нты?
3. What do you have there? ________________ тут у вас?
4. What book is that? ________________ э́то кни́га?
5. What kind of television is this? ________________ э́то телеви́зор?

Complete Oral Drills 12–14 and Written Exercises 02-21—02-23 in the SAM

7. This is/These are vs. This (Thing, Person)/These (Things, People): э́то vs. э́тот (э́та, э́то, э́ти)

Consider these sentences with forms of the word *this*.

INTRODUCTORY NON-CHANGING **э́то** – *this is, that is*

Это небольшо́й слова́рь.
This is a small dictionary.

Это ма́ленькое окно́.
This is a small window.

Это после́дняя ве́рсия.
That is the latest version.

Это краси́вые дома́.
Those are pretty houses.

In these sentences, the non-changing **introductory э́то** means *this is, that is, these are*, or *those are*.

MODIFIER **это** – *this*

Этот слова́рь небольшо́й.
This dictionary is small.

Это окно́ ма́ленькое.
This window is small.

Эта ве́рсия после́дняя.
This version is the latest.

Эти дома́ краси́вые.
These houses are pretty.

In these sentences, **э́тот** changes according to gender and number just like possessive modifiers **мой, твой, наш,** and **ваш**. It means *this*, not *this is*.

The Modifier э́тот

Masculine	Neuter	Feminine	Plural (All genders)
э́**тот** дом	э́**то*** о́тчество	э́**та** маши́на	э́**ти** докуме́нты
this house	*this patronymic*	*this car*	*these documents*

*The neuter modifier **э́то** – *this* looks like the non-changing introductory **э́то** – *this is*. Context makes the meaning clear:

Это пла́тье. — *That's a dress.*
Это пла́тье моё. — *This dress is mine.*

Упражнения

2-32 Fill in the blanks with **э́то** or a form of **э́тот**.

1. *That is* my book. ____________ моя́ кни́га.
2. *This book* is mine. ____________ кни́га моя́.
3. *These are* my suitcases. ____________ мои́ чемода́ны.
4. *This suitcase* is yours. ____________ чемода́н ваш.
5. *This small suitcase* is also yours. ____________ ма́ленький чемода́н то́же ваш.
6. *These books* are interesting. ____________ кни́ги интере́сные.
7. *These new books* are yours. ____________ но́вые кни́ги ва́ши.
8. *These are* new books. ____________ но́вые кни́ги.
9. *Are those* new books? ____________ но́вые кни́ги?
10. Are *these books* new? ____________ кни́ги но́вые?

2-33 Фотогра́фии. You are showing photos of your family to your new host family. Fill in the blanks in the following paragraph. Watch for agreement and context.

__________ моя́ семья́. __________ мой па́па. Его́ зову́т Джон. А __________ моя́ ма́ма. Её зову́т Ше́рон. __________ мой брат Эван, а __________ сестра́ Ли́ли. __________ де́вушка — не на́ша сестра́, а подру́га Эва́на, Дже́нни. __________ ста́рый бе́лый дом наш. __________ ма́ленькая си́няя маши́на на́ша, а __________ чёрная не на́ша. А __________ на́ша соба́ка, Па́ркер. __________ бе́лая ко́шка не на́ша.

Complete Oral Drill 15 and Written Exercises 02-24 and 02-25 in the SAM

семья́ – *family*
де́вушка – *girl*

8. Indicating Having Something: у меня́ есть, у тебя́ есть, у вас есть

In English, we say: *I have a book.*

In Russian we express "having" like this:

У меня́ есть кни́га.

↓ ↓ ↓ ↓

By me is book.

That makes *book* the subject of the sentence.

У меня́ есть ...	*I have ... (by me is)*
У тебя́ есть ...	*You have ... / Do you have ... ? (informal) (by you is)*
У вас есть ...	*You have ... / Do you have ... ? (formal/plural) (by you is)*

To have and have *not*. So far you can say that you *have* things. You do not know how to say you *don't* have something. For now you can say only: "No, I don't have it" or "No, I don't have one."

— У вас есть слова́рь?	— *Do you have a dictionary?*
— Нет, у меня́ нет.	— *No, I don't.*

Using есть. Sometimes we drop the **есть**. Look at these examples:

WITH **е́сть**	WITHOUT **е́сть**
— У вас **есть** си́ний костю́м? *Do you have a blue suit (or don't you)?*	— У вас **си́ний** костю́м? *Is the suit you have blue?*
— Да, **есть.** *Yes, I do.*	— Да, **си́ний.** *Yes, it is.*
These sentences (with **есть**) establish whether or not something is there.	These sentences (no **есть**) assume the object is there but emphasize additional information.

In short, if the **у меня́/у вас/у тебя́** expression contains an adjective or a number, you should probably drop **есть.**

Упражнения

2-34 Ask what clothing your partner owns. Use У **тебя есть . . . ? У вас есть . . . ?** in your questions. Answer your partner's questions.

2-35 Combine words from the columns below to ask and answer questions about the colors of your partner's clothes.

Образе́ц: — У тебя́ си́ний сви́тер?
— Да, он си́ний.
и́ли
— Нет, он зелёный.

	чёрный	руба́шка
	бе́лый	джи́нсы
	кра́сный	брю́ки
— У тебя́ . . . ?	се́рый	футбо́лка
	бе́жевый	пла́тье
— Да, он/оно́/она́/они . . .	голубо́й	боти́нки
— Нет, он/оно́/она́/они . . .	жёлтый	кроссо́вки
	ора́нжевый	носки́
	зелёный	пальто́
	фиоле́товый	рюкза́к
	ро́зовый	ку́ртка
	си́ний	сви́тер

Review Oral Drill 10 and complete Written Exercises 02-26–02-30 in the SAM

Давайте почитаем

2-36 Интерне́т-аукцио́н автомоби́лей Need a used car? Look at the listings from Molotok.ru, a Russian Internet auction site. Find out the following:

1. Based solely on color, which car would you buy and why?
2. Which ads tout the car's near-new condition?
3. Which car has the highest odometer reading? Which car has the lowest?
4. Which car has the biggest engine? Hint: look for something that might be an abbreviation like "h.p.".
5. Which car fits the most people?
6. Do you prefer automatic transmission to stick shift? Which cars might you eliminate on that basis?
7. Which car is the cheapest? After examining the description, can you tell why the car is so cheap?
8. Overall, which car would you choose and why?

Листинги на сайте molotok.ru

Название	Цена	До окончания
ТОЙОТА КОРОЛЛА, минивэн 5 мест+2 детских. Пробег 78 000 км., цвет белый, состояние хорошее. Система ABS, климат-контроль, музыка mp3.	**395 000,00 руб.**	**1 день**
KIA CERATO, супер идеальное состояние, ABS. Цвет синий. Климат контроль. Год выпуска 2004, пробег 52 000 км. Мощность 143 л.с. Седан, бензин инжектор, передний привод, автоматическая коробка передач.	**380 000,00 руб.**	**1 день**

Название	Цена	До окончания
ВАЗ 21124, год выпуска - 2005. Цвет чёрный. В хорошем состоянии. Все документы в порядке. Пробег 65 000 км.	**185 000,00 руб.**	**2 дня**
Форд Фокус, двигатель: год выпуска - 2008. Мощность двигателя: 125 л.с. Седан. Пробег 30 100 км. Идеальное состояние, на гарантии. Цвет зелёный.	**530 000,00 руб.**	**2 дня**
BMW, Модель: 5ER. Год выпуска 2004. Седан - цвет чёрный металлик. Пробег 85 000 км. Коробка: автомат. Мощность: 192 л.с. Система ABS. Кондиционер. Круиз-контроль. Автомобиль в идеальном состоянии.	**800 000,00 руб.**	**3 дня**
Шевролет Авео хэтчбек. Состояние отличное. Год выпуска: 2007 Пробег: 19 000 км. ABS, кондиционер, MP3, Коробка передач: механика. Цвет: голубой металлик. Мощность двигателя: 72 л.с. Привод: передний.	**281 000,00 руб.**	**5 дней**

Но́вые слова́ в конте́ксте. Examine the listings again to learn some new words.

1. What does **состоя́ние** mean?
2. What is the phrase for *year of production*?
3. Which word is used to indicate the odometer reading?
4. The Russian (and European) use of commas and decimal points in large numbers differs from that of North America. How is a comma indicated? What takes the place of a decimal point?

2-37 Read the following text and answer the questions that follow.

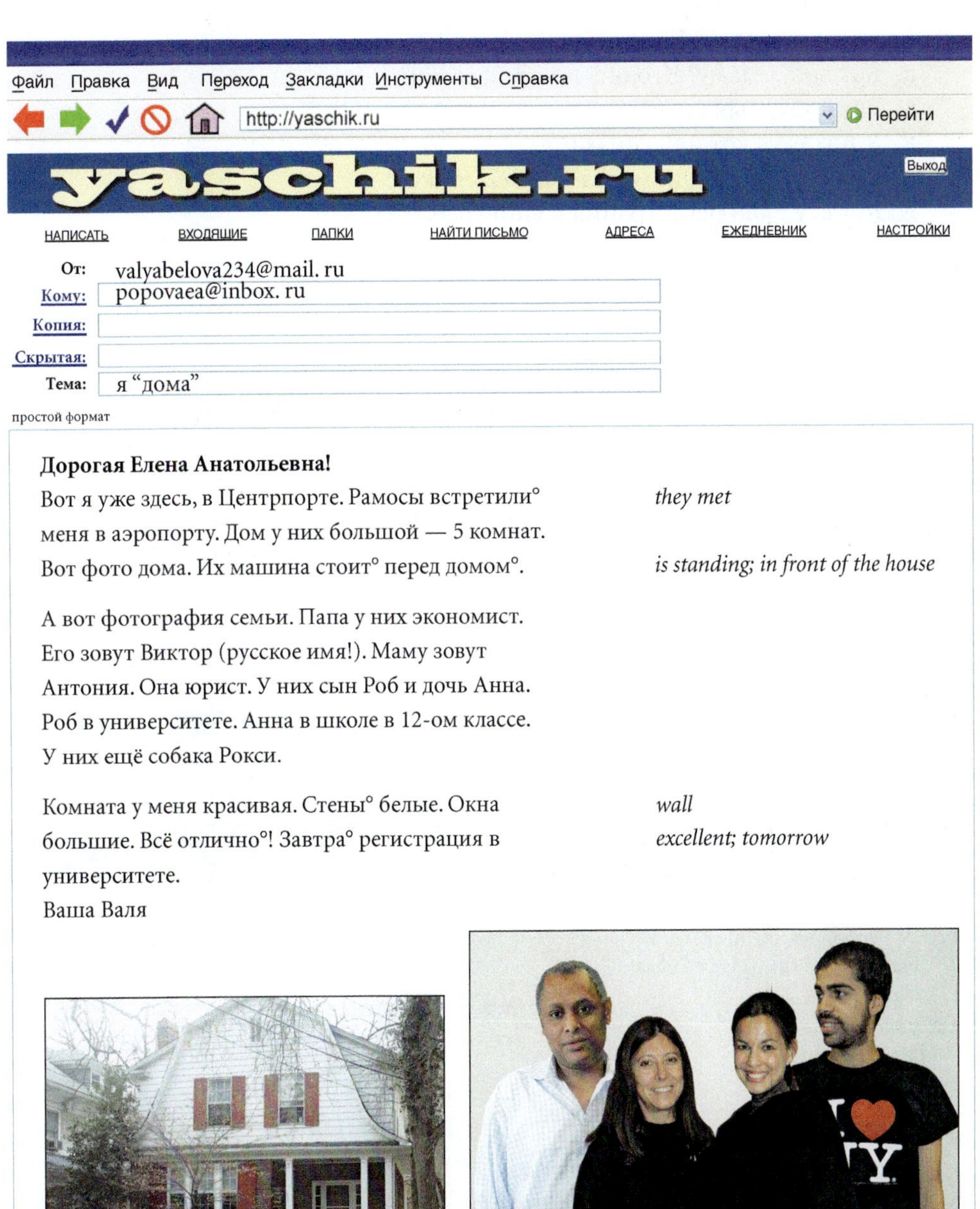

Файл Правка Вид Переход Закладки Инструменты Справка

http://yaschik.ru Перейти

yaschik.ru Выход

НАПИСАТЬ ВХОДЯЩИЕ ПАПКИ НАЙТИ ПИСЬМО АДРЕСА ЕЖЕДНЕВНИК НАСТРОЙКИ

От: valyabelova234@mail. ru
Кому: popovaea@inbox. ru
Копия:
Скрытая:
Тема: я "дома"

простой формат

Дорогая Елена Анатольевна!

Вот я уже здесь, в Центрпорте. Рамосы встретили° меня в аэропорту. Дом у них большой — 5 комнат. Вот фото дома. Их машина стоит° перед домом°.

they met
is standing; in front of the house

А вот фотография семьи. Папа у них экономист. Его зовут Виктор (русское имя!). Маму зовут Антония. Она юрист. У них сын Роб и дочь Анна. Роб в университете. Анна в школе в 12-ом классе. У них ещё собака Рокси.

Комната у меня красивая. Стены° белые. Окна большие. Всё отлично°! Завтра° регистрация в университете.

wall
excellent; tomorrow

Ваша Валя

1. **Вопро́сы**
   - а. Их маши́на кра́сная?
   - б. Как зову́т па́пу? Кто он по профе́ссии?
   - в. Как зову́т ма́му? Кто она́ по профе́ссии?
   - г. Как зову́т сы́на и дочь?
   - д. У них есть кот и́ли соба́ка?
   - е. У Ва́ли больша́я ко́мната и́ли ма́ленькая?
   - ж. Когда́ у Ва́ли регистра́ция в университе́те?

когда́ – *when*

2. **Грамма́тика в конте́ксте**
   - a. This e-mail exchange has four instances of the prepositional case. Where do you see them?
   - b. Russian has five cases other than the prepositional. Find nouns that you believe to have "unknown" case endings, other than nominative and prepositional.
   - c. What adjectives do you see in this exchange? What nouns do they modify?
   - d. You know the expressions **У меня́, У тебя́, У вас** (**есть**). What do you think **У них** means? How do you think you would say "He has" and "She has"?

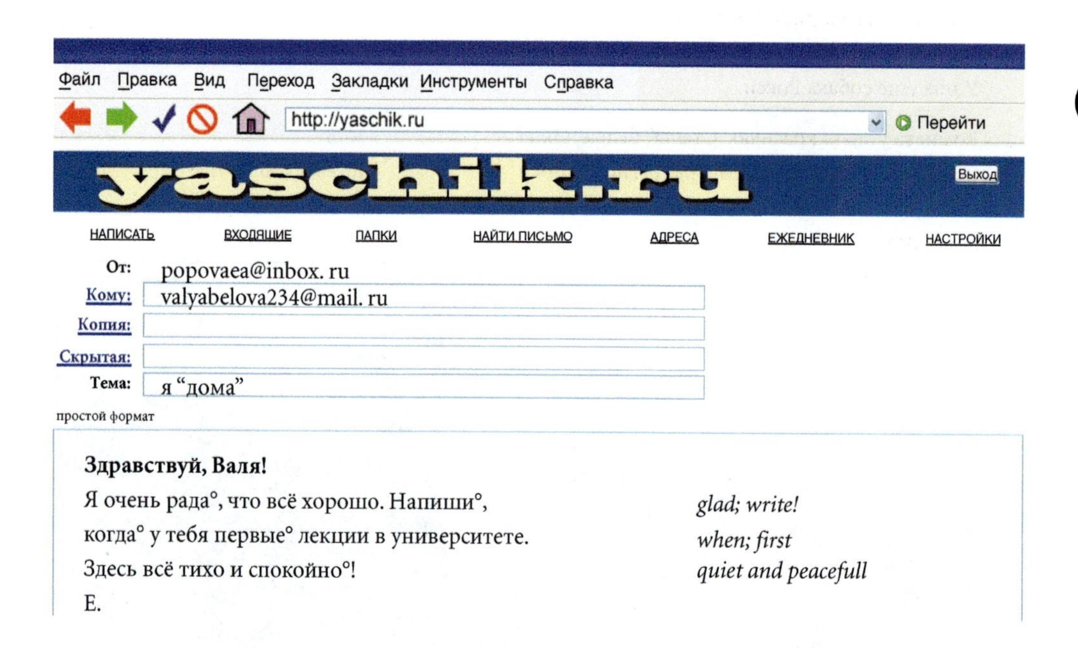

Давайте послушаем

2-38 Магази́н-сало́н. Listen to the announcement to find out what specials are being advertised. Mark the pictures below.

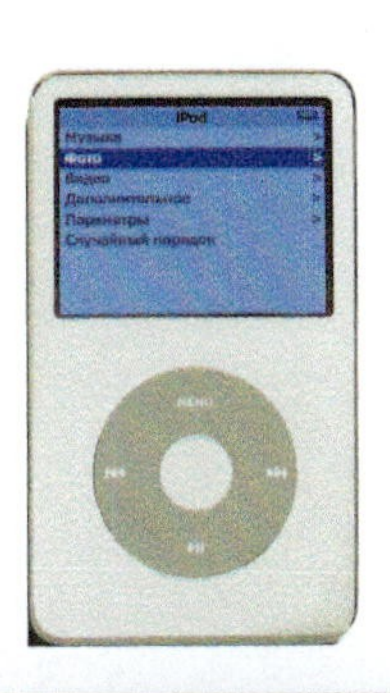

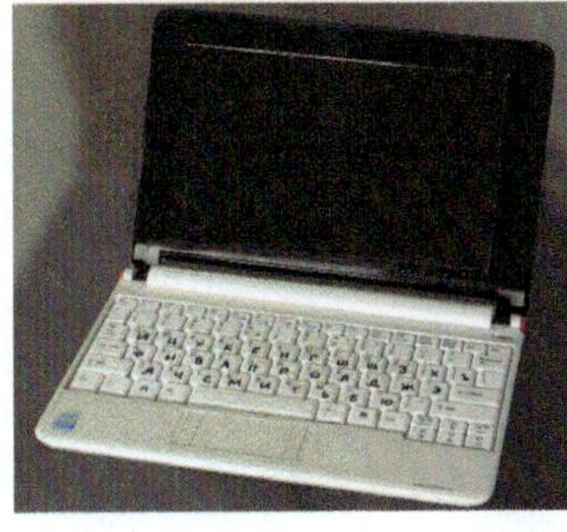

2-39 Магази́н «Мо́да». Listen to the announcement for the following information:

1. What is being advertised? Pick out at least four key words that lead you to your conclusion and jot them down in English or in Russian.
2. What is the store's address?
3. What is the phone number?

Новые слова и выражения

NOUNS

брат	brother
вéрсия	version
ви́за	visa
газéта	newspaper
докумéнт	document, identification
дом (*pl.* домá)	home, apartment building
дочь	daughter
журнáл	magazine
игрá (*pl.* и́гры)	game
карандáш (*pl.* карандаши́)	pencil
кни́га	book
кóмната	room
кóшка (*masc.* кот, *masc. pl.* коты́)	cat (tomcat)
кровáть (онá)	bed
мáма	mom
окнó (*pl.* óкна)	window
пáпа	dad
пáспорт (*pl.* паспортá)	passport
пи́сьменный стол	desk
письмó (*pl.* пи́сьма)	letter
подáр(о)к	gift
рýчка	pen
рюкзáк (*pl.* рюкзаки́)	backpack
словáрь (он) (*pl.* словари́)	dictionary
собáка	dog
сýмка	bag; purse; campus bag
сын	son
сюрпри́з	surprise
тетрáдь (онá)	notebook
учéбник	textbook
чемодáн	suitcase
шкаф (в шкафý)	cabinet; wardrobe; freestanding closet

Тéхника	**Gadgets**
видеоди́ск	videodisk
видеокáмера	video camera
кáртридж	cartridge
колóнки (*pl.*)	speakers
(компáкт)-ди́ск (*pl.* [компáкт]-ди́ски)	CD
компью́тер	computer
ли́нза	lens
маши́на	car
нóутбук	notebook computer

Новые слова и выражения

плéер:	
аудиоплéер	audio player
медиаплéер	media player
CD [сиди́]-плéер	CD player
DVD [дивиди́]-плéер	DVD player
при́нтер	printer
рáдио (приёмник)	radio (receiver)
телеви́зор	television
телефóн	telephone
моби́льный телефóн (моби́льник)	mobile telephone
файл	(electronic) file
фотоаппарáт	camera
фотогрáфия	photo

Одéжда / Clothing

блýзка	blouse
боти́нки (*pl.*)	shoes
брю́ки (*pl.*)	pants
гáлстук	tie
джи́нсы (*pl.*)	jeans
костю́м	suit
кроссóвки (*pl.*)	athletic shoes
кýртка	short jacket
мáйка	T-shirt, undershirt
носки́	socks
очки́ (*pl.*)	eyeglasses
пальтó (*indecl.*)	overcoat
пиджáк	suit jacket
плáтье	dress
рубáшка	shirt
сапоги́ (*pl.*)	boots
сви́тер (*pl.* свитерá)	sweater
тáпочки (*pl.*)	slippers
тýфли (*pl.*)	shoes
футбóлка	T-shirt, jersey
часы́ (*pl.*)	watch
шáпка	cap
ю́бка	skirt

PRONOUNS AND POSSESSIVE MODIFIERS

он	he, it
онá	she, it
онó	it
они́	they
э́то	this is, that is, those are, these are

Новые слова и выражения

чей (чьё, чья, чьи)	whose
мой (моё, моя́, мои́)	my
твой (твоё, твоя́, твои́)	your (*informal*)
наш (на́ше, на́ша, на́ши)	our
ваш (ва́ше, ва́ша, ва́ши)	your (*formal or plural*)
её	her
его́	his
их	their

ADJECTIVES

америка́нский (америка́нское, америка́нская, америка́нские)	American
большо́й (большо́е, больша́я, больши́е)	large
компью́терный (компью́терное компью́терная, компью́терные)	computer (*adj.*)
(не)интере́сный (интере́сное, интере́сная, интере́сные)	(un)interesting
(не)краси́вый (краси́вое, краси́вая, краси́вые)	pretty (ugly)
ма́ленький (ма́ленькое, ма́ленькая, ма́ленькие)	small
но́вый (но́вое, но́вая, но́вые)	new
плохо́й (плохо́е, плоха́я, плохи́е)	bad
после́дний (после́днее, после́дняя, после́дние)	last
ру́сский (ру́сское, ру́сская, ру́сские)	Russian
ста́рый (ста́рое, ста́рая, ста́рые)	old
хоро́ший (хоро́шее, хоро́шая, хоро́шие)	good
э́тот (э́то, э́та, э́ти)	this

Цвета́	Colors
бе́жевый (бе́жевое, бе́жевая, бе́жевые)	beige
бе́лый	white
голубо́й	light blue
жёлтый	yellow
зелёный	green
кори́чневый	brown
кра́сный	red
ора́нжевый	orange
ро́зовый	pink
се́рый	gray
си́ний (си́нее, си́няя, си́ние)	dark blue
фиоле́товый	purple
чёрный	black

Новые слова и выражения

ADVERBS

там	there
то́лько	only
тут	here

QUESTION WORDS

како́й (како́е, кака́я, каки́е)	what, which
чей (чьё, чья, чьи)	whose

OTHER WORDS AND PHRASES

Бу́дьте как до́ма!	Make yourself at home!
Вот . . .	Here is . . .
Всё.	That's all.
Есть . . . ?	Is there . . . ? Are there . . . ?
Интере́сно . . .	I wonder . . . , It's interesting . . .
Как ты?	How are you? (*informal*)
Молод(е́)ц!	Well done!
нет	no
ну	well . . .
Ой!	Oh!
Пожа́луйста.	You're welcome.
Поня́тно.	Understood.
Проходи́те.	Go on through.
С прие́здом!	Welcome! (*to someone from out of town*)
Спаси́бо.	Thank you.
У меня́ есть . . .	I have . . .
У меня́ не́т.	I don't have any of those.
У вас есть . . . ?	Do you have . . . ? (*formal*)
У тебя́ есть . . . ?	Do you have . . . ? (*informal*)
Хорошо́.	Fine. Good.

PASSIVE VOCABULARY

англо-ру́сский (англо-ру́сское, англо-ру́сская, англо-ру́сские)	English-Russian
аудито́рия	classroom
аэропо́рт	airport
в аэропорту́	in the airport
библиоте́карь	librarian
бойфре́нд	boyfriend
вахтёр	guard
деклара́ция	customs declaration
день рожде́ния	birthday

Новые слова и выражения

Запо́лните про́пуски.	Fill in the blanks.
доска́ (*pl.* до́ски)	(black)board
интервью́	interview
Како́й кошма́р!	Oh no! (*lit.* What a nightmare!)
кафе́	café
когда́	when
куро́рт	resort
магази́н	store
мел	chalk
ме́неджер	manager
мили́ция	police
музыка́льный	musical
печа́ть	press
пое́здка	trip
пое́здка в Москву́	trip to Moscow
по́сле	after
рабо́та	work
семья́	family
Соста́вьте предложе́ния.	Make up sentences.
тамо́жня	customs
теа́тр	theater

УРОК 3

Какие языки вы знаете?

Коммуникативные задания

- Talking about languages
- Discussing ethnic and national backgrounds
- Reading and listening to ads about language-study programs

Культура и быт

- The place of foreign languages in Russia
- Responding to compliments

Грамматика

- Verb conjugation: present and past tense
- Position of adverbial modifiers
- Talking about languages: **ру́сский язы́к** vs. **по-ру́сски**
- Talking about nationalities
- Prepositional case of singular and plural modifiers and nouns
- Conjunctions: **и**, **а**, **но**

Точка отсчёта

О чём идёт речь?

Кто э́то?

Это Джон и Дже́ссика.
Джон америка́нец.
Дже́ссика америка́нка.
Они́ говоря́т по-англи́йски.

Это Алёша и Ка́тя.
Алёша ру́сский.
Ка́тя ру́сская.
Они́ говоря́т по-ру́сски.

Это Хуа́н и Марисо́ль.
Хуа́н испа́нец.
Марисо́ль испа́нка.
Они́ говоря́т по-испа́нски.

Языки́ и национа́льности

Каки́е языки́ вы изуча́ете и́ли зна́ете?

Я изуча́ю . . .
Я зна́ю . . .

англи́йский язы́к
ара́бский язы́к
испа́нский язы́к
кита́йский язы́к (*Chinese*)
неме́цкий язы́к (*German*)
ру́сский язы́к
францу́зский язы́к
япо́нский язы́к (*Japanese*)

Кто они́ по национа́льности?

Па́па . . .	Ма́ма . . .	Они́ . . .
америка́нец	америка́нка	америка́нцы
англича́нин	англича́нка	англича́не
ара́б	ара́бка	ара́бы
испа́нец	испа́нка	испа́нцы
италья́нец	италья́нка	италья́нцы
кана́дец	кана́дка	кана́дцы
кита́ец	китая́нка	кита́йцы
мексика́нец	мексика́нка	мексика́нцы
не́мец	не́мка	не́мцы
ру́сский	ру́сская	ру́сские
украи́нец	украи́нка	украи́нцы
францу́з	францу́женка	францу́зы
япо́нец	япо́нка	япо́нцы

На како́м языке́ вы говори́те в ва́шей семье́?

До́ма мы говори́м . . .

- по-англи́йски
- по-ара́бски
- по-испа́нски
- по-кита́йски
- по-неме́цки
- по-ру́сски
- по-францу́зски
- по-япо́нски

Ва́ша фами́лия ру́сская?

Да, ру́сская.
Нет, . . .

- англи́йская
- ара́бская
- испа́нская
- кита́йская
- неме́цкая
- францу́зская
- япо́нская

Где вы жи́ли?

Я жил(á) . . .

- в Англии
- в Еги́пте
- в Испа́нии
- в Кита́е
- в Герма́нии
- во Фра́нции
- в Япо́нии
- в Кана́де
- в Аме́рике

Разговоры для слушания

Разгово́р 1. Вы зна́ете англи́йский язы́к?

Разгова́ривают Пе́тя и секрета́рь филологи́ческого факульте́та Моско́вского университе́та.

1. What language is being discussed?
2. Does Petya know this language?
3. What does he want to find out?
4. How does the secretary help him?

Культура и быт

Иностра́нные языки́ в Росси́и. The study of foreign languages has historically been at the core of the education system. It is universal in Russian schools. Students begin the study of a foreign language no later than the fifth grade. Many schools offer instruction starting in the second grade. English is the most commonly taught foreign language, followed by German and French.

A thorough knowledge of a foreign language is a mark of prestige. Many prominent writers and thinkers began their careers as language majors or as translators.

Разгово́р 2. Вы говори́те по-францу́зски?
Разгова́ривают Вади́м и Анто́н Васи́льевич.

1. What language is being discussed?
2. Does the professor know this language?
3. What is Vadim trying to find out?
4. Does the professor help him?

Разгово́р 3. Я говори́л хорошо́ по-англи́йски.
Разгова́ривают Ко́ля и Ве́ра.

1. What language did Kolya study in college?
2. How did Kolya speak this language back then? How is his speaking now?
3. How is Kolya's reading in his second language?
4. What is Kolya reading about?
5. What language did Vera study?
6. How does she describe her proficiency in her second language?

Давайте поговорим

Диалоги

1. Вы зна́ете испа́нский язы́к?

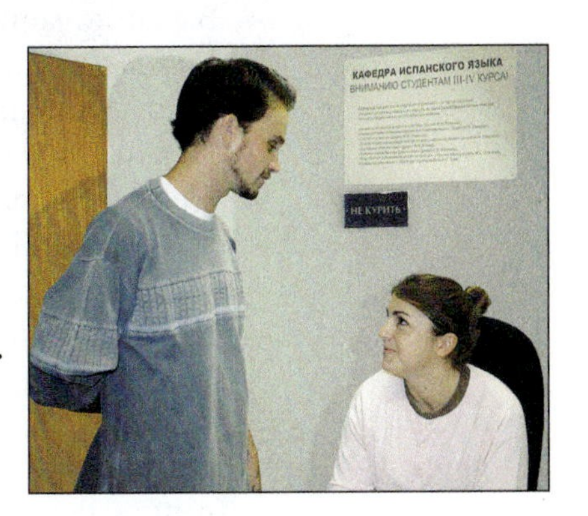

— Жа́нна, вы зна́ете испа́нский язы́к?
— Чита́ю хорошо́, говорю́ пло́хо.
— Я тут чита́ю испа́нский журна́л и не понима́ю одно́ сло́во . . .
— Како́е?
— Вот э́то. Как по-ру́сски «cambio»?
— По-ру́сски э́то бу́дет «обме́н». А о чём вы чита́ете?
— О европе́йских фина́нсовых ры́нках.
— Поня́тно.

2. Вы о́чень хорошо́ говори́те по-ру́сски.

— Джейн, вы о́чень хорошо́ говори́те по-ру́сски.
— Нет, что́ вы! Я хорошо́ понима́ю, но говорю́ и пишу́ ещё пло́хо.
— Нет-нет, вы говори́те о́чень хорошо́. Роди́тели ру́сские?
— Па́па ру́сский, а ма́ма америка́нка.
— А на како́м языке́ вы говори́те до́ма?
— До́ма мы говори́м то́лько по-англи́йски.
— А отку́да вы зна́ете ру́сский язы́к?
— Я его́ изуча́ла в университе́те. И жила́ в ру́сском до́ме.
— В ру́сском до́ме? Что э́то тако́е?
— Это общежи́тие, где говоря́т то́лько по-ру́сски.
— Поня́тно.

Note the use of the **они́** form of the verb without the pronoun **они́**. *That's a dormitory where [they] speak only Russian/where only Russian is spoken.*

3. Дава́йте познако́мимся.

— Здра́вствуйте! Полищу́к Алекса́ндр Дми́триевич.
— Са́ра Ньюэлл. Очень прия́тно. Полищу́к — э́то украи́нская фами́лия, да?
— Да, оте́ц украи́нец. А мать ру́сская.
— А где они́ живу́т?
— Они́ живу́т в Ки́еве.
— А до́ма в семье́ вы говори́те по-украи́нски?
— Не всегда́. Ра́ньше мы говори́ли то́лько по-украи́нски, а сейча́с иногда́ и по-ру́сски.
— Интере́сно.

4. Разреши́те предста́виться.

— Разреши́те предста́виться. Боб Джонс.
— Смирно́ва Ли́дия Миха́йловна. Очень прия́тно.
— Очень прия́тно.
— Вы англича́нин, да?
— Нет, америка́нец.
— Вы так хорошо́ говори́те по-ру́сски.
— Нет-нет, что́ вы! Я говорю́ ещё пло́хо.
— Но вы всё понима́ете по-ру́сски, да?
— Нет, не всё. Я понима́ю, когда́ говоря́т ме́дленно.
— А я не бы́стро говорю́?
— Нет, норма́льно.

Note again the use of the **они́** form of the verb without the pronoun **они́**. *I understand when it is spoken slowly.*

Культура и быт

Комплиме́нты. No matter how well Russians speak English, they will probably respond to a compliment about their ability to speak a foreign language with denials, such as **Нет-не́т, что́ вы!** (*Oh, no! Not at all!*).

5. Очень прия́тно познако́миться.

— Здра́вствуйте! Пе́гги Сно́у.
— Аганя́н Гайда́р Була́тович.
— Говори́те ме́дленнее, пожа́луйста. Я пло́хо понима́ю по-ру́сски.
— Аганя́н Гайда́р Була́тович.
— Зна́чит, ва́ше и́мя Аганя́н?
— Нет, Аганя́н — фами́лия. Зову́т меня́ Гайда́р Була́тович.
— Поня́тно. Гайда́р не ру́сское и́мя?
— Не ру́сское. По национа́льности я армяни́н. Жил в Ерева́не. Извини́те, Пе́гги, о́чень прия́тно познако́миться, но у меня́ сейча́с ле́кция. До свида́ния.
— До свида́ния.

Упражнения к диалогам

3-1 Как по-ру́сски . . . ? The expression **я забы́ла** (*I forgot*) is marked for gender. A man says **я забы́л,** and a woman says **я забы́ла.** Using the example below, create dialogs in which you check the meanings of words you forgot.

Образе́ц: — Я забы́л (забы́ла), как по-ру́сски «dress».
— По-ру́сски э́то бу́дет «пла́тье».

1. shirt
2. coat
3. shoes
4. jeans
5. sneakers
6. suit
7. tie
8. jacket
9. T-shirt
10. watch
11. backpack
12. skirt
13. glasses
14. pants
15. overcoat

3-2 Как их зову́т? Кто они́ по национа́льности?

Образе́ц: Это Ви́льям Шекспи́р. Он англича́нин.

 **3-3 Подгото́вка к разгово́ру.** Review the dialogs. How would you do the following?

1. Ask if someone knows Spanish, English, French, etc.
2. Describe your level in speaking, reading, and understanding in a language you know.
3. Find out the meaning of a word you don't know in Spanish (French, Russian, etc.).
4. Praise someone's language ability.
5. Respond to a compliment about your Russian.
6. Ask where someone learned Russian (English, Spanish, etc.).
7. Find out if someone's name (first, last) is Russian (French, Spanish, etc.).
8. Indicate that you don't understand fast speech.
9. Find out if you are speaking too fast.
10. Say you used to live in a Russian House (or in Moscow, St. Petersburg, Washington, etc.).
11. Introduce yourself formally.
12. Leave a conversation gracefully, explaining that you have another appointment.

3-4 Иностра́нные языки́. Каки́е языки́ вы зна́еге? Каки́е языки́ зна́ют ва́ши роди́тели? На како́м языке́ вы говори́те до́ма?

3-5 Немно́го о карти́нках. Кто э́то? Как их зову́т? Кто они́ по национа́льности? Что они́ говоря́т?

3-6 Но́вая програ́мма иностра́нных языко́в. You are the administrator of a new foreign language program whose budget is large enough to offer instruction in five languages. Make a list of the languages you will include. Be prepared to explain your choices to the other groups.

Игровые ситуации

3-7 В Москве́ . . .

1. You are applying for a translating job and are asked to describe your language background. Your prospective employer may be interested in one skill more than another (for example, reading over speaking).
2. Your new host family is impressed with your Russian. Respond appropriately to the compliment and explain, when they ask, how you learned Russian.
3. Start a conversation with a Russian on any topic. If it goes too fast, slow it down. Then end it gracefully.
4. You have just started a conversation with a Russian in Russian, but your language is still too limited to talk about much. Find out if you share another language.
5. Working with a partner, prepare and act out a situation of your own that deals with the topics of this unit.

Устный перевод

3-8 You are an interpreter for a foreigner visiting Moscow. At a party, the foreigner, who speaks no Russian, is interested in meeting a Russian who speaks no English. Help them out.

ENGLISH SPEAKER'S PART

1. Hi. Let me introduce myself. My name is . . . What's your name?
2. Pleased to meet you. [Name and patronymic of the Russian], do you know English?
3. No, I don't know Russian. I understand a little French and Italian.
4. Yes, I go to school at a small university in California. How about you?
5. Do you live in St. Petersburg?
6. Good-bye.

Грамматика

1. Verb Conjugation

The infinitive is the form listed in Russian dictionaries. Most Russian infinitives end in **-ть.** The infinitive is usually used after other verbs as in the sentences **Я хочу́ чита́ть** – *I want to read* and **Я люблю́ чита́ть** – *I like to read.*

In the present tense, Russian verbs agree with the grammatical subject. This is called *verb conjugation.* So far you know only some personal pronouns in Russian. Here are all of them:

кто	Who? (works like **он**)
я	I
ты	you (informal)
он/она́	he/she
мы	we
вы	you (plural/formal)
они́	they

Infinitive to cops: I tell you nothing!

The infinitive (dictionary form) provides little information about the verb conjugation. Learn the conjugation separately.

2. Verbs with -е-/-ё- conjugations: -ю(-у), -ешь, -ет, -ем, -ете, -ют (-ут)

The following charts show the endings for **е/ё**-conjugation verbs.

Stems Ending in Vowels

	знать *to know*	**читáть** *to read*	**понимáть** *to understand*
я	знá - **ю**	читá - **ю**	понимá - **ю**
ты	знá - **ешь**	читá - **ешь**	понимá - **ешь**
он/онá (кто)	знá - **ет**	читá - **ет**	понимá - **ет**
мы	знá - **ем**	читá - **ем**	понимá - **ем**
вы	знá - **ете**	читá - **ете**	понимá - **ете**
онú	знá - **ют**	читá - **ют**	понимá - **ют**

Stems Ending in Consonants

	писáть *to write*	**жить** *to live*
я	пиш - **ý**	жив - **ý**
ты	пúш - **ешь**	жив - **ёшь**
он/онá (кто)	пúш - **ет**	жив - **ёт**
мы	пúш - **ем**	жив - **ём**
вы	пúш - **ете**	жив - **ёте**
онú	пúш - **ут**	жив -**ýт**

Here are some things to keep in mind about **е/ё**-conjugation verbs. Refer to the charts above.

1. **The infinitive is not your friend!** It is often misleading when it comes to conjugation. Learn the conjugation separately.
2. **У or Ю?** We write **я пиш[ý]** but **я знá[ю]**. Use **у** after consonants and **ю** after vowels. This also applies to the **онú** endings: **пúш[ут]**, but **знá[ют]**.
3. **Е or Ё?** We write **пúш[ет]** and **знá[ет]** but **жив[ёт]**. Stressed endings take **ё**. Unstressed endings take **е**. Russian has three stress patterns in verbs.

Verb Stress Patterns

Stem Stress	End Stress	Changing Stress
чит á ть	**жить**	**пис áть**
читá-ю	жив - **ý**	пиш - **ý**
читá-ешь	жив - **ёшь**	**пи́ш** - ешь
читá-ет	жив - **ёт**	**пи́ш** - ет
читá-ем	жив - **ём**	**пи́ш** - ем
читá-ете	жив - **ёте**	**пи́ш** - ете
читá-ют	жив - **ýт**	**пи́ш** - ут
		End stress for infinitive and **я**. Jump back a syllable for everything else.

Упражнения

3-9 Запóлните прóпуски. Fill in the blanks with the correct forms of **читáть.**

1. Что ты ________________________ ?
2. Я ________________________ францýзские кни́ги.
3. Он мéдленно ________________________ по-рýсски.
4. Мы немнóго ________________________ по-немéцки.
5. Кто хорошó ________________________ по-испáнски?
6. Эти студéнты ________________________ неплóхо по-италья́нски.
7. — На какóм языкé вы ________________________?
   — Я ________________________ по-англи́йски.
8. Онá не ________________________ по-арáбски.

3-10 Запóлните прóпуски. Fill in the blanks with the correct forms of **жить.**

1. Где онá ________________________?
2. Мои́ роди́тели ________________________ в Оклахóме.
3. Кто ________________________ в Росси́и?
4. Я сейчáс не ________________________ там.
5. Ты ________________________ в Пенсильвáнии?
6. Он ________________________ в Дéнвере?
7. Где вы ________________________?
8. Мы ________________________ в Москвé.

3-11 Запóлните прóпуски. Fill in the blanks with the correct form of the verb in parentheses.

1. Ивáн бы́стро (читáть) ________________ по-рýсски, а я (читáть) ________________ мéдленно.
2. — На каки́х языкáх вы (писáть) ________________?
   — Мы (писáть) ________________ по-англи́йски и немнóго по-рýсски.

3. — Кто (жить) _______________ здесь?
— Здесь (жить) _______________ на́ши студе́нты.
4. — Вы хорошо́ (понима́ть) _______________ по-ру́сски?
— Да, я (понима́ть) _______________ неплóхо.
5. — Каки́е языки́ вы (зна́ть) _______________?
— Я (чита́ть) _______________ по-испа́нски и по-неме́цки, но пло́хо (понима́ть) _______________.
6. Кристи́на (жить) _______________ во Фра́нции, но она́ пло́хо (знать) _______________ францу́зский язы́к. Она́ дово́льно хорошо́ (понима́ть) _______________, но пло́хо (писа́ть) _______________.
7. Ты (жить) _______________ в Ме́ксике? Зна́чит, ты (знать) _______________ испа́нский язы́к?
8. — Зна́ешь, я по-испа́нски хорошо́ говорю́ и (понима́ть) _______________, но пло́хо (писа́ть) _______________ и (чита́ть) _______________.

Complete Oral Drills 1–6 and Written Exercises 03-08—03-13 in the SAM

3. Verbs with -и- conjugations: -ю, -ишь, -ит, -им, -ите, -ят

	говори́ть *to speak; to talk; to say*
я	говор - **ю́**
ты	говор - **и́шь**
он/она́ (кто)	говор - **и́т**
мы	говор - **и́м**
вы	говор - **и́те**
они́	говор - **я́т**

So much more than just -и-! И-conjugation verbs almost always have **я** forms in **-ю** (говор**ю́**) and **они́** forms in **-ят** (говор**я́т**).

Getting the Conjugation Right

Getting a verb right requires you to know three things:

- The **я** form
- The **ты** form (that gives you the theme vowel: **е/ё** or **и**)
- The **они́** form (You can predict the **они́** form from the **ты** form. But still, it's a good idea to learn the **они́** form as well.)

In vocabulary lists in ГОЛОСА, you will always find the same three forms listed. So a listing for *to live* reads: **жить (живу́, живёшь, живу́т)**.

Упражнения

3-12 Запóлните прóпуски. Fill in the blanks with the correct form of the verb **говори́ть**.

1. Мы ______________ по-англи́йски, а Ди́ма и Вéра ______________ по-рýсски.
2. Мари́я ______________ по-испáнски и по-францýзски.
3. Я немнóго ______________ по-рýсски.
4. Вы ______________ по-немéцки?
5. Кто ______________ по-арáбски?
6. Ты хорошó ______________ по-рýсски.
7. Профéссор ______________ бы́стро, а студéнты ______________ мéдленно.

3-13 Запóлните прóпуски. You will be learning more in this unit about the Ramos family, Valya's host family in the U.S. Below see what you can figure out about what languages they speak. Fill in the blanks with the appropriate forms of verbs chosen from the following list.

говори́ть
понимáть
читáть
писáть
знать
жить

Complete Oral Drill 7 and Written Exercise 03-14 in the SAM

почти́ – *almost*

Немнóго о Рáмосах. Вáля сейчáс _________ в семьé Рáмосов. Онá _________ по-рýсски и по-англи́йски. По-испáнски Вáля совсéм не_________ . Дóма Рáмосы _________ по-англи́йски и по-испáнски. Когдá они́ _________ по-испáнски, Вáля не_________ . А когдá Вáля _________ по телефóну с мáмой по-рýсски, Рáмосы её не_________ . То есть почти́ не_________ . Роб, сын Рáмосов, изучáет рýсский язы́к в университéте, поэ́тому он немнóго _________ по-рýсски. Он тáкже _________ алфави́т и немнóго _________ и _________ по-рýсски. Сейчáс Вáля хóчет _________ и по-испáнски.

4. The Past Tense: Introduction

Гайдáр Булáтович **жил** в Ереванé.
Джейн **изучáла** рýсский язы́к в университéте и **жилá в** рýсском дóме.
Рáньше мы **говори́ли** тóлько по-украи́нски, а сейчáс иногдá и по-рýсски.

Formation of the Past Tense

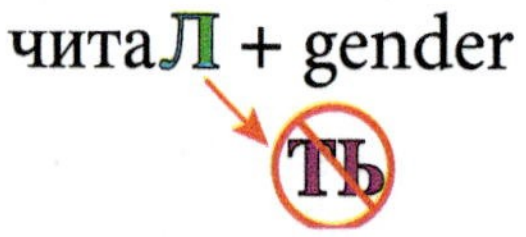
читаЛ + gender
ТЬ

Start with the **infinitive.** Replace **ть** with **л.** Then make the verb agree with the gender and number of the subject.

The Past Tense

Subject Gender/ Number	**знать** *to know*	**чита́ть** *to read*	**жить** *to live*	**говори́ть** *to speak, say*
Masculine **Кто, он, Макси́м**	зна́л	чита́л	жил	говори́л
Feminine **Она́, Ка́тя, студе́нтка**	зна́ - **ла**	чита́ - **ла**	жи - **ла́**	говори́ - **ла**
Plural **Они́, мы, вы, студе́нты**	зна́ - **ли**	чита́ - **ли**	жи́ - **ли**	говори́ - **ли**

Notes:

1. **Biological gender and grammatical number.** It is the biological gender of the subject that determines the ending of the past-tense verb, not its grammatical ending. So **па́па** looks feminine, but it's really masculine: **па́па жил.**

   Вы is always treated as if it were plural: **Вы здесь жи́ли?**

— Гайда́р Була́тович, вы жи́ли в Ерева́не?
— Да, я жил в Ерева́не.

— Джейн, вы изуча́ли ру́сский язы́к в университе́те?
— Да, я изуча́ла ру́сский язы́к в университе́те.

— Джейн, ты жила́ в ру́сском до́ме?
— Да, жила́.

2. **Stress patterns.** The past tense has its own set of stress patterns. Stress can be stable (either on the stem or the ending) or "feminine strong" (only the feminine -**ла́** is stressed).

Past-Tense Stress Patterns

Stable Stress			"Feminine Strong"
знать *to know*	**чита́ть** *to read*	**говори́ть** *to speak, say*	**жить** *to live*
зна́ - **л**	чита́ - **л**	говори́ - **л**	жи - **л**
зна́ - **ла**	чита́ - **ла**	говори́ - **ла**	жи - **ла́**
зна́ - **ли**	чита́ - **ли**	говори́ - **ли**	жи́ - **ли**

Past Tense of the Reflexive Verb *учиться*

Note the changes in the suffix -**ся:**

учи́л**ся**
учи́ла**сь**
учи́ли**сь**

Упражнения

3-14 Запо́лните про́пуски. Fill in the blanks with the past-tense form of the verb in parentheses.

1. В университе́те мы (изуча́ть) ____________ англи́йский язы́к.
2. Ра́ньше Ви́ктор хорошо́ (говори́ть) ____________ и (понима́ть) ____________ по-англи́йски.
3. В шко́ле Ле́на о́чень хорошо́ (чита́ть)____________ и (писа́ть) ____________ по-францу́зски.
4. Па́па ра́ньше (понима́ть) ____________ по-кита́йски.

5. — Ири́на Па́вловна, вы (изуча́ть) ____________ неме́цкий язы́к?
— Да, в университе́те мы (изуча́ть) ____________ и неме́цкий, и францу́зский языки́. Я непло́хо (чита́ть) ____________ по-неме́цки, но по-францу́зски (писа́ть) ____________ о́чень пло́хо.
6. — Ви́тя, ты (жить) ____________ в общежи́тии?
— Да, в университе́те я (жить) ____________ в общежи́тии. Мно́гие студе́нты там (жить) ____________.
7. — Кто (жить) ____________ в Герма́нии?
— Мы там (жить) ____________.

3-15 Explain that the people indicated no longer know the following languages as well as they used to. Then talk about yourself and your family: did you or they used to know a language better?

Ра́ньше . . . , а тепе́рь . . . – *Back then . . . , whereas now . . .*

Образе́ц: Джейн: говори́ть по-ру́сски
Ра́ньше Джейн хорошо́ говори́ла по-ру́сски, а тепе́рь она́ пло́хо говори́т.

Ле́на: писа́ть по-францу́зски	я: ???
мы: понима́ть по-неме́цки	па́па: ???
друг: чита́ть по-ара́бски	ма́ма: ???
студе́нты: чита́ть по-кита́йски	брат: ???
ты: говори́ть по-япо́нски	сестра́: ???
вы: писа́ть по-испа́нски	

Complete Oral Drills 8–9 and Written Exercise 03-15 in the SAM

5. Word Order: Adverbs

Look at the position of the adverbs marked in bold:

Ты **хорошо́** говори́шь по-ру́сски.	*You speak Russian **well.***
Он **о́чень** лю́бит ру́сский язы́к.	*He likes Russian very **much.***

In Russian, adverbs such as **хорошо́, пло́хо, бы́стро, свобо́дно,** and **немно́го** usually precede verbs.

However, in answering the question **как** – *how*, Russians usually put the adverb last.

For example:

— **Как** вы говори́те по-ру́сски?	***How** do you speak Russian?*
— Я говорю́ **хорошо́.**	*I speak it **well.***

Review Oral Drill 7 in the SAM

6. Talking about Languages — Языки́

По-ру́сски or ру́сский язы́к? How we name languages depends on what we say about those languages. Consider these sentences:

Speaking, understanding, reading, writing

До́ма мы говори́ли **по-ру́сски.**	*At home we spoke Russian.*
Ле́на хорошо́ чита́ет **по-кита́йски.**	*Lena reads Chinese well.*
Я хорошо́ пишу́ **по-францу́зски.**	*I write French well.*

Knowing, studying

Кто зна́ет **англи́йский язы́к**?	*Who knows English?*
Мы изуча́ли **ру́сский язы́к.**	*We took Russian.*

Language ***skills*** (**чита́ть, писа́ть, говори́ть, понима́ть**) require the forms **по-_______ ски: чита́ть по-ру́сски, говори́ть по-англи́йски.**

Knowing and ***studying*** (**знать, изуча́ть**) take __________ **ский язык** constructions: **знать испа́нский язы́к, изуча́ть неме́цкий язы́к.**

Asking questions: На како́м языке́? На каки́х языка́х? OR **Како́й язы́к? Каки́е языки́?** Look at these questions and their answers.

На како́м языке́ вы говори́те?	*What language do you speak?*
На каки́х языка́х вы чита́ете?	*What languages do you read?*
Како́й язы́к вы зна́ете?	*What language do you know?*
Каки́е языки́ вы изуча́ете?	*What languages do you take?*

When asking about a *skill* (**чита́ть, писа́ть, говори́ть, понима́ть**), ask:

На како́м языке́ – *in which language*
На каки́х языка́х – *in which languages*

When asking about *knowing or studying* a language (**зна́ть, изуча́ть**), ask:

Како́й язы́к – *which language*
Каки́е языки́ – *which languages*

Exception: The verb **понима́ть** can be used with either structure, but you will more often hear **по-ру́сски**.

— Каки́е языки́ понима́ет твоя́ ма́ма?
— Она́ понима́ет испа́нский и неме́цкий языки́.

Or

— На каки́х языка́х понима́ет твоя́ мама́?
— Она́ понима́ет по-испа́нски и по-неме́цки.

Keep **по-___ски** and **___ский язы́к** forms separate!

ПО-РУССКИЙ (й crossed out) **РУССКИЙ ЯЗЫК**

This form doesn't change. This phrase has an adjective plus a noun.

Summary of Forms Used to Talk about Languages

	по-_______ ски (no -й, no **язы́к**)	**_____ ский язы́к** (both -**й** and **язы́к**)
Questions	**На како́м языке́** **На каки́х языка́х** } вы говори́те?	**Како́й язы́к** **Каки́е языки́** } вы изуча́ете?
говори́ть **чита́ть** **писа́ть**	Я говорю́ Я чита́ю Я пишу́ } **по-ру́сски.**	
знать **изуча́ть**		Я зна́ю Я изуча́ю } **ру́сский язы́к.**
понима́ть	Я понима́ю **по-ру́сски.**	Я понима́ю } **ру́сский язы́к.**

Упражнения

3-16 Языки́. Отве́тьте на вопро́сы.

1. Каки́е языки́ вы зна́ете?
2. На каки́х языка́х вы понима́ете?
3. На каки́х языка́х вы хорошо́ говори́те?
4. На каки́х языка́х вы пи́шете?
5. На каки́х языка́х вы чита́ете?
6. Каки́е языки́ зна́ют ва́ши роди́тели?
7. На како́м языке́ вы говори́те до́ма?
8. Каки́е языки́ вы изуча́ете?

3-17 Как по-ру́сски? Express these questions in Russian using **ты.**

1. What languages do you know?
2. What languages do you study?
3. What language are you studying?
4. What languages can you write?
5. What languages do you understand?
6. What languages do you read?
7. What languages do you speak?

3-18 Как по-ру́сски?

1. Marina speaks English and German.
2. Do you study Arabic?
3. Who writes French?
4. The students study Italian.
5. I read and write Spanish very well.
6. My parents do not understand Russian.
7. — What languages do you know?
   — We speak and read Chinese.
8. I studied French in college, but now I speak French badly.
9. They used to speak Japanese fluently.
10. Have you studied Russian?
11. I used to speak German well, but now I speak poorly.

Complete Oral Drills 10–14 and Written Exercises 03-16—03-18 in the SAM

7. Talking about Nationalities — Кто вы по национа́льности?

Look at these statements about people's nationalities:

Мой оте́ц **америка́нец,** а мать **англича́нка.**	My father is *American*, and my mother is *English*.
На́ши студе́нты **не́мцы.**	Our students are German.

In English, we can use either *nouns* or *adjectives* for the nationalities of people (*she's American* or *she's* ***an*** *American*). In Russian we use *nouns only*: **Она́ америка́нка.**

The one exception is the word *Russian* — **ру́сский, ру́сская, ру́сские** — which is an adjective.

Nationality Words: Russian

	ОН	ОНА	ОНИ
Russian	ру́сский	ру́сская	ру́сские

Nationality Words: -ец, -ка, -цы

	ОН	ОНА	ОНИ
American	америка́нец	америка́нка	америка́нцы
Canadian	кана́дец	кана́дка	кана́дцы
Chinese	кита́ец	кит**ая́н**ка (!)	кита́йцы
German	не́мец	не́мка	не́мцы
Italian	италья́нец	италья́нка	италья́нцы
Japanese	япо́нец	япо́нка	япо́нцы
Mexican	мексика́нец	мексика́нка	мексика́нцы
Spanish	испа́нец	испа́нка	испа́нцы

Nationality Words: -ин, -нка, -не

	ОН	ОНА	ОНИ
English	англича́нин	англича́нка	англича́не
Armenian	армяни́н	армя́нка	армя́не
Russian citizen	россия́нин	россия́нка	россия́не

Nationality Words: No –ец

	ОН	ОНА	ОНИ
Arab	ара́б	ара́бка	ара́бы
French	францу́з	францу́женка	францу́зы

Notes on nationalities:

1. **Ру́сский** vs. **россия́нин**. Russian has two words for *Russian*. **Ру́сский** refers to ethnicity: **Эти ру́сские живу́т в Нью-Йо́рке. Россия́нин** (**россия́нка, россия́не**) denotes citizenship. All citizens of Russia, whether ethnically Russian or not, are **россия́не**. Similarly, the adjective **росси́йский** refers to Russia as a nation-state: **Росси́йская Федера́ция** is the formal name for **Росси́я. Ру́сский,** on the other hand, has to do with "Russianness," as in **ру́сские тради́ции**, which one finds far beyond Russia's borders.
2. **Capitalization.** Names of countries are capitalized. Words for nationalities are not: Гре́та **не́мка.** Она живёт в **Герма́нии.**
3. Use *nouns* of nationality when they *stand alone*. Use *adjectives* to modify another *noun*.

Джон **америка́нец.**		Джон **америка́нский** студе́нт.
Грета **не́мка.**	***but***	Грета **неме́цкая** актри́са.
Франсуа́ **францу́з.**		Франсуа́ **францу́зский** экономи́ст.

Упражнения

3-19 Отве́тьте на вопро́сы.

1. Кто по национа́льности ва́ша ма́ма?
2. Кто по национа́льности ваш па́па?
3. Кто вы по национа́льности?
4. Кто по национа́льности ваш преподава́тель?

преподава́тель – *teacher*

Кто они́? Кто они́ по национа́льности? Go back to exercise 3-2. Identify the people both by nationality and by profession, using the cues below. Then talk about the figures listed below. Sometimes more than one answer in either category is possible.

Then, with a partner, talk about the nationalities and professions of three other internationally known figures, living or dead.

Образе́ц: Хи́лари Кли́нтон (поли́тик) →
Хи́лари Кли́нтон америка́нка.
Хи́лари Кли́нтон поли́тик.
Хи́лари Кли́нтон америка́нский поли́тик.

Кто они́ по национа́льности?	Кто они́ по профе́ссии?
Влади́мир Пу́тин	актёр/актри́са
Екатери́на II (втора́я)	импера́тор/императри́ца
Джон Ле́ннон	кинозвезда́
Земфи́ра	кинорежиссёр
Вольте́р	компози́тор
Фёдор Шаля́пин	музыка́нт
Миге́ль де Серва́нтес	пе́вец/певи́ца*
Пётр Чайко́вский	писа́тель
Наполео́н	поли́тик
Дми́трий Медве́дев	поп-звезда́
Джейн Остин	царь/цари́ца
Пётр I (пе́рвый)	
Игорь Страви́нский	*Hint*: петь –*to sing*
Лю́двиг ван Бетхо́вен	
Федери́ко Фелли́ни	

Complete Oral Drill 15 and Written Exercise 03-19 and 03-20 in the SAM

8. The Prepositional Case

You have seen the prepositional case after **в** to indicate location: Я живу́ **в Аме́рике.** However, you have not yet seen *all the forms* of the prepositional case. The other forms are important because Russian requires that *modifiers and nouns agree in gender, number, and case.*

Agreement of Nouns and Their Modifiers

		masc. sing. nom.	masc. sing. nom.	masc. sing. nom.
Nominative (subject of the sentence):		**наш**	**но́вый**	**университе́т**
		masc. sing. prep.	masc. sing. prep.	masc. sing. prep.
Prepositional case (after в):	**в**	**на́шем**	**но́вом**	**университе́те**

The Prepositional Case of Nouns

		Prepositional		
	Nominative	**Masc. and Neuter**	**Feminine**	**Plural**
Hard	журна́л письмо́ Шко́ла	в журна́ле в письме́ **-е**	в шко́ле **-е**	в журна́лах в пи́сьмах в шко́лах **-ах**
Soft	музе́й слова́рь пла́тье ку́хня	в музе́е в словаре́ в пла́тье **-е**	в ку́хне **-е**	в музе́ях в словаря́х в пла́тьях в тетра́дях в общежи́тиях в ве́рсиях **-ях**
Feminine -ь	тетра́дь		в тетра́ди **-и**	
ИЯ **ИЕ** → ~~ИЕ~~	ве́рсия общежи́тие	в общежи́тии **-и**	в ве́рсии **-и**	

The Prepositional Case of Adjectives

	Masc. and Neuter	Feminine	Plural
Hard stems (–ый)	в но́вом	в но́вой	в но́вых
Soft stems (–ий)	в си́нем	в си́ней	в си́них
Spelling rules	в хоро́шем[5] (but в большо́м)	в хоро́шей[5]	в хоро́ших[7]

The Prepositional Case of Special Modifiers

	Prepositional		
Nominative	**Masc. and Neuter**	**Feminine**	**Plural**
чей, чьё, чья, чьи	в чьём	в чьей	в чьи́х
мой, моё, моя́, мои́	в моём	в мое́й	в мои́х
твой, твоё, твоя́, твои́	в твоём	в твое́й	в твои́х
наш, на́ше, на́ша, на́ши	в на́шем	в на́шей	в на́ших
ваш, ва́ше, ва́ша, ва́ши	в ва́шем	в ва́шей	в ва́ших
э́тот, э́то, э́та, э́ти	в э́том	в э́той	в э́тих
оди́н, одно́, одна́, одни́	в одно́м	в одно́й	в одни́х

Uses of the prepositional case:

1. **After the prepositions *в* and *на* to answer the question *где* (to indicate location):**

Кни́га **в э́той ма́ленькой ко́мнате.**	The book is *in this small room.*
Кни́га **на на́шем большо́м столе́.**	The book is *on our big table.*

В generally means *in* or *at*:

в университе́те	*at college*
в ко́мнате	*in the room*

В is also used to talk about what clothes you have on:

Оля **в бе́лой блу́зке** и **чёрных брю́ках.**	Olya is wearing a white blouse and black pants.

На generally means *on* or *at*:

на столе́	*on the table*
на крова́ти	*on the bed*

You have also seen **на** in the questions **На како́м языке́ . . . ?** and **На каки́х языка́х . . . ?** You will learn more about **на** in Unit 4.

2. **After the preposition *о* – *about* and its variant *об.***

— **О чём** вы чита́ете?	About *what* are you reading?
— **О но́вых европе́йских ры́нках.**	About *new European markets.*

О or об? The preposition **о** changes to **об** before words beginning with vowels **а**, **э**, **и**, **о**, and **у**:

о европе́йских ры́нках	*about European markets*

but

об э́тих ры́нках	*about these markets*
об исто́рии	*about history*
об интере́сной ле́кции	*about the interesting lecture*

О чём? О ком? When we want to say *about what*, the word **что** must also be in the prepositional case. The required phrase is **О чём?** When we ask *about whom*, the required phrase is **О ком** (prepositional of **кто**)?

Упражнения

3-20 О себе́.

1. Вы живёте в большо́м и́ли ма́леньком шта́те?
2. Вы живёте в большо́м и́ли ма́леньком го́роде?
3. Вы живёте в ста́ром и́ли но́вом го́роде?
4. Вы живёте в краси́вом и́ли некраси́вом го́роде?

5. Вы у́читесь в большо́м и́ли ма́леньком университе́те?
6. Вы живёте в общежи́тии, в кварти́ре и́ли в до́ме?
7. В каки́х шта́тах вы жи́ли?
8. В каки́х города́х вы жи́ли?

3-21 Где они́ живу́т?

Образе́ц: Илья́ — Москва́
Илья́ живёт в Москве́.

1. Ро́берт — Аме́рика
2. Мари́я — Ме́ксика
3. Хосе́— Испа́ния
4. Курт — Эсто́ния
5. Мари́ — Фра́нция
6. Вади́м — Росси́я
7. Алёша — Санкт-Петербу́рг
8. Ната́ша — Ки́ев
9. Джордж — Цинцинна́ти
10. Дже́ннифер — Сан-Франци́ско
11. Ке́вин — Миссу́ри
12. Лари́са и Ольга — ста́рые дома́
13. Никола́й — наш го́род
14. Сю́зен — э́тот краси́вый штат
15. Ва́ня — ма́ленький го́род
16. Па́вел и Бори́с — больши́е общежи́тия
17. Со́ня — э́то ма́ленькое общежи́тие
18. Ди́ма — э́та но́вая кварти́ра
19. Гри́ша и Пе́тя — хоро́шие кварти́ры
20. Са́ра — Но́вая Англия

3-22 Где они́ жи́ли? Form sentences from answers in Exercise 3-21 using the past tense instead.

Образе́ц: Илья́ — Москва́
Илья́ жил в Москве́.

3-23 Как по-ру́сски?

1. Katya lives in Moscow.
2. They took Russian at good schools.
3. Do you live in a big city?
4. — Where do you go to school?
   — I go to school at a new university in California.
5. Amanda and Anna live in beautiful apartments.
6. I go to school in an old Russian city.
7. We lived in a small dormitory.
8. Have you lived in Russia?
9. These students took German in Germany.
10. Who has lived in big cities?

Complete Oral Drills 16-18 and Written Exercises 03-21 — 03-23 in the SAM

3-24 О чём вы говори́те? О ком вы говори́те? О чём вы говори́ли? О ком вы говори́ли?

Образцы́: мы — Москва́
О чём вы говори́те?
Мы говори́м о Москве́.
О чём вы говори́ли?
Мы говори́ли о Москве́.

э́ти студе́нты — преподава́тели
О ком говоря́т э́ти студе́нты?
Они́ говоря́т о преподава́телях.
О ком говори́ли э́ти студе́нты?
Они́ говори́ли о преподава́телях.

1. ру́сские студе́нты — Аме́рика
2. америка́нцы — ру́сские
3. ру́сские — америка́нцы
4. Анна — Росси́я
5. студе́нты — общежи́тие
6. студе́нтка — ру́сская грамма́тика
7. преподава́тели — интере́сные кни́ги
8. студе́нты — хоро́шие преподава́тели
9. мы — испа́нский журна́л
10. ты — твой роди́тели
11. я — но́вое пла́тье
12. вы — но́вые студе́нты

Complete Oral Drill 19 and Written Exercises 03-25 and 03-26 in the SAM

3-25 В чём они́? Talk about what clothes the following people are wearing.

Образе́ц: Ка́тя: жёлтая футбо́лка → Ка́тя в жёлтой футбо́лке.

1. Бо́ря: чёрные брю́ки
2. Ма́ша: кра́сная ку́ртка
3. Макси́м: си́няя ку́ртка
4. Ни́на: бе́лая блу́зка и зелёная ю́бка
5. ма́ма: но́вое голубо́е пла́тье
6. па́па: ста́рое пальто́ и кори́чневые ту́фли
7. президе́нт: се́рый костю́м и кра́сный га́лстук
8. студе́нты: си́ние футбо́лки и джи́нсы
9. я: ???
10. ты: ???
11. преподава́тель: ???

Complete Written Exercise 03-24 in the SAM

9. Conjunctions: и, а, но

И = *and*: two things *are the same*. There is *no contrast*.

Both things happen in the same place.

Макси́м живёт **и** у́чится в Москве́.

НО = *one contrast. Two different comments* are said about *one* thing.

One person (Anna) does two contrasting things.

Анна изуча́ет ру́сский язы́к, **но** говори́т ещё пло́хо.

А = *two contrasts. Two different comments* are made about *two different topics.*

Two different subjects do two different things.

Анна изуча́ет ру́сский язы́к, **а** Ле́на изуча́ет англи́йский язы́к.

А has two additional uses:

1. "But rather":

   Это не Ки́ра, а Ка́тя. That's not Kira, *but rather* Katya.

2. Questions about additional information (often corresponds to *And what about . . . ?*)

— В Росси́и я говорю́ по-ру́сски.	*In Russia I speak Russian.*
— **А** в Аме́рике?	*And what about in America?*
— До́ма мы говори́м по-украи́нски.	*At home we speak Ukrainian.*
— **А** отку́да вы зна́ете украи́нский язы́к?	*And how do you know Ukrainian?*

Упражнения

3-26 И, а, но. Review the dialogs on pages 81 and 82. Find sentences with the conjunctions **и, а,** and **но.** Where **а** was used, state why. Was it because **а** signified . . .

a. "But rather"
b. A question asking for additional information
c. Two contrasts

3-27 Запо́лните про́пуски. Fill in the blanks with the conjunction **и, а,** or **но.**

1. Ма́ша хорошо́ говори́т по-ара́бски, _________ я пло́хо говорю́.
2. Боб изуча́л ру́сский язы́к в шко́ле, _________ тепе́рь пло́хо говори́т и чита́ет по-ру́сски.
3. Бори́с изуча́л неме́цкий язы́к в шко́ле, ______ его́ брат изуча́л францу́зский.
4. Ира _________ её сестра́ хорошо́ пи́шут _________ чита́ют по-англи́йски.
5. Наш брат изуча́ет не ру́сский язы́к, _________ кита́йский.

3-28 Как по-ру́сски? Translate the paragraph below, paying special attention to the underlined conjunctions.

Masha <u>and</u> Styopa are Russians. They live in Moscow <u>and</u> go to the university. She takes French <u>and</u> he takes English. She knows French <u>but</u> reads slowly. Styopa knows not Spanish, <u>but</u> English.

Давайте почитаем

3-29 Ку́рсы иностра́нных языко́в.

ЕГЭ stands for **Еди́ный госуда́рственный экза́мен** – *Unified State Exam*, which is administered to graduating high school students and serves as a qualifying exam for many universities.

1. Look at the newspaper ad with the following questions in mind.
   - What is the name of the company?
   - What languages are being offered?
   - Who are the instructors?
   - Which of the following kinds of instruction are offered?
     summer language camp
     company-wide training
     intensive courses
     simultaneous translation
2. Go back to the ad and underline all the cognates (words that sound like English words).
3. If the root -**скор**- means *fast*, what is the meaning of the adjective **уско́ренный?**

Фирма «ИНТЕРЛИНГВА»

объявляет открытие курсов иностранных языков

Приглашаем взрослых и учащихся старших классов. Обучаем быстро, интересно, основательно. Лучшие учебные пособия, компьютерные и видеокурсы, а главное — высококвалифицированные, опытные преподаватели из Англии, США, Германии, Франции, Италии и Канады.

Языки	Курсы обучения
• английский	• ускоренные / интенсивные
• испанский	• бизнес-курсы
• итальянский	• корпоративное обучение
• немецкий	• синхронный перевод
• французский	• подготовка к ЕГЭ и TOEFL
• РКИ (русский как иностранный)	

Телефон: 158-06-90 (с 9 до 19 часов ежедневно, кроме субботы и воскресенья).

Адрес: ул. Врубеля, 8, ст. метро «Сокол».
Посетите нас в Сети: http://www.interlingua.ru

3-30 Иностра́нные языки́. Working in small groups, go through the ad and extract from it as much information as you can. Compare the information you got with other groups. What clues did you use to get the information?

Вы едете в Америку?
А язык?

Фирма «НТМ» поможет вам быстро освоить английский язык с использованием современных методик и пособий США и Канады. Мы предлагаем

- курсы ускоренного обучения
- бизнес-курсы
- курсы для иммигрантов
- корпоративные курсы
- Подготовку к экзаменам TOEFL, SAT, GRE, MCAT, LSAT

Место проведения занятий: уроки могут проводиться *в Вашем офисе* или в наших аудиториях.

Тел. 236-98-78, 236-66-96
http://www.ntm-language.ru

3-31 Языки́ в США. Read the following text and answer the questions below.

Файл Правка Вид Переход Закладки Инструменты Справка

http://yaschik.ru Перейти

yaschik.ru Выход

НАПИСАТЬ ВХОДЯЩИЕ ПАПКИ НАЙТИ ПИСЬМО АДРЕСА ЕЖЕДНЕВНИК НАСТРОЙКИ

От: valyabelova234@mail.ru

Кому: popovaea@inbox.ru

Копия:

Скрытая:

Тема: На каком языке говорят в США?

простой формат

Дорогая Елена Анатольевна!

Семья очень интересная — все полиглоты. Папа (Виктор) мексиканец. Мама (Антония) аргентинка. (Америка ведь страна° иммигрантов!) Они в США с° 1980 года. Конечно, все говорят по-английски и по-испански. У Виктора небольшой испанский акцент, а Антония говорит без° акцента. Но когда говорят по-испански, я ничего° не понимаю, даже когда говорят медленно. Анна учит французский язык и уже свободно говорит, почти° как француз. Роб изучает русский с большим энтузиазмом, но пока° говорит только немного. Он знает русский алфавит и такие° слова, как "здравствуйте", "пожалуйста", а также интернациональные слова типа "телефон", "радио" и "компьютер". Роб говорит, что русский язык очень трудный. Но фонетика и интонация у него хорошие. Кстати,° насчёт° испанского: здесь три радиостанции работают° на этом языке. Я раньше° не понимала, что испанский язык — фактически второй национальный язык США, особенно° в больших городах и в таких штатах, как Флорида, Техас и Калифорния.

страна° country; *с°* here: *since*; *без°* *without*; *ничего°* *nothing*; *почти°* *almost*; *пока°* *for the time being*; *такие°* *such*; *кстати°; насчёт°* *by the way; concerning*; *работают°* *to work*; *раньше°* *earlier, previously*; *особенно°* *especially*

Ой, чуть не° забыла! Сегодня была регистрация в университете. Всё это делают на компьютере в Интернете. У меня английский язык, журналистика, политология и лингвистика.

чуть не° *almost*

Ладно.° Пока всё. Меня зовут на ужин.° Пишите.

okay; supper

Ваша Валя

Как мы пи́шем по-ру́сски: Quotation marks

In print Russian quotation marks usually look like «this». However, on the Internet, "straight" quotation marks predominate. Handwritten quotation marks start at the "bottom" and end at the top.

Punctuation. In American English, punctuation marks go "inside the quotes," while in Russian, they go "outside".

Usage. Use quotation marks for all *book/movie titles* (never italics or underlining). But *dialogue* is almost always indicated by dashes, not quotation marks.

Файл Правка Вид Переход Закладки Инструменты Справка

http://yaschik.ru Перейти

yaschik.ru Выход

НАПИСАТЬ ВХОДЯЩИЕ ПАПКИ НАЙТИ ПИСЬМО АДРЕСА ЕЖЕДНЕВНИК НАСТРОЙКИ

От: popovaea@inbox. ru

Кому: valyabelova234@mail.ru

Копия:

Скрытая:

Тема: На каком языке говорят в США?

простой формат

Здравствуй, Валя!

Какая интересная семья! А вот я всегда думала, что американцы не учат иностранные языки. Впрочем,° статус испанского языка вполне° логичен. Подумай хоть° о поп-музыке: Хулио Иглесиас, Шакира, Дженнифер Лопез и т. д. ° Дело в° геополитике. Соседи США (Мексика и почти вся Латинская Америка) говорят по-испански, и иммигранты в основном° оттуда.° А русская традиция другая° — мы изучаем языки Европы: английский, французский, немецкий. Правда,° наши соседи° в Азии — это Китай, Япония, но мало кто° изучает эти языки, может быть,° потому, что они такие° трудные. Извини, Валя. У меня встреча° с Евгением Михайловичем. Всё.

by the way
entirely
just think
и так да́лее – *and so forth (etc.); it all has to do with*
mainly
from there; different
truth/it is true; neighbors
there are few who . . . ; maybe (lit. *can be*)
so; meeting

Е.

Now that you've read the e-mails, complete the following.

1. Вопро́сы

а. Кто по национа́льности Ви́ктор Ра́мос?
б. Кто по национа́льности Анто́ния Ра́мос?
в. На каки́х языка́х говоря́т Ра́мосы?
г. Ва́ля зна́ет э́ти языки́?
д. Каки́е языки́ изуча́ют де́ти в э́той семье́? Де́ти хорошо́ говоря́т на э́тих языка́х?
е. Каки́е ру́сские слова́ зна́ет Роб?
ж. Что говори́т Ва́ля о шта́тах Фло́рида, Теха́с и Калифо́рния?
з. Что говори́т Еле́на Анато́льевна? Каки́е языки́ в основно́м изуча́ют ру́сские?
и. Почему́ мно́гие ру́сские не изуча́ют япо́нский язы́к?

де́ти – *children*
в основно́м – *generally*

2. Грамма́тика в конте́ксте

a. You know that "to take a subject" in school is **изуча́ть.** In this e-mail we find a synonym for **изуча́ть.** What is it?
b. Plurals ending in **-a** are usually neuter. Did you find any neuter nouns in this e-mail exchange?

c. This correspondence takes place in present time, but it contains many past-tense forms. Which ones did you see?
d. Look back at the conjunctions. In what contexts did you see **и, а,** and **но?**
e. In the sentences taken from the e-mails and reproduced below, name the case of the highlighted word: (a) nominative, (b) prepositional, (c) a case that has not been covered yet:

Аме́рика ведь страна́ иммигра́нтов.

Анто́ния говори́т без акце́нта.

Испа́нский язы́к — второ́й национа́льный язы́к США, осо́бенно в больши́х города́х.

Роб изуча́ет ру́сский с больши́м энтузиа́змом.

Всё э́то де́лают на компью́тере в Интерне́те.

Мы изуча́ем языки́ Евро́пы.

Давайте послушаем

3-32 Рекла́ма по ра́дио.

1. Listen to the radio ad and decide what is being advertised. Then name three key points you expect to find in it.
2. Listen to the ad again with the following questions in mind:
   a. At which segment of the listening audience is the ad aimed (children, teenagers, adults, etc.)?
   b. What services are offered?
   c. What is the advertiser's strongest drawing card?
   d. Name one other feature of the services provided.
   e. Where can you get more information?

3-33 На како́м языке́ вы говори́те в семье́? Listen to the conversation and fill in the missing words.

Вади́м: Здра́вствуй! Что э́то у тебя́, уче́бник ру́сского языка́? Но ты уже́ свобо́дно ______________ по-ру́сски. У тебя́ ведь роди́тели _________________ .

Анна: Нет, то́лько ма́ма ру́сская. Па́па ______________ . И до́ма мы говори́м ______________ .

Вади́м: Да, но ведь ты практи́чески ______________ всё. Заче́м тебе́ уче́бник?

Анна: В то́м-то и де́ло. Я всё понима́ю, но ______________ пло́хо. И поэ́тому я ______________ ру́сский язы́к. Тепе́рь до́ма ______________ с ма́мой то́лько по-ру́сски.

заче́м – *what for?*

Вади́м: А как же твой па́па? Он понима́ет, что вы говори́те?

Анна: Нет! Поэ́тому он говори́т, что то́же хо́чет изуча́ть ______________ в университе́те.

Новые слова и выражения

COUNTRIES AND NATIONALITIES

Аме́рика, америка́нец/америка́нка, америка́нский	America(n)
Англия, англича́нин/англича́нка (*pl.* англича́не), англи́йский	England (English)
Арме́ния, армяни́н/армя́нка (*pl.* армя́не), армя́нский	Armenia(n)
Герма́ния, не́мец/не́мка, неме́цкий	Germany (German)
Еги́п(е)т, ара́б/ара́бка (*pl.* ара́бы), ара́бский	Egypt (Arab, Arabic)
Испа́ния, испа́нец/испа́нка, испа́нский	Spain (Spanish)
Ита́лия, италья́нец/италья́нка, италья́нский	Italy (Italian)
Кана́да, кана́дец/кана́дка, кана́дский	Canada (Canadian)
Кита́й, кита́ец/китая́нка, кита́йский	China (Chinese)
Ме́ксика, мексика́нец/мексика́нка, мексика́нский	Mexico (Mexican)
Росси́я, россия́нин/россия́нка (*pl.* россия́не), росси́йский ру́сский, ру́сская/ру́сский	Russia (Russian) (see pages 96–97)
Украи́на, украи́нец/украи́нка, украи́нский	Ukraine (Ukrainian)
Фра́нция, францу́з/францу́женка, францу́зский	France (French)
Япо́ния, япо́нец/япо́нка, япо́нский	Japan (Japanese)

NOUNS

Ерева́н	Yerevan (city in Armenia)
кварти́ра	apartment
курс	course
ле́кция	lecture
ма́ть (*fem.*) (*pl.* ма́тери)	mother
национа́льность	nationality
обме́н	exchange
общежи́тие	dormitory
от(е́)ц	father
роди́тели	parents
ры́нок (*pl.* ры́нки)	market
семья́ (*pl.* се́мьи)	family
сло́во (*pl.* слова́)	word
шко́ла	school
язы́к (*pl.* языки́)	language

PRONOUNS

всё	everything
его́	him/it
мы	we

Новые слова и выражения

ADJECTIVES AND MODIFIERS

европе́йский	European
иностра́нный	foreign
оди́н (одна́, одно́, одни́)	one; a certain (e.g., одно́ сло́во – *a certain word*)
фина́нсовый	financial

VERBS

говори́ть (говорю́, говори́шь, говоря́т)	to speak, to say
жить (живу́, живёшь, живу́т)	to live
знать (зна́ю, зна́ешь, зна́ют)	to know
изуча́ть (изуча́ю, изуча́ешь, изуча́ют) (*что*)	to take (*a subject in school*); to study (*something*)
писа́ть (пишу́, пи́шешь, пи́шут)	to write
понима́ть (понима́ю, понима́ешь, понима́ют)	to understand
чита́ть (чита́ю, чита́ешь, чита́ют)	to read

ADVERBS

бы́стро	quickly
всегда́	always
дово́льно	quite
ещё	still
иногда́	sometimes
ме́дленно	slowly
немно́го, немно́жко	a little
непло́хо	pretty well
норма́льно	in a normal way
о́чень	very
пло́хо	poorly
по-англи́йски	English
по-ара́бски	Arabic
по-испа́нски	Spanish
по-италья́нски	Italian
по-кита́йски	Chinese
по-неме́цки	German
по-ру́сски	Russian
по-украи́нски	Ukrainian
по-францу́зски	French
по-япо́нски	Japanese
ра́ньше	previously
свобо́дно	fluently
сейча́с	now
так	so
хорошо́	well

Новые слова и выражения

PREPOSITIONS

на (+ *prepositional case*)	on
о(б) (+ *prepositional case*)	about

CONJUNCTIONS

и	and
когда́	when
но	but
что	that

NEGATIVE PARTICLE

не	not *(negates following word)*

OTHER WORDS AND PHRASES

Большо́е спаси́бо.	Thank you very much.
Говори́те ме́дленнее.	Speak more slowly.
До свида́ния.	Good-bye.
до́ма	at home
Извини́те.	Excuse me.
Как по-ру́сски . . . ?	How do you say . . . in Russian?
Кто . . . по национа́льности?	What is . . . 's nationality?
На каки́х языка́х вы говори́те до́ма?	What languages do you speak at home?
На како́м языке́ вы говори́те до́ма?	What language do you speak at home?
одно́ сло́во	a certain word
Отку́да вы зна́ете ру́сский язы́к?	How do you know Russian?
О чём . . . ?	About what . . . ?
пожа́луйста	please
по национа́льности	by nationality
Разреши́те предста́виться.	Allow me to introduce myself.
Что́ вы (ты)!	Oh, no! Not at all! *(response to a compliment)*
Что э́то тако́е?	(Just) what is that?
Это бу́дет . . .	That would be . . .
Я забы́л(а).	I forgot.

Новые слова и выражения

PASSIVE VOCABULARY

карти́нка	picture
комплиме́нт	compliment
лаборато́рия	lab
мно́гие	many
поэ́тому	because of that; therefore
преподава́тель	teacher
разгова́ривать	to talk
рекла́ма	advertisement
секрета́рь	secretary
факульте́т	department
филологи́ческй факульте́т	department of languages and literatures
фи́рма	firm; company
че́шский	Czech (*adj.*)

УРОК 4

Университет

Коммуникативные задания

- Talking about where and what people study
- Making a presentation about yourself
- Reading and writing academic schedules
- Reading diplomas and transcripts
- Reading university websites
- Listening: university welcome speech

Культура и быт

- The most popular majors in Russia
- Higher education in Russia: universities and institutes
- University departments
- Standardized exams: **Еди́ный госуда́рственный экза́мен (ЕГЭ)**
- Russian diplomas and the Russian grade system
- Great Russian scholars: **Михаи́л Васи́льевич Ломоно́сов, Никола́й Ива́нович Лобаче́вский**

Грамматика

- Study verbs: **учи́ться, изуча́ть, занима́ться**
- The 8-letter spelling rule
- **На како́м ку́рсе . . . ?**
- **На** + prepositional case for location
- Accusative case of modifiers and nouns
- **Люби́ть** + accusative or infinitive
- Prepositional case of question words and personal pronouns
- Question words and sentence expanders: **где, что, как, како́й, почему́, потому́ что**
- **То́же** vs. **та́кже**

Точка отсчёта

О чём идёт речь?

Где вы сейча́с у́читесь?
Я учу́сь в Дю́кском университе́те.

— Где вы сейча́с у́читесь?
— Я учу́сь . . .

в Калифорни́йском (госуда́рственном) университе́те
в Виско́нсинском университе́те
в Мичига́нском (госуда́рственном) университе́те
в Пенсильва́нском (госуда́рственном) университе́те
в Джорджта́унском университе́те
в Га́рвардском университе́те
в Дю́кском университе́те
в Колумби́йском университе́те
в Университе́те Джо́рджа Вашингто́на
в Университе́те Джо́нса Го́пкинса
в Госуда́рственном университе́те шта́та Ога́йо
в Госуда́рственном университе́те шта́та Нью-Йо́рк

Your teacher will tell you the name of your college or university.

На како́м ку́рсе вы у́читесь?

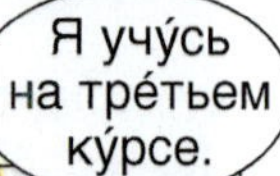

Я учу́сь на тре́тьем ку́рсе.

— На како́м ку́рсе вы у́читесь?
— Я учу́сь . . .

на	пе́рвом второ́м тре́тьем четвёртом пя́том	ку́рсе
в	аспиранту́ре	

Кака́я у вас специа́льность?
Моя́ специа́льность журнали́стика.

— Кака́я у вас специа́льность?
— Моя́ специа́льность . . .

англи́йская литерату́ра

архитекту́ра

биоло́гия

исто́рия

ру́сский язы́к

фи́зика

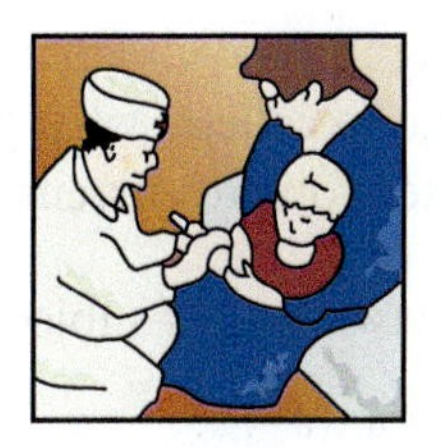
медици́на

му́зыка

фина́нсы

хи́мия

эконо́мика

юриспруде́нция

Други́е специа́льности:

американи́стика
антрополо́гия
ге́ндерные иссле́дования
журнали́стика
искусствове́дение
коммуника́ция
компью́терная те́хника
матема́тика
междунаро́дные отноше́ния
педаго́гика
политоло́гия
психоло́гия
социоло́гия
странове́дение Росси́и
филоло́гия
филосо́фия

— **Что вы изуча́ете?**
— **Я изуча́ю . . .**

англи́йскую литерату́ру
антрополо́гию
архитекту́ру
биоло́гию
ге́ндерные иссле́дования
журнали́стику
искусствове́дение
исто́рию
коммуника́цию
компью́терную те́хнику
матема́тику
медици́ну
междунаро́дные отноше́ния
му́зыку
педаго́гику
политоло́гию
психоло́гию
ру́сский язы́к
социоло́гию
странове́дение Росси́и
фи́зику
филоло́гию
филосо́фию
фина́нсы
хи́мию
эконо́мику
юриспруде́нцию

4-1 Taking turns with a partner, ask and answer the following questions about where you go to college, what year of study you are in, what your major is, and what courses you are currently taking. Follow the models introduced in this unit.

4-2 Make two lists of subjects: those you have taken and those you are taking:

Я изуча́л(а) . . .
Я изуча́ю . . .

4-3 Make a list of the subjects you like the best and the least.

Я люблю́ . . .
Я не люблю́ . . .

Культура и быт

Что изуча́ют в Росси́и? The most popular majors in Russia today are **эконо́мика** and business-related subjects (**ме́неджмент, фина́нсы**), **юриспруде́нция,** and **социоло́гия.**

Разгово́ры для слу́шания

Разгово́р 1. В общежи́тии

Разгова́ривают ру́сский и иностра́нец.

1. A Russian is speaking with a foreigner. What nationality is the foreigner?
2. What is he doing in Russia?
3. Where does he go to school in his home country?
4. In which year of university study is he?

Разгово́р 2. В библиоте́ке

Разгова́ривают ру́сский и америка́нка.

1. What is the American student doing in Russia?
2. What is her field of study?
3. What does the Russian say about the American's Russian?
4. What is the man's name?
5. What is the woman's name?

Разгово́р 3. Я вас не по́нял!

Разгова́ривают ру́сский и иностра́нец.

1. One of the participants is a foreigner. What makes that obvious?
2. Where is the foreigner from?
3. What is he doing in Russia?
4. What interests does the foreigner have besides Russian?
5. What are the names of the two speakers?

Давайте поговорим

Диалоги

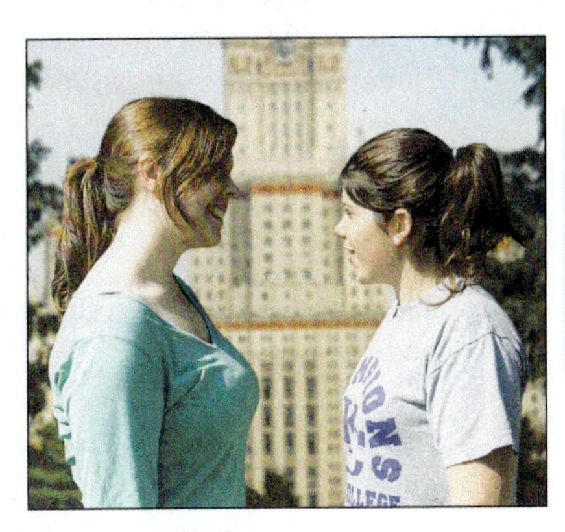

If you are no longer a student, you will want to be able to answer the question **Где вы учи́лись?** – *Where did you study/go to college?*

1. Где вы у́читесь?

— Где вы у́читесь?
— В Моско́вском университе́те.
— Вот как?! А на како́м ку́рсе?
— На тре́тьем.
— Кака́я у вас специа́льность?
— Журнали́стика.
— Кака́я интере́сная специа́льность!
— Да, я то́же так ду́маю.

2. Вы у́читесь и́ли рабо́таете?

— Вы у́читесь и́ли рабо́таете?
— Я ра́ньше рабо́тала. А тепе́рь учу́сь.
— В университе́те?
— Нет, в Институ́те иностра́нных языко́в.
— А каки́е языки́ вы зна́ете?
— Я хорошо́ говорю́ по-англи́йски. Я та́кже немно́жко чита́ю и понима́ю по-францу́зски.
— Молоде́ц! А я то́лько немно́жко говорю́ по-ру́сски.

3. Я изуча́ю ру́сский язы́к.

— Ли́нда, где ты у́чишься в Аме́рике?
— В Иллино́йском госуда́рственном университе́те.
— Кака́я у тебя́ специа́льность?
— Ещё не зна́ю. Мо́жет быть, ру́сский язы́к и литерату́ра.
— А что ты изуча́ешь здесь, в Росси́и?
— Я изуча́ю ру́сский язы́к.
— Но ты уже́ хорошо́ говори́шь по-ру́сски!
— Нет, что ты! Ру́сский язы́к о́чень тру́дный!

4. Я изуча́ю англи́йский язы́к.

— Вале́ра! Что ты чита́ешь?
— Занима́юсь. Мы чита́ем статью́ в америка́нском журна́ле.
— Ты хорошо́ чита́ешь по-англи́йски. Молоде́ц!
— Не о́чень хорошо́. Я сейча́с изуча́ю англи́йский язы́к.
— Где? На филологи́ческом факульте́те?
— Да. На ка́федре англи́йского языка́.
— Там хоро́шие преподава́тели?
— Преподава́тели хоро́шие, но э́та статья́ дово́льно ску́чная.

5. Почему́ изуча́ют ру́сский язы́к?

— Ким, а кто в Аме́рике изуча́ет ру́сский язы́к?
— Я не поняла́. Как вы сказа́ли?
— Кто в америка́нских университе́тах изуча́ет ру́сский язы́к?
— Ну, кто . . . Это бу́дущие бизнесме́ны, диплома́ты, полито́логи.
— А ты почему́ изуча́ешь ру́сский?
— Я? Наве́рное, потому́ что люблю́ ру́сскую литерату́ру. А мой сосе́д изуча́ет э́тот язы́к, потому́ что его роди́тели ру́сские.

Упражнения к диалогам

4-4 Уче́бный день. Following the example of the daily planner below, make a schedule of your day.

Russians use the 24-hour clock for all schedules. Times can be written as in English with a colon (2:00), but sometimes a period is used (2.00).

9:00	английский язык — фонетика
10:30	английский язык — практика
12:00	американская литература
13:30	обед
15:00	дискуссионный клуб
16:30	аэробика
19:30	кинофильм

4-5 Предме́ты. With your partner, discuss your opinion about the following school subjects. Use adjectives from the column on the right. Make sure they agree with the subject in gender and number.

Образе́ц: — Я ду́маю, что ру́сский язы́к о́чень тру́дный.
— Я то́же так ду́маю.
и́ли
— Я ду́маю, что ру́сский язы́к нетру́дный.

биоло́гия	
фи́зика	тру́дный
испа́нский язы́к	нетру́дный
неме́цкий язы́к	интере́сный
эконо́мика	неинтере́сный
филосо́фия	
фина́нсы	

4-6 Подгото́вка к разгово́ру. Review the dialogs. How would you do the following?

- Tell someone where you go (or went) to school.
- Say what year of college you are in.
- Tell someone what your major is.
- Tell someone what languages you know and how well.
- Tell someone where you live.
- Tell someone what courses you are taking.
- Say that you used to work.
- Ask and answer questions about who takes a certain subject.
- Express agreement with an opinion.
- Respond to a compliment.
- State that you missed something that was said.

Культура и быт

Вы́сшее образова́ние в Росси́и

Вуз (вы́сшее уче́бное заведе́ние). Literally "higher learning institute," **вуз** is the bureaucratic expression that covers all postsecondary schools in Russia. A **вуз** can be a major **университе́т** such as **МГУ(Моско́вский госуда́рственный университе́т)** or a more specialized university, such as **(МГЛУ) Моско́вский госуда́рственный лингвисти́ческий университе́т.** Narrower still in focus are the thousands of **институ́ты** and **акаде́мии**, some of which have been renamed to **университе́ты** and each of which is devoted to its own discipline: **медици́нский институ́т, фина́нсовая акаде́мия,** and so forth. The school year **(уче́бный год)** begins on September 1 and ends in June, with a break between semesters in late January. Most **ву́зы** are tuition-free for those students who pass fiercely competitive exams, including a national standardized exam called the **Еди́ный госуда́рственный экза́мен** (**ЕГЭ**) as well as individualized oral or written entrance exams for each university or department. Less talented students may be admitted after paying hefty tuition. In the majority of institutions, students apply to a specific department and declare their major upon application; once admitted, they take a standard set of courses with few electives. Virtually all **ву́зы** are located in large cities. The concept of a college town is alien to Russia.

Факульте́т. Russian universities are made up of units called **факульте́ты,** which are somewhere in size between what Americans call divisions and departments. A typical university normally includes **математи́ческий факульте́т, филологи́ческий факульте́т** (languages, literatures, linguistics), **истори́ческий факульте́т, юриди́ческий факульте́т,** etc.

Ка́федра. This is roughly equivalent to a department. For instance, the **филологи́ческий факульте́т** includes **ка́федра ру́сского языка́, ка́федра англи́йского языка́,** and other individual language **ка́федры.**

4-7 На како́м ку́рсе ты у́чишься? Ask what year your classmates are in. Find out what courses they are taking. Report your findings to others in the class.

4-8 Автобиогра́фия. You are in a Russian classroom on the first day of class. The teacher has asked everybody to tell a bit about themselves. Be prepared to talk for at least one minute without notes. Remember to say what you can, not what you can't!

Игровые ситуации

4-9 Вы говори́те по-англи́йски?

1. Start up a conversation with someone at a party in Moscow and make as much small talk as you can. If your partner talks too fast, explain the state of your Russian to slow the conversation down. When you have run out of things to say, close the conversation properly.
2. You are talking to a Russian who knows several languages, but not English. Find out as much as you can about your new friend's language background.
3. You are an American exchange student newly arrived in Vladimir. Tell a Russian student in Vladimir about your home university and what courses you took there, and ask a Russian student about his or her university and what courses he or she is taking.
4. Now imagine that you are in your own country. You are a newspaper reporter. Interview a Russian exchange student whose English is minimal.
5. Working with a partner, prepare and act out a situation of your own that deals with the topics of this unit. Remember to use what you know, not what you don't.

Устный перевод

4-10 The verbs **говори́ть** – *to say,* **ду́мать** – *to think,* **спра́шивать** – *to ask,* and **отвеча́ть** – *to answer* allow you to speak about a third person in the interpreting exercises: *She says that . . . , He thinks . . . , They are asking . . . ,* etc. Below you see some lines that might come up in interpreting. Practice changing them from direct speech into indirect speech.

Образе́ц:

AMERICAN AND UKRAINIAN	INTERPRETER
— What's your name and patronymic?	— **Он спра́шивает, как ва́ше и́мя-о́тчество.**
— **Меня́ зову́т Кири́лл Па́влович.**	— He says his name is Kirill Pavlovich.

— What's your last name?
— **Са́венко.**
— Is that a Ukrainian last name?
— **Украи́нская.**
— Where do you live?
— **Здесь, в Москве́. А вы америка́нец?**
— Yes.

4-11 Now, in the interpreting situation below, use the verbs you have just practiced.

A reporter wants to interview a visiting Russian student and has asked you to interpret.

ENGLISH SPEAKER'S PART

1. What's your name?
2. What's your last name?
3. Where do you go to school?
4. Which university?
5. That's very interesting. In what department?
6. So your major is history?
7. That's very good. Do you know English?
8. Are you studying English now?
9. Good-bye.

Грамматика

1. Учи́ться

— Вы у́читесь и́ли рабо́таете? *Do you go to school* or work?
— Я учу́сь. I *go to school.*

учи́ться	
Present:	
я	учу́**сь**
ты	у́чишь**ся**
он/она́ (кто)	у́чит**ся**
мы	у́чим**ся**
вы	у́чите**сь**
они́	у́чат**ся**
Past:	
он/кто	учи́л**ся**
она́	учи́ла**сь**
они́	учи́ли**сь**

Учи́ться may look different but it is a regular **и**-conjugation verb.

Notes:

1. **Reflexive particle.** Add the reflexive particle **-ся** to consonant endings (**у́чит*ся*, учи́л*ся***) and **-сь** to vowel endings (**учу́*сь*, у́чите*сь*, учи́ла*сь***).
2. Shift the stress (**учу́сь, у́чишься** — like **пишу́, пи́шешь**).
3. **Follow the 8-letter spelling rule** (given below): **учу́сь, у́чатся.**

The 8-letter spelling rule

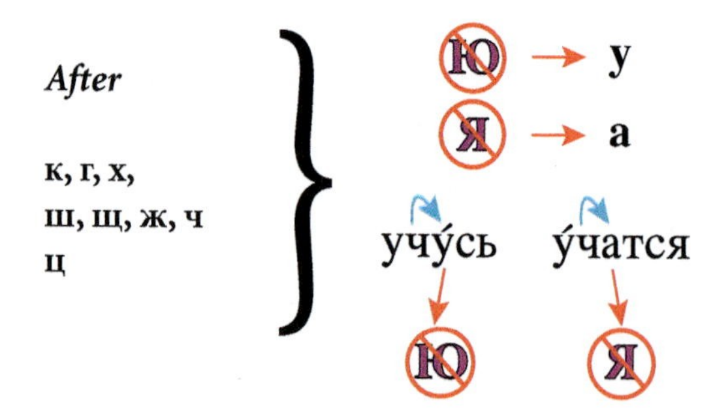

Упражнение

Complete Oral Drills 1–2 in the SAM

4-12 Запóлните прóпуски. Fill in the blanks with the appropriate form of the verb **учи́ться.**

— Ты _______ и́ли рабóтаешь?
— Я _______ в университéте.
— Прáвда? А мой брат тóже _______ там!
— А я дýмала, что твой брат не _______ , а рабóтает.
— Нет, мы не рабóтаем. Мы _______ в университéте.

мы с брáтом = *my brother and I*

2. The Prepositional Case: на

На – *on* takes the prepositional case:

на столé – *on the table*
на стенé – *on the wall*
на кровáти – *on the bed*

На also means *at* or *in*:

- with activities:

на лéкции	*in class*
на балéте	*at a ballet*
на рабóте	*at work*

- with certain words, which must be memorized:

на факультéте	*in the division (of a college)*
на кáфедре	*in the department (of a college)*
на кýрсе	*in a year (first, second, etc.) of college*

Упражнения

4-13 Запóлните прóпуски. Fill in the blanks with either **в** or **на.**

1. Натáша ýчится ____ четвёртом кýрсе ____ институ́те ____ Росси́и. Там онá ýчится ____ филологи́ческом факультéте, ____ кáфедре испáнского языкá. Живёт онá ____ Смолéнске ____ большóм общежи́тии.
2. Кóстя живёт ____ Москвé, где он ýчится ____ Москóвском государственном лингвисти́ческом университéте. Он ____ пéрвом кýрсе. Егó брат тóже студéнт. Он ýчится ____ энергети́ческом институ́те, ____ трéтьем кýрсе.
3. Лáра сейчáс ____ университéте ____ лéкции. Её сестрá ____ рабóте.

4-14 Кто где? You use a social networking site to track down those friends closest to you to join you for coffee. Create the results by making complete sentences of the elements below. Pay special attention to which words will be used with **в** and which with **на.**

Образец: Ка́тя сейча́с на ле́кции.

сосе́д(ка)		филологи́ческий факульте́т
друг		конце́рт/консервато́рия
подру́га		теа́тр
Вади́м	в	библиоте́ка
твой брат	на	ка́федра
твоя́ сестра́		рабо́та
Ната́ша и Ле́на		ле́кция/институ́т
Бо́ря		университе́т
		общежи́тие
		Но́вгород
		Ру́сский дом

4-15 Кто где рабо́тает? Talk about who works or studies where, paying attention to case and appropriate prepositions.

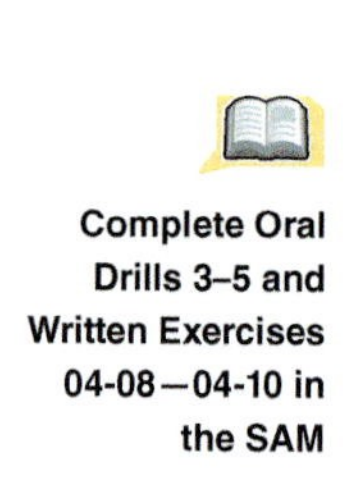

Complete Oral Drills 3–5 and Written Exercises 04-08—04-10 in the SAM

я			филологи́ческий факульте́т
мы			Моско́вский университе́т
на́ши студе́нты	учи́ться	в	пе́рвый курс
профе́ссор			Росси́я
э́тот студе́нт	рабо́тать	на	Институ́т иностра́нных языко́в
вы			ка́федра англи́йского языка́
ты			

3. Studying ≠ Studying: учи́ться, изуча́ть, занима́ться

— Где вы **у́читесь?**	Where do you *go to school?*
— Я **учу́сь** в Га́рвардском университе́те.	*I go* to Harvard.
— А что вы там **изуча́ете?**	What do you *take* there?
— Фи́зику.	Physics.
— Вы хорошо́ **у́читесь?**	Do you *do* well in school?
— Да, хорошо́.	Yes, I do.
— А где вы обы́чно **занима́етесь?**	And where do you usually *do your homework*?
— Я обы́чно **занима́юсь** в библиоте́ке.	I usually *do my homework* in the library.

You might want to translate each of the boldface verbs in the examples you just read as *study.* Don't.

The English verb *study* has many meanings, each of which corresponds to a different verb in Russian. So every time you think *study*, recast that thought into one of the following meanings:

Don't say *study*; instead say . . .

"Study" synonym	Russian verb	What it takes
go to school; be a student	**учи́ться**	∅
		где – **в университе́те**
do *well* or *poorly* in school		как – **хорошо́, пло́хо**
take (a course in . . . history, language)	**изуча́ть**	*requires* a school subject in accusative: **исто́рию, ру́сский язы́к**
do homework	**занима́ться**	∅ (You cannot yet say in what subject)

занима́ться	
Present:	
я	занима́ю**сь**
ты	занима́ешь**ся**
он/она́ (кто)	занима́ет**ся**
мы	занима́ем**ся**
вы	занима́ете**сь**
они́	занима́ют**ся**
Past:	
он/кто	занима́л**ся**
она́	занима́ла**сь**
они́	занима́ли**сь**

Упражнения

4-16 Как по-ру́сски?

— Where do you (**ты**) go to school?
— At Columbia University.
— What do you (**ты**) take?
— Spanish.
— Do you do well?
— Yes, I do well.
— Where do you usually do homework?
— I usually do homework at home.

4-17 О себе́. Отве́тьте на вопро́сы.

Review Oral Drills 1–5 and Complete Oral Drills 6–7 and Written Exercises 04-11 – 04-14 in the SAM

1. Вы у́читесь и́ли рабо́таете? Где? Что вы изуча́ете?
2. Ва́ша сестра́ у́чится? Где? Что она́ изуча́ет?
3. Ваш брат у́чится? Где? Что он изуча́ет?
4. Ва́ши роди́тели учи́лись? Где?
5. Где вы обы́чно занима́етесь?

4. The Accusative Case

Look at the sentences below. Pay attention to the **direct object** — not the doer of the action, but the noun that *gets something done to it*.

Я люблю́ **ру́сскую литерату́ру.**	I love *Russian literature. (Russian literature gets the loving.)*
Я изуча́л **странове́дение Росси́и.**	I took *Russian area studies. (Russian area studies got taken.)*
Я чита́ю **интере́сные кни́ги.**	I read *interesting books. (The interesting books get read.)*

Упражнение

4-18 Which of the words in the passage below are direct objects? Hint: direct objects are called direct because in English they come immediately after the verb, without any intervening prepositions like *for, on, to*, etc.

On Friday we heard an interesting lecture on Russian art. The speaker has studied art for several decades. She concentrated on nineteenth-century paintings.

Accusative Case of Nouns

	Masculine *Inanimate*	Neuter	Feminine *Inanimate & animate*	Plural *Inanimate*
Hard stems	журна́л - ∅ (LIKE NOMINATIVE)	окно́ (LIKE NOMINATIVE)	газе́ту	газе́ты, о́кна (LIKE NOM.)
Soft stems	слова́рь	пла́тье	**ве́рсию**	**тетра́ди, пла́тья**
Feminine -ь			LIKE NOM. **тетрадь**	

Accusative Case of Adjectives

	Masculine *Inanimate*	Neuter	Feminine *Inanimate & animate*	Plural *Inanimate*
Hard stems (-ый)	но́в**ый**	но́в**ое**	но́в**ую**	но́в**ые**
Soft stems (-ий)	си́н**ий**	си́н**ее**	си́н**юю**	си́н**ие**
Spelling rules	хоро́ш**ий**[7] ру́сск**ий**[7]	хоро́ш**ее**[5] ру́сск**ое** (5-letter rule does not apply to ру́сское.)	хоро́ш**ую** ру́сск**ую**	хоро́ш**ие**[7] ру́сск**ие**[7]

LIKE NOMINATIVE (Masculine inanimate, Neuter, Plural inanimate)

The Accusative Case of Special Modifiers

Masculine *Inanimate*	Neuter	Feminine	Plural *Inanimate*
чей	чьё	чью	чьи
мой	моё	мою́	мои́
твой	твоё	твою́	твои́
на́ш	на́ше	на́шу	на́ши
ва́ш	ва́ше	ва́шу	ва́ши
э́тот	э́то	э́ту	э́ти
один	одно́	одну́	одни́

LIKE NOMINATIVE (Masculine inanimate, Neuter, Plural inanimate)

Notes:

1. Accusative endings for all **feminine singular** nouns and adjectives:

   а → **у** (ва́ш**у** кни́г**у**)
   я → **ю** (мо**ю** ве́рси**ю**)
   ая → **ую** (жёлт**ую**)
   яя → **юю** (си́н**юю**)

   Feminine **-ь** doesn't change: си́н**юю** и жёлт**ую** тетра́д**ь.**
2. For other nouns—masculine, neuter, and all plurals—the accusative is identical to the nominative for **inanimate objects,** but not *animates.* So while you can now say *I love . . . Russian, math, international relations, and my mom* (all feminines, both animate and inanimate, use **-у/-ю** endings), you cannot yet say, *I love my parents and my brother.*
3. For the time being, the accusative case endings change feminine **-а** and **-я** to **-у** and **-ю.** No other forms change.

Упражнения

4-18 Запóлните прóпуски. Fill in the blanks with adjectives and nouns in the accusative case.

— Кóстя, ты читáешь (рýсские газéты) ________________ ?
— Да, я читáю («Москóвские нóвости») ____________________
и («Аргумéнты и фáкты») ____________________ . Я люблю́ (рýсские журнáлы) ____________________ тóже. Регуля́рно читáю («Нóвый мир») ____________________ и («Огонёк»)
____________________ .
— А (какúе газéты) ____________________ ты читáешь?
— Я читáю («Литератýрная газéта») ____________________ , потомý что я люблю́ (рýсская литератýра) ____________________ .

4-19 Как по-рýсски?

Complete Oral Drills 8–9 and Written Exercises 04-15 and 04-16 in the SAM. Do Written Exercise 04-15 before you do the Oral Drills.

1. What are you reading?
2. I'm reading an American magazine.
3. She was writing a letter.
4. Do you know English literature?
5. — What do these students take?
   — They take psychology and German.
6. He did not know Russian history.

5. To love; to like: любúть

любúть	
Present:	
я	любл**ю́**
ты	лю́б**ишь**
он/онá (кто)	лю́б**ит**
мы	лю́б**им**
вы	лю́б**ите**
онú	лю́б**ят**
Past:	
он/кто	любú**л**
онá	любú**ла**
онú	любú**ли**

Notes:

1. The **я**-form **люблю́** inserts an **л** before the ending.
2. **Люби́ть** can take either a direct object in the accusative case or an infinitive:

Я люблю́ **ру́сскую литерату́ру.** *I love Russian literature.*
Я люблю́ **чита́ть ру́сские кни́ги.** *I love to read Russian books.*

Упражнения

4-20 Запо́лните про́пуски. Fill in the blanks with the appropriate form of **люби́ть.**

1. — Что ты ________________ чита́ть?
   — Я ________________ чита́ть ру́сские газе́ты и журна́лы.
2. — Мы то́же ________________ ру́сскую пре́ссу. Мы о́чень ________________ «Моско́вские но́вости» и «Изве́стия».
   — Да? Са́ша то́же о́чень ________________ э́ти газе́ты.
3. — Кто ________________ ру́сскую му́зыку? Вот но́вый компа́кт-диск.
4. — Каку́ю му́зыку ________________ америка́нские студе́нты?
   — Они́ ________________ америка́нский рок.
5. — Вы ________________ занима́ться в но́вой библиоте́ке?
   — Да, мы ________________ но́вую библиоте́ку. Там прия́тно занима́ться.

Complete Oral Drills 10–11 and Written Exercise 04-17 in the SAM

4-21 Я люблю́ . . . With a partner, list five things you like, based on the examples from Exercise 4-20.

6. Prepositional Case of Question Words and Personal Pronouns

You learned almost everything about the prepositional case in Unit 3, except the forms of the personal pronouns.

Nominative	что	кто	я	ты	он, оно́	она́	мы	вы	они́
Prepositional	о чём	о ком	обо мне*	о тебе́	о нём	о ней	о нас	о вас	о них

* Note that the preposition **о** becomes **обо** in the phrase **обо мне.**

Упражнение

4-22 О чём ты ду́маешь? It's almost the end of the semester. Everyone is sitting in a café, lost in thought. Who is thinking about what? Make up some scenarios, using the prompts on the next page or coming up with your own. Then find someone who is definitely *not* thinking about each item.

Before **не** and the verb you can add adverbs **ещё** *not yet*, **уже́** *no longer*, or **совсе́м** *not at all*.

Образцы́: Преподава́тель ду́мает о но́вом ку́рсе, но студе́нты о нём ещё не ду́мают.
Шу́ра ду́мает о ру́сской литерату́ре, но Ко́ля о ней совсе́м не ду́мает.
Ма́ша ду́мает об упражне́ниях на заня́тиях, но други́е* о них уже́ не ду́мают.

друго́й – *another*, **други́е** – *others*

но́вый фильм
сосе́д(ка) по ко́мнате
ру́сский журна́л
тру́дное упражне́ние
заня́тия
други́е студе́нты
но́вые ку́рсы
но́вые преподава́тели
ру́сская поли́тика
америка́нский поли́тик

Complete Oral Drill 12 and Written Exercises 04-18–04-20 in the SAM

7. Question Words and Sentence Expanders

Why and Because

Note the spelling in the middle of these words:

По***че***му́? – *Why?*
По***то***му́ что – *because*

Expanding Sentences

Же́ня спра́шивает, **где** у́чится Ива́н.	Zhenya asks *where* Ivan goes to school.
Я ду́маю, **что** Ива́н у́чится здесь.	I think *that* Ivan goes to school here.
Я отвеча́ю, **что** Ива́н у́чится здесь. Но я не зна́ю, **как** он у́чится.	I answer *that* Ivan goes to school here. But I don't know *how* he does in school.
Он у́чится на филологи́ческом факульте́те, **потому́ что** лю́бит литерату́ру.	He studies in the department of languages and literatures *because* he loves literature.

Russian uses words like **что, потому́ что,** and question words like **как, где,** and **како́й** to expand sentences, as English does. Russian differs from English in two ways:

1. The use of **что** – *that* is not optional:

ENGLISH	RUSSIAN
I think she's home. *or* I think that she's home.	Я ду́маю, **что** она́ до́ма. ↑ required

2. Sentence expanders are *always* preceded by commas. In fact, all Russian clauses (not phrases) are set off by commas.

Упражнения

4-23 Запо́лните про́пуски. Fill in the blanks.

Ми́ла ду́мает, ____ Ко́ля хорошо́ говори́т по-англи́йски. Она́ ду́мает, ____ Ко́ля изуча́ет англи́йский язы́к. Она́ спра́шивает Ко́лю, ____ он у́чится. Ко́ля отвеча́ет, ____ он у́чится в университе́те. Но он не изуча́ет англи́йский язы́к. Он хорошо́ говори́т по-англи́йски, ____ его́ роди́тели говоря́т по-англи́йски до́ма.

4-24 Отве́тьте на вопро́сы.

1. Почему́ вы изуча́ете ру́сский язы́к?
2. Почему́ вы у́читесь в э́том университе́те?
3. Вы ду́маете, что ру́сский язы́к тру́дный и́ли нетру́дный?

4-25 О ру́сской культу́ре.

1. Вы зна́ете, каки́е газе́ты чита́ют ру́сские студе́нты?
2. Вы зна́ете, где живу́т ру́сские студе́нты?
3. Вы зна́ете, каки́е факульте́ты есть в Моско́вском университе́те?

4-26 Что он сказа́л? You're having trouble hearing in the Moscow State University cafeteria. With a partner, convey the following sentences as indirect speech.

Образцы́: Я люблю́ ру́сскую му́зыку.
— Что он сказа́л?
— Он сказа́л, что он лю́бит ру́сскую му́зыку.
Где ты занима́ешься?
— Что она́ спра́шивает?
— Она́ спра́шивает, где ты занима́ешься.

1. Мы чита́ем ру́сские газе́ты на уро́ке.
2. Где обы́чно занима́ются ру́сские сту́денты?
3. Каку́ю му́зыку лю́бят ру́сские студе́нты?
4. На́ши студе́нты лю́бят занима́ться в но́вой библиоте́ке.
5. Почему́ вы изуча́ете ру́сский язы́к?
6. Я ду́маю, что Са́ша пло́хо у́чится.
7. На како́м факульте́те у́чится Са́ша?
8. Каки́е языки́ зна́ют э́ти студе́нты?
9. Ты лю́бишь ру́сскую литерату́ру?
10. На каки́х языка́х вы говори́те?

Complete Oral Drills 13–14 and Written Exercise 04-22 in the SAM

8. Also: то́же vs. та́кже

— Журнали́стика — интере́сная специа́льность.	Journalism is an interesting major.
— Я **то́же** так ду́маю.	I think so *too*.
— Ми́ша говори́т по-кита́йски.	Misha speaks Chinese.
— Я **то́же** говорю́ по-кита́йски.	I *also* speak Chinese.
— А каки́е языки́ вы зна́ете?	What languages do you know?
— Я хорошо́ говорю́ по-англи́йски. Я **та́кже** немно́жко чита́ю и понима́ю по-францу́зски.	I speak English well. I *also* read and understand a little French.

In English, *too* and *also* add things to an already established "list":

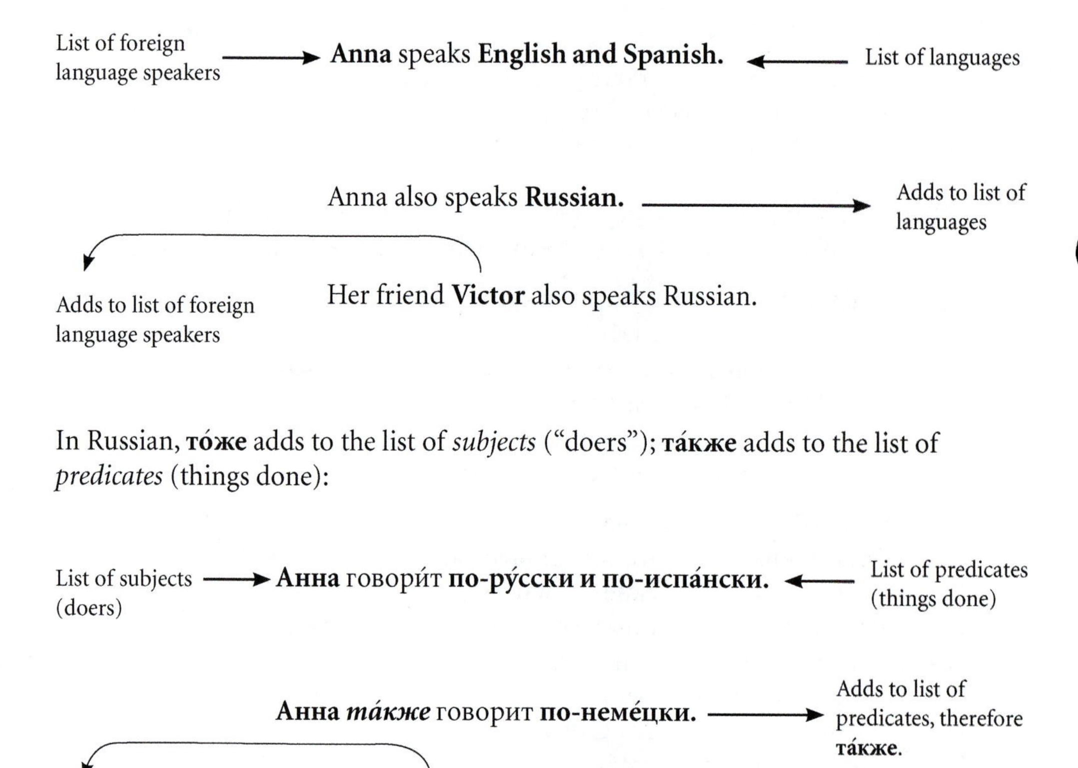

In Russian, **то́же** adds to the list of *subjects* ("doers"); **та́кже** adds to the list of *predicates* (things done):

Упражнения

4-27 Запóлните прóпуски. Fill in the blanks with **тóже** or **тáкже.**

— Студéнты нáшего филологи́ческого факультéта изучáют таки́е языки́, как францу́зский и испáнский, а __________ экзоти́ческие, как урду́ и́ли банту́. Тóня, напримéр, изучáет вьетнáмский язы́к, а __________ немнóго читáет по-корéйски.
— Как интерéсно! Моя́ сосéдка Анна __________ знáет корéйский язы́к. Онá специали́ст по языкáм Азии. Онá __________ понимáет по-япóнски. Онá говори́т, что япóнский язы́к óчень тру́дный. Сейчáс онá ду́мает изучáть китáйский язы́к.
— А я ду́маю, что китáйский язы́к __________ тру́дный.
— Я __________ так ду́маю.

4-28 Запóлните прóпуски. Fill in the blanks with **тóже** or **тáкже.**

1. — Пéтя у́чится в университéте. А Мáргарет?
   — Мáргарет ____________ у́чится в университéте.
2. — Андрéй изучáет междунарóдные отношéния?
   — Да, и он ____________ изучáет ру́сскую истóрию.
3. — Анна Семёновна читáет по-болгáрски?
   — Да, и онá ____________ читáет по-украи́нски.
4. — Лоррэ́йн у́чится на пéрвом ку́рсе?
   — Да, и я ____________ на пéрвом ку́рсе.
5. — Ты читáешь ру́сские журнáлы?
   — Да, и я ____________ читáю немéцкие журнáлы.

Complete Oral Drill 15 and Written Exercise 04-23 in the SAM

Давайте почитаем

4-29 Приложе́ние к дипло́му.

1. What courses would you expect to find in an official transcript for a journalism major in your country? Which courses are required for everyone receiving a university degree? Which are specific to a journalism major?
2. Read through the transcript on page 135.
   a. Which subjects listed in the transcript are similar to those taken by journalism majors in your country?
   b. Which subjects would not normally be taken by journalism majors in your country?

Культура и быт

The Russian Grade System

The following grades are recorded in Russian transcripts:

отли́чно (5)
хорошо́ (4)
удовлетвори́тельно (3)
неудовлетвори́тельно (2)

Students can take some courses on a pass/fail basis. A passing grade in this document is recorded as **зачёт.**

When talking about grades, students most often refer to them by number:

Я получи́л(а) **пятёрку** (5)
четвёрку (4)
тро́йку (3)
дво́йку (2)
едини́цу (1)

Although a **едини́ца** (1) is technically the lowest grade a student can receive, in reality a **дво́йка** (2) is a failing grade and **едини́цы** are rarely given.

3. Read the transcript again and see if you can determine the following.
   a. To whom was the transcript issued?
   b. What university issued it?
   c. What kind of grades did this student receive?
4. Go over the transcript again and find all the courses having to do with history.

Приложение к диплому № ЦВ 079319

ВЫПИСКА ИЗ ЗАЧЕТНОЙ ВЕДОМОСТИ

(без диплома недействительна)

За время пребывания на факультете журналистики Нижегородского государственного университета им. Н.И.Лобачевского с 2008 по 2012 г. **Кузнецов Степан Николаевич** сдал следующие дисциплины по специальности: журналистика.

Наименование дисциплины	**Оценка**
История России	хорошо
Политическая экономика	удовлетв.
История русской философии	удовлетв.
История зарубежной философии	хорошо
Гендерные исследования	зачёт
История религии	зачёт
История новейшего времени	зачёт
Методика конкретных исследований	хорошо
Российское право	хорошо
Актуальные проблемы журналистики	хорошо
Основы экономики	удовлетв.
Логика	удовлетв.
Введение в литературоведение	зачёт
История русской литературы	зачёт
Литературная художественная критика	удовлетв.
История зарубежной литературы	отлично
Основы журналистики	отлично
История русской журналистики	хорошо
История зарубежной печати	хорошо
Современные СМИ	отлично
Современный русский язык	хорошо
Практическая стилистика русского языка	отлично
Литературное редактирование	отлично
Иностранный язык: немецкий	хорошо
Журналистское мастерство	хорошо
Современные технические средства журналистики	хорошо
Техника СМИ	зачёт
Физическое воспитание	зачёт
Дисциплины специализации:	хорошо
Теория и практика периодической печати	зачёт
Военная подготовка	зачёт
Курсовые работы:	
I курс	хорошо
II курс	хорошо
III курс	хорошо
IV курс	отлично

Подпись________________________

Кружков Илья Николаевич
Председатель аттестационной комиссии
Нижний Новгород "13" июня 2012 г.

5. Find Russian equivalents for these words.
   a. history of Russia
   b. stylistics
   c. foundations of economics
   d. logic
   e. foundations of journalism
   f. physical education
6. List five courses you would be most and least interested in taking.

Культура и быт

Notice that the name of the university is followed by the phrase **и́мени М. В. Ломоно́сова** (*named in honor of . . .*). **Миха́ил Васи́льевич Ломоно́сов**, a founder of Moscow University in 1755, was a scientist, tinkerer, poet, and linguist (somewhat like Benjamin Franklin). He also wrote one of the first Russian grammars.

Но́вые слова́

актуа́льный – current (*not* "actual")
введе́ние в литературове́дение – introduction to literature studies
вое́нная подгото́вка – *lit.* military preparation
журнали́стское мастерство́ – the art of good journalism
зарубе́жный – foreign
литерату́рно-худо́жественная кри́тика – literary criticism
methodика
мето́дика конкре́тных иссле́дований – methods of applied research
нове́йшее вре́мя – present day; current time
печа́ть – press; **печа́ти** – of the press
редакти́рование – editing
СМИ – сре́дства ма́ссовой информа́ции – mass media; **сре́дство** = medium, method
совреме́нный – modern

Using the words in the list above, you should be able to figure out the following course names:

исто́рия зарубе́жной филосо́фии, исто́рия нове́йшего вре́мени, актуа́льные пробле́мы журнали́стики, исто́рия зарубе́жной литерату́ры, исто́рия зарубе́жной печа́ти, совреме́нные СМИ, совреме́нный ру́сский язы́к, литерату́рное редакти́рование, совреме́нные техни́ческие сре́дства журнали́стики, те́хника СМИ, тео́рия и пра́ктика периоди́ческой печа́ти

4-30 Нижегоро́дский госуда́рственный университе́т. You are asked to find some information from a description about the University of Nizhny Novgorod.

1. **Background information.** Until recently Russian universities offered degrees whose titles, even when translated into English, would puzzle any North American registrar. Students who graduate from most Russian colleges get a **дипло́м**. They can go onto graduate school to earn the title of **кандида́т нау́к** (*candidate of science*), which requires extra coursework, comprehensive examinations, and a dissertation (**кандида́тская диссерта́ция**), as well as published articles on the

dissertation topic. The requirements for such a degree are generally more rigorous than for a Master's degree but less demanding than for a Ph.D. in the United States. The degree of **до́ктор нау́к** is harder to obtain than a Ph.D. and requires a second published dissertation (**до́кторская диссерта́ция**).

Russian universities, like European universities, are moving away from the traditional five-year degree system leading to a **дипло́м** and toward a system of degrees familiar to Americans: Bachelor's (**сте́пень бакала́вра нау́к**) and Master's (**сте́пень маги́стра нау́к**). Like American universities, many major Russian universities, including Nizhny Novgorod State University, have branch campuses (**филиа́л**) to serve less populated areas and offer continuing education courses (**дополни́тельное профессиона́льное образова́ние**), in order to help working students improve their professional qualifications.

2. **What's it all about?** The description here contains quite a bit of information. Before looking for the details, get a feel for what you are likely to find.
   a. What is the purpose of the list in the top half of page 138.
   b. What is the topic of the paragraph with the numbers 40,000, 300, and 900?
   c. What is the topic of the last paragraph?
3. **Going for details.**
   a. Judging from the list of departments, what are this school's strengths?
   b. Are there any departments not listed that you might expect at a major university? What equivalents might large American universities have to some of the departments listed here?
   c. What can you say about the library facilities?
   d. What kinds of museums are there? What other facilities does the university have? Name three.
   e. What did you learn about the qualifications of the faculty?
   f. What information can you find about the university's links with business? Name four companies.
   g. Find out what the following numbers refer to: 1000, 46, 56, 24.

Культура и быт

Никола́й Ива́нович Лобаче́вский (1792–1856) was the founder of non-Euclidean geometry.

Нижегородский государственный университет им.[1] Н. И. Лобачевского
Аббревиатура: ННГУ

Нижегородский государственный университет имени Н. И. Лобачевского создан в 1916 г. Университет стабильно находится среди десяти лучших[2] университетов России.

В настоящее время[3] в состав ННГУ входят 19 факультетов:

1. Биологический факультет
2. Химический факультет
3. Исторический факультет
4. Радиофизический факультет
5. Физический факультет
6. Механико-математический факультет
7. Экономический факультет (специальности: экономическая теория, менеджмент, маркетинг)
8. Факультет вычислительной[4] математики и кибернетики (специальности: прикладная[5] математика и информатика, информационные технологии)
9. Филологический факультет
10. Высшая школа общей и прикладной физики
11. Юридический факультет
12. Факультет управления и предпринимательства[6] (специальности: финансы и кредит, бухгалтерский учет[7] и аудит, налоги и налогообложение[8])
13. Финансовый факультет (специальности: финансы, бухгалтерский учет и аудит, страхование[9])
14. Факультет социальных наук (специальности: социология и социальная работа, социальная психология)
15. Факультет военного обучения[10]
16. Факультет физической культуры и спорта
17. Факультет международных отношений
18. Подготовительный[11]
19. Иностранных студентов

Имеются также 9 филиалов и Центр дополнительного[12] профессионального образования.

В состав университета также входят 5 научно-исследовательских институтов[13]: физико-технический, НИИ химии, НИИ механики, НИИ прикладной математики и кибернетики, НИИ молекулярной биологии и региональной экологии. Кроме того, университет имеет фундаментальную библиотеку с фондом в 2 млн. книг и других материалов и 8 читальных залов, 5 музеев (зоологический, археологический, этнографический, истории университета с художественной галереей, Мемориальный музей Нижегородской радиолаборатории), Инновационно-технологический центр, 6 студенческих общежитий, 6 спортивных залов и стадион, издательство[14] и типографию. Обрело значительный масштаб образовательное и научное сотрудничество[15] ННГУ с новыми российскими компаниями, представляющими известные западные фирмы (Интел, ИБМ, Микрософт, Моторола и др.).

В университете сейчас учится около 40 тысяч человек, включая около 1000 аспирантов и докторантов. Научно-педагогическую работу в университете ведут 300 докторов наук и профессоров, 900 кандидатов наук. Обучение проводится по 46 специальностям, 15 направлениям подготовки магистров (56 программ), 23 направлениям подготовки бакалавров, а также по программам с сокращенным сроком обучения[16]. Подготовка аспирантов ведется по 52, а докторантов по 24 научным специальностям.

[1]**и́мени** – *named in honor of* [2]**лу́чший** – *best* [3]**в настоя́щее вре́мя** – *at the current time* [4]**вычисли́тельный** – *computational* [5]**прикла́дной** – *applied* [6]**управле́ние и препринима́тельство** – *management and entrepreneurship* [7]**бухга́лтерский учёт** – *accounting* [8]**нало́ги и налогообложе́ние** – *taxes and taxation* [9]**страхова́ние** – *insurance* [10]**вое́нный** – *military* [11]**подготови́тельный** – *preparatory* [12]**дополни́тельный** – *supplementary* [13]**нау́чно-иссле́довательский институ́т** (НИИ) – *scientific research institute* [14]**изда́тельство** – *publishing house* [15]**сотру́дничество** – *cooperation* [16]**с сокращённым сро́ком обуче́ния** – *with shortened courses of study*

4. **Russian from context.** Despite the daunting number of new words on this site, you can get much of the meaning through context. Go back through the text and locate the Russian for the phrases listed below. They are given in the order of their appearance in the site.
   - is regularly considered among the top 10 universities in Russia
   - economic theory
   - social work, social psychology
   - Center for Innovation in Technology
5. **Russian word roots.**
   a. If **подготови́тельный** means *preparatory*, then what does **подгото́вка** mean?
   b. **Нау́ка** means *science* or *scholarship*. Sometimes the root **нау́к**- appears as **нау́ч**-. Find three examples of this root and determine the meaning of each phrase from context.
6. **Meaning from context.** You can often make educated guesses at meaning by knowing what the text is "supposed" to say. This is a site extolling the virtues of the University of Nizhny Novgorod. Based on this information, make an educated guess about the meaning of the underlined words in the following sentences.

Университе́т <u>со́здан</u> в 1916 г.	*(a) was created, (b) was closed*
В соста́в университе́та <u>вхо́дят</u> 19 факульте́тов.	*(a) included in the university's structure, (b) unacceptable in the university's programs, (c) absent from the university's programs*
Университе́т <u>име́ет</u> фундамента́льную библиоте́ку.	*(a) denies, (b) indicates, (c) possesses*

7. **Words that look alike.** What is the meaning of these borrowed words?

   киберне́тика (What sometimes happens to English *cy*-?)
   ауди́т
   сотру́дничество ННГУ с но́выми росси́йскими **компа́ниями,** представля́ющими изве́стные за́падные **фи́рмы.** Complete the translation: "cooperation of Nizhny Novgorod State University with ____________________________, representing well-known Western ___________________________."

4-31 Как у́чатся в Аме́рике? Read the following e-mails and answer the questions below.

От: valyabelova234@mail. ru

Кому: popovaea@inbox. ru

Копия:

Скрытая:

Тема: я учусь

простой формат

Дорогая Елена Анатольевна!

Вот я учусь уже пять дней. Просто удивительно°, сколько° я понимаю по-английски. Сначала° я думала, что понимать американский вариант английского будет трудно, но оказалось, что° преподаватели говорят медленно и понятно.

Самый° интересный курс у меня — политология. Мы изучаем избирательную° систему США, т. е.,° коллегию выборщиков°. Я эту систему раньше не понимала, и оказывается, что° большинство° американцев тоже плохо понимают её.

Дальше° у меня лингвистика — тоже курс очень интересный. Я всегда думала, что лингвист — это тот, кто знает много языков. А оказывается, что лингвист изучает разные° языковые феномены, напр.°, социологические аспекты употребления° слэнга или гендерные вопросы в лингвистике и т. д°.

Моя специальность, конечно, журналистика. И у меня курс по истории американских СМИ°. Преподаватель — журналист, работал в разных газетах в этом штате. Пока° у нас была только первая лекция.

Я сказала, что всё интересно . . . всё, кроме° английского. Я думаю, что на этот курс я попала° по ошибке°. В этой группе 15 человек° из разных стран°. Всё это похоже° на миниатюрную ООН°: кто с Ближнего Востока°, кто из Латинской Америки. Большой контингент из Азии: корейцы и японцы. Но свободно по-английски не говорят. И это самый продвинутый° курс английского как иностранного! Сегодня° преподаватель сказал, что

simply amazing
how much; at first
оказа́лось, что – *it's turned out that . . .*
the most
voting; **то есть** – *i. e.*
of electors
it turns out that . . . ; majority
going further, next
various
наприме́р – *for example; usage*
и так да́лее – *and so forth, etc.*
сре́дства ма́ссовой информа́ции – *the mass media*
for the time being
except
ended up in
по оши́бке – *by mistake; person*
country;
similar; **Организа́ция Объединённых На́ций** – *UN*
Middle East (lit. *Near East, i.e., near to Russia)*
advanced, highest
today

он думает, что можно° перейти° на "нормальный" английский, т. е. курс по сочинениям° для американских первокурсников.

it is possible; to switch

composition

Всё. Иду° на лекцию.

to go

Валя

Subjectless они́ verbs are a quick way of giving a sentence the feel of passive voice: **Здесь говорят по-русски** – *They speak Russian here = Russian is spoken here.*

Файл Правка Вид Переход Закладки Инструменты Справка

http://yaschik.ru Перейти

yaschik.ru

Выход

НАПИСАТЬ ВХОДЯЩИЕ ПАПКИ НАЙТИ ПИСЬМО АДРЕСА ЕЖЕДНЕВНИК НАСТРОЙКИ

От: popovaea@inbox. ru

Кому: valyabelova234@mail. ru

Копия:

Скрытая:

Тема: я учусь

простой формат

Здравствуй, Валя!

Я очень рада°, что курсы у тебя интересные.

glad (fem. **ра́да**, pl. **ра́ды**)

Один из моих учеников° спросил° меня, сколько стоит° учиться в американском университете. Я сказала ему°, что спрошу тебя.

student (pre-college); This is a form of **спра́шивать**, *to be covered fully in Unit 9.*

it costs; him (dative case of **он**)

Е.

1. Вопро́сы

а. Ва́ля хорошо́ понима́ет, когда́ её преподава́тели говоря́т по-англи́йски?
б. Како́й курс у Ва́ли са́мый интере́сный?
в. Ва́ля ра́ньше понима́ла америка́нскую избира́тельную систе́му?
г. Как ду́мает Ва́ля, что изуча́ет лингви́ст?
д. Како́й курс Ва́ля слу́шает по специа́льности?
е. Где ра́ньше рабо́тал её преподава́тель?
ж. Что ду́мает Ва́ля о ку́рсе англи́йского языка́ для иностра́нцев?
з. Что спра́шивает учени́к шко́лы, где учи́лась Ва́ля?

2. Но́вые слова́ в конте́ксте.

Based on the e-mails, how would you say the following things:

a. It's simply amazing how much you know!
b. It turned out that she speaks English.
c. They're studying gender issues in sociology.
d. We are studying various languages.
e. It all looks like Chinese!
f. I think you said that by mistake.

Давайте послушаем

Каза́нский госуда́рственный университе́т. You will hear segments of an opening talk from an assistant dean of Kazan State University to visiting American students. Read through the exercises below. Then listen to the talk and complete the exercises.

 **4-32** Imagine that you are about to make a welcoming speech to a group of foreign students who have just arrived at your university. What four or five things would you tell them?

 **4-33** The assistant dean's remarks can be broken up into a number of topic areas. Before you listen to the talk, arrange the topics in the order you think they may occur:

1. composition of the student body
2. foreign students
3. foreign students from North America
4. good-luck wishes
5. opening welcome
6. structure of the university
7. things that make this school different from others

Now listen to the talk to see if you were correct.

 **4-34** Listen to the talk again with these questions in mind.

1. How many departments does the university have?
2. Kazan University has two research institutes and one teaching institute. Name at least one of them.
3. Name one other university resource.
4. How big is the library?
5. Name five things that students can major in.
6. Name at least one language department that was mentioned.
7. How many students are there?
8. What department hosts most of the students from the United States and Canada?
9. Name two other departments that have hosted North American students.
10. The assistant dean says that two Americans were pursuing interesting individual projects. Name the topic of at least one of the two projects.

 **4-35** The lecturer mentions the Commonwealth of Independent States (CIS), a loose political entity made up of many of the republics of the former Soviet Union. Listen to the lecture once again to catch as many of the names as you can of places in Russia and the Содру́жество Незави́симых Госуда́рств (СНГ).

Новые слова и выражения

NOUNS

американи́стика	American studies
антрополо́гия	anthropology
архитекту́ра	architecture
аспиранту́ра	graduate school
библиоте́ка	library
биоло́гия	biology
ге́ндерные иссле́дования	gender studies
диплома́т	diplomat
журнали́стика	journalism
иностра́нец/иностра́нка	foreigner
институ́т	institute
Институ́т иностра́нных языко́в	Institute of Foreign Languages
искусствове́дение	art history
исто́рия	history
ка́федра (на)	department
ка́федра ру́сского языка́	Russian department
ка́федра англи́йского языка́	English department
коммуника́ция	communications
компью́терная те́хника	computer science
курс (на)	course, year in university or institute
ле́кция (на)	lecture
литерату́ра	literature
матема́тика	mathematics
медици́на	medicine
междунаро́дные отноше́ния	international affairs
му́зыка	music
образова́ние	education
вы́сшее образова́ние	higher education
педаго́гика	education (*a subject in college*)
письмо́	letter (*mail*)
полито́лог	political scientist
политоло́гия	political science
преподава́тель (*masc.*)	teacher in college
психоло́гия	psychology
рабо́та (на)	work
Росси́я	Russia
сосе́д (*pl.* сосе́ди)/сосе́дка	neighbor
сосе́д/ка по ко́мнате	roommate
социоло́гия	sociology
специа́льность (*fem.*)	major
статья́	article
странове́дение	area studies
странове́дение Росси́и	Russian area studies
факульте́т (на)	department

Новые слова и выражения

фи́зика	physics
филоло́гия	philology (*study of language and literature*)
фина́нсы	finance
филосо́фия	philosophy
хи́мия	chemistry
эконо́мика	economics
юриспруде́нция	law

ADJECTIVES

бу́дущий	second
второ́й	future
госуда́рственный	state
европе́йский	European
иностра́нный	foreign
истори́ческий	historical
математи́ческий	math
моско́вский	Moscow
пе́рвый	first
пя́тый	fifth
ску́чный	boring
тре́тий (тре́тье, тре́тья, тре́тьи)	third
(не)тру́дный	(not) difficult
филологи́ческий	philological (*relating to the study of language and literature*)
четвёртый	fourth
экономи́ческий	economics
юриди́ческий	judicial; legal

VERBS

ду́мать (ду́маю, ду́маешь, ду́мают)	to think
занима́ться (занима́юсь, занима́ешься, занима́ются)	to do homework; to study (*cannot have a direct object*)
изуча́ть *что* (изуча́ю, изуча́ешь, изуча́ют)	to study, take a subject (*must have a direct object*)
люби́ть (люблю́, лю́бишь, лю́бят)	to like, to love
отвеча́ть (отвеча́ю, отвеча́ешь, отвеча́ют)	to answer
рабо́тать (рабо́таю, рабо́таешь, рабо́тают)	to work
спра́шивать (спра́шиваю, спра́шиваешь, спра́шивают)	to ask
учи́ться (учу́сь, у́чишься, у́чатся)	to study, be a student (*cannot have a direct object*)

Новые слова и выражения

ADVERBS

дово́льно	quite
ещё (не)	still (not yet)
немно́жко	a tiny bit
обы́чно	usually
отли́чно	perfectly
прия́тно	pleasantly
ра́ньше	previously
регуля́рно	regularly
совсе́м не	not at all
та́кже	also, too (*see Section 8*)
тепе́рь	now (*as opposed to some other time*)
то́же	also, too (*see Section 8*)
уже́	already
уже́ не	no longer

PREPOSITIONS

в (+ *prepositional case*)	in, at
на (+ *prepositional case*)	in, on, at

CONJUNCTIONS

и́ли	or
как	how
како́й	which
потому́ что	because
что	that, what

OTHER WORDS AND PHRASES

Почему́	Why
Вот как?!	Really?!
коне́чно	of course
мо́жет быть	maybe
наве́рное	probably
на како́м ку́рсе	in what year (*in university or institute*)
Я не по́нял (поняла́).	I didn't catch (understand) that.
Я получи́л(а).	I received.

PASSIVE VOCABULARY

автобиогра́фия	autobiography
аэро́бика	aerobics
Азия	Asia
бале́т	ballet

Новые слова и выражения

вуз (вы́сшее учёбное заведе́ние)	institute of higher education
виско́нсинский	Wisconsin (*adj.*)
вьетна́мский	Vietnamese
год	year
дво́йка	D (*a failing grade in Russia*)
дипло́м	college diploma
дипломи́рованный специали́ст	certified specialist
до́ктор нау́к	doctor of science (*highest academic degree awarded in Russia*)
едини́ца	F (*grade*)
естествозна́ние	nature studies
зачёт	passing grade (pass/fail)
иллино́йский	Illinois (*adj.*)
калифорни́йский	Californian
кандида́т нау́к	candidate of science (*second-highest academic degree awarded in Russia*)
ко́лледж	*in the U.S.*, small college; *in Russia*, equivalent to community college
колумби́йский	Columbia (*adj.*)
коре́йский	Korean (*adj.*)
ку́хня	kitchen
лингвисти́ческий	linguistic
мать (*fem.*)	mother
МГУ (Моско́вский госуда́рственный университе́т)	MGU, Moscow State University
ме́неджмент	management
мичига́нский	Michigan (*adj.*)
наприме́р	for example
обе́д	lunch
пенсильва́нский	Pennsylvanian (*adj.*)
по-болга́рски	Bulgarian
пра́ктика	practice, internship
приложе́ние к дипло́му	transcript
предме́т	subject
пятёрка	A (*grade*)
стажёр	person undergoing advanced training in field of specialty
сте́пень	degree
сте́пень бакала́вра (нау́к)	B.A.
сте́пень маги́стра (нау́к)	M.A.
тро́йка	C (*grade*)
(не)удовлетвори́тельно	(un)satisfactor(il)y
учёбный	academic
фоне́тика	phonetics
четвёрка	B (*grade*)
энергети́ческий	energy (*adj.*)

Распорядок дня

Коммуникативные задания

- Talking about daily activities and schedules
- Talking about classes
- Asking and telling time on the hour
- Making and responding to simple invitations
- Talking on the phone
- Reading and writing notes and letters
- Listening to messages and voicemail
- Speaking and writing in paragraphs

Культура и быт

- Times of the day—Russian style

Грамматика

- Class: **курс, заня́тия, уро́к, ле́кция, па́ра**
- Days of the week
- Times of the day: **у́тром, днём, ве́чером,** and **но́чью**
- Time on the hour
- New verbs to answer **Что вы де́лаете?**
- Stable and shifting stress in verb conjugations
- Going: **идти́** vs. **е́хать; я иду́** vs. **я хожу́**
- Questions with **где** and **куда́**
- **В/на** + accusative case for direction
- Expressing necessity or obligation: **до́лжен, должна́, должно́, должны́**
- Free (not busy): **свобо́ден, свобо́дна, свобо́дно, свобо́дны**

Точка отсчёта

О чём идёт речь?

Что я де́лаю?

принима́ю душ

иду́ домо́й

убира́ю ко́мнату

отдыха́ю

ложу́сь спать

иду́ на заня́тия

слу́шаю ра́дио

за́втракаю

занима́юсь

чита́ю газе́ту

иду́ в библиоте́ку

у́жинаю

встаю́

смотрю́ телеви́зор

обе́даю

одева́юсь

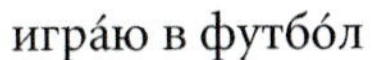

игра́ю в футбо́л

игра́ю на гита́ре

5-1 Which activities are typical for you? Pick and arrange them in chronological order from the list above.

5-2 **У́тром, днём, ве́чером и́ли но́чью?** Construct sentences indicating when you do the things below.

У́тром я встаю́.

Днём я обе́даю.

Ве́чером я занима́юсь.

Но́чью я ложу́сь спать.

Культура и быт

у́тром	after 3 A.M. till noon
днём	12 noon till about 5 P.M.
ве́чером	after 5 P.M. till around midnight
но́чью	around 12 midnight till about 3 A.M.

Разговоры для слушания

Before listening to the conversations, look at this page from a Russian calendar.

- Many calendars read vertically.
- The week begins with Monday.
- Days of the week are not capitalized.

февраль

пн	вт	ср	чт	пт	сб	вс
	1	2	3	4	5	6
7	8	9	10	11	12	13
14	15	16	17	18	19	20
21	22	23	24	25	26	27
28						

Разгово́р 1. В общежи́тии.
Разгова́ривают Сти́вен и Бори́с.

1. How is Steven's Russian?
2. Does Boris know any English?
3. What is Steven doing in Moscow?
4. What does Steven do Monday through Thursday?

Разгово́р 2. Биле́ты на рок-конце́рт.
Разгова́ривают Джим и Ва́ля.

1. What days are mentioned?
2. What is Valya doing on Wednesday?
3. What is she doing on Thursday?
4. Which day do they finally agree on?

Разгово́р 3. Пойдём в буфе́т!
Разгова́ривают Ле́на и Мэ́ри.

1. In what order will the following activities take place?
   - буфе́т
   - ру́сская исто́рия
   - разгово́рная пра́ктика
2. Where and when will Mary and Lena meet?

Разгово́р 4. Что ты де́лаешь в суббо́ту?
Разгова́ривают Ве́ра и Кэ́рол.

1. What days of the week are mentioned in the conversation?
2. What are Vera's plans for the first day mentioned? Arrange them in sequential order.
3. Where are the friends going on the second day mentioned?

Давайте поговорим

Диалоги

1. Ты сего́дня идёшь в библиоте́ку?

— Са́ша, ты сего́дня идёшь в библиоте́ку?
— Сейча́с поду́маю. Како́й сего́дня день?
— Сего́дня? Понеде́льник.
— Да, иду́. Днём. В два часа́.
— В два? Отли́чно! Дава́й пойдём вме́сте.
— Дава́й!

2. Куда́ ты идёшь?

— Здра́вствуй, Же́ня! Куда́ ты идёшь?
— На заня́тия.
— Так ра́но?! Ско́лько сейча́с вре́мени?
— Сейча́с уже́ де́сять часо́в.
— Не мо́жет быть! А что у тебя́ сейча́с?
— Пе́рвая па́ра — эконо́мика. Ты извини́, но я должна́ идти́. Я уже́ опа́здываю. До свида́ния.

Па́ра, literally *pair,* refers to the 90-minute lectures at Russian universities (2 × 45 minutes), which usually run without a break.

3. Что ты де́лаешь в суббо́ту ве́чером?

— Алло́! Воло́дя, э́то ты?
— Я. Здра́вствуй, Роб.
— Слу́шай, Воло́дя. Что ты де́лаешь в суббо́ту ве́чером?
— Ничего́.
— Не хо́чешь пойти́ в кино́?
— С удово́льствием. Во ско́лько?
— В шесть часо́в.
— Договори́лись.

4. Когда́ у нас ру́сская исто́рия?

— Алло́, Ве́ра! Говори́т Са́ша.
— Здра́вствуй, Са́ша.
— Слу́шай, Ве́ра! Я забы́л, когда́ у нас ру́сская исто́рия.
— В сре́ду.
— Зна́чит, за́втра?! А во ско́лько?
— Втора́я па́ра. В аудито́рии но́мер три на второ́м этаже́.
— Зна́чит, втора́я па́ра, тре́тья аудито́рия, второ́й эта́ж. Спаси́бо. Всё.

5. Что ты сейча́с де́лаешь?

— Алло́! Джилл!
— Ле́на, приве́т!
— Слу́шай, что ты сейча́с де́лаешь?
— Я убира́ю ко́мнату, а Энн смо́трит телеви́зор. А что?
— Хоти́те все вме́сте пое́хать на да́чу?
— Когда́?
— В двена́дцать часо́в.
— В двена́дцать не могу́. Я должна́ занима́ться.
— А Энн?
— А Энн свобо́дна весь день.
— Ты зна́ешь, дава́й пое́дем не днём, а ве́чером.
— Хорошо́. Договори́лись. Ну, пока́.
— Пока́!

The short-form adjective **свобо́ден** (*free*) is marked for gender and number:
он свобо́ден
она́ свобо́дна
они́ свобо́дны

Вопросы к диалогам

Диало́г 1

1. Како́й сего́дня день?
2. Куда́ идёт Са́ша?
3. Когда́ он идёт?
4. Друзья́ иду́т вме́сте?

FRIENDS
друг – *friend*
подру́га – *female friend* or *girlfriend*
друзья́ – plural of **друг**

Диало́г 2

1. Куда́ идёт Же́ня?
2. Ско́лько сейча́с вре́мени?
3. Како́е у Же́ни сейча́с заня́тие?

Диало́г 3

1. Говоря́т . . .
   а. Са́ша и Же́ня.
   б. Роб и Же́ня.
   в. Роб и Воло́дя.
2. Что говори́т Роб снача́ла по телефо́ну?
   а. Здра́вствуйте!
   б. Здра́вствуй!
   в. Слу́шаю!
   г. Алло́!
3. Воло́дя хо́чет пойти́ . . .
   а. в кино́.
   б. на конце́рт.
   в. на футбо́льный матч.
   г. в парк.

4. Он хо́чет пойти́ . . .
   а. в пя́тницу.
   б. в суббо́ту.
   в. в воскресе́нье.
5. Во ско́лько они́ иду́т?
   а. В три часа́.
   б. В пять часо́в.
   в. В шесть часо́в.
   г. В семь часо́в.
6. Роб то́же хо́чет пойти́. Он говори́т . . .
   а. Хорошо́!
   б. Отли́чно!
   в. Могу́.
   г. С удово́льствием.

Диало́г 4

Пра́вда и́ли непра́вда?

1. У Са́ши и Ве́ры ру́сская исто́рия во вто́рник.
2. У них ру́сская исто́рия на второ́й па́ре.
3. Ру́сская исто́рия в тре́тьей аудито́рии.
4. Тре́тья аудито́рия на пе́рвом этаже́.

Диало́г 5

Что? Где? Когда́? With a partner, finish the following questions, then answer them.

1. Что сейча́с ____________________ Джилл?
   Отве́т: Джилл ____________________________________ .
2. Что сейча́с ____________________ Энн?
   Отве́т: Энн ____________________________________ .
3. Куда́ Ле́на хо́чет ____________________ ?
   Отве́т: Ле́на хо́чет ____________________________________ .
4. Почему́ Джилл не мо́жет ____________________ днём?
   Отве́т: Джилл ____________________________________ .
5. Когда́ они́ ____________________ ?
   Отве́т: Они́ ____________________ ве́чером.

Упражнения к диалогам

5-3 Како́й сего́дня день? With a partner, practice asking and answering the day.

Образе́ц: пя́тница
— Како́й сего́дня день?
— Сего́дня? Пя́тница.

а. понеде́льник
б. среда́
в. воскресе́нье
г. суббо́та
д. вто́рник
е. четве́рг

5-4 Когда́? В како́й день? В каки́е дни? With a partner, practice asking and answering on what day things will happen.

Вопро́сы

В каки́е дни ты слу́шаешь ле́кции?
В каки́е дни ты не слу́шаешь ле́кции?
В каки́е дни у тебя́ ру́сский язы́к?
В каки́е дни ты смо́тришь телеви́зор?
В каки́е дни ты не занима́ешься?
В каки́е дни ты идёшь в библиоте́ку?
В каки́е дни ты отдыха́ешь?
В каки́е дни ты рабо́таешь?
В каки́е дни ты встаёшь по́здно?
В каки́е дни ты встаёшь ра́но?
В каки́е дни ты игра́ешь в футбо́л?

Отве́ты

В понеде́льник.
Во вто́рник.
В сре́ду.
В четве́рг.
В пя́тницу.
В суббо́ту.
В воскресе́нье.

5-5 With a partner, answer these questions about yourself.

1. Что ты де́лаешь в понеде́льник?
2. Что ты де́лаешь во вто́рник?
3. Что ты де́лаешь в сре́ду?
4. Что ты де́лаешь в четве́рг?
5. Что ты де́лаешь в пя́тницу?
6. Что ты де́лаешь в суббо́ту?
7. Что ты де́лаешь в воскресе́нье?

5-6 Ско́лько сейча́с вре́мени?

Сейча́с **час.**

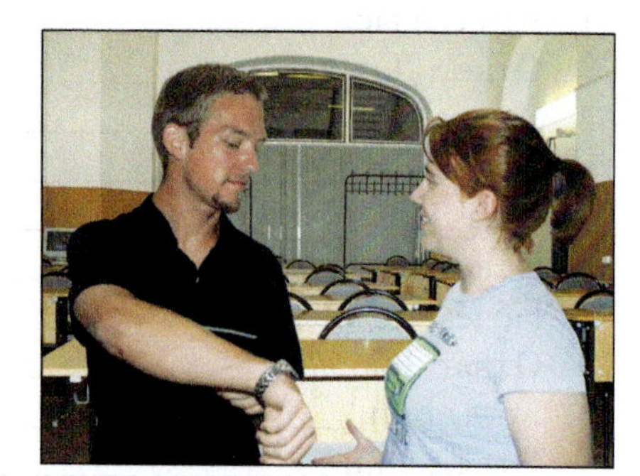

Сейча́с **два часа́.**

Сейча́с **три часа́.**

Сейча́с **четы́ре часа́.**

Сейча́с
пять часо́в.

Сейча́с
шесть часо́в.

Сейча́с
семь часо́в.

Сейча́с
во́семь часо́в.

Сейча́с
де́вять часо́в.

Сейча́с
де́сять часо́в.

Сейча́с
оди́ннадцать часо́в.

Сейча́с
двена́дцать часо́в.

5-7 Act out a short dialog for each of the pictures below. Follow the model.

Образе́ц: — Скажи́те, пожа́луйста, ско́лько сейча́с вре́мени?
— Сейча́с три часа́.
— Спаси́бо.

а. 

б. 

в. 

г. 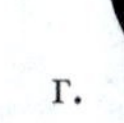

5-8 Когда́? Во ско́лько?

Вопро́сы

Во ско́лько ты обы́чно встаёшь?
Во ско́лько ты обы́чно принима́ешь душ?
Во ско́лько ты обы́чно одева́ешься?
Во ско́лько ты обы́чно чита́ешь газе́ту?
Во ско́лько ты обы́чно за́втракаешь?
Во ско́лько ты обы́чно идёшь на заня́тия?
Во ско́лько ты обы́чно идёшь в библиоте́ку?
Во ско́лько ты обы́чно обе́даешь?
Во ско́лько ты обы́чно идёшь на уро́к ру́сского языка́?
Во ско́лько ты обы́чно игра́ешь в футбо́л?
Во ско́лько ты обы́чно идёшь домо́й?
Во ско́лько ты обы́чно у́жинаешь?
Во ско́лько ты обы́чно смо́тришь телеви́зор?
Во ско́лько ты обы́чно ложи́шься спать?

Отве́ты

В час.
В два часа́.
В три часа́.
В четы́ре часа́.
В пять часо́в.
В шесть часо́в.
В семь часо́в.
В во́семь часо́в.
В де́вять часо́в.
В де́сять часо́в.
В оди́ннадцать часо́в.
В двена́дцать часо́в.

To tell what time something happens, use **в** + the hour.

5-9 Моя́ неде́ля. Make a calendar of your activities for next week. As always, use what you know, not what you don't.

5-10 Куда́ я иду́? For each of the pictures below, construct a sentence telling on what day(s) and at what time you go to these places.

Образе́ц: В понеде́льник в во́семь часо́в я иду́ в университе́т.

в кинотеа́тр

в магази́н

в музе́й

в рестора́н

в библиоте́ку

в кафе́

на стадио́н

в компью́терную лаборато́рию

в цирк

в банк

в бассе́йн

на рабо́ту

5-11 Са́мый люби́мый день.

1. Како́й у вас (у тебя́) са́мый люби́мый день? Почему́?
2. Како́й у вас (у тебя́) са́мый нелюби́мый день? Почему́?

5-12 Как ча́сто? The following adverbs let you describe how often you do things.

ча́сто	*often*	**ре́дко**	*rarely*
обы́чно	*usually*	**никогда́ не**	*never*
ка́ждый день	*every day*	**всегда́**	*always*
иногда́	*sometimes*		

When you use these adverbs with regard to "going" somewhere in the present tense, use the verb form **я хожу́: Я ча́сто хожу́ в кафе́.**

For each of the pictures in exercise 5-10, construct a sentence indicating how often you go there.

Образцы́: Я ча́сто хожу́ в университе́т.
Я ре́дко хожу́ в цирк.
Я никогда́ не хожу́ в клуб.

5-13 Типи́чная неде́ля. Working in pairs, find out what your partner does in a typical week and how often he or she does those things.

5-14 Подгото́вка к разгово́ру. Review the dialogs. How would you do the following?

1. Ask what day it is.
2. Tell what day today is.
3. Ask what time it is.
4. Tell what time it is now.
5. Express surprise at something you hear.
6. Say you need to think for a minute.
7. Bring a conversation to an end by saying you have to go.
8. Start a telephone conversation with a friend.
9. Ask what someone is doing (on Saturday, Sunday, now, etc.).
10. Invite a friend to go to the movies.
11. Take someone up on an invitation to go to the movies (library, etc.).
12. Signal agreement to proposed arrangements.
13. Identify yourself on the phone.
14. Ask what day your Russian (math, English) class is.
15. Tell what day your Russian (economics) class is.
16. Ask what time your Russian (French, Spanish) class is.
17. Tell what time your Russian (psychology) class is.
18. Say that you are going to class.
19. Say that you are (or someone else is) free (to do something).
20. Say that you can't do something.
21. End a conversation with a friend.

5-15 Вопро́сы. Working with a partner, practice responding to the following. Then reverse roles.

1. Како́й сего́дня день?
2. Ско́лько сейча́с вре́мени?
3. Когда́ ру́сский язы́к?
4. Куда́ ты идёшь?
5. Что ты сейча́с де́лаешь?
6. Хо́чешь пойти́ в магази́н?
7. Дава́й пойдём в кино́.
8. Хо́чешь пойти́ в библиоте́ку вме́сте?
9. Что ты де́лал(а) вчера́?

Игровые ситуации

5-16 В Росси́и . . .

1. Call a friend and ask what he or she is doing. Invite him or her to go out.
2. Your friend calls you and invites you to the library. Accept the invitation and decide when you will go.
3. A friend calls to invite you to a concert Thursday night. You are busy then. Decline the invitation and suggest an alternative.
4. Working with a partner, prepare and act out a situation of your own that deals with the topics of this unit. Remember to use what you know, not what you don't know.

Устный перевод

5-17 In Russia, you are asked to act as an interpreter between a tourist who does not speak any Russian and a Russian who does not speak any English.

ENGLISH SPEAKER'S PART

1. Hi. I'm an American student and my name is . . .
2. Where do you go to school?
3. What year are you in?
4. How interesting! My major is Russian history.
5. I am a sophomore. I am taking Russian, history, political science, mathematics, and economics.
6. That would be great! When?
7. That will be fine!

Первые абзацы

The following expressions will help you talk about your daily schedule and make your speech flow more naturally.

сна́чала	*at first*
(а) пото́м	*then*
наконе́ц	*finally*

As you progress through the exercises in this unit, pay attention not only to content and grammatical accuracy, but to the flow of your speech as well. Try to vary the way you begin your sentences and pay special attention to where you might combine two smaller sentences into one longer one.

Consider the following monologue:

Утром я встаю́. Я принима́ю душ. Я одева́юсь. Я за́втракаю. Я иду́ на заня́тия.

The monologue, which consists of a number of short sentences monotonously strung together, is boring. You can convey the same information in a more coherent and interesting way:

Утром я встаю́ **в семь часо́в. Снача́ла** я принима́ю душ, **а пото́м** одева́юсь. **В во́семь часо́в** я за́втракаю и иду́ на заня́тия.

As you can see, you can turn a group of sentences into a short paragraph.

5-18 Based on the preceding example, turn the following groups of sentences into paragraphs.

а. В суббо́ту я отдыха́ю. Я встаю́. Я чита́ю газе́ту. Я принима́ю душ. Я одева́юсь. Я иду́ в кино́ и́ли в рестора́н.
б. В понеде́льник я встаю́. Я принима́ю душ. Я одева́юсь. Я иду́ на заня́тия. Я обе́даю в кафе́. Я иду́ в компью́терную лаборато́рию и́ли в библиоте́ку. Я занима́юсь.
в. Ве́чером я у́жинаю. Я иду́ в библиоте́ку. Я занима́юсь. Я иду́ домо́й. Я ложу́сь спать.
г. В воскресе́нье днём я обе́даю. Я отдыха́ю. Я занима́юсь. Я чита́ю газе́ту. Ве́чером я у́жинаю. Я занима́юсь. Я ложу́сь спать.
д. Вчера́ я по́здно встал(а). Я чита́л(а) газе́ту и слу́шал(а) ра́дио. Я обе́дал(а) в кафе́. Я занима́лся (занима́лась) в библиоте́ке. Ве́чером я смотре́л(а) телеви́зор.

5-19 Now answer the following questions about yourself in as much detail as you can.

а. Что вы обы́чно де́лаете в суббо́ту?
б Что вы обы́чно де́лаете в понеде́льник у́тром?
в. Что вы обы́чно де́лаете в пя́тницу ве́чером?
г. Что вы де́лали вчера́?

Грамматика

1. Class

Look at the minidialog below. Pay attention to the Russian words for *class*. (**Класс** is not one of them!)

— Ты идёшь на **заня́тия?**	Are you off to *class*?
— Да. Сейча́с ру́сский язы́к. **Уро́к** в 10 часо́в во второ́й **аудито́рии.**	Yes. I have Russian now. The *class* is at 10:00 in *class*room 2.
— А пото́м?	And after that?
— А пото́м у меня́ ещё **ле́кция.** История США.	After that I have another *class*. U.S. history.
— Это интере́сный **курс?**	Is that an interesting *class*?
— Интере́сный. Ты зна́ешь Ми́шу? Мы в одно́й **гру́ппе.**	It is. You know Misha? We're in the same *class*.
— А каки́е ещё **ку́рсы** ты **слу́шаешь?**	So what other *classes* are you *taking*?
— Я та́кже **слу́шаю** эконо́мику и матема́тику.	I'm also *taking* economics and math.

Russian has a number of words for *class*. Avoid the use of the word **класс,** unless you mean **пе́рвый, второ́й, тре́тий класс** (*first, second, third* ***grade***).

Don't say класс. Say . . .

Word	Meaning	Example
курс, предме́т	*Course; subject*	Это интере́сный **курс.** This is an interesting class (course).
слу́шать курс	*To take a class*	Каки́е **ку́рсы** ты **слу́шаешь?** What *classes* are you *taking*?
заня́тие, заня́тия	*Class session.* This is the generic word for college class, but it is most often seen in the plural: **заня́тия.**	Я сего́дня весь день **на заня́тиях.** I'm in class(es) all day.
уро́к	*Class session.* Used for all class sessions in high school (and earlier). In college, it refers to class sessions for skill-based courses such as foreign language, art production, performance, etc.	Сейча́с ру́сский язы́к. **Уро́к** в 10 часо́в. Russian is now. The class is at 10:00.
ле́кция	*Class session, lecture*	Когда́ на́ша пе́рвая **ле́кция?** When is our first class (lecture)?
па́ра	*College class (90 minutes).* Used almost always for classes in *Russian* colleges. **Па́ра** means *pair* — a pair of two 45-minute sessions are joined together to form one long 90-minute class.	**Пе́рвая па́ра** в 9 часо́в. Our first class of the day is at 9:00.
гру́ппа	*Section*	Мы в одно́й **гру́ппе.** We are in the same section.
аудито́рия	*College classroom* (not auditorium!)	Почему́ ру́сский язы́к в тако́й ма́ленькой **аудито́рии?** Why is Russian in such a small classroom?

Упражнения

5-20 Provide the correct word for *class.*

1. — Что ты де́лаешь сего́дня?
   — Сего́дня у меня́ (*classes*) ____________________ весь день.
2. — Ты когда́ идёшь в университе́т?
   — Ра́но, в 9 часо́в. Утром у меня́ (*class*) ____________________ ру́сского языка́.
3. — Что Ка́тя изуча́ла на пе́рвом ку́рсе?
   — Очень интере́сные (*subjects*) ____________________: англи́йскую литерату́ру, психоло́гию и америка́нскую исто́рию.

Complete Written Exercise 05-06 in the SAM

4. — В како́й (*classroom*) ________________ у вас политоло́гия?
   — В тре́тьей.
5. Извини́те, я опа́здываю. У меня́ (*class*) ________________ в 10 часо́в.
6. Ми́ша и я в одно́й (*section*) ________________ .
7. Каки́е (*classes*) ________________ вы (*taking*) ________________ ? Я (*am taking*) ________________ эконо́мику, исто́рию и политоло́гию.

2. Days and Times

— Како́й сего́дня день?
What day is it?

— Сего́дня . . .
It's . . .

понеде́льник.
вто́рник.
среда́.
четве́рг.
пя́тница.
суббо́та.
воскресе́нье.

— **В** како́й день . . . ?
On what day . . . ?

— **В** каки́е дни . . . ?
On what days . . . ?

— В понеде́льник.
— Во вто́рник.
— В сре́ду.
— В четве́рг.
— В пя́тницу.
— В суббо́ту.
— В воскресе́нье.

— Ско́лько сейча́с вре́мени?
What time is it?

— Сейча́с
It's

час.
2, 3, 4 **часа́.**
5, 6, 7, 8, 9, 10, 11, 12 **часо́в.**

— **Во** ско́лько . . . ?
At what time . . . ?

— **В час.**
— **В** 2, 3, 4 **часа́.**
— **В** 5, 6, 7, 8, 9, 10, 11, 12 **часо́в.**

Упражнения

5-21 Supply questions for these answers.

Образцы́: Сего́дня пя́тница. — *Како́й сего́дня день?*
У меня́ семина́р в понеде́льник. — *В како́й день у тебя́ семина́р?*
У меня́ ру́сская исто́рия во вто́рник и в четве́рг. — *В каки́е дни у тебя́ ру́сская исто́рия?*

1. Сего́дня понеде́льник.
2. Сего́дня суббо́та.

3. Сего́дня вто́рник.
4. У меня́ эконо́мика в понеде́льник.
5. У меня́ семина́р в четве́рг.
6. У меня́ неме́цкий язы́к в понеде́льник, в сре́ду и в пя́тницу.
7. У меня́ политоло́гия в понеде́льник, во вто́рник, в сре́ду и в четве́рг.
8. Сего́дня воскресе́нье.
9. Я чита́ю журна́лы в суббо́ту.
10. Я пишу́ пи́сьма и e-mail'ы в воскресе́нье.

5-22 Supply questions for these answers.

Образцы́: Сейча́с 2 часа́.	*Ско́лько сейча́с вре́мени?*
У меня́ семина́р в 2 часа́.	*Во ско́лько у тебя́ семина́р?*

1. Сейча́с 5 часо́в.
2. Сейча́с час.
3. У меня́ америка́нская исто́рия в 9 часо́в.
4. У меня́ эконо́мика в 11 часо́в.
5. Сейча́с 4 часа́.
6. У меня́ политоло́гия в 4 часа́.
7. У меня́ матема́тика в 10 часо́в.

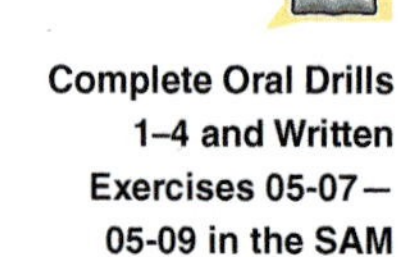

Complete Oral Drills 1–4 and Written Exercises 05-07—05-09 in the SAM

3. New Verbs — Что вы де́лаете?

Е/Ё-conjugation verbs

You already know the **е/ё**-conjugation verbs **знать** – *to know,* **чита́ть** – *to read,* **понима́ть** – *to understand,* **изуча́ть** – *to study (a subject),* **рабо́тать** – *to work,* **спра́шивать** – *to ask,* and **отвеча́ть** – *to answer.* The following new verbs are conjugated the same way.

де́лать	***to do***
я	де́ла - **ю**
ты	де́ла - **ешь**
мы	де́ла - **ем**
он/она́ (кто)	де́ла - **ет**
вы	де́ла - **ете**
они́	де́ла - **ют**
он/кто	де́ла - **л**
она́	де́ла - **ла**
они́/вы/мы	де́ла - **ли**

	за́втракать *to eat breakfast*	**обе́дать** *to eat lunch*	**у́жинать** *to eat supper*	**принима́ть (душ)** *to take (a shower)*
я	за́втрака - **ю**	обе́да - **ю**	у́жина - **ю**	принима́ - **ю**
ты	за́втрака - **ешь**	обе́да - **ешь**	у́жина - **ешь**	принима́ - **ешь**
он/она́ (кто)	за́втрака - **ет**	обе́да - **ет**	у́жина - **ет**	принима́ - **ет**
мы	за́втрака - **ем**	обе́да - **ем**	у́жина - **ем**	принима́ - **ем**
вы	за́втрака - **ете**	обе́да - **ете**	у́жина - **ете**	принима́ - **ете**
они́	за́втрака - **ют**	обе́да - **ют**	у́жина - **ют**	принима́ - **ют**
он/кто	за́втрака - **л**	обе́да - **л**	у́жина - **л**	принима́ - **л**
она́	за́втрака - **ла**	обе́да - **ла**	у́жина - **ла**	принима́ - **ла**
они́/вы/мы	за́втрака - **ли**	обе́да - **ли**	у́жина - **ли**	принима́ - **ли**

	игра́ть *to play*	**слу́шать** *to listen*	**убира́ть** *to straighten something up*	**отдыха́ть** *to relax*	**опа́здывать** *to be late*
я	игра́ - **ю**	слу́ша - **ю**	убира́ - **ю**	отдыха́ - **ю**	опа́здыва - **ю**
ты	игра́ - **ешь**	слу́ша - **ешь**	убира́ - **ешь**	отдыха́ - **ешь**	опа́здыва - **ешь**
он/она́ (кто)	игра́ - **ет**	слу́ша - **ет**	убира́ - **ет**	отдыха́ - **ет**	опа́здыва - **ет**
мы	игра́ - **ем**	слу́ша - **ем**	убира́ - **ем**	отдыха́ - **ем**	опа́здыва - **ем**
вы	игра́ - **ете**	слу́ша - **ете**	убира́ - **ете**	отдыха́ - **ете**	опа́здыва - **ете**
они́	игра́ - **ют**	слу́ша - **ют**	убира́ - **ют**	отдыха́ - **ют**	опа́здыва - **ют**
он/кто	игра́ - **л**	слу́ша - **л**	убира́ - **л**	отдыха́ - **л**	опа́здыва - **л**
она́	игра́ - **ла**	слу́ша - **ла**	убира́ - **ла**	отдыха́ - **ла**	опа́здыва - **ла**
они́/вы/мы	игра́ - **ли**	слу́ша - **ли**	убира́ - **ли**	отдыха́ - **ли**	опа́здыва - **ли**

Theme vowel E → Ё in stressed endings

	идти́ *to go on foot*	**встава́ть** *to get up*
я	ид - **у́**	вста - **ю́**
ты	ид - **ёшь**	вста - **ёшь**
он/она́ (кто)	ид - **ёт**	вста - **ёт**
мы	ид - **ём**	вста - **ём**
вы	ид - **ёте**	вста - **ёте**
они́	ид - **у́т**	вста - **ю́т**

Е/Ё Conjugation Verbs: *у(т)* vs. *ю(т)*

Stress has nothing to do with it.

	Vowel stems: -ю, -ют		Consonant stems: -у, -ут	
	знать *to know*	**встава́ть** *to get up*	**писа́ть** *to write*	**идти́** *to go (foot)*
я	зна́ - **ю**	вста - **ю́**	пиш - **у́**	ид - **у́**
они́	зна́ - **ют**	вста - **ю́т**	пи́ш - **ут**	ид - **у́т**

И-Conjugation Verbs

	смотре́ть *to look at, to watch*	
я	смотр - **ю́**	← **-ю,** not **-у,** except where the 8-letter spelling rule interferes (see below).
ты	смо́тр - **ишь**	
мы	смо́тр - **им**	
он/она́ (кто)	смо́тр - **ит**	
вы	смо́тр - **ите**	
они́	смо́тр - **ят**	← **-ят,** not **-ут** or **-ют.** But see below for a note on **-ат** endings because of the 8-letter spelling rule.
он/кто	смотре́ - **л**	
она́	смотре́ - **ла**	
они́/вы/мы	смотре́ - **ли**	

New Reflexive Verbs

	одева́ться *to dress (oneself)* E-conjugation	**Reflexive endings (Review)**	**ложи́ться** *to lie down* И-conjugation	**8-letter rule** After **к, г, х, ж, ч, ш, щ, ц**
я	одева́ - **юсь**		лож - **у́сь**	← Change **ю** to **у**
ты	одева́ - **ешься**		лож - **и́шься**	
он/она́ (кто)	одева́ - **ется**	**-сь** after vowels	лож - **и́тся**	
мы	одева́ - **емся**	**-ся** after consonants	лож - **и́мся**	
вы	одева́ - **етесь**		лож - **и́тесь**	
они́	одева́ - **ются**		лож - **а́тся**	← Change **я** to **а**
он/кто	одева́ - **лся**		ложи́ - **лся**	
она́	одева́ - **лась**		ложи́ - **лась**	
они́/вы/мы	одева́ - **лись**		ложи́ - **лись**	

Notes:

1. **Reflexive verbs.** Many reflexive verbs carry the idea of "oneself." This is true of the two new verbs here: **одева́ться** – *to dress oneself* and **ложи́ться** – *to go to bed; to lie down (to lay oneself down).* However, the meaning of *-self* is not always apparent. You have already seen reflexive ending in **учи́ться** – *to attend school* and **занима́ться** – *to do homework.* In those verbs the reflexive meaning is not so apparent, at least for the time being.
2. **The 8-letter spelling rule** is especially important in many **и**-conjugation verbs. You saw it for the first time in **учи́ться** – *to attend school*: **учу́сь, у́чатся.**

Упражнения

5-23 Запо́лните про́пуски. Fill in the blanks, selecting from the words below.

встава́ть	люби́ть	принима́ть	смотре́ть
де́лать	обе́дать	рабо́та	убира́ть
за́втракать	одева́ться	рабо́тать	у́жинать
идти́	опа́здывать	сказа́ть	уро́к
ложи́ться	писа́ть	слу́шать	чита́ть

Понеде́льник — обы́чный день. Воло́дя обы́чно ________________ в 7 часо́в, потому́ что он до́лжен быть на ________________ в 9 часо́в. Он бы́стро ________________ , ________________ и пото́м ________________ на остано́вку авто́буса и е́дет в о́фис. А Та́ня ________________ ве́чером, поэ́тому она́ ________________ дово́льно по́здно, часо́в в 11. Она́ ________________ душ, ме́дленно ________________ , ________________ газе́ту и ________________ ра́дио и́ли ________________ телеви́зор. Иногда́ она́ ________________ кварти́ру и́ли сади́тся за компью́тер и ________________ и ________________ письма́. Днём она́ ________________ на ________________ англи́йского языка́. Она́ ________________ англи́йский язы́к. А ве́чером она́ ________________ на рабо́ту. Воло́дя и Та́ня ________________ по́здно, часо́в в 11, и пото́м ________________ .

сади́тся – sits down

А что вы ________________ в понеде́льник?

5-24 Как по-ру́сски?

— What do you do in the morning?
— I get up at 6 o'clock and get dressed.
— You don't eat breakfast in the morning?
— No. I study. Then at 10 o'clock I go to class.
— When do you eat lunch?
— At 1 o'clock. Then I go home. I relax and watch TV.
— And when do you go to bed?
— At 12 o'clock.

Complete Oral Drills 5-6 and Written Exercises 05-10 and 05-11 in the SAM

4. Stress in Verbs

Present-Tense Conjugation

Present-tense Russian verbs have three possible stress patterns: stress on the stem, stress on the ending, and shifting stress.

Stem Stress	End Stress	Shifting Stress
чита́ть	**встава́ть**	**смотре́ть**
чита́ - ю	вста - **ю́**	смотр - **ю́**
чита́ - ешь	вста - **ёшь**	**смо́тр** - ишь
чита́ - ет	вста - **ёт**	**смо́тр** - ит
чита́ - ем	вста - **ём**	**смо́тр** - им
чита́ - ете	вста - **ёте**	**смо́тр** - ите
чита́ - ют	вста - **ю́т**	**смо́тр** - ят
		End stress for infinitive and **я**. Jump back a syllable for everything else.

Shifting stress can shift in only one pattern: end stress on the infinitive and the **я**-form; stem stress everywhere else. In other words, don't expect to see:

blah-blah
blah-blah
blah-blah
blah-blah
blah-blah
blah-blah

In short, knowing the infinitive does you little good. After all, you can usually figure out the infinitive from the past tense.

To arrive at a correct present-tense form with the right stress, you need to know the **я**-form and at least *one other form of the verb*. We recommend that you learn **я, ты,** and **они́.**

Stress in the Past Tense

The three stress patterns in the past tense are:

Stem Stress	End Stress (No such verbs yet)	Shifting Stress (feminine á)
смотре́ть *to look*	**пойти́** *to go*	**жить** *to live*
смотре́ - ла	пош - **ла́**	жил - **а́**
смотре́ - ло	пош - **ло́**	**жи́л** - о
смотре́ - ли	пош - **ли́**	**жи́л** - и
смотре́ - л	пош - **ёл**	**жил**

Notes:

1. **Feminine first!** *If* the stress shifts in the past tense, it shifts only from the stem to the feminine **-ла́** ending. So always check the feminine first. Is the **-ла** stressed? If it's not, then you're "safe." The stress is sure to be stable on the stem. But if the **-ла́** is stressed, watch out! This might be a case of shifting stress. You'll have to memorize the stress of the other forms as well.
2. **The stress in neuter -ло and plural -ли will always agree.**
3. **Masculine decides nothing!** Since there is no masculine vowel ending, in this table we list the masculine last, because there's no ending to stress!

Упражнение

5-25 Что ты де́лаешь? Express the following in Russian, selecting from the infinitives listed. Pay special attention to the stress of the verbs.

люби́ть
писа́ть
учи́ться

— Ты ________________ ста́рые фи́льмы?
— Да, я их ________________ .
— Где ты ________________ ?
— Я ________________ в университе́те. Мла́дший брат и сестра́ ________________ в шко́ле, а ста́рший брат ________________ в институ́те.
— Что вы ________________ ?
— Я ________________ письмо́, а Ма́ша ________________ ________________ большу́ю курсову́ю рабо́ту. Мы ________________ ме́дленно!

курсова́я рабо́та – *term paper*

5. Going

Russian distinguishes between going by foot and by vehicle.

Са́ша **идёт** в библиоте́ку.

Мари́я **е́дет** в Москву́.

Make sure to use **е́хать** when vehicular travel is required, for travel to:

Мы е́дем . . .

another city
another state or country
out of town

в Москву́

в Росси́ю

на да́чу

When *going* locally, use the walking verb **идти́** unless you want to emphasize the use of a vehicle:

Мы идём в библиоте́ку.

But consider this situation:

идти́ *to go by foot*	
я	ид - у́
ты	ид - ёшь
он/она́/кто	ид - ёт
мы	ид - ём
вы	ид - ёте
они́	ид - у́т

е́хать *to go by vehicle*	
я	е́д - у
ты	е́д - ешь
он/она́/кто	е́д - ет
мы	е́д - ем
вы	е́д - ете
они́	е́д - ут

Упражнение

5-26 Запо́лните про́пуски. Fill in the blanks with the correct form of **идти́** or **е́хать.**

1. — Ви́тя, Ма́ша говори́т, что в суббо́ту ты ______________________ в США.
   — Да, я ______________________ .
   — Как интере́сно! Мо́жет быть, ты . . .
   — Ла́ра, извини́! Я ______________________ на уро́к и о́чень опа́здываю!
2. Мы сейча́с ______________________ в библиоте́ку.
3. Ко́стя ______________________ в Москву́.
4. Са́ша и Ва́ня ______________________ в Оде́ссу.
5. Со́ня ______________________ в кино́.
6. Вы ______________________ на ле́кцию?
7. Кто ______________________ на стадио́н?
8. Кто ______________________ в Росси́ю?

I Go vs. I'm Going: Unidirectional and Multidirectional Verbs of Going (Introduction)

Consider the following English sentences.

What is said	What is meant	What it looks like
Every day I *go* to class.	***Multidirectional:*** I go to class. Then I come back. Then I go to class again the next day. And I also come back the next day.	
I *am going* to class.	***Unidirectional:*** I am on my way to class now (one place, one direction).	
Every day *at 9:00* I *go* to class.	***Unidirectional:*** True, I go many times, but at 9:00 A.M. on the dot I only go in one direction: to class. Of course, I return, *but not at 9:00.* Since I am only concerned with the going and not with the coming, the motion is *unidirectional.*	Exactly at 9:00 Exactly at 9:00 Exactly at 9:00

Now look at what Russian does:

По-англи́йски	Directionality	По-ру́сски
Every day I *go* to class.	*Multidirectional*	Ка́ждый день я **хожу́** на заня́тия.
I *am now going* to class.	*Unidirectional*	Я сейча́с **иду́** на заня́тия.
Every day *at 9:00* I *go to* (*set out for*) class.	*Unidirectional*	Ка́ждый день в 9 часо́в я **иду́** на заня́тия.

The essence of Russian verbs of motion:

1. Russian differentiates between foot and vehicle.
2. Russian also distinguishes multidirectionality and unidirectionality.

That was the bad news.

The good news: in this unit you have to be able to distinguish directionality only for two forms: **я иду́** (*I am going on foot* **there**) versus **я хожу́** (*I go on foot* **there-back, there-back, there-back**). You will learn to use the other multidirectional forms of *go* verbs in Units 8 and 10.

Упражнение

5-27 Запо́лните про́пуски. Fill in the correct form: **хожу́** or **иду́.**

1. Я сейча́с ______________ в парк.
2. Я ка́ждый день ______________ в парк.
3. В 8 часо́в я ______________ на ле́кцию. В час я ______________ домо́й.
4. — Ты сейча́с ______________ в библиоте́ку?
   — Да. А пото́м я ______________ домо́й.
   — А вы ча́сто хо́дите в библиоте́ку?
   — Ча́сто. Я ______________ ка́ждую пя́тницу.

Past tense of "go"

The Russian concept of "go" in the past tense is complicated. For the time being, use the multidirectional past tense **ходи́л (ходи́ла, ходи́ли)** for trips on foot. The past tense for round trips by vehicle is **е́здил (е́здила, е́здили)**, which we will cover later. Do not worry about the undirectional forms yet.

Infinitives of "go"

You have seen four infinitives for *go* verbs, two for *go by foot* and two for *go by vehicle*.

Foot: **идти́, пойти́**

Мы должны́ **идти́.**	We ought *to go*.
Не хо́чешь **пойти́**?	Do you want *to go*?

Vehicle: **е́хать, пое́хать**

Мы должны́ уже́ **е́хать.**	We ought *to go* already.
Не хо́чешь **пое́хать** на да́чу?	Do you want *to go* to the dacha?

For the time being, follow your teacher's lead. You will learn more about the double lives of verbs in Units 9 and 10.

Summary Table of "Go" Verbs for Beginning Russian

The forms you do not yet fully control are grayed out.

	FOOT	VEHICLE
Infinitive unidirectional	идти́/пойти́	е́хать/пое́хать
Infinitive multidirectional	ходи́ть	е́здить
Future	пойду́, пойдёшь, пойду́т	пое́ду, пое́дешь, пое́дут
Present unidirectional *am going*	иду́, идёшь, иду́т	е́ду, е́дешь, е́дут
Present multidirectional *go there-back, there-back*	хожу́, хо́дишь, хо́дят	е́зжу, е́здишь, е́здят
Past unidirectional *set out for*	пошёл, пошла́, пошли́	пое́хал, пое́хала, пое́хали
Past multidirectional *made a round trip or round trips*	ходи́л, ходи́ла, ходи́ли	е́здил, е́здила, е́здили

In Units 8, 9, and 10, more grayed-out forms will become black as they are activated.

Упражнение

5-28 Fill in the blanks with the appropriate form of **идти́, ходи́ть,** or **е́хать.**

1. Я сейча́с ______________ на уро́к ру́сского языка́.
2. Я ка́ждый день ______________ на уро́к ру́сского языка́.
3. Сего́дня мы ______________ в Петербу́рг.
4. Я ча́сто ______________ в кино́, но ре́дко __________ в музе́й.
5. В 8 часо́в я ______________ на рабо́ту. В 5 часо́в я __________ домо́й.
6. В суббо́ту мы ______________ на да́чу?
7. Я вчера́ ________________ в кино́.
8. — Что вы де́лали в суббо́ту?
   — Мы ______________ на конце́рт.

Complete Oral Drills 7–8 and Written Exercises 05-12 and 05-13 in the SAM

6. Asking Where: где vs. куда́

Russian has two words for *where*: **где** – *where **at*** and **куда́** – *where **to**.* Look at these examples:

Где ты живёшь?	*Where (at)* do you live?
Куда́ ты идёшь?	*Where (to)* are you going?

Упражнение

5-29 Как по-ру́сски?

1. Where do you live?
2. Where do you work?
3. Where are you going?
4. What are you late for?
5. Where are you driving?
6. Where do you go to school? (Be careful! Don't take the *go* of *go to school* literally.)

Complete Written Exercise 05-14 in the SAM

7. Answering the Question Куда́?

Где Questions and Answers в, на + prepositional	*Куда* Questions and Answers в, на + accusative
— **Где** ты занима́ешься?	— **Куда́** ты идёшь?
Where do you do homework?	*Where* are you going?
— Я занима́юсь **в** библиоте́**ке**.	— Я иду́ **в** библиоте́**ку**.
I do homework *in the library*.	I'm going *to the library*.
— **Где** вы сейча́с?	— **Куда́** вы идёте?
Where are you now?	*Where* are you going?
— Я **на** рабо́т**е**.	— Я иду́ **на** рабо́т**у**.
I'm *at work*.	I'm going *to work*.

Где Questions and Answers *Special words:* **до́ма, здесь, там**	*Куда* Questions and Answers *Special words:* **домо́й, сюда́, туда́**
— **Где** ты занима́ешься?	— **Куда́** ты идёшь?
Where do you do homework?	*Where* are you going?
— Я занима́юсь **до́ма.**	— Я иду́ **домо́й.**
I do homework *at home*.	I'm going *home*.
— **Где** сейча́с Ири́на?	— **Куда́** е́дет Ири́на?
Where is Irina?	*Where* is Irina going?
— Она́ сейча́с **здесь.**	— Она́ е́дет **сюда́.**
She's *here* right now.	She is on her way *here*.
— **Где** у́чатся студе́нты?	— **Куда́** иду́т студе́нты?
Where are these students enrolled?	*Where* are the students going?
— Они́ у́чатся **там.**	— Они́ иду́т **туда́.**
They are enrolled *there*.	They are going *over there*.

Упражнения

5-30 Запóлните прóпуски. Supply the needed preposition. Indicate whether the noun following the preposition is in the prepositional case (P) or the accusative case (A).

1. Утром я хожý _____ библиотéку ( ). Я занимáюсь _____ библиотéке ( ) 3 часá.
2. Я опáздываю _____ лéкцию ( ).
3. В 2 часá я идý _____ институ́т ( ). Я рабóтаю _____ институ́те ( ) 4 часá. В 6 часóв я идý _____ кáфедру ( ) ру́сского языкá.
4. Вéчером я обы́чно хожý _____ концéрт ( ) и́ли _____ кинó ( ).
5. В э́ту суббóту мы éдем _____ дáчу ( ).
6. Мы идём _____ бассéйн ( ). Хóчешь пойти́?

5-31 Кудá ты идёшь? Где ты? Read the list of words below, paying attention to case endings.

рабóта	библиотéку	заня́тия
óфисе	стадиóне	дóмой
компью́терной лаборатóрии	институ́т	кинó
концéрт	кáфедре	

1. Sort out the words in the list to figure out whether Vanya or Mila is going there or is already there.
2. Now, with a partner ask and answer the appropriate question for each: **Вáня, кудá ты идёшь? Ми́ла, где ты?**

5-32 Отвéтьте на вопрóсы.

1. Кудá вы идёте в понедéльник у́тром? В воскресéнье у́тром?
2. Кудá вы идёте в срéду днём? В суббóту днём?
3. Кудá вы идёте в пя́тницу вéчером? В суббóту вéчером?
4. Кудá вы обы́чно хóдите в пя́тницу?
5. Кудá вы éдете в э́ту суббóту?
6. Где вы живёте?
7. Где вы у́читесь?
8. Где вы рабóтаете?
9. Где рабóтают вáши роди́тели?

Complete Oral Drills 9–15 and Written Exercises 05-15—05-18 in the SAM

8. Expressing Necessity or Obligation: The Short-Form Adjectives до́лжен/свобо́ден + Infinitive

Ка́тя идёт в библиоте́ку, потому́ что она́ **должна́** занима́ться.

Katya is going to the library because she ought to study.

Марк говори́т «до свида́ния», потому́ что он **до́лжен** идти́.

Mark says "Good-bye" because he has to go.

За́втра экза́мен. Студе́нты **должны́** занима́ться.

Tomorrow there's a test. The students ought to study.

До́лжен means "ought to" or "have to." It is a short-form adjective. It agrees with the grammatical subject of its clause. The **вы** form is always plural, even if the subject addressed as **вы** is only one person.

Gender	Subjects	Forms		Infinitive
Masculine	он, студе́нт	**до́лжен**		рабо́тать
Feminine	она́, студе́нтка	**должна́**	+	занима́ться
Neuter	оно́, пальто́	**должно́**		быть в шкафу́
Plural	они́, мы, вы (*always plural*), студе́нты	**должны́**		говори́ть по-ру́сски

Свобо́ден (*free, not occupied*) is also a short-form adjective.

Gender	Subjects	Forms
Masculine	он, студе́нт	**свобо́ден**
Feminine	она́, студе́нтка	**свобо́дна**
Neuter	оно́, ме́сто (*place, seat*)	**свобо́дно**
Plural	они́, мы, вы (*always plural*), студе́нты	**свобо́дны**

The short-form adjective свобо́ден, свобо́дна, свобо́дны. Like **до́лжен,** the short-form adjective **свобо́ден, свобо́дна, свобо́дны** agrees with the subject of the sentence in gender and number:

Аня, ты сего́дня свобо́дна?	*Anya, are you free today?*
Джим то́же свобо́ден.	*Jim's also free.*
Мы свобо́дны.	*We're free.*
— Это ме́сто свобо́дно? — Свобо́дно.	*"Is this place free?" "Yes, it is."*

Упражнения

5-33 Кака́я фо́рма? Choose the needed form of the verb from the list below to complete the dialog.

занима́ться	чита́ем
идём	де́лаете
де́лать	чита́ть
идти́	занима́емся

— Что вы ________________________ сего́дня?
— Сего́дня мы должны́ ________________________ в библиоте́ке.
— А пото́м?
— А пото́м мы ________________________ на уро́к.
— А ве́чером?
— А ве́чером мы должны́ ________________________ статью́.

5-34 Кто что до́лжен де́лать?

1. Что вы должны́ де́лать сего́дня?
2. Что до́лжен де́лать ваш друг?
3. Что должна́ де́лать ва́ша подру́га?
4. Что до́лжен де́лать ваш преподава́тель?
5. Что должны́ де́лать ва́ши роди́тели?

5-35 Как по-ру́сски? How would you ask the following people what they have to do today?

Complete Oral Drill 16 and Written Exercise 05-19 in the SAM

1. Your best friend (Watch out for gender!)
2. Your Russian professor
3. Two friends together

Давайте почитаем

5-36 Расписа́ние.

1. Look through the page from someone's daily calendar to get a general idea of who it might belong to.

9.00 – английская литература
10.40 – фонетика
13.00 – обед
14.00 – грамматика
16.00 – театральный клуб
19.00 – кино

2. Look through the schedule again. What courses and academic activities are mentioned?

5-37 Зна́ете ли вы . . . ? Match up the famous names with their achievements.

___ 1. Анна Ахма́това
___ 2. Ма́ргарет Мид
___ 3. Фёдор Миха́йлович Достое́вский
___ 4. Мари́я Склодо́вская-Кюри́
___ 5. Влади́мир Ильи́ч Ле́нин
___ 6. Джон Ле́ннон и Пол Макка́ртни
___ 7. Пилигри́мы
___ 8. Альберт Эйнште́йн

а. Приду́мал уравне́ние $E = mc^2$.
б. Изуча́ла эффе́кты радиоакти́вности.
в. Организова́л па́ртию большевико́в.
г. Занима́лась антрополо́гией наро́дов Ти́хого океа́на.
д. Написа́л рома́н «Бра́тья Карама́зовы».
е. Писа́ла поэ́зию.
ж. Писа́ли пе́сни, кото́рые пе́ли Битлз.
з. Пое́хали из Англии в Аме́рику.

5-38 Письмо́. Read the following letter and answer the questions below.

1. Кто написа́л э́то письмо́?
2. Она́ у́чится и́ли рабо́тает?
3. Ско́лько у неё ку́рсов?
4. В каки́е дни у неё неме́цкая исто́рия?
5. В каки́е дни у неё неме́цкий язы́к?
6. В каки́е дни у неё семина́р по неме́цкой литерату́ре?
7. Како́й у неё четвёртый курс?
8. Почему́ она́ ду́мает, что семина́р по литерату́ре тру́дный?
9. Когда́ она́ обы́чно встаёт?
10. Что она́ де́лает у́тром?
11. Что она́ де́лает в четве́рг?
12. Когда́ она́ обе́дает во вто́рник, в сре́ду и в пя́тницу?

Дорогая Линда!

Спасибо за твоё интересное письмо. Я рада слышать, что у тебя всё хорошо в университете.

Ты пишешь, что курсы у тебя трудные в этом семестре. У меня тоже очень напряжённый семестр. Я слушаю четыре курса. Во вторник, в среду и в пятницу у меня три лекции. В четверг у меня библиотечный день — я не хожу на лекции, но я занимаюсь весь день. Обычно читаю в библиотеке, но иногда занимаюсь дома. Понедельник у меня день нетрудный — только один семинар. В воскресенье я отдыхаю — хожу в кино или на концерт.

Ты спрашиваешь, какой у меня типичный день. Я обычно встаю рано, часов в семь. Завтракаю в столовой, а потом иду в спортивный зал. Первая пара, немецкая история, начинается в 9.30 во вторник, в среду и в пятницу. В эти дни у меня также немецкий язык в 11 часов и экономика в час. Обедаю я поздно. А в понедельник у меня семинар по немецкой литературе. Этот курс очень интересный, но надо очень много читать. Мы сейчас читаем Томаса Манна. Мне трудно, потому что я ещё медленно читаю по-немецки, но я люблю этот семинар.

Каждый день я ужинаю в 7 часов. Потом я обычно читаю до 10-и. После этого я или смотрю телевизор, или ложусь спать.

Хотелось бы узнать больше о твоём расписании. Какой у тебя типичный день?

Жду ответа.

Твоя Маша

5-39 Запи́ски. Imagine that the following notes were left for you. You do not know many of the words in the notes. On the basis of what you do understand, put a check mark next to the notes you believe need action on your part.

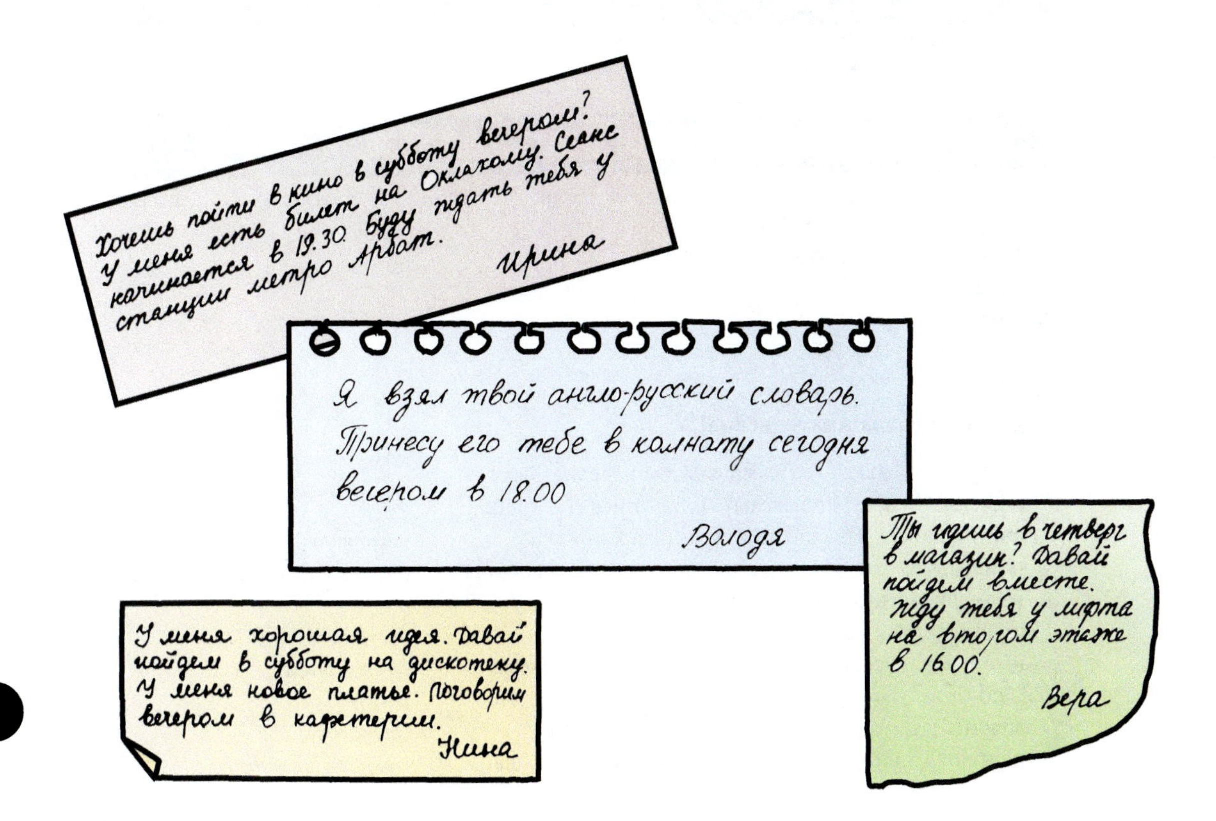

5-40 Распиcáние в америкáнском университéте. Read the following e-mails and answer the questions below.

Файл Правка Вид Переход Закладки Инструменты Справка

http://yaschik.ru Перейти

yaschik.ru Выход

НАПИСАТЬ ВХОДЯЩИЕ ПАПКИ НАЙТИ ПИСЬМО АДРЕСА ЕЖЕДНЕВНИК НАСТРОЙКИ

От: valyabelova234@mail.ru

Кому: popovaea@inbox.ru

Копия:

Скрытая:

Тема: Новые курсы

простой формат

Дорогая Елена Анатольевна!

Подумать только — я здесь уже две недели. Я уже поменяла° свою° программу. Я Вам писала о курсе английского языка для иностранцев. Я сразу° поняла, что этот курс лёгкий° для меня, и я перешла° на американскую литературу. Что интересно, в американских колледжах можно° свободно° выбирать° курсы. Кроме того,° есть такая система "add-drop" (дословно° — "добавить-бросить"). Это значит, что можно послушать курс примерно° неделю. Если он не нравится,° можно перейти° на другой курс, если ещё есть свободные места.°

Правда, эта свобода° — большой плюс, но есть ещё и большой минус: студенты обязательно° должны слушать общие° курсы не по специальности. Вот у меня специальность — журналистика. Но помимо° этих курсов, официально я должна прослушать курс по математике (!). К счастью,° я сдала° вступительный° экзамен° по математике в первый день занятий, и решили,° что этот курс не нужен.°

Тут я должна признаться:° английский как иностранный я бросила не только потому, что он не нужен, но ещё и потому, что он был четыре раза в неделю° в восемь часов утра! И как Вы помните,° я люблю поздно вставать. (Сколько раз я опаздывала в школу, не нужно даже напоминать!°)

По новому расписанию моя первая лекция (лингвистика) только в 11 часов утра. Поэтому° я встаю только в 9. Завтракаю дома с Антонией и иногда с Робом. Виктор уже на работе, Анна в школе.

change; one's own
immediately
easy; to switch, **перешлá** *– switched*
it is possible; freely
choose; moreover
literally
approximately
is pleasing; to switch
place, space (pl. **местá***)*
freedom
absolutely
general
in addition to
fortunately; to pass an exam
entrance; examination
*they decided; (***нужнá, нýжно, нужны́***) is/are necessary*
to admit
. . . times a week
*(***пóмню, пóмнишь, пóмнят***) – to remember*
to remind
so; therefore

Capitalized *Вы*. In personal correspondence to an individual reader (not to a group), the formal words for *you* and *yours* are capitalized: **Я читáю Вáше письмó . . . В письмé Вы пи́шете . . . Прáвда, я Вас знáю не óчень хорошó . . .** This rule does not apply to **ты.**

Ой, чуть не° забыла ответить на Ваш вопрос, сколько стоит° учиться, но ответ сложный.° Наш университет государственный. Один год° стоит примерно $10 000. А в частных° университетах ещё дороже!° Но у большинства° студентов какие-то° стипендии и дополнительно° работают — в ресторанах, в библиотеках и т. д. И, конечно, помогают° родители.

—Валя

almost
it costs; complicated
year
private (nonpublic)
more expensive; majority
some sort of; in addition
help

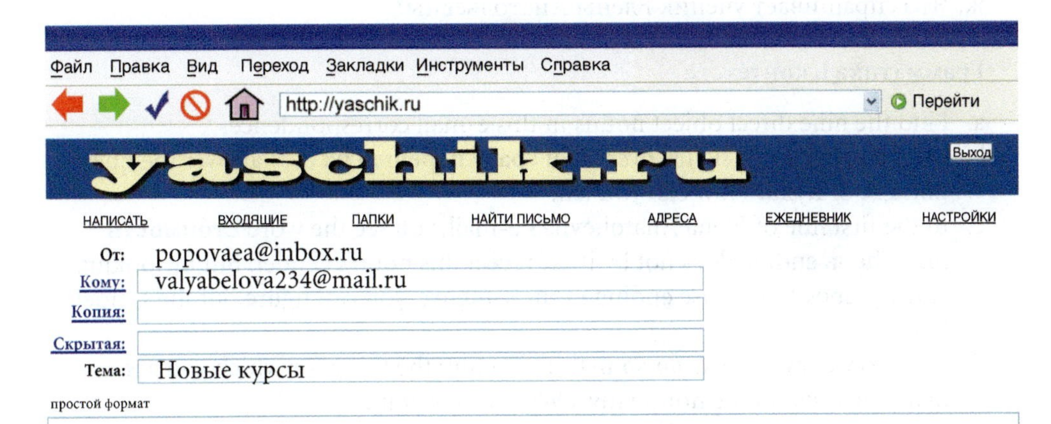

Здравствуй, Валя!

Спасибо за твой ответ на вопрос о стоимости° учёбы. Просто удивительно, сколько стоит высшее образование° в США! Если анализировать эту сумму, получается, что° каждый академический час стоит примерно° $20. Американские преподаватели, наверное, живут как короли.°

Тот же° школьник (зовут его Стас) задал° ещё один вопрос:

Это правда, что большинство° студентов не живут дома, а в общежитиях, даже если родители живут недалеко от университета? Ты ведь живёшь в семье, а не в общежитии.

Е.

cost
higher education. The root **выс-** *means* high *or* tall.
it turns out that . . .
approximately
king
the same. The first word **тот** *is declinable; it changes in gender, number, and case:* **тот же шко́льник, та же шко́льница, то же общежи́тие, те же кни́ги;**
to ask a question
majority

1. Вопро́сы

а. Почему́ Ва́ля бро́сила англи́йский язы́к как иностра́нный и перешла́ на литерату́ру?
б. Как вы ду́маете, студе́нты в Росси́и свобо́дно выбира́ют свои́ ку́рсы?
в. Ва́ля сейча́с изуча́ет матема́тику?
г. Когда́ у Ва́ли пе́рвая ле́кция у́тром?
д. Когда́ она́ встаёт?
е. Как Ва́ля отвеча́ет на вопро́с Еле́ны Анато́льевны, ско́лько сто́ит учи́ться в госуда́рственном университе́те в США?
ж. Что спра́шивает учени́к Еле́ны Анато́льевны?

2. Грамма́тика в конте́ксте

a. Find the nine direct object nouns in this e-mail correspondence.
b. Does **перейти́** – *to switch over to* (**Я сра́зу перешла́ на . . .**) answer the question **где** or **куда́?** How can you tell?
c. In the first line of Elena Anatolievna's e-mail, you see the word **сто́имость** – *cost*. The **-ь** ending does not by itself reveal this noun's gender. But by looking at the prepositional case ending in the sentence, you can figure out the gender. How?
d. How do we say "thanks *for* something"? Hint: the thing for which you are thanking is *not* in the nominative. What case is it in?
e. Find the word **о́бщий** (**о́бщие ку́рсы** – *general courses*). The root **общ-** means *general* or *in common*. What other word have you seen with this root?

Давайте послушаем

5-41 Звукова́я за́пись в e-mail'e. Nikolai sent an audio e-mail attachment to his American friend, Jim. Listen to the recording with the following questions in mind.

1. What are Nikolai's hard days?
2. What are his easy days?
3. What does his schedule look like on a hard day?
4. What does he do on weekends?

5-42 Автоотве́тчик. You came home and found a message for your Russian roommate on your answering machine **(автоотве́тчик).**

1. Take down as much information as you can (in English or in Russian).
2. Leave a note for your roommate with this information in Russian.

Новые слова и выражения

NOUNS

аудито́рия	classroom
банк	bank
бассе́йн	swimming pool
воскресе́нье	Sunday
вто́рник	Tuesday
гита́ра	guitar
гру́ппа	group; section (of a course)
да́ча (на)	dacha
д(е)нь	day
душ	shower
за́втрак	breakfast
заня́тие (на)	class
заня́тия (*pl.*) (на)	class(es) (collectively)
кафе́ (*indeclinable*)	cafe
кино́ (*indeclinable*)	the movies
кинотеа́тр	movie theater
конце́рт	concert
магази́н	store
ме́сто	place
музе́й	museum
но́мер	number
обе́д	lunch
па́ра	class period
понеде́льник	Monday
пя́тница	Friday
рабо́та (на)	work
распоря́док дня	daily routine
рестора́н	restaurant
среда́ (в сре́ду)	Wednesday (on Wednesday)
стадио́н (на)	stadium
суббо́та	Saturday
телеви́зор	television set
у́жин	supper
уро́к (на)	class, lesson (*practical*)
уро́к ру́сского языка́	Russian class
футбо́л	soccer
футбо́льный матч	soccer game
цирк	circus
час (2–4 часа́, 5–12 часо́в)	o'clock
четве́рг	Thursday
эта́ж (на) (*ending always stressed*)	floor; story

Новые слова и выражения

MODIFIERS

все	everybody, everyone (*used as a pronoun*)
компью́терный	computer (*adj.*)
до́лжен (должна́, должны́) + *infinitive*	must
ка́ждый	each, every
са́мый + *adj.*	the most + *adj.*
са́мый люби́мый __________	most favorite
са́мый нелюби́мый	least favorite
свобо́ден (свобо́дна, свобо́дны)	free, not busy

VERBS

встава́ть (встаю́, встаёшь, встаю́т)	to get up
де́лать (де́лаю, де́лаешь, де́лают)	to do
е́хать (е́ду, е́дешь, е́дут)	to go by vehicle
за́втракать (за́втракаю, за́втракаешь, за́втракают)	to eat breakfast
игра́ть (игра́ю, игра́ешь, игра́ют)	to play
игра́ть в + *accusative*	to play a game
игра́ть на + *prepositional*	to play an instrument
идти́ (иду́, идёшь, иду́т)	to go, walk, set out
ложи́ться (ложу́сь, ложи́шься, ложа́тся) спать	to go to bed
обе́дать (обе́даю, обе́даешь, обе́дают)	to eat lunch
одева́ться (одева́юсь, одева́ешься, одева́ются)	to get dressed
опа́здывать (опа́здываю, опа́здываешь, опа́здывают)	to be late
отдыха́ть (отдыха́ю, отдыха́ешь, отдыха́ют)	to relax
принима́ть (принима́ю, принима́ешь, принима́ют) (душ)	to take (a shower)
слу́шать (слу́шаю, слу́шаешь, слу́шают)	to listen; to take (a class)
смотре́ть (смотрю́, смо́тришь, смо́трят) (телеви́зор)	to watch (television)
убира́ть (убира́ю, убира́ешь, убира́ют) (дом, кварти́ру, ко́мнату)	to clean (house, apartment, room)
у́жинать (у́жинаю, у́жинаешь, у́жинают)	to eat dinner
хоте́ть (хочу́, хо́чешь, хо́чет, хоти́м, хоти́те, хотя́т)	to want

OTHER VERBS

я забы́л(а)	I forgot
могу́	I can
поду́маю	I'll think, let me think
слу́шай(те)	listen (*command form*)
ходи́ть (хожу́, хо́дишь, хо́дят)	to go habitually; make a round trip (*on foot*)

Новые слова и выражения

ADVERBS

ве́чером	in the evening
вме́сте	together
всегда́	always
вчера́	yesterday
днём	in the afternoon
за́втра	tomorrow
иногда́	sometimes
ка́ждый день	every day
наконе́ц	finally
никогда́ не	never
но́чью	at night
обы́чно	usually
отли́чно	excellent
по́здно	late
пото́м	later
ра́но	early
ре́дко	rarely
сего́дня	today
снача́ла	to begin with; at first
у́тром	in the morning
ча́сто	frequently

PREPOSITIONS

в + *accusative case of days of week*	on
в + *hour*	at
в + *accusative case for direction*	to
на + *accusative case for direction*	to

QUESTION WORDS

когда́	when
куда́	where (to)
почему́	why

OTHER WORDS AND PHRASES

алло́	hello (*on telephone*)
весь день	all day
Во ско́лько?	At what time?
Дава́й(те) пойдём . . .	Let's go . . . (*on foot; someplace within city*)
Дава́й(те) поéдем . . .	Let's go . . . (*by vehicle; to another city or country*)
Договори́лись.	Okay. (We've agreed.)
домо́й	(to) home (*answers* куда́)

Новые слова и выражения

Извини́ . . .	Excuse me . . .
Како́й сего́дня день?	What day is it?
мо́жет быть	maybe
Не мо́жет быть!	That's impossible! It can't be!
Не хо́чешь (хоти́те) пойти́ (пое́хать) . . . ?	Would you like to go . . . ?
ничего́	nothing
Сейча́с поду́маю.	Let me think.
Скажи́те, пожа́луйста . . .	Tell me, please . . . (*to ask a question*)
Ско́лько сейча́с вре́мени?	What time is it?
С удово́льствием.	With pleasure.
типи́чный	typical

PASSIVE VOCABULARY

абза́ц	paragraph
автоотве́тчик	answering machine
биле́т	ticket
бра́тья	brothers
буфе́т	buffet
друзья́	friends
е́здить (е́зжу, е́здишь, е́здят)	to go habitually; make a round trip (*by vehicle*)
за́пись (*fem.*)	recording
курсова́я рабо́та	term paper
мла́дший	younger
неде́ля	week
по телефо́ну	by telephone
пра́вда	true
расписа́ние	(*written*) schedule
семина́р	seminar
ста́рший	older

УРОК 6

Дом, квартира, общежитие

Коммуникативные задания

- Talking about homes, rooms, and furnishings
- Colors: **Како́го цве́та . . . ?**
- Making and responding to invitations
- Reading want ads
- Renting an apartment

Культура и быт

- Adjectives used to name a room
- **Что в шкафу́?** Russian closets
- **Ты и вы**
- How many rooms?
- Apartment size in square meters
- Living conditions in Russia
- Soviet history: communal apartments
- Russian apartments, dormitories, and dachas

Грамматика

- **Хоте́ть**
- Verbs of position — **стоя́ть, висе́ть, лежа́ть**
- Genitive case of pronouns, question words, and singular modifiers and nouns
- Uses of the genitive case
- Ownership, existence, and presence: **(у кого́) есть что**
- Expressing Nonexistence and Absence: **нет чего́**
- Possession and attribution ("*of*"): genitive case of noun phrases
- Specifying quantity
- At someone's place: **у кого́**

Точка отсчёта

О чём идёт речь?

Дом

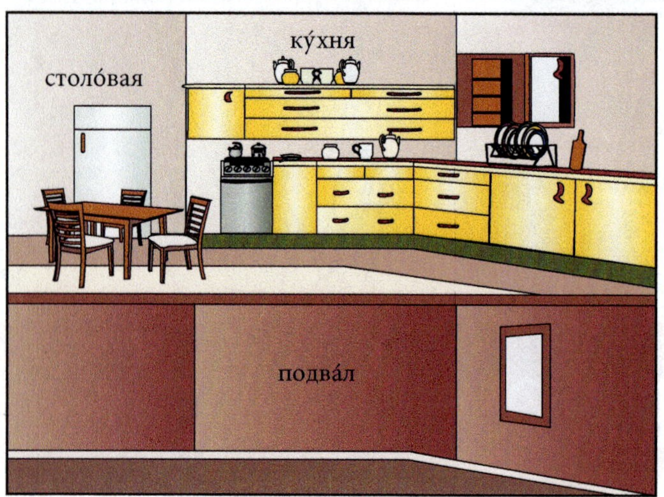

Культура и быт

The words **гости́ная, столо́вая,** and **ва́нная** are feminine adjectives in form. They modify the word **ко́мната,** which is normally left out of the sentence. Although they are used as nouns, they take adjective endings.

Ме́бель

холоди́льник
плита́

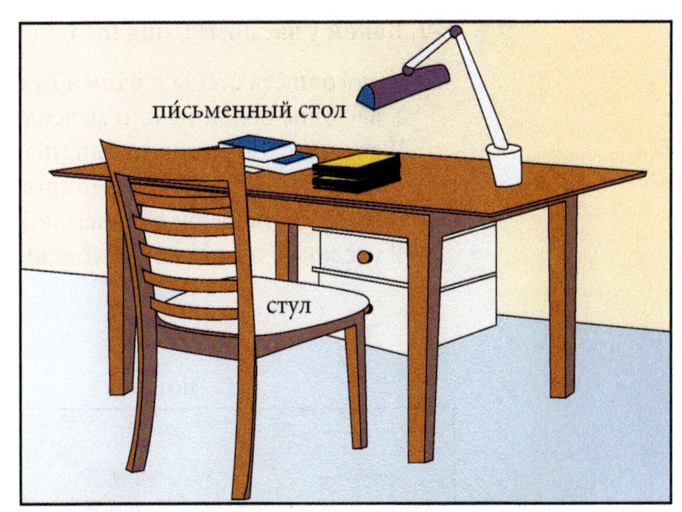
пи́сьменный стол
стул

шкаф

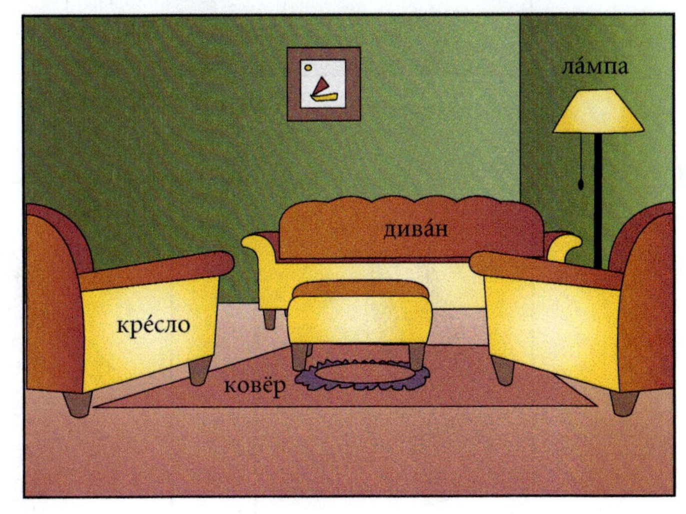
ла́мпа
дива́н
кре́сло
ковёр

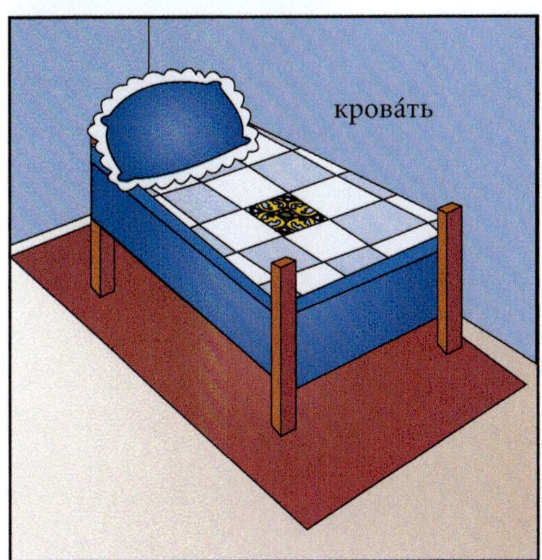
крова́ть

6-1 Каки́е ко́мнаты в ва́шем до́ме? Кака́я у вас ме́бель до́ма?

6-2 Како́й у вас дом? Using the vocabulary below, answer the following questions.

Како́го цве́та сте́ны в ва́шей ку́хне? В ва́шей гости́ной? В ва́шей спа́льне?
У вас о́кна больши́е и́ли ма́ленькие?
У вас потоло́к высо́кий и́ли ни́зкий? Како́го он цве́та?
У вас есть ле́стница? Она́ широ́кая и́ли у́зкая?
Како́го цве́та две́ри в ва́шем до́ме?
У вас ковёр лежи́т на полу́? Если да, како́го он цве́та?

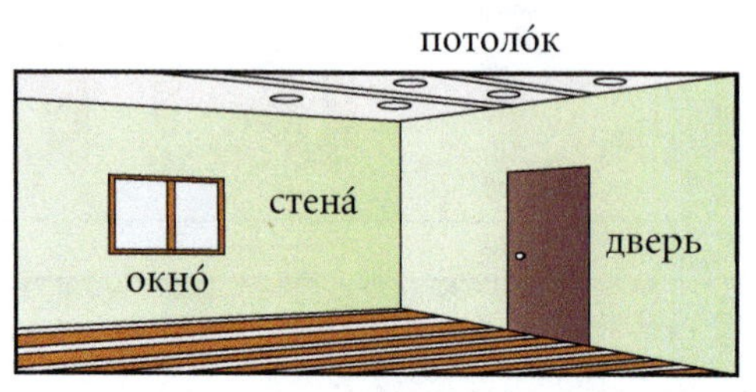

высо́кий потоло́к

ни́зкий потоло́к

Разговоры для слушания

Разгово́р 1. Фотогра́фии до́ма
Разгова́ривают Ма́ша и Кейт.

1. What does Masha want Kate to show her?
2. What does Masha think about the size of Kate's house?
3. How many rooms does Kate first say are on the first floor of her house?
4. How many rooms are there by Masha's count?
5. How many bedrooms are there in Kate's house?
6. Where is the family car kept?

Разгово́р 2. Ко́мната в общежи́тии
Разгова́ривают Оля и Майкл.

1. Where does Michael live?
2. Does he live alone?
3. How many beds are there in his room?
4. How many desks?
5. Does Michael have his own TV?

Разгово́р 3. Пе́рвый раз в ру́сской кварти́ре
Разгова́ривают Ро́берт и Ва́ля.

1. What does Robert want to do before the meal?
2. Valya mentions two rooms. Which is hers?
3. Who lives in the second room?
4. What does Valya say about hanging rugs on walls?

Культура и быт

Что в шкафу́? Michael calls his closet a **шкаф.** Most Russian apartments, however, don't have built-in closets. The word **шкаф** normally refers to a freestanding wardrobe. Note the stressed **-у** ending in the prepositional case.

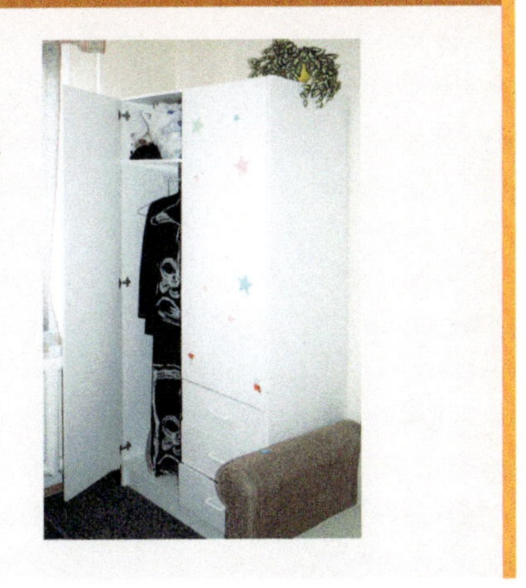

Разгово́р 4. Приглаша́ем на да́чу!
Разгова́ривают На́дя и Ли́за.

1. Where is Nadya's dacha?
2. How many rooms does it have?
3. Why doesn't Nadya's family live at the dacha all the time?

Разгово́р 5. Ко́мната в общежи́тии.
Разгова́ривают Ми́тя и Кэ́ти.

1. In what city does Kathy live?
2. What sort of housing does she have?
3. What can you say about her room furnishings?
4. Kathy's Russian friend asks where she got her rug. What does her friend assume? Is this assumption correct?

Давайте поговорим

Диалоги

1. Фотогра́фия до́ма

— Марк, у тебя́ есть фотогра́фия твоего́ до́ма?
— Да. Хо́чешь посмотре́ть?
— Коне́чно.
— Вот э́то наш дом. Здесь живу́ я, сестра́ и роди́тели.
— То́лько одна́ семья́ в тако́м большо́м до́ме?! А ско́лько у вас ко́мнат?
— Сейча́с посмо́трим. На пе́рвом этаже́ — гости́ная, столо́вая, ку́хня и туале́т. А на второ́м — три спа́льни и две ва́нные.
— А гара́ж у вас есть?
— Нет, гаража́ нет. Маши́на стои́т на у́лице. Вот она́, си́няя.
— Дом у вас о́чень краси́вый.

Культура и быт

Ты и вы. As you know, Russians use the **ты** form to address people with whom they are on familiar speech terms, and the **вы** form for those with whom they are on formal terms, or when talking to more than one person. In many dialogs in this lesson, the speakers may seem to alternate between formal and informal address, but in fact they are using the **вы** forms to address more than one person (a whole family, the members of a cultural group).

Ско́лько у вас ко́мнат? Есть is omitted in "have" constructions when the focus is not on the existence of the item, but rather on some additional information about it. Mark's friend already knows that Mark has rooms in his house. His question is how many.

2. Фотогра́фия общежи́тия

— Джа́нет, ты живёшь в общежи́тии?
— Да. Хо́чешь посмотре́ть фотогра́фию?
— Да, хочу́. Ты живёшь одна́?
— Нет. У меня́ есть сосе́дка по ко́мнате. Ви́дишь, на фотогра́фии две крова́ти, два стола́.
— Кака́я краси́вая ме́бель! А э́то что тако́е?
— Это холоди́льник, а ря́дом шкаф.
— А ва́нные и туале́ты?
— Они́ здесь ря́дом, на этаже́.
— А телеви́зор?
— А у нас телеви́зора нет.

3. Мóжно посмотрéть квартúру?

— Дóбрый вéчер, Сáша. Я не опоздáла?
— Нет-нет, Джоáнна. Проходú в большýю кóмнату. Мáмы и пáпы ещё нет, но обéд готóв.
— А мóжно посмотрéть квартúру?
— Конéчно. Прáвда, онá небольшáя, всегó 32 мéтра.
— Но óчень уютная.
— Вот в той мáленькой кóмнате живý я. А здесь живýт родúтели.
— Какúе большúе óкна! О, я вúжу, что у вас икóны висят.
— Да, мы вéрующие.

Культура и быт

Скóлько (квадрáтных) мéтров? is a part of any discussion of housing. **Трúдцать (квадрáтных) мéтров** corresponds to an average Russian two-room apartment. These measurements will give you a feel for square meterage.

Кóмнаты	футы	$М^2$
Пéрвый этáж прúгородного дóма в США	24 × 40	93
Гостúная в америкáнском прúгородном дóме	15 × 20	28
Кóмната (на двоúх) в общежúтии	12 × 19	21
Спáльня в америкáнском дóме	13 × 15	18
Офис преподавáтеля в университéте США	8 × 8	6

4. Ковёр на стенé

— Валéра, какáя красúвая кóмната!
— Да что ты?! Онá такáя мáленькая.
— Но уютная. Я вúжу, что у тебя на стенé висúт ковёр. Это рýсская традúция?
— Да, а что? У вас такóй традúции нет?
— Нет. Дóма у меня такóй же ковёр, тóлько он лежúт на полý.

5. Хоти́те пое́хать на да́чу?

— Хоти́те, в воскресе́нье пое́дем на да́чу?
— На да́чу? У вас есть да́ча?
— Да, в при́городе.
— Она́ больша́я?
— Два этажа́, четы́ре ко́мнаты. Хоти́те посмотре́ть фотогра́фию?
— Это ва́ша да́ча? Жёлтая?
— Да.
— Кака́я краси́вая! Почему́ вы живёте здесь, в го́роде, когда́ есть тако́й дом?
— Понима́ете, у нас на да́че нет ни га́за, ни горя́чей воды́.
— Тогда́ поня́тно.

Культура и быт

Жили́щные усло́вия в Росси́и

Ру́сская кварти́ра. In Soviet times, privately owned housing was virtually unknown. Most Russians lived in communal apartments or small one- or two-bedroom apartments. It was not uncommon for several generations to share the same living space. On the other hand, rent and utilities for most represented a small fraction of household income. After the breakup of the Soviet Union, the Russian government began selling apartments to residents. Privatization of the housing market has spurred new construction leading to a steady increase in availability—albeit at much higher prices. Nevertheless, most Russians live in cramped quarters by U.S. standards.

Коммуна́льная кварти́ра. In communal apartments, some of which remain in old cities with large apartments, especially St. Petersburg, a family shares one or two rooms, and several families share a common kitchen and bathroom. Increasingly families are buying and refurbishing these apartments, and the purchase price includes the resettlement of the families who lived in the communal apartment into smaller apartments, often far from the city center.

Жилы́е ко́мнаты. When describing the number of rooms in a house or apartment, Russians count only those rooms where one sleeps or entertains (**жилы́е ко́мнаты**). They do not include the kitchen, bathroom, or entrance hall.

Гости́ная и столо́вая. The words **гости́ная** – *living room* and **столо́вая** – *dining room* are usually used to describe Western homes. Most Russian apartments

are too small to have a dining room, and Russians usually refer to the room where they entertain (be it a combination bedroom/living room or the equivalent of a small living room) as **больша́я ко́мната.** If the bedroom is separate from the **больша́я ко́мната,** it is a **спа́льня.**

Ва́нная и туале́т. In most Russian apartments the toilet is in one room (**туале́т**) and the sink and bathtub in another (**ва́нная**).

У нас де́лают ремо́нт. Those who can afford it are refurbishing their Soviet-era apartments with new appliances, plumbing, and electrical wiring. Since the new plumbing and electrical fixtures are often from European models, this home improvement, **ремо́нт,** is sometimes called **евроремонт.**

Да́чи. Да́чи are summer houses located in the countryside surrounding most big cities in Russia. Many Russian families own one. Until recently, these houses were usually not equipped with gas, heat, or running water. Toilets were in outhouses in the backyard. Some newer **да́чи** are built with all the conveniences. During the summer months Russians, especially old people and children, spend a lot of time at their dachas. Besides allowing them to get away from the city, dachas provide a place where people can cultivate vegetables and fruits to preserve for the winter.

Общежи́тие. Only students from another city live in the dormitory. Russian students studying at an educational institution in their hometown are not given dormitory space. They usually live with their parents.

Вопросы к диалогам

Диало́г 1

1. Кто ещё живёт в до́ме Ма́рка?
2. Ско́лько ко́мнат у них в до́ме?
3. Каки́е ко́мнаты на пе́рвом этаже́? Каки́е на второ́м?
4. Где стои́т их маши́на?

Диало́г 2

1. Где живёт Джа́нет?
2. Она́ живёт одна́?
3. Кака́я ме́бель у неё в ко́мнате?
4. У Джа́нет есть телеви́зор в ко́мнате?
5. Где туале́ты и ва́нные?

Диало́г 3 Пра́вда и́ли непра́вда? Answer for each statement. If the statement is untrue, provide the correct answer.

Образе́ц: Это кварти́ра Джоа́нны. →
— Непра́вда! Это кварти́ра Са́ши.

1. Сейча́с у́тро.
2. Джоа́нна опозда́ла на обе́д.
3. Бра́та ещё нет.
4. Обе́д гото́в.
5. Кварти́ра о́чень больша́я.
6. Окна о́чень больши́е.
7. В кварти́ре нет ико́н.
8. Они́ ве́рующие.

Диало́г 4 Что чему́ соотве́тствует? Match the appropriate items in the two columns below.

1. Вале́ра	а. америка́нец
2. Ковёр виси́т на стене́.	б. америка́нская тради́ция
3. Ковёр лежи́т на полу́.	в. ру́сская тради́ция
	г. ру́сский

Диало́г 5

1. Когда́ друзья́ ду́мают поéхать на да́чу?
2. Где нахо́дится да́ча?
3. Ско́лько ко́мнат в э́том до́ме? Ско́лько этаже́й?
4. Како́го цве́та да́ча?
5. Чего́ нет на да́че?

нахо́дится – *is located*

Упражнения к диалогам

6-3 Где я живу́? Describe where you live. Use as many descriptive words as you can.

1. Я живу́ в . . . (до́ме, кварти́ре, общежи́тии).
2. Наш дом . . . (большо́й, ма́ленький, бе́лый, кра́сный . . .).
3. Моя́ кварти́ра о́чень . . . (ма́ленькая, краси́вая).
4. В на́шем до́ме . . . (оди́н эта́ж, два этажа́, три этажа́).
5. В мое́й кварти́ре . . . (одна́ ко́мната, две ко́мнаты, три ко́мнаты).
6. В мое́й ко́мнате . . . (больша́я крова́ть . . .).
7. На пе́рвом этаже́ . . . (гости́ная . . .).
8. На второ́м этаже́ . . . (ма́ленькая спа́льня . . .).
9. У меня́ маши́на стои́т . . . (в гараже́, на у́лице).

6-4 В и́ли на? Fill in the blanks with the appropriate prepositions. Some blanks may not require a preposition.

друго́й – *other*

_____ пя́тницу _____ 7 часо́в ве́чера мы хоти́м пое́хать _____ да́чу. В ию́не, ию́ле и а́вгусте мы обы́чно живём _____ да́че _____ су́бботу и воскресе́нье. Да́ча нахо́дится _____ при́городе. Да́ча краси́вая, и мы хоти́м жить _____ да́че, а не _____ го́роде та́кже и _____ други́е дни, но _____ да́че нет ни га́за, ни горя́чей воды́. Мы пое́дем домо́й _____ воскресе́нье _____ ве́чером, потому́ что _____ понеде́льник у́тром мы е́дем на рабо́ту.

6-5 Цвета́. Remember these colors from Unit 2. List the colors below in order of your most to least favorite.

Remember, the adjective **си́ний** – *dark blue* takes soft endings. Any endings you add should preserve the softness of the stem: **си́н<u>ий</u>, си́н<u>яя</u>, си́н<u>юю</u>, си́н<u>ее</u>, си́н<u>ие</u>**, etc.

Цвета́:

кра́сный	red	чёрный	black
жёлтый	yellow	бе́лый	white
зелёный	green	се́рый	gray
голубо́й	light blue	кори́чневый	brown
си́ний	dark blue	бе́жевый	beige
фиоле́товый	purple	ора́нжевый	orange
ро́зовый	pink		

6-6 Како́го цве́та?

Образе́ц: — Како́го цве́та ваш пи́сьменный стол? →
— Он кори́чневый.
— Како́го цве́та ва́ша крова́ть? →
— Она́ кори́чневая.

Како́го цве́та ваш дом?
Како́го цве́та ваш холоди́льник?
Како́го цве́та ваш дива́н?
Како́го цве́та ваш ковёр?
Како́го цве́та ваш шкаф?
Како́го цве́та ва́ше общежи́тие?
Како́го цве́та ва́ша маши́на?
Како́го цве́та ва́ша плита́?
Како́го цве́та ва́ше кре́сло?
Како́го цве́та ваш люби́мый сви́тер?
Како́го цве́та ва́ша люби́мая руба́шка?
Како́го цве́та ва́ши люби́мые боти́нки?
Како́го цве́та ва́ше пальто́?

6-7 В метро́. You are meeting a relative of a friend in the Moscow metro to pass on a package. You and your friend's relative have never seen each other. Call your friend's Moscow relative (**Алло́?**) and describe what you are wearing so that you can find each other in a crowded metro station. List at least six items and say what color they are.

Образе́ц: Я в кра́сном сви́тере и чёрных ту́флях.

6-8 Что у кого́ есть? If you wanted to find out whether someone in your class lives in a large apartment, you could ask **Ты живёшь в большо́й кварти́ре?** or **Твоя́ кварти́ра больша́я и́ли ма́ленькая?** How would you find out the following?

1. If someone lives in a small apartment.
2. If someone has a car.
3. If someone has a radio.

Find answers to the following questions by asking other students and your teacher. Everyone asks and answers questions at the same time. Do not ask one person more than two questions in a row.

Кто живёт в большо́й кварти́ре?
Кто живёт в ма́ленькой кварти́ре?
Кто живёт в общежи́тии?
У кого́ есть большо́й дом?
У кого́ нет телеви́зора?
У кого́ в ко́мнате есть кре́сло?
У кого́ есть но́вая крова́ть?
У кого́ есть о́чень большо́й пи́сьменный стол?
У кого́ есть бе́лый сви́тер?
У кого́ есть кра́сная маши́на?
У кого́ нет маши́ны?
У кого́ есть компью́тер и при́нтер?
У кого́ нет телефо́на в ко́мнате?
У кого́ есть краси́вый ковёр?
У кого́ есть холоди́льник в ко́мнате?
У кого́ есть хоро́шее ра́дио?

6-9 Подгото́вка к разгово́ру. Review the dialogs. How would you do the following?

1. Ask if someone has something (a photograph, car, television).
2. State what rooms are on the first and second floors of your house.
3. Find out if someone lives in a house, apartment, or dormitory.
4. Find out if someone has a roommate.
5. State what things you have in your dorm room.
6. State what things you don't have in your dorm room.
7. State that you have two of something (tables, beds, books).
8. State that someone (Mom, Dad, roommate) is not present.
9. Ask if you are late.
10. Ask permission to look at someone's apartment (book, icons).
11. Compliment someone on his/her room (house, car, icons).
12. Respond to a compliment about your room (car, rug).

6-10 Планиро́вка до́ма. Make a detailed floor plan of the following houses or apartments. Label rooms and furniture.

1. Your home, or your parents' or grandparents' home.
2. Your dream home.

Игровые ситуации

6-11 В Росси́и . . .

1. You have just arrived at a Russian friend's apartment. Ask to see the apartment. Ask as many questions as you can.
2. You have been invited to spend the weekend at a friend's dacha. Accept the invitation. Find out as much as you can about the dacha.
3. Your Russian host family is interested in where you live. Describe your living situation in as much detail as you can. Show a photo if you have one.
4. You've just checked into a hotel in Russia and are not pleased with your room. Complain at the hotel desk. There is no television. The lamp doesn't work. The table is very small, and there is no chair. You want a different room **(У вас нет друго́й ко́мнаты?).**
5. You want to rent a furnished apartment in St. Petersburg. Ask the owner five or six questions to find out about the apartment.
6. Working with a partner, prepare and act out a situation of your own that deals with the topics of this unit.

Устный перевод

6-12 You have been asked to interpret for a Russian exchange student who is seeking accommodations at your university. He needs to talk to the housing director. Your task is to communicate ideas, not to translate word for word.

ENGLISH SPEAKER'S PART

1. What did you say your last name is?
2. First name?
3. Oh, yes, here it is. You're in a dorm. Do you know where Yates Hall is? You're on the fifth floor.
4. No, you have two roommates.
5. Bathrooms and showers are on each floor.
6. No, there's no refrigerator, but every room has a bed, a desk, and a lamp. There's a refrigerator on each floor.
7. There's a TV on each floor.
8. You're welcome.

Грамматика

1. Хоте́ть

Learn the conjugation of the irregular verb **хоте́ть** (*to want*).

хоте́ть	*to want*
я	хочу́
ты	хо́**чешь**
он/она́ (кто)	хо́**чет**
мы	хот**и́м**
вы	хот**и́те**
они́	хот**я́т**
он/кто	хоте́**л**
она́	хоте́**ла**
они́/вы/мы	хоте́**ли**

Change in theme vowel and shifting stress!

Упражнения

6-13 Запо́лните про́пуски. Complete the dialog with the appropriate forms of **хоте́ть.**

— Алло́, Ли́за? Слу́шай, вы с Кристи́ной не _______ пойти́ сего́дня на конце́рт?
— Я _______ . А Кристи́на говори́т, что она́ _______ смотре́ть телеви́зор.
— Зна́ешь, у меня́ четы́ре биле́та. Если Кристи́на не _______ , дава́й пригласи́м Пи́тера и Ама́нду.
— Дава́й. Они́ у меня́ в ко́мнате и говоря́т, что _______ пойти́.
— Прекра́сно.

вы с Кристи́ной – *you and Christina*

6-14 Соста́вьте предложе́ния. Make sentences by combining words from the columns. The question marks mean that you may use a phrase of your own.

я	всегда́	хоте́ть	смотре́ть телеви́зор
наш преподава́тель	никогда́ не		писа́ть пи́сьма
мы	сейча́с		слу́шать ра́дио
вы	сейча́с не		убира́ть ко́мнату
студе́нты			чита́ть по-ру́сски
ты			у́жинать в кафе́
Кто?			игра́ть в футбо́л
?			пое́хать в Росси́ю
			пое́хать на да́чу
			?

6-15 Составьте предложения. Make sentences using the following model:

Образец: Я хочу отдыхать, но я должен (должна) работать.

Complete Oral Drill 3 and Written Exercise 06-07 in the SAM

Я хочу . . .	**но я должен (должна) . . .**
смотреть телевизор	заниматься
слушать радио	убирать комнату
писать e-mail'ы	писать упражнения
ужинать в кафе	ужинать в столовой
завтракать поздно	завтракать рано
поехать на дачу	читать статьи о российской политике

2. Verbs of Position — стоять, висеть, лежать

Use the verbs **стоять (стоит/стоят), висеть (висит/висят), лежать (лежит/лежат)** to describe the position of objects. All three verbs are **и**-conjugation. For now you need only the **он** and **они** forms.

В комнате **стоит** большой стол.

О, я вижу, что у вас иконы **висят**.

Дома у меня ковёр **лежит** на полу.

6-16 Indicate what furniture you have in each room of your house or apartment. Use the verbs **стоит/стоят, висит/висят,** and **лежит/лежат** as in the example.

Образец: В гостиной стоят диван, кресла и маленький стол. На полу лежит белый ковёр, а на стене висят фотографии.

		лампа
		диван
		холодильник
		фотографии
В гостиной		ковёр
В столовой	стоит/стоят	кресло
В спальне	висит/висят	стол
На кухне	лежит/лежат	стулья
В кабинете		плита
		письменный стол
		шкаф
		кровать
		икона

6-17 Какóй у тебя́ дом? Describe your home. Based on what you say, your partner will draw a detailed floor plan. You will then correct any mistakes your partner makes in it. Throughout this activity you should speak only Russian. The expressions below will help you describe your home.

Слéва стои́т/лежи́т/виси́т . . .	*On the left* there is . . .
Спрáва стои́т/лежи́т/виси́т . . .	*On the right* there is . . .
Ря́дом стои́т/лежит/виси́т . . .	*Near by* there is . . .
Дáльше . . .	*Farther . . .*

Complete Oral Drill 4 and Written Exercises 06-08 and 06-09 in the SAM

3. Genitive Case — Forms

Genitive case of personal pronouns

У **негó** есть кни́га.

У **неё** есть кни́га.

You already know how to express "having" by saying **У меня́ есть . . . , У тебя́ есть . . . ,** and **У вас есть . . .** The word following the preposition **у** is in the genitive case. The table below gives the genitive case forms for all of the pronouns.

Nominative Case	У + Genitive Case
кто	у когó
я	у меня́
ты	у тебя́
он	у негó
онá	у неё
мы	у нас
вы	у вас
они́	у них

Упражнение

6-18 Соста́вьте предложе́ния. Make sentences out of these words following the model.

Образе́ц: У/я/есть/телеви́зор. → У меня́ есть телеви́зор.

1. У / вы / есть / те́хника.
2. У/я / есть / ра́дио и пле́йер.
3. Это Анто́н. У / он / есть / маши́на.
4. У / мы / есть / компью́тер.
5. Это мои́ роди́тели. У / они́ / есть / компью́тер и при́нтер.
6. Это Ка́тя. У / она́ / есть / да́ча.
7. У / ты / есть / но́вое пла́тье?

Complete Oral Drills 5–6 and Written Exercise 06-11 in the SAM

Genitive singular case of nouns

	Nominative	Masc. and Neuter	Feminine
Hard	журна́л письмо́ газе́та	журна́ла письма́ **-а**	газе́ты **-ы**
Soft	музе́й слова́рь неде́ля пла́тье	музе́я словаря́ **-я** пла́тья	неде́ли **-и**
Fem. -ь	крова́ть		крова́ти **-и**

Notes:

1. **The seven-letter spelling rule** affects the ending of many feminine hard nouns: **кни́га → кни́ги, студе́нтка → студе́нтки,** etc.
2. Some masculine nouns have end stress whenever an ending is added: **стол → стола́, гара́ж → гаража́.**
3. The words **мать** and **дочь** have a longer stem in every case except the nominative and accusative singular. Their genitive singular forms are **ма́тери** and **до́чери.**
4. Nouns ending in **-а** or **-я** that refer to men and boys decline like feminine nouns, but they are masculine and take masculine modifiers: **У ма́ленького Ди́мы есть кни́га.**

Genitive case of adjectives

	Masc. and Neuter	Feminine
Hard stems (-ый)	но́в**ого**	но́в**ой**
Soft stems (-ий)	си́н**его**	си́н**ей**
Spelling rules	хоро́ш**его**[5] (*but* больш**о́го**)	хоро́ш**ей**[5] (*but* больш**о́й**)

The "5" superscript refers to the five-letter spelling rule.

Genitive case of special modifiers

Nominative	Genitive	
	Masc. and Neuter	**Feminine**
чей, чьё, чья	**чьего́**	**чьей**
мой, моё, моя́	**моего́**	**мое́й**
твой, твоё, твоя́	**твоего́**	**твое́й**
наш, на́ше, на́ша	**на́шего**	**на́шей**
ваш, ва́ше, ва́ша	**ва́шего**	**ва́шей**
э́тот, э́то, э́та	**э́того**	**э́той**
оди́н, одно́, одна́	**одного́**	**одно́й**

Упражнение

6-19 Put the following words and phrases into the genitive case.

1. студе́нт
2. дом
3. слова́рь
4. окно́
5. пла́тье
6. газе́та
7. кварти́ра
8. америка́нка
9. ку́хня
10. Росси́я
11. наш оте́ц
12. моя́ мать
13. э́тот америка́нец
14. ста́рая сосе́дка
15. большо́е общежи́тие
16. его́ брат
17. твоя́ ко́мната
18. на́ша семья́
19. интере́сный журна́л
20. хоро́шая кни́га

4. After У: Expressing Ownership, Existence, and Presence: есть что

Russian has no verb "to have." Possession is expressed by saying *By someone there is something*:

У +	genitive case +	**есть** +	nominative case
У	**Ива́на**	**есть**	**да́ча.**
By	Ivan	there is	a dacha

Since the dacha is "doing" the verb **есть,** it is in the nominative case.

In response to **У** + genitive + **есть** questions, Russians often answer **Да, есть.**

— **У них есть** компью́тер?	*Do they have* a computer?
— Да, **есть.**	Yes, *they do.*
— **У твое́й сестры́ есть** пальто́?	*Does your sister have* a coat?
— Да, **есть.**	Yes, *she does.*

Simple presence (*There is . . . /There are . . .*) is also expressed by using **есть.**

— Здесь **есть** кни́га?	Is *there* a book here?
— Да, **есть.**	Yes, *there is.*

The literal meaning of у: *by, near*

У + genitive can also be used in its literal dictionary meaning—*by* or *near* something: **Ла́мпа стои́т у окна́.** – *The lamp is by the window.*

Упражнения

6-20 Соста́вьте предложе́ния. Make five questions and five statements about things people have by combining words from the columns below.

Образе́ц: У твоего́ отца́ есть да́ча?
У меня́ е́сть но́вая ма́шина.

я	да́ча в при́городе
мы	компью́тер
ты	хоро́ший пле́ер
ваш сосе́д	большо́й дива́н
мой оте́ц	краси́вая ла́мпа
твоя́ сестра́	япо́нский телеви́зор
э́та америка́нка	ма́ленький стол
её дочь	но́вая маши́на
Ви́ктор и Ле́на	кварти́ра в Петербу́рге
на́ша семья́	у́мная соба́ка

6-21 Как по-ру́сски?

1. — Do you have a car?
   — Yes, I have a new black car.
2. He has a nice apartment.
3. Do they have American magazines?
4. Does your mother have a house?
5. This student has interesting Russian books.
6. My daughter has beautiful furniture.
7. Does your neighbor have a computer?

Complete Oral Drill 7, review Written Exercise 06-11, and do Written Exercises 06-12—06-14 in the SAM

5. Expressing Nonexistence and Absence: нет чего́

The opposite of **есть** – *there is* is **нет** – *there is not*. **Нет** takes the genitive.

Есть + Nominative	Нет + Genitive
Здесь **есть кни́га.**	Здесь **нет кни́ги.**
There's a book here.	*There's no book here.*
Здесь **есть общежи́тие.**	Здесь **нет общежи́тия.**
There's a dorm here.	*There's no dorm here.*
Здесь **есть студе́нт.**	Здесь **нет студе́нта.**
There's a student here.	*There's no student here.*

Statements of nonexistence with **нет** have no subject.

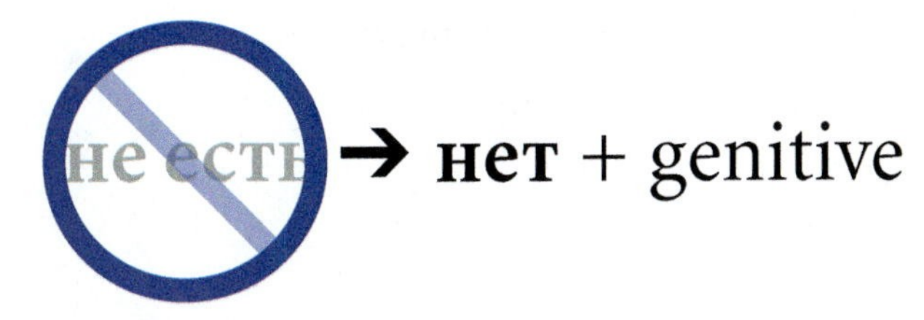

This also applies to personal pronouns.

We use **нет** + genitive constructions to express *not having.*

У + genitive case + **нет** + genitive case

У Ива́на нет да́чи.

By Ivan there is not a dacha

In short, **нет** has two meanings as shown in this exchange:

— У вас есть маши́на?
— **Нет,** маши́ны **нет.** (*or in shortened form:* — **Нет, нет.**)

Упражнения

6-22 Отве́тьте на вопро́сы. Indicate that the following people are not present.

Образе́ц: Ма́ша здесь? → — Её нет.

1. Никола́й Константи́нович здесь?
2. Па́па здесь?
3. Ива́н здесь?
4. Анна Серге́евна здесь?
5. Ма́ма здесь?
6. Со́ня здесь?
7. Вади́м и Ка́тя здесь?
8. Ва́ши сосе́ди здесь?
9. Ма́ма и па́па здесь?

6-23 Indicate that the following things are not present.

Образе́ц: Ла́мпа здесь? → — Её нет.

1. Телеви́зор здесь?
2. Холоди́льник здесь?
3. Ковёр здесь?
4. Кре́сло здесь?
5. Общежи́тие здесь?
6. Ико́на здесь?
7. Крова́ть здесь?
8. Кварти́ра здесь?
9. Кни́ги здесь?
10. Стол и сту́лья здесь?
11. Письмо́ здесь?
12. Кни́га здесь?
13. Слова́рь здесь?
14. Шкаф здесь?

6-24 Есть и́ли нет? Sort through the following list of words to figure out what Ivan has and what he doesn't have. Pay attention to the case of the words given. Not all are given in the nominative case.

Образе́ц: но́вый телеви́зор → У Ива́на есть но́вый телеви́зор.
но́вого телеви́зора → У Ива́на нет но́вого телеви́зора.

компью́тера	большо́й гара́ж
ла́мпа	ру́сско-англи́йский слова́рь
сосе́да по ко́мнате	францу́зско-ру́сского словаря́
но́вой крова́ти	кори́чневого кре́сла
ста́рой кварти́ры	си́ние брю́ки
да́ча в при́городе	ста́рого ковра́
ко́мната в общежи́тии	до́ма

6-25 А у тебя́ есть и́ли нет? Go back through the list in Exercise 6-24 and ask your partner what he or she has or doesn't have. Change case endings from the list as necessary for both questions and answers.

Complete Oral Drills 8–13 and Written Exercises 06-15—06-18 in the SAM

Образе́ц: компью́тера → А у тебя́ есть компью́тер?
Нет, у меня́ нет компью́тера.

6. Possession and Attribution (*of*): Genitive Case of Noun Phrases

To express possession, Russian uses the genitive case where English uses a noun + *'s* or *of*. The chart below shows how this works.

This is **Vadim's** apartment OR This is the apartment **of Vadim.**

OF

This is apartment **Vadim's** OR This is the apartment **Vadim.**
"Fix" the word order. *Ditch the "of."*
The possessor comes last!

Это кварти́ра Вади́м*а*.

Add the genitive ending to the possessor.

The genitive case is used to answer the question **чей** when the answer is a noun or noun phrase.

— Чья э́то кварти́ра? — Это **кварти́ра Вади́ма.**	Whose apartment is this? This is *Vadim's apartment.*
— Чей э́то ковёр? — Это **ковёр Ки́ры.**	Whose rug is this? This is *Kira's rug.*
— Чьё э́то письмо́? — Это **письмо́ на́шего сосе́да.**	Whose letter is this? This is *our neighbor's letter.*
— Чьи э́то кни́ги? — Это **кни́ги моéй сестры́.**	Whose books are these? These are *my sister's books*.

We also use genitive in most places we would use *of*.

фотогра́фия **Ка́ти**	a photo *of Katya*
президе́нт **Росси́и**	president *of Russia*

Упражнения

6-26 Отве́тьте на вопро́сы. Express possession using the appropriate forms of the genitive.

1. — Чья э́то ко́мната? — Это ко́мната (но́вый студе́нт).
2. — Чей э́то пи́сьменный стол? — Это пи́сьменный стол (наш преподава́тель).
3. — Чьё э́то пла́тье? — Это пла́тье (моя́ ма́ма).
4. — Чьи э́то ту́фли? — Это ту́фли (её сосе́дка).
5. — Чья э́то спа́льня? — Это спа́льня (мой оте́ц).
6. — Чьи э́то фотогра́фии? — Это фотогра́фии (их семья́).
7. — Чьё э́то общежи́тие? — Это общежи́тие (э́тот университе́т).

6-27 Чьё это? You are trying to sort out a bunch of photographs. Continue the pattern above to figure out what is whose on each photo.

Образе́ц: да́ча — наш сосе́д → — Чья э́то да́ча?
— Это да́ча на́шего сосе́да.

1. сосе́д — мой брат
2. ко́мната — моя́ сестра́
3. кни́га — наш преподава́тель
4. докуме́нты — но́вая студе́нтка
5. спа́льня — моя́ мать
6. соба́ка — на́ша семья́
7. ко́шка — Бо́ря и Ве́ра
8. ку́хня — на́ше общежи́тие

6-28 Как по-ру́сски? Express the following short dialog in Russian. Pay special attention to the words in italics.

— Do you have a picture *of your house*?
— Yes, I do. This is *my family's* house. This is my room, and this is *my sister's* room.
— Is that your car?
— That's *my father's* car. *My mother's* car is on the street.

Complete Oral Drill 14 and Written Exercises 06-19 and 06-20 in the SAM

7. Specifying Quantity

оди́н, одна́, одно́

The Russian word **оди́н** is a modifier. It agrees with the noun it modifies.

оди́н	брат, журна́л, студе́нт, стол
одно́	окно́, пла́тье, общежи́тие
одна́	сестра́, газе́та, студе́нтка, крова́ть
одни́	очки́, часы́

Compound numerals ending in **оди́н (одно́, одна́)** follow the same pattern.

два́дцать **оди́н**	журна́л, студе́нт, стол
сто **одно́**	окно́, пла́тье, общежи́тие
пятьдеся́т **одна́**	газе́та, студе́нтка, крова́ть

2, 3, 4 + genitive singular noun

A noun following **два, три,** or **четы́ре** is in the genitive singular:

2, 3, 4 } бра́та, журна́ла, студе́нта, стола́
окна́, пла́тья, общежи́тия
сестры́, газе́ты, студе́нтки, крова́ти

The numeral 2 is spelled and pronounced **два** before masculine and neuter nouns, and **две** before feminine nouns:

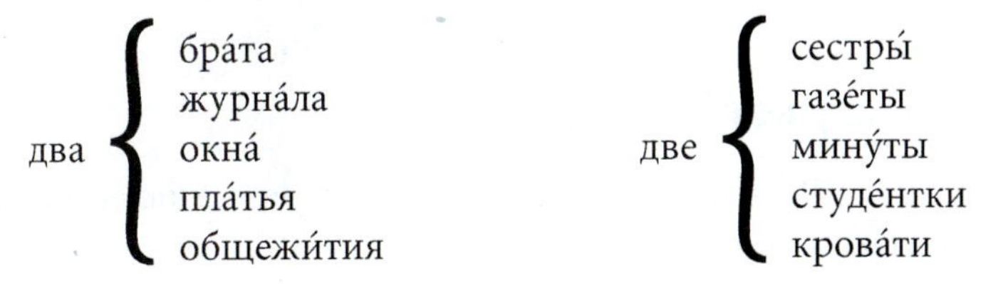

два
бра́та
журна́ла
окна́
пла́тья
общежи́тия
две
сестры́
газе́ты
мину́ты
студе́нтки
крова́ти

Compound numerals ending in **два (две), три,** or **четы́ре** follow the same pattern:

В э́том до́ме два́дцать **два этажа́.**
На ка́ждом этаже́ два́дцать **две ко́мнаты.**

Other expressions of quantity

The genitive plural is used after all other numbers (5–20, tens, hundreds, thousands, etc., and compound numbers ending in 5, 6, 7, 8, or 9). Until you learn the genitive plural, avoid specifying quantity unless the number ends in **оди́н, два, три,** or **четы́ре,** and avoid using adjectives with numbers other than one.

	Masculine	Neuter	Feminine	Plural
1 (21, 31, etc.) Nominative singular	**оди́н брат**	**одно́ окно́**	**одна́ сестра́**	**одни́ часы́**
2 (22, 32, etc.) Genitive singular	**два бра́та**	**два окна́**	**две сестры́**	
3, 4 (23, 34, etc.) Genitive singular	**три бра́та**	**четы́ре окна́**	**три сестры́**	
5–20 (25–30, etc.) Genitive plural	*See Unit 7*	*See Unit 7*	*See Unit 7*	

Упражнение

6-29 Запо́лните про́пуски. Supply the needed endings.

1. У Ки́ры есть два компью́тер_______ .
2. У Ми́ши две сестр_______ .
3. В на́шей кварти́ре четы́ре ко́мнат_______ .
4. У тебя́ то́лько оди́н брат_______ ?
5. В на́шем го́роде три библиоте́к_______ .
6. В ко́мнате Ната́ши одно́ кре́сл_______ и два сту́л_______ .
7. У сосе́дки три спа́льн_______ .
8. В гости́ной два окн_______ .
9. На столе́ четы́ре газе́т_______ .
10. У нас в до́ме три этаж_______ .

Complete Oral Drills 15–16 and Written Exercises 06-21 and 06-22 in the SAM

8. At Someone's Place: у кого́

To indicate *at someone's place* in Russian, use **y** + genitive case. Context dictates what the "place" is (house, office, city, or country).

Мы живём **у бра́та.**	We live *at my brother's (house).*
Студе́нт сейча́с **у преподава́теля.**	The student is now *at the teacher's (office).*
У **нас** интере́сно.	It's interesting *in our town.*
У **вас** нет тако́й тради́ции?	Isn't there a similar tradition *in your country?*

Упражнение

6-30 Как по-ру́сски? Pay special attention to the phrases in italics.

1. There's no library *in our town.*
2. Petya is *at Sasha's* today.
3. I'm living *at my sister's* place right now.
4. It's interesting *in our country.*

Complete Written Exercises 06-23 and 06-24 in the SAM

9. Review of Genitive Case Uses

6-31 Read the following sentences. Underline the pronouns, adjectives, and nouns in the genitive case. Indicate (a, b, c, or d) why the genitive case was used.

a. After **у** in *have* constructions, to indicate at someone's place or physically by or in the vicinity of something.
b. After the numbers **два/две, три,** or **четы́ре.**
c. With **нет** to indicate absence or nonexistence.
d. For possession or the notion *of.*

Образе́ц: __c__ Здесь нет большо́й ко́мнаты.

1. ____ У моего́ бра́та есть маши́на.
   ____ Это маши́на моего́ бра́та.
2. ____ В университе́те четы́ре общежи́тия.
   ____ Это ко́мната Мари́и.
   ____ У неё нет телеви́зора.
   ____ Но у неё в ко́мнате стоя́т кре́сло, стол и шкаф.
   ____ Там стоя́т ещё два сту́ла.
3. ____ У ма́тери зелёный ковёр.
4. ____ У кого́ есть фотогра́фии?
   ____ У меня́ есть.
   ____ Вот фотогра́фия мое́й сестры́.
   ____ А э́то её де́ти — две до́чери.
5. ____ В на́шем университе́те четы́ре библиоте́ки.
   ____ У нас хоро́ший спортза́л.
   ____ Но здесь нет бассе́йна.
6. ____ Сего́дня мы у́жинаем у Са́ши.
   ____ Са́ша живёт у сестры́.

Давайте почитаем

6-32 Продаётся.

1. Look for these items on the furniture page of any Russian online auction site. (In a search engine enter **онлайн аукцион**.) A family is selling the contents of their home. If you pay the "buy now" price, how much would you pay in dollars for the following things? (The rate of exchange at press time fluctuated between 25 and 30 to the dollar.)

   - 32" television ____________________
   - upright piano ____________________
   - bed ____________________
   - dining room table set ____________________
   - small refrigerator ____________________
   - computer desk set ____________________

2. What do the following words mean? What does each of the constituent parts mean?

   двухту́мбовый пи́сьменный стол
   двухъя́русная крова́ть
   двухка́мерный холоди́льник
   кре́сло-крова́ть
   дива́н-крова́ть
   ку́хонный гарниту́р

ПРОДАЖА МЕБЕЛИ

Импортный диван-кровать (из «Икеи», в хорошем состоянии) 44 000 руб.

Телевизор «Панасоник», цифровой HD, 81 см. 13 000 руб.

Двухъярусная кровать 6600 руб.

Кухонный гарнитур «Футура» 9900 руб.

Пианино «Фазер» (Германия) 29 000 руб.

Два кресла-кровати (ЧР) 11 900 руб.

Стол и стулья (из гарнитура «Севан» — Румыния) 12 500 руб.

Двухтумбовый письменный стол («Икея») 2900 руб.

Двухкамерный холодильник «Саратов 264» 6000 руб.

Минихолодильник «Самсунг» 44.9 x 45.9 x 50.7 см 3800 руб.

Компьютерный стол и стул 4900 руб.

6-33 Ба́бушка вспомина́ет коммуна́льную кварти́ру. In Soviet times, communal apartments (**коммуна́льные кварти́ры** or **комму́налки**) were a way of life for millions of people. Families were allotted a room or two to themselves and shared a kitchen and bathroom with several others. A major housing program begun in the 1960s provided small apartments in cheap prefab buildings to many city dwellers, but communal housing survived in some areas through the fall of the Soviet Union.

1. For a school project, Volodya has asked his grandmother to jot down some remembrances of her life in a communal apartment when Volodya's mother was a child.

   Read through the grandmother's description and look for the following information.

   - How much space did the grandmother (then a young woman) have together with the rest of her family?
   - What was said about the bathroom and kitchen facilities?
   - What was said about "dramas and scandals"?

- What did the grandmother say about the others who shared the apartment with her family?
- Was there anything good about life in a communal apartment?
- How old was Volodya's mother when the family lived in a communal apartment?

Я выросла в коммунальной квартире в центре Ленинграда на улице Рубинштейна. Жили мы – мама, папа и я – в одной комнате, 30 метров. Ванная, туалет и кухня были общие° – на три семьи.

óбщий – *in common, for everyone*

Сегодня, когда вспоминают° жизнь в коммуналках, сразу думают о драмах и скандалах между° соседями. Ведь в одной квартире жили 3-4 семьи. Людей° было много, а места° мало°. Но наши соседи – были люди добрые, и мы ссорились° редко.

вспоминáть – *to reminisce*
мéжду + instr. – *among*
лю́ди – *people*
мéсто – *space;*
мáло – opposite of **мнóго**
ссóриться – *to quarrel*

У коммунальной квартиры были свои° минусы, но были и свои плюсы. Главное – мы жили в самом центре города. Магазины, театры, рестораны, клубы – всё было тут рядом. Еще один плюс: у нас был телефон. (Сегодня, конечно, у каждого мобильник.) Вы не можете понять, какой это был предмет роскоши°. Тогда телефонные линии были только в центре города, а на окраине°, где строили° новые дома, их еще не было.

свой – *its own, one's own*
предмéт рóскоши – lit. *item of luxury*
окрáина – *outskirts;* **стрóить: стрóю, стрóишь, стрóят** – *to build*

Наконец мы получили° новую квартиру. Тогда твоя мама училась еще в 1-ом классе. Когда мы переехали°, мы должны были купить° новую мебель. Ведь в коммуналке у нас мебели практически не было: две кровати, большой стол, три-четыре стула – вот и вся мебель! Даже° телевизора не было.

получи́ть – *to receive*
переéхать – *to move (change residence)*
купи́ть – *to buy*
дáже – *even*

И вот мы переехали. Для° твоей мамы это, наверно, было самое большое событие° ее детства°: ведь теперь она жила в своей собственной° комнате.

для – *for* (someone's benefit)
собы́тие – *event;*
дéтство – *childhood*
свой сóбственный – *one's own*

И еще был один сюрприз: в новой квартире был телефон!

2. Language from context.

a. **Naming things.** The communal apartment was on Rubinshtein Street in Leningrad. (Anton Rubinshtein was a 19th century Russian composer.) What is the grammar behind naming things after people? What is the Russian for the following:

Lenin Library
Pushkin Street
Plekhanov Academy

b. **Нé было** is the unchangeable past tense of **нет.** It also takes genitive: **Нé было мéста** – *There was no space.* Where in the text did you find **нé было?**

c. **Genitive and numbers.** You have seen the use of the genitive after numbers. Are there any instances of this use in the passage?

d. **Genitive and inexact quantities.** In addition to numbers, most inexact quantities take genitive. That should not be surprising because quantities are often expressed as "of" constructions in English: *many, much = a lot* ***of****; few, little = a bit* ***of.*** Which such expressions did you see in this passage?

e. **New words from old and from context**

мéжду (+ instrumental) – *among; between.* You won't see the instrumental case fully until Unit 9, but you have seen the root **мéжду** in **междунарóдный** – ***inter****national.* **Нарóд** means *people* (usually as in *the people* in a national sense).

óбщий – *common; general; pertaining to all.* Compare to **общежи́тие,** which has to do with living in common.

оди́н – *one (and the same).* Grandma says: **мы жи́ли в однóй кóмнате.** That can mean *we lived in one room,* but it can also be rendered as we lived in the same room. It would not be uncommon to hear:

Мы жи́ли на однóй ýлице.
Мы ýчимся на однóм кýрсе.
Мы рабóтаем в однóй фи́рме.

окрáина – *outskirts.* The root is **край** – *edge* or *remote area.* A related place name is **Украи́на.**

переéхать – *to move (change residence).* You have seen **ехать** – *to go.* The prefix **пере-** usually means *over* in all its meanings (*overdo, over again,* and *over there* or *crossing over*). Here the meaning is "to switch *over* from one residence to another." You'll see this verb in full in Unit 10.

свой – *one's own.* This modifier works like **мой** and **твой,** but it refers back to whoever was the logical owner:

Я читáю **своЮ** кни́гу.	I'm reading my *(own)* book.
Онá жилá в **своéй** кварти́ре.	She lived in her *(own)* room.

There's more to the use of **свой,** as you will see in Book 2.

f. **The letter ё** is usually printed in Russian-language textbooks and dictionaries, as well as in children's books. In other publications publishers normally drop the dots (known as the *dieresis*). In handwriting, the use of **ё** is haphazard. The same writer might write **ё** in some words and omit the dieresis in others. Go back through the letter. Did the writer substitute **е** for **ё** in any words? Did she retain the **ё** anywhere?

6-34 Где и как живу́т америка́нцы? Read the e-mails below and answer the questions that follow.

Файл Правка Вид Переход Закладки Инструменты Справка

http://yaschik.ru Перейти

yaschik.ru Выход

НАПИСАТЬ ВХОДЯЩИЕ ПАПКИ НАЙТИ ПИСЬМО АДРЕСА ЕЖЕДНЕВНИК НАСТРОЙКИ

От: valyabelova234@mail.ru
Кому: popovaea@inbox.ru
Копия:
Скрытая:
Тема: Где живут американцы

простой формат

Дорогая Елена Анатольевна!

Вчера мы со студентами были у нашего преподавателя лингвистики на вечеринке°. Было очень весело°, но самое интересное — это была его квартира. Если Рамосы живут в большом красивом доме, то профессор Пейли живёт довольно° скромно:° в однокомнатной квартире недалеко от университета. «Однокомнатная квартира» — это и спальня, и кухня, и гостиная в одной большой комнате, примерно° 25 метров.

Если сравнить° этот дом с домом, где я живу, то сразу° видно° большую разницу°. У Рамосов пять комнат на двух этажах: три спальни, большая гостиная и столовая, а также огромная° кухня и подвал. Это не подвал в нашем обычном понимании — тёмный° и мокрый°. Их подвал — это практически вторая гостиная. Правда, в этой комнате нет окон, но всё равно° это довольно уютное место. В комнате стоят кресла и диван и даже раскладушка° для° гостей°. На полу лежит пушистый° ковёр. В одном углу° стоит стол для пинг-понга, но я пока° не играла.

Я очень хотела узнать, сколько стоит такой дом, но боялась° спрашивать об этом. Роб мне сказал, что этот дом типичен для семьи среднего° класса. Нужно° отметить°, что Рамосы — и Виктор, и Антония —

party
it's fun: **бы́ло ве́село** – *it was fun*
fairly, rather; modestly
approximately
to compare; immediately
you can see, it's evident; difference
о́чень большо́й
dark; wet
all the same
foldaway bed; for (+ gen.); **гость** – *guest; fluffy* (said of rugs); *corner:* **в углу́** – *in the corner*
for the time being
боя́ться (бою́сь, бои́шься, боя́тся) чего́ – *to be afraid (of something); middle*
it is necessary; to take note

зарабатывают° неплохо. Может быть, «богатый°» — это не то слово. Но сразу видно, что семья хорошо обеспечена°.

to earn; wealthy
well-to-do

Интересно, что почти все американские дома имеют° одну общую° черту° — американцы любят белые стены. Я видела обои° только в одном американском доме. Я долго° думала, почему здесь любят такой спартанский стиль, и, наконец°, поняла: белые стены создают° иллюзию простора°.

to have
common; feature
wallpaper (always plural)
for a long time
finally; **создава́ть (создаю́, создаёшь, создаю́т)** – *to create*
spaciousness

Валя

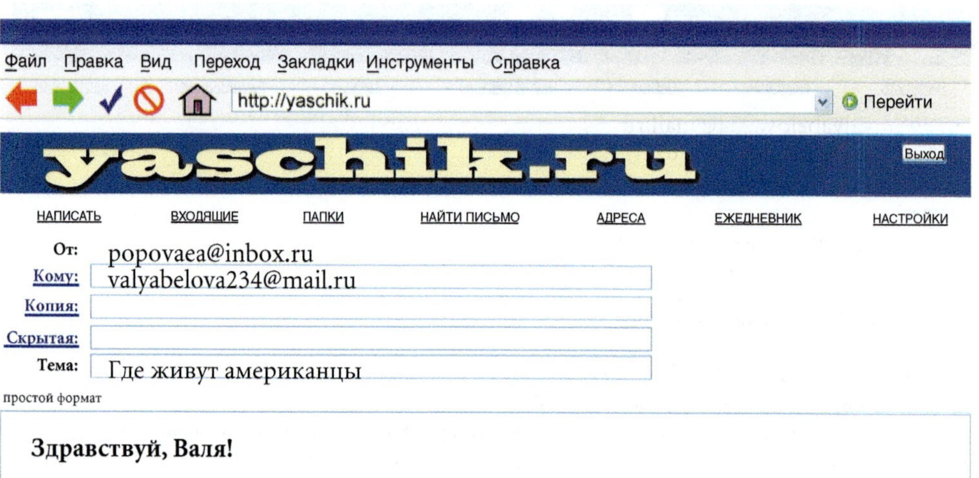

Здравствуй, Валя!

Кажется°, что твой профессор Пейли живёт в комнате в общежитии! Трудно поверить°, что профессор крупного° американского университета живёт в таких условиях°. Но, может быть, он не профессор. Я знаю, что в Америке студенты обычно называют° преподавателя «профессор», даже если это не доктор наук. Было очень интересно узнать, как живут американские «профессора».

it seems
to believe
major, among the biggest
condition
to refer to as

Пиши!

Е.

1. Вопро́сы

а. У кого́ была́ Ва́ля вчера́?
б. Где живёт преподава́тель лингви́стики?
в. Каки́е ко́мнаты в до́ме, где живёт Ва́ля?
г. Что Ва́ля пи́шет о подва́лах в ру́сских дома́х?
д. Что мо́жно сказа́ть о подва́ле в до́ме Ра́мосов?
е. Что Ва́ля говори́т о фина́нсовом положе́нии (*status*) Ра́мосов?
ж. Как вы ду́маете, что мо́жно сказа́ть о сте́нах в типи́чной ру́сской кварти́ре?

2. Слова́ в конте́ксте

a. **Notes on individual words:**

Если . . . то – *If . . . then . . .* or *While . . .*, + contrast; for example, *While student X lives in a big apartment, most students live in small dorm rooms.*

Име́ть (име́ю, име́ешь, име́ют) means *to have*, but it is limited to abstractions:

Америка́нские дома́ име́ют одну́ о́бщую черту́ – *American homes have one common feature.*
Я име́ю пра́во говори́ть – *I have the right to speak.*

До́ктор нау́к is the highest educational degree awarded in Russia. It is harder to earn than an American Ph.D. It requires the defense of a second dissertation, published as a book, and can therefore be seen as an equivalent to the rank of full professor in the United States. Also see Unit 4 about the difference between **кандида́т** and **до́ктор нау́к**.

b. **Ко́рни ру́сского языка́. The Russian root system.** Russian has an extraordinarily rich system of word roots. An experienced learner can often predict the meaning of new words by looking at their roots. Find the roots or related words in these "new"words:

вечери́нка – party
зараба́тывать – to earn
игра́ть – to play
о́бщий – common (Hint: a place where people live in common)
однoко́мнатный – one-room
спа́льня – bedroom
сра́зу – immediately (Hint: a synonym for *immediately* is "at once." What word do we use for one to start counting in Russian?)
сре́дний – middle (Hint: what is the middle day of the week?)
столо́вая – dining room (What's the main piece of furniture?)

Давайте послушаем

6-35 Ищу́ кварти́ру.

1. Listen to the entire conversation. Decide which of the following statements best describes it.
   a. Someone has come to look over an apartment for rent.
   b. Someone has paid a visit to some new neighbors to see how they are doing.
   c. A daughter is helping her mother move into a newly rented apartment.
   d. An apartment resident is selling her furniture.
2. Write down an expression or two from the conversation that supports your conclusion.
3. Listen to the conversation again. Number the pictures to indicate the sequence.

____ А те́хнику . . . отдаём сы́ну.

____ Туале́т то́же по́лностью отремонти́рован.

____ Вот э́то ку́хня.

____ Я ви́жу, что у вас микроволно́вая печь.

____ Больши́е ве́щи — шкафы́, дива́н, крова́ть, столы́ — да, оставля́ем.

____ 150? Догогова́то, коне́чно.

____ Вы о́чень далеко́ от метро́.

____ Кварти́ра на сигнализа́ции.

4. Now figure out the meaning of the following new expressions from context.

   1. **микроволно́вая печь**
      a. microcomputer
      b. microwave oven
      c. minibike
      d. minicassette recorder

   2. **Мы де́лали ремо́нт.**
      a. We had repairs done.
      b. We made a deal.
      c. We threw in the towel.
      d. We took out the garbage.

   3. **остано́вки тролле́йбуса**
      a. trolley cars
      b. trolley traffic
      c. trolley repairs
      d. trolley stops

   4. **сигнализа́ция**
      a. traffic light
      b. television signal
      c. antitheft alarm
      d. microwave radiation

5. You now have enough information to answer these questions about renting the apartment.
   a. How many rooms does the apartment have (according to the way Russians count)?
   b. The woman renting the apartment is leaving some furniture behind for the renters to use. Which furniture stays with the house?
   c. What pieces will not be available to the renters?
   d. List at least two good points about this apartment.
   e. List at least two disadvantages.

Новые слова и выражения

NOUNS

ва́нная (*declines like adj.*)	bathroom (*bath/shower; usually no toilet*)
ве́рующий (*declines like adj.*)	believer
вода́ (*pl.* во́ды)	water
газ	natural gas
гара́ж (*ending always stressed*)	garage
гости́ная (*declines like adj.*)	living room
да́ча (на)	summer home, dacha
дверь (*fem.*)	door
де́ти (*gen.* дете́й)	children
дива́н	couch
дочь (*gen. sing.* до́чери)	daughter
ико́на	religious icon
кабине́т	office
ков(ё)р (*ending always stressed*)	rug
коридо́р	hallway, corridor
кре́сло	armchair
крова́ть (*fem.*)	bed
ку́хня (в, на)	kitchen
ла́мпа	lamp
ле́стница	stairway
мать (*gen. sing.* ма́тери)	mother
ме́бель (*fem., always sing.*)	furniture
метр	meter
окно́ (*pl.* о́кна)	window
плита́ (*pl.* пли́ты)	stove
подва́л	basement
пол (на полу́; *ending always stressed*)	floor (*as opposed to ceiling*)
потол(о́)к	ceiling
при́город	suburb
ребёнок (*pl.* де́ти)	child
сосе́д(ка) по ко́мнате	roommate
спа́льня	bedroom
стена́ (*pl.* сте́ны)	wall
стол (*ending always stressed*)	table
пи́сьменный стол	desk
столо́вая (*declines like adj.*)	dining room, cafeteria
стул (*pl.* сту́лья)	(hard) chair
тради́ция	tradition
туале́т	bathroom
у́лица (на)	street
фотогра́фия (на)	photograph
холоди́льник	refrigerator
черда́к (на) (*ending always stressed*)	attic
шкаф (в шкафу́; *ending always stressed*)	cabinet; wardrobe; freestanding closet

Новые слова и выражения

ADJECTIVES

высо́кий	high
горя́чий	hot (*of things, not weather or spicy foods*)
квадра́тный	square
три́дцать квадра́тных ме́тров	30 square meters
ни́зкий	low
оди́н (одна́, одно́, одни́)	one
пи́сьменный	writing
тако́й	such, so (*used with nouns*)
тако́й же	the same kind of
тот (то, та, те)	that, those (*as opposed to* э́тот)
у́зкий	narrow
ую́тный	cozy, comfortable (*about a room or house*)
широ́кий	wide

QUESTION WORDS

ско́лько	how many

VERBS

хоте́ть (хочу́, хо́чешь, хо́чет, хоти́м, хоти́те, хотя́т)	to want
ви́дишь	you see (*informal*)
висе́ть (виси́т, вися́т)	to hang
лежа́ть (лежи́т, лежа́т)	to lie; be in a lying position
посмотре́ть	to look
стоя́ть (стои́т, стоя́т)	to stand

ADVERBS

далеко́	far
да́льше	farther, next
недалеко́	near, not far
ря́дом	alongside
тогда́	in that case
сле́ва	on the left
спра́ва	on the right

OTHER WORDS AND PHRASES

всего́	only
есть (+ *nominative*)	there is
у + *genitive* + есть + *nominative*	(*someone*) has (*something*)

Новые слова и выражения

нет (+ *genitive*)	there is not
у + *genitive* + нет + *genitive*	(*someone*) doesn't have (*something*)
Како́го цве́та . . . ?	What color is/are . . . ?
Мо́жно посмотре́ть кварти́ру?	May I look at the apartment?
Ни . . . ни . . .	neither . . . nor . . .
Обе́д гото́в.	Lunch is ready.
Пое́дем . . .	Let's go . . .
Посмо́трим.	Let's see.
Проходи́(те).	Come in.
Ско́лько у вас ко́мнат?	How many rooms do you have?
у + *genitive*	at (*somebody's*) house
Хо́чешь посмотре́ть?	Would you like to see [it, them]?
Я ви́жу . . .	I see . . .
Я не опозда́л(а)?	Am I late?

PASSIVE VOCABULARY

друго́й	(an)other
жили́щные усло́вия	living conditions
нахо́дится	is located, situated
ремо́нт	renovations
свой (своё, своя́, свои́)	one's own
спорти́вный зал (спортза́л)	gym
цветно́й	color (*adj.*)

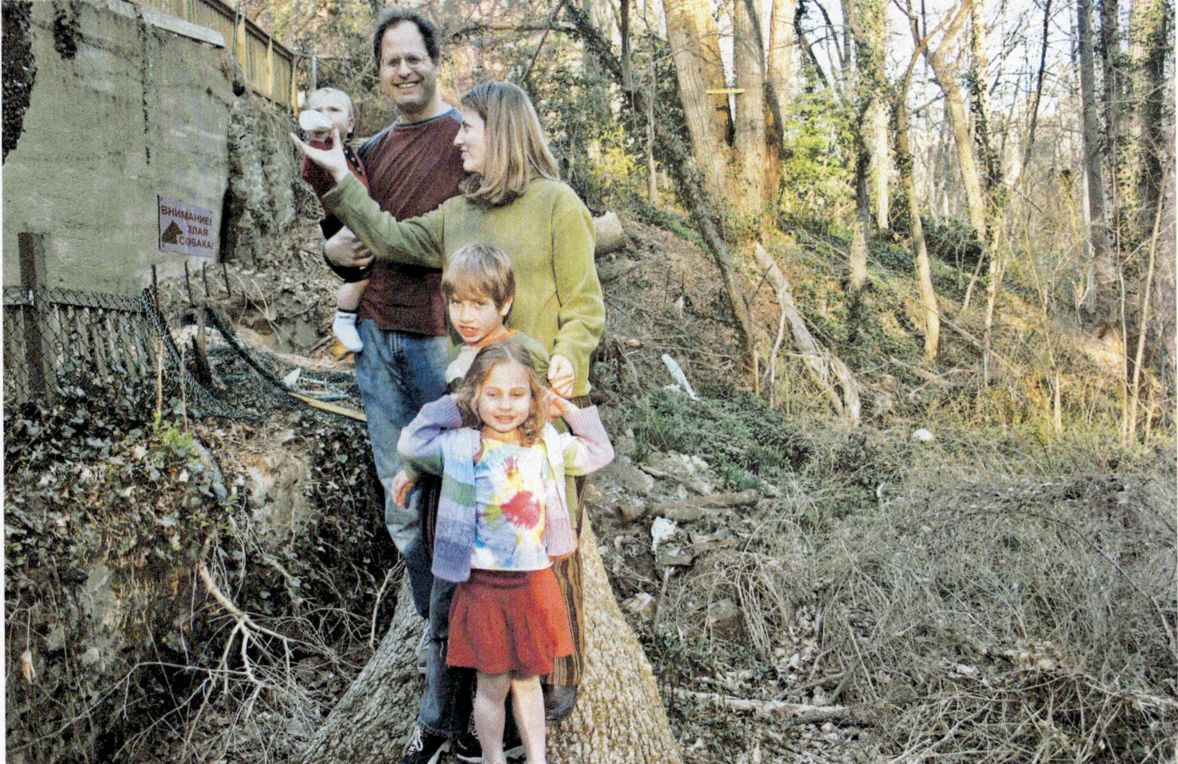

Наша семья

Коммуникативные задания

- Naming family members
- Talking about people: names, ages, professions, where they were born, and where they grew up
- Exchanging letters and e-mails about families
- Job ads and résumés

Культура и быт

- Teachers vs. professors
- Office work

Грамматика

- Was born, grew up: **Роди́лся, вы́рос**
- Expressing age: the dative case of pronouns; **год, го́да, лет**
- Genitive plural of nouns and modifiers: introduction
- Specifying quantity
- Comparing ages: **моло́же/ста́рше кого́ на ско́лько лет**
- Accusative case of pronouns
- Telling someone's name: **зову́т**
- Accusative case: summary

Точка отсчёта

О чём идёт речь?

Это на́ша семья́.

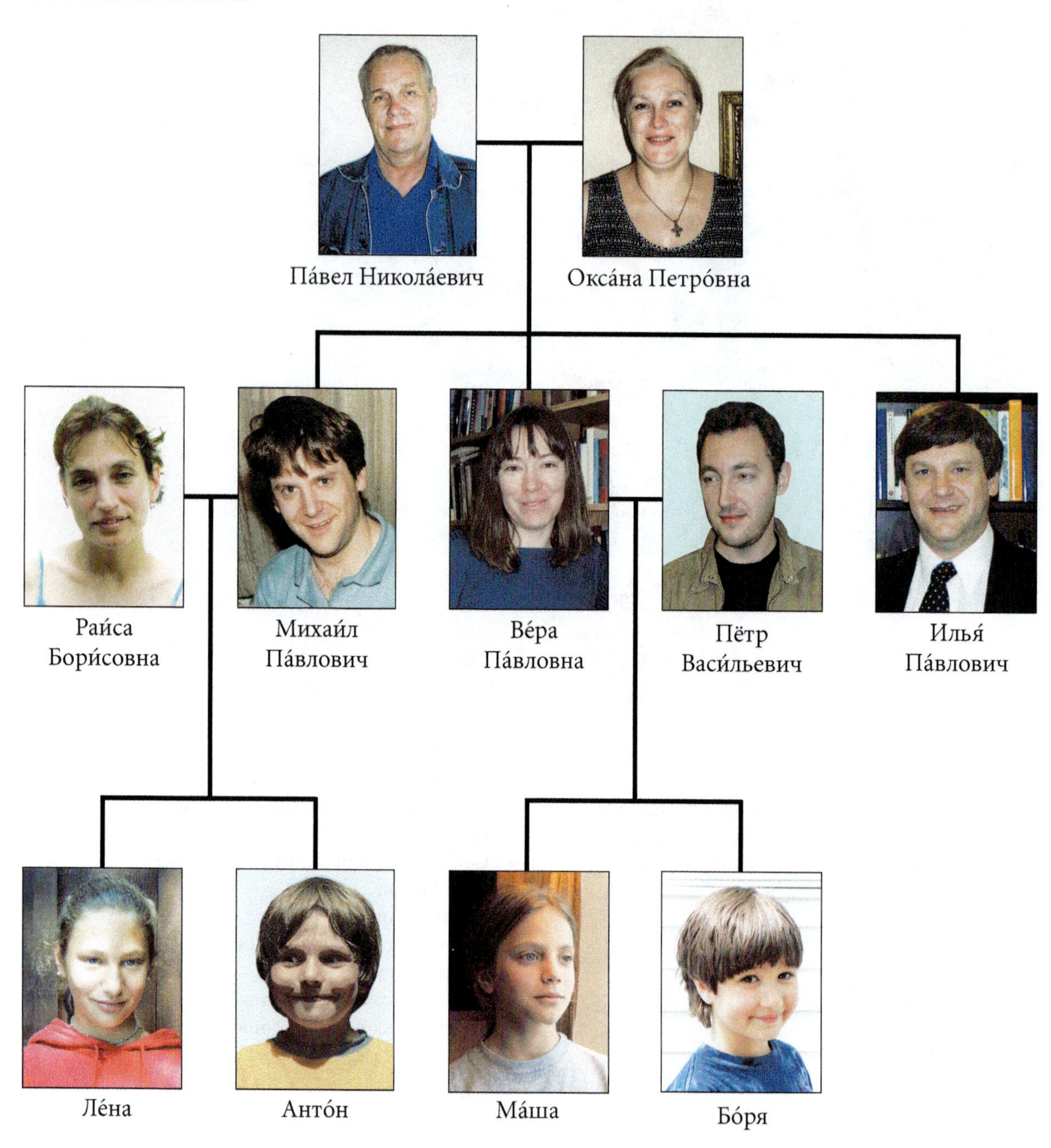

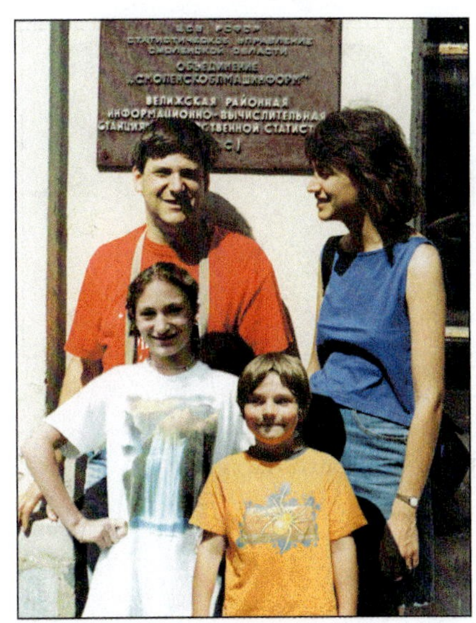

Познако́мьтесь. Это мои́ роди́тели. Вот мать. Её зову́т Раи́са Бори́совна. А вот оте́ц. Его́ зову́т Михаи́л Па́влович. Анто́н мой брат. Я его́ сестра́.

Это мой дя́дя Илья́. У него́ нет жены́. А э́то моя́ тётя Ве́ра и её второ́й муж, Пётр Васи́льевич. Я — их племя́нница, а мой брат Анто́н — их племя́нник.

Па́вел Никола́евич мой де́душка. Окса́на Петро́вна моя́ ба́бушка. Я — их вну́чка, а Анто́н – их внук.

Это де́ти тёти Ве́ры. Вот её сын Бо́ря. Он мой двою́родный брат. А вот её дочь Ма́ша. Она́ моя́ двою́родная сестра́.

Чле́ны семьи́

оте́ц	мать	роди́тели
о́тчим	ма́чеха	де́ти
сын	дочь	
дя́дя	тётя	
де́душка	ба́бушка	
внук	вну́чка	
брат	сестра́	
двою́родный брат	двою́родная сестра́	
сво́дный брат	сво́дная сестра́	
племя́нник	племя́нница	
муж	жена́	

 **7-1 У тебя́ есть . . . ?** Find out if your partner has the family members shown on page 231.

Образе́ц: — У тебя́ есть сестра́?
— Да, есть. *и́ли* — Нет, нет.

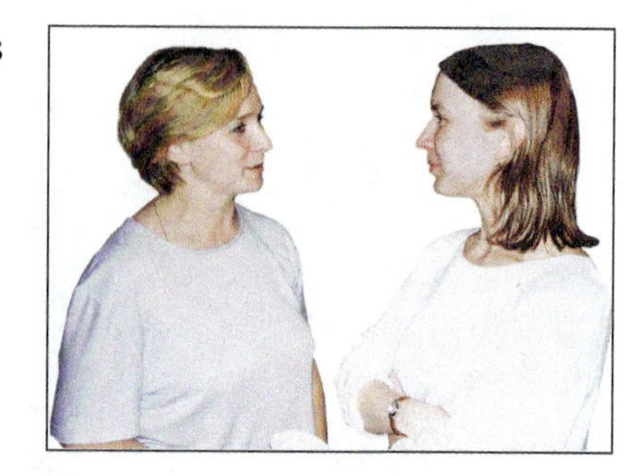

 **7-2 Профе́ссии.** Find out what your partner's relatives do for a living. Use the pictures to help you with the names of some typical occupations. Ask your teacher for other professions if you need them.

Образе́ц: — Кто по профе́ссии твой оте́ц?
— По профе́ссии мой оте́ц преподава́тель.

учи́тель

учи́тельница

учёный

секрета́рь

медсестра́/
медбра́т

бизнесме́н

музыка́нт

худо́жник

программи́ст

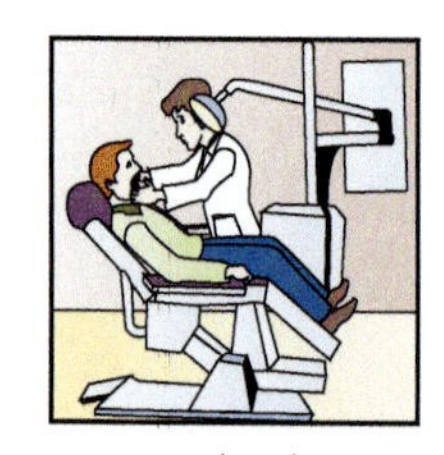

стомато́лог (зубно́й врач)

врач

архите́ктор

писа́тель

ме́неджер

инжене́р

фе́рмер

библиоте́карь

журнали́ст

продаве́ц/
продавщи́ца

домохозя́йка

бухга́лтер

юри́ст

Культура и быт

учи́тель — преподава́тель — профе́ссор

Although these words all describe teachers, they are not interchangeable.

Учи́тель. Учителя́ work in a **шко́ла,** that is, a grade school or high school. Formally, **учи́тель** refers to both male and female teachers, but in conversational Russian, a female teacher is an **учи́тельница.**

Преподава́тель. Преподава́тели work at an **институ́т** or **университе́т.** Their job is most equivalent to the job of a lecturer or instructor in a U.S. college or university. Although the feminine form **преподава́тельница** exists, **преподава́тель** is usually used to identify either a man or a woman in this job.

Профе́ссор. Профессора́ also work at an **институ́т** or **университе́т.** They normally have a **до́кторская сте́пень,** which is considerably more difficult to obtain than a U.S. doctoral degree. The closest equivalent in the U.S. educational system is a full professor.

7-3 Места́ рабо́ты. Find out where your partner's relatives work. Review the prepositional case endings for adjectives and nouns in Unit 3 if necessary.

Образе́ц: — Где рабо́тает твоя́ мать?
— Она́ рабо́тает в ба́нке.

библиоте́ка

газе́та

комме́рческая фи́рма

теа́тр

лаборато́рия

заво́д

музе́й

фе́рма

телеста́нция

университе́т

шко́ла

о́фис

поликли́ника

магази́н

юриди́ческая фи́рма

туристи́ческое бюро́

бюро́ недви́жимости

больни́ца

Культура и быт

В о́фисе

We often say, "So-and-so works in an office." One can translate this phrase directly (**рабо́тать в о́фисе,** where **о́фис** is any sort of white-collar setting), but by and large Russians describe jobs more specifically: **Ма́ма рабо́тает в бухгалте́рии небольшо́й фи́рмы.** – *My mother works in the accounting department of a small company.*

Разговоры для слушания

Widowed grandmothers often live with their married children and take care of the grandchildren. This is the preferred child-care solution for many families.

Разгово́р 1. На́ша семья́.

Разгова́ривают Мэ́ри и Ната́ша.

1. What does Natasha want to know about Mary's parents?
2. What does Mary's father do for a living?
3. What does Mary's mother do?
4. Does Mary have any siblings?
5. What does Natasha say about the size of Russian families?

Разгово́р 2. До́ма у Оле́га.

Разгова́ривают Оле́г и Джон.

1. What is Oleg showing John?
2. What do Oleg's parents do for a living?
3. Who else lives with Oleg and his parents?

Разгово́р 3. Немно́го о бра́те.

Разгова́ривают На́дя и Дже́ннифер.

1. Whom does Nadya want to introduce to Jennifer?
2. What does he do for a living?
3. What kind of person is he?
4. What do we learn about Jennifer's brother?

Давайте поговорим

Диалоги

1. Я родила́сь в Калифо́рнии.

— Дже́ннифер, где ты родила́сь?
— Я родила́сь в Калифо́рнии.
— И там вы́росла?
— Нет, я вы́росла в Нью-Йо́рке.
— А кто по профе́ссии твой оте́ц?
— Оте́ц? Он архите́ктор.
— А мать рабо́тает?
— Коне́чно. Она́ юри́ст.
— А как её зову́т?
— По́ла.
— А как зову́т отца́?
— Эрик.

2. Немно́го о на́шей семье́

When adult Russians speak of **моя́ семья́,** they normally speak of a spouse and children. When children or young adults speak about their parents or siblings, they are likely to refer to them as **на́ша семья́.**

— Послу́шай, Марк! Я ничего́ не зна́ю о твое́й семье́. Расскажи́ мне, кто твои́ роди́тели.
— Ла́дно. Зна́чит так. Оте́ц у меня́ бизнесме́н. У него́ ма́ленькая фи́рма.
— Пра́вда? А мать?
— Ма́ма врач. У неё ча́стная пра́ктика.
— Ты еди́нственный ребёнок?
— Нет, у меня́ есть ста́рший брат.
— А на ско́лько лет он ста́рше?
— Ему́ 23, зна́чит, он на три го́да ста́рше меня́.

3. Кто э́то на фотогра́фии?

— Мэ́ри! Кто э́то на фотогра́фии?
— Брат.
— А э́то?
— Это сестра́. Зову́т её Кэ́рол. Она́ на два го́да мла́дше меня́.
— А бра́та как зову́т?
— Дже́йсон. Он ещё у́чится в шко́ле, в оди́ннадцатом кла́ссе. Очень лю́бит спорт и му́зыку.
— Он, наве́рное, о́чень весёлый?
— Вы зна́ете, не о́чень. Он о́чень серьёзный и симпати́чный.

4. В Аме́рике се́мьи больши́е?

Russian families in large urban centers tend to be small. Couples rarely have more than one child.

— Фрэнк! Говоря́т, что в Аме́рике больши́е се́мьи. Это пра́вда?
— Да как сказа́ть? Есть больши́е, есть ма́ленькие. У нас, наприме́р, семья́ ма́ленькая: я, оте́ц и мать. Бра́тьев и сестёр у меня́ нет.
— А кто по профе́ссии твой оте́ц?
— Оте́ц? Он преподава́тель междунаро́дных отноше́ний в университе́те.
— А мать?
— Ма́ма по профе́ссии медсестра́. Рабо́тает в больни́це. Очень лю́бит э́ту рабо́ту.

5. Де́душка и ба́бушка

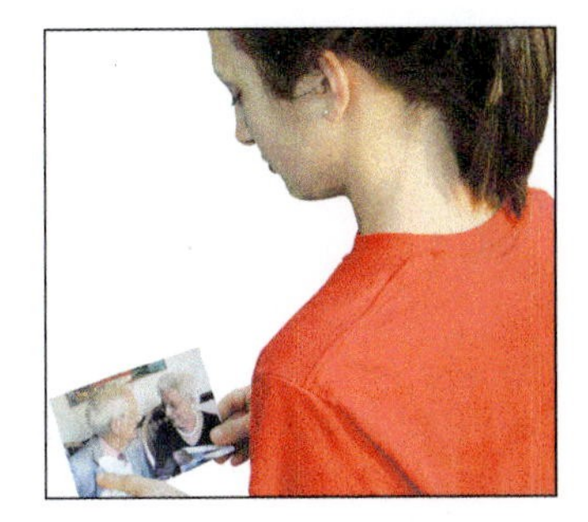

— Ване́сса! Кто э́то на фотогра́фии?
— Это моя́ ба́бушка. А вот э́то — мой де́душка.
— Они́ совсе́м не ста́рые! Ско́лько им лет?
— Ей шестьдеся́т пять. А ему́ се́мьдесят. Ба́бушка и де́душка на пе́нсии. Они́ живу́т во Фло́риде. Они́ о́чень здоро́вые и энерги́чные. Лю́бят спорт.
— Интере́сно. А у нас таки́х ба́бушек и де́душек немно́го.

Вопросы к диалогам

Диало́г 1

Пра́вда и́ли непра́вда?

Образе́ц: Её зову́т Дже́ннифер. — Пра́вда!
Её зову́т Ма́ша. — Непра́вда! Её зову́т Дже́ннифер.

1. Дже́ннифер родила́сь в Индиа́не.
2. Дже́ннифер вы́росла в Вашингто́не.
3. Её оте́ц архите́ктор.
4. Её мать врач.
5. Отца́ зову́т Эрик.
6. Мать зову́т Ти́на.

Диало́г 2

1. Кто по профе́ссии оте́ц Ма́рка?
2. Где он рабо́тает?
3. Кто по профе́ссии мать?
4. У Ма́рка есть бра́тья и сёстры?
5. Что Марк расска́зывает о бра́те?

Диало́г 3

1. Как зову́т бра́та и сестру́ Мэ́ри?
2. На ско́лько лет Мэ́ри ста́рше сестры́?
3. Где у́чится брат Мэ́ри?
4. Каки́е у него́ хо́бби?
5. Что ещё Мэ́ри говори́т о бра́те?

Диало́г 4

1. Кака́я семья́ у Фрэ́нка, больша́я и́ли ма́ленькая?
2. Ско́лько дете́й в э́той семье́?
3. Кто по профе́ссии оте́ц Фрэ́нка?
4. Где он рабо́тает?
5. Кто по профе́ссии его́ ма́ма?
6. Где ма́ма рабо́тает?

Диало́г 5

1. На фотогра́фии Ване́ссы . . .
   а. её ма́ма и па́па
   б. её ба́бушка
   в. её де́душка
   г. её ба́бушка и де́душка
2. Они́ рабо́тают . . .
   а. до́ма.
   б. в о́фисе.
   в. Они́ уже́ не рабо́тают.
   г. в библиоте́ке.
3. Они́ живу́т . . .
   а. в Вашингто́не.
   б. во Фло́риде.
   в. в Москве́.
   г. во Фра́нции.
4. Им . . .
   а. 65 и 70 лет.
   б. 70 и 75 лет.
   в. 60 и 65 лет.
   г. 75 и 80 лет.
5. Они́ лю́бят . . .
   а. му́зыку.
   б. спорт.
   в. кино́.
   г. кни́ги.
6. А что говори́т её подру́га о ру́сских де́душках и ба́бушках?
   а. Они́ то́же энерги́чные и спорти́вные.
   б. Они́ то́же лю́бят му́зыку.
   в. Они́ таки́е же.
   г. Они́ совсе́м не таки́е.

Упражнения к диалогам

7-4 Draw your family tree. Write in your relatives' names and their relationship to you. If you need words that are not in the textbook, consult your teacher.

7-5 In Russian, list ten of your relatives and friends. Indicate their profession and relationship to you.

Образе́ц: Ли́нда — сестра́ — архите́ктор.

7-6 Write three sentences about each of your family members.

Образе́ц: Мой де́душка о́чень серьёзный. Сейча́с он на пе́нсии.
Он мно́го чита́ет.

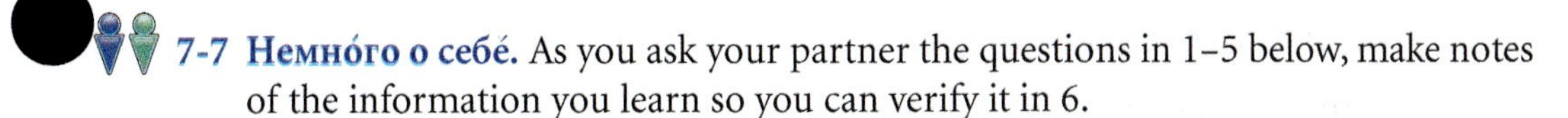

7-7 Немно́го о себе́. As you ask your partner the questions in 1–5 below, make notes of the information you learn so you can verify it in 6.

1. — Ско́лько у тебя́ бра́тьев и сестёр? *и́ли* — У вас есть бра́тья и сёстры?
   — У меня́ . . . — Да, у меня́ . . .

оди́н	брат
два, три, четы́ре	бра́та
пять	бра́тьев
одна́	сестра́
две, три, четы́ре	сестры́
пять	сестёр

2. Твой брат у́чится и́ли рабо́тает? Где?
   Твоя́ сестра́ у́чится или рабо́тает? Где?

3.

— Как зову́т твоего́ отца́?
— Его́ зову́т Джон.

— Как зову́т твою́ мать?
— Её зову́т Мели́сса.

— Как зову́т твою́ сестру́?
— Её зову́т Кристи́на.

— Как зову́т твоего́ бра́та?
— Его́ зову́т Марк.

4. Use two or three of the following adjectives to describe your parents and siblings.

Образе́ц: Мой брат о́чень серьёзный.
Мои́ роди́тели энерги́чные.

энерги́чный – неэнерги́чный

серьёзный – несерьёзный
(not) serious

у́мный – глу́пый
(not) smart

симпати́чный – несимпати́чный
(not) nice

весёлый – невесёлый
(not) cheerful

обыкнове́нный – необыкнове́нный
ordinary – extraordinary

здоро́вый – нездоро́вый
(un)healthy

5. Где родили́сь твои́ роди́тели? Где роди́лся твой брат? Где родила́сь твоя́ сестра́? Где родили́сь твои́ бра́тья и сёстры?
6. Verify with your partner that the information you jotted down is correct. Your partner will respond appropriately.

То́чно!	*That's right!*
Нет, э́то не совсе́м так!	*No, that's not completely right!*
Нет, совсе́м не так!	*No, that's not it at all!*

7-8 Подгото́вка к разгово́ру. Review the dialogs. How would you do the following?

1. Ask where someone was born.
2. State where you were born.
3. Ask where someone grew up.
4. State where you grew up.
5. Ask what someone's father (mother, brother) does for a living.
6. State what you do for a living.
7. Ask what someone's father's (mother's, sister's) name is.
8. Ask if someone is an only child.
9. Ask if someone has brothers and sisters.
10. State you have an older brother or sister.
11. State you have a younger brother or sister.
12. Say your brother or sister is two (one, five) years older (younger) than you.
13. Say your mother (father, brother) really likes her (his) job.
14. Describe the size and composition of your family.

7-9 Фотогра́фия семьи́. Bring a picture of your family to class. Pass it around. Your classmates will ask you questions about various members of your family. Answer in as much detail as you can.

7-10 Семья́ и кварти́ра. Divide up into small groups of 3–6 people. Each group is to be a family.

1. Using Russian only, decide what your names are and how you are related. On large sheets of paper, draw a diagram of the house or apartment where you live. Label the rooms and furniture.
2. Invite another "family" to your house. Introduce yourselves, and show them around your home.
3. One of you in each group is a new exchange student from the United States or Canada. Russian families: introduce yourselves, show the new student your apartment, and ask about the new American or Canadian student's home and family.

Игровые ситуации

7-11 О сéмьях . . .

1. Working with a partner, develop a list of questions for interviewing the following people about their families. Then act out one or more of the interviews with your teacher playing the role of the Russian.
   a. A Russian student who has just arrived in the United States.
   b. A new teacher from Russia who will be teaching Russian.
   c. A Russian rock musician who will be performing in your town.
2. You were invited to an informal get-together of Russian students attending St. Petersburg University. They ask you about your family.
3. You are getting to know your new host family in Russia. Tell them about your family at home, and show them your family pictures. Answer their questions about your family.
4. With a partner, prepare and act out a situation of your own that deals with the topics of this unit.

Устный перевод

7-12 You have been asked to interpret at a university reception for a group of visiting Russian students.

ENGLISH SPEAKER'S PART

1. Where do your parents live?
2. Where were they born?
3. What does your father do for a living?
4. Does your mother work?
5. What does she do for a living?
6. Do you have any brothers and sisters?
7. What are their names?
8. What a pretty Russian name!
9. That was very interesting.

Грамматика

1. Was Born, Grew Up

— Дже́ннифер, где ты **родила́сь?** Jennifer, where *were you born*?
— **Я родила́сь** в Калифо́рнии. I *was born* in California.
— И там **вы́росла?** And *did you grow up* there?
— Нет, я **вы́росла** в Нью-Йо́рке. No, I *grew up* in New York.

Марк **роди́лся** и **вы́рос** в Мичига́не. Mark *was born* and *grew up* in Michigan.

На́ши роди́тели **родили́сь** и **вы́росли** во Фло́риде. Our parents *were born* and *grew up* in Florida.

Learn to say where you and other people *were born* and *grew up.* Note that the masculine past-tense form **вы́рос** has no **л,** but that the feminine and plural forms do.

Was (were) born

Singular		Plural	
он	**роди́лся**	мы, вы, они́	**родили́сь**
она́	**родила́сь**		

Grew up

Singular		Plural	
он	**вы́рос**	мы, вы, они́	**вы́росли**
она́	**вы́росла**		

Я роди́**лся** здесь. Я родил**а́сь** здесь.

Где ты вы́росл**а**?

Где ты вы́рос?

Где вы вы́росл**и**?

Remember past-tense gender endings for **я** and **ты**. **Вы** is always *plural.*

Упражнения

7-13 Как по-ру́сски? How would you ask the following people where they were born and grew up?

1. Your best friend
2. Your Russian teacher

7-14 Отве́тьте на вопро́сы.

Complete Oral Drill 3 and Written Exercises 07-04 and 07-05 in the SAM

1. Где вы родили́сь?
2. Где вы вы́росли?
3. Где родили́сь и вы́росли ва́ши роди́тели? Бра́тья, сёстры?

2. Expressing Age — The Dative Case of Pronouns

Note how to ask someone's age in Russian, and how to tell how old someone is:

— Кто э́то на фотогра́фии?
— Ба́бушка.
— Она́ совсе́м не ста́рая! **Ско́лько ей лет?**
— **Ей шестьдеся́т два го́да.**

— **Ско́лько им лет?**
— **Им пять лет.**

— **Ско́лько ему́ лет?**
— **Ему́ се́мьдесят лет.**
— **А ей?**
— **Ей четы́ре го́да.**

Age requires the *dative case* — "to whom" or "for whom": *I am eighteen years old* translates literally as:

to me eighteen years
Мне восемна́дцать лет

For the time being, you'll be using the dative with age constructions with pronouns only:

Nominative	что	кто	я	ты	он	она́	мы	вы	они́
Dative	чему́	кому́	мне	тебе́	ему́	ей	нам	вам	им

That means that you can say things like ***I*** *am eighteen*, but not ***Sergei*** *is eighteen*. You will learn the dative for nouns and adjectives in the next unit.

Упражнения

7-15 Как по-ру́сски? How would you ask the following people how old they are?

1. A friend
2. A friend's father
3. Friends who are twins

7-16 Как по-ру́сски? How would you ask the following questions?

1. How old are you (*informal, singular*)?
2. How old is she?
3. How old is he?
4. How old are they?
5. How old are you (*plural*)?
6. Who in this group is 18 (21, etc.)?

Complete Oral Drill 4 and Written Exercise 07-06 in the SAM

3. Introduction to the Genitive Plural

In this lesson you have already seen some genitive plural endings.

> **Бра́тьев** и **сестёр** у меня́ нет.
> Ско́лько ей **лет?**

Nouns. Genitive plural endings for nouns are as follows:

- "zero" ending for hard feminine and neuter nouns: **книг**
- "soft zero" ending for feminine nouns ending in consonant + -**я: неде́ль**
- **-й** for many soft feminine and neuter nouns: **общежи́тий**
- **-ей** for nouns ending in **-ь** (masculine and feminine), **-ж, -ш, -щ, -ч: гараже́й**
- **-ов** (also **-ев**) for other masculine nouns: **столо́в, америка́нцев**

I. "Zero" ending

Nouns ending in -**а** or -**о** lose that ending in the genitive plural.

Nominative Singular	Genitive Plural
кни́га	книг
библиоте́ка	библиоте́к
учи́тельница	учи́тельниц
жена́	жён
ме́сто	мест
о́тчество	о́тчеств

If the resulting genitive plural form ends in two consonants, the fill vowel **-о** or **-е** is often added. A **-е** is added in order to avoid breaking a spelling rule, or to preserve softness (if the last consonant is preceded by **-й** or **-ь**).

Nominative Singular	Genitive Plural
окно́	о́кон
ба́бушка	ба́бушек
студе́нтка	студе́нток
вну́чка	вну́чек
письмо́	пи́сем
ма́йка	ма́ек

Sometimes the fill vowel is **-ё** in order to preserve the stress of the nominative singular form: **сестра́ – сестёр.**

And sometimes there are exceptions that simply need to be memorized:
кре́сло – кре́сел.

II. "Soft zero" ending: -ь

If a feminine word ends in consonant + **-я,** drop the **-я** and add **-ь.**

Nominative Singular	Genitive Plural
неде́ля	неде́ль
ку́хня	ку́хонь

Упражнения

7-17 Ско́лько . . . ?

Образе́ц: кни́га → Ско́лько книг?

1. шко́ла
2. ла́мпа
3. газе́та
4. маши́на
5. сестра́
6. ку́хня
7. ме́сто
8. мину́та
9. де́душка
10. па́па
11. письмо́
12. неде́ля

7-18 Запóлните прóпуски: о - е - ё

1. мнóго сест ____ р
2. мáло пи́с ____ м
3. шесть ру́ч ____ к
4. скóлько су́м ____ к
5. нéсколько дéдуш ____ к
6. дéсять рубáш ____ к
7. скóлько мá ____ к
8. двáдцать óк ____ н
9. скóлько бáбуш ____ к
10. пять вну́ч ____ к

III. -ий ending

Nouns ending in **-ие** or **-ия** have a genitive plural ending of **-ий.** (This is really just a variant of the zero ending. See the My Russian Lab video to see why.)

Nominative Singular	Genitive Plural
общежи́тие	общежи́тий
лаборатóрия	лаборатóрий

Упражнение

7-19 Скóлько . . . ?

Образéц: общежи́тие → Скóлько общежи́тий?

1. фотогрáфия
2. заня́тие
3. здáние
4. упражнéние
5. лéкция

IV. -ей ending

The genitive plural ending for all nouns ending in **-ж, -ш, -щ, -ч,** and **-ь** (either gender) is **-ей.**

Nominative Singular	Genitive Plural
преподавáтель	преподавáтелей
словáрь	словарéй
мать	матерéй
тетрáдь	тетрáдей
карандáш	карандашéй
муж	мужéй
этáж	этажéй
врач	врачéй

Упражнение

7-20 Здесь нет . . .

Образе́ц: анса́мбль → Здесь нет анса́мблей.

1. преподава́тель
2. секрета́рь
3. эта́ж
4. слова́рь
5. писа́тель
6. гара́ж
7. врач
8. каранда́ш
9. учи́тель

V. -ов/-ев ending

The genitive plural ending for masculine nouns ending in all other consonants is **-ов.** For now you should keep in mind three exceptions, when the genitive plural ending will be **-ев** instead:

1. If the nominative singular ending is **-й: музе́й** → **музе́ев.**
2. If the **-ов** ending would break a spelling rule: **америка́нец** → **америка́нцев.**
3. If the nominative plural is soft: **бра́тья** → **бра́тьев.**

Nominative Singular	Genitive Plural
худо́жник	худо́жников
компью́тер	компью́теров
оте́ц	отцо́в
америка́нец	америка́нцев
музе́й	музе́ев
стул (*pl.* сту́лья)	сту́льев

Упражнение

7-21 Здесь нет . . .

Образе́ц: уче́бник → Здесь нет уче́бников.

1. телеви́зор
2. пле́йер
3. докуме́нт
4. фотоаппара́т
5. моби́льник
6. костю́м
7. сви́тер
8. га́лстук
9. не́мец
10. кана́дец
11. брат
12. профе́ссор
13. францу́з
14. музе́й
15. теа́тр

VI. Plural forms

There are some words you generally see only in the plural. Here are their genitive plural forms:

Nominative Plural	Genitive Plural
роди́тели	роди́телей
очки́	очко́в
джи́нсы	джи́нсов
носки́	носко́в

VII. Exceptions

There are some exceptional forms of words you have already seen or might commonly use. You will simply need to memorize their genitive plural forms. This chart contains the nominative and genitive plural forms for **family members, friends, neighbors,** and **people,** even though some are technically **not** irregular.

Nominative Singular	Nominative Plural	Genitive Plural
семья́	се́мьи	семе́й
оте́ц	отцы́	отцо́в
мать	ма́тери	матере́й
дочь	до́чери	дочере́й
сын	сыновья́	сынове́й
брат	бра́тья	бра́тьев
сестра́	сёстры	сестёр
ребёнок	де́ти	дете́й
дя́дя	дя́ди	дя́дей
тётя	тёти	тётей
друг	друзья́	друзе́й
сосе́д	сосе́ди	сосе́дей
челове́к	лю́ди	люде́й

Упражнение

7-22 У друзе́й больша́я семья́!

Образе́ц: де́ти → У них мно́го дете́й.

1. брат
2. тётя
3. сын
4. сестра́
5. ба́бушка
6. дочь
7. дя́дя
8. сосе́д
9. друг

VIII. Adjectives

The genitive plural for adjectives is **-ых** (hard)/**-их** (soft, spelling rule). These forms are identical to those of the prepositional case.

Nominative Plural	Genitive Plural
но́вые	но́вых
хоро́шие	хоро́ших
больши́е	больши́х
си́ние	си́них

В э́том го́роде не́сколько **хоро́ших** музе́ев.
Ско́лько **ру́сских** вы зна́ете?
В на́шей библиоте́ке мно́го **но́вых** книг.
У нас нет **после́дних** пи́сем ба́бушки. Они́ у ма́мы.

IX. Special Modifiers

These forms are identical to those of the prepositional case. Just add **-х** to the nominative plural form.

Modifier	Nominative plural	Genitive plural
my	мой	мои́х
your	твой	твои́х
our	на́ши	на́ших
your (*formal/plural*)	ва́ши	ва́ших
these/those	э́ти	э́тих
whose	чьи	чьих
all	все	всех
alone/some	одни́	одни́х

Упражнение

Complete Oral Drills 5–11 and Written Exercises 07-07—07-09 in the SAM

7-23 Reread the dialogs in this unit and find all the words in the genitive case. In each instance, explain why the genitive case is used and tell whether the word is singular or plural.

4. Specifying Quantity

As you learned in Unit 6 (see Section 6), quantity in Russian affects case:

Quantity	Requires	
Ends in **оди́н, одна́, одно́** (1, 21, 31, 1001, but not 11)	Nominative or case dictated by sentence function: **Там была́ одна́ студе́нтка.** **Мы ви́дели одну́ студе́нтку.**	
Ends in **два/две, три, четыре** (2, 22, 43, 154, but not 12–14)	Genitive singular: **два бра́та, две сестры́, четы́ре студе́нта**	
Ends in **5–9** (including the number 0 [**ноль**] and all the teens)	Genitive plural: **пять ко́мнат, семна́дцать студе́нтов**	
Indefinite quantities: **мно́го** – *many* **ма́ло** – *(too) few* **не́сколько** – *a few* **Ско́лько?** – *How many?*	**Not countable?** Genitive singular Тут **мно́го ме́ста.** There *is* a lot of *space* here.	**Countable?** Genitive plural Тут **мно́го мест.** There *are* a lot of *places* here.

Упражнения

7-24 Ско́лько лет? Express the following people's ages in Russian. Remember the dative case of pronouns.

он — 13   она́ — 31   они́ — 3   вы — 22   мы — 19   я — ?

7-25 Запо́лните про́пуски. Complete the dialogs by using the correct forms of the words given in parentheses. Answer the question in the last dialog about yourself.

1. — Ди́ма, ско́лько у тебя́ (брат) и (сестра́)?
   — У меня́ (2) (сестра́) и (1) (брат).
   — Кака́я больша́я семья́!
2. — Са́ша, у тебя́ больша́я семья́?
   — То́лько я и (1) (сестра́).
3. — Ско́лько у вас (сестра́) и (брат)?
   — У меня́ . . .

7-26 Как по-рýсски? Complete the sentences.

1. There are a few small old stores on our street.
   На нáшей ýлице . . .
2. There are a lot of good theaters and museums in this city.
   В э́том гóроде . . .
3. How many American firms are there in Moscow?
   Скóлько в Москвé . . .
4. A lot of foreign students go to our university.
   В нáшем университéте . . .
5. My friend Borya has five younger sisters and brothers.
   У моегó дрýга Бóри . . .
6. My friend Maria has five stepsisters.
   У моéй подрýги Мари́и . . .

Дéти

When talking about the number of children in a family, use the following special forms:

У вас есть дéти?
Скóлько у вас детéй?

оди́н ребёнок

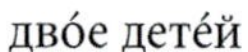

двóе детéй

трóе детéй

чéтверо детéй

пять детéй

нет детéй

For the time being, use the collective numbers **двóе, трóе,** and **чéтверо** only for numbers of children.

Упражнение

7-27 Как по-ру́сски?

Complete Oral Drills 12–16 and Written Exercises 07-10—07-12 in the SAM

— Ско́лько у но́вой сосе́дки (*children*)? Па́па говори́т, что у неё (*five kids*)!
— Нет, у неё то́лько (*three kids*). Па́ша и его́ (*two sisters*).
— И в сосе́дней кварти́ре то́же есть (*children*)?
— Нет, там (*there aren't any children*).

5. Comparing Ages: ста́рше/моло́же кого́ на ско́лько лет

To say that one person is older or younger than another, use the formula:

nominative +	comparison +	genitive +	на +	time period
Брат	**моло́же** **ста́рше**	**сестры́**	**на**	**два го́да**
Brother	younger/older	than sister	by	two years

Just one year's difference?

Note the stress on **на: Брат моло́же сестры́ *на́ год*** (pronounced as if one word). Here **на** takes accusative. (No number is present to force genitive.)

Упражнение

7-28 Соста́вьте предложе́ния. Make truthful and grammatically correct sentences by combining words from the columns below. Do not change word order, but remember to put the nouns after **ста́рше** and **моло́же/мла́дше** into the genitive case. Use the proper form of **год** after the numbers.

па́па					
ма́ма		я			
сестра́		па́па		1	
брат		ма́ма		2	
ба́бушка	моло́же	сестра́		3	год
де́душка	(мла́дше)	брат	на	4	го́да
сосе́д	ста́рше	ба́бушка		5	лет
сосе́дка		де́душка		10	
друг		сосе́д		50	
двою́родный брат		сосе́дка			
двою́родная сестра́		дя́дя			

Complete Oral Drills 17–18 and Written Exercise 07-13 and 07-14 in the SAM

6. The Accusative Case of Pronouns

Remember that Russian uses the accusative case for direct objects. When the direct object is a pronoun, it often comes before the verb.

Это мой ста́рший брат. Я **его́** о́чень люблю́.
Это на́ши роди́тели. Мы **их** о́чень лю́бим.
Вы **меня́** понима́ете, когда́ я говорю́ по-ру́сски?

Here are the forms of the question words and personal pronouns in the accusative case.

Nominative	что	кто	я	ты	он/оно́	она́	мы	вы	они́
Accusative	что	кого́	меня́	тебя́	его́	её	нас	вас	их

Упражнения

7-29 Как по-ру́сски?

— (*Whom*) ты зна́ешь в на́шем университе́те?
— Профе́ссора Па́влова. Ты (*him*) зна́ешь? Он чита́ет о́чень интере́сный курс.
— Я зна́ю. Я (*it*) слу́шаю.
— Зна́чит, ты, наве́рное, зна́ешь Са́шу Бело́ву. Она́ то́же слу́шает э́тот курс.
— Да, коне́чно, я (*her*) зна́ю.

7-30 Как по-ру́сски?

1. — Where is my magazine?
   — Masha is reading it.
2. — Do you know my sister?
   — No, I don't know her.
   — Interesting . . . she knows you!
   — She knows me?

Complete Oral Drill 19 and Written Exercise 07-15 in the SAM

7. Telling Someone's Name: зову́т

Note the structure for asking and telling someone's name in Russian:

how they call	accusative noun	
Как зову́т	**бра́та** **сестру́**	**?**

accusative noun	they call	name in nominative
Бра́та		**Кири́лл.**
Сестру́	**зову́т**	**Ло́ра.**
Роди́телей		**Макси́м и Мари́я.**

how	acc. pronoun	they call
	вас	
Как	**его́** **её**	**зову́т?**
	их	

acc. pronoun	they call	name in nominative
Его́		**Кири́лл.**
Её	**зову́т**	**Ло́ра.**
Их		**Макси́м и Мари́я.**

Complete Oral Drill 20 and Written Exercise 07-16 in the S.A.M.

8. The Accusative Case

The accusative case is used:

- For direct objects — **Ма́му** зовут Ли́дия Миха́йловна. Мы чита́ем **интере́сный журна́л.**
- After the prepositions **в** or **на** to answer the question **куда́** — Мы идём **в библиоте́ку,** а студе́нты иду́т **на ле́кцию.**
- In many expressions of time; so far you have seen: **в** + day of the week for *on a day of the week* — Мы отдыха́ем **в суббо́ту.**
- **На** + number of years for comparing ages. This is most obvious when no number is present to force genitive. — Мой брат ста́рше меня **на́ год.**

Accusative Case of Adjectives and Nouns — Summary

You already know large parts of the accusative case. The following chart highlights what's new in white: the accusative forms of masculine *animate* singular and *animate* plural (all genders) look like genitive.

	Masculine	Neuter	Feminine	All Plurals
Inanimate	LIKE NOMINATIVE: но́вый чемода́н	но́вое письмо́	но́вую кни́гу / дверь	LIKE NOMINATIVE: но́вые чемода́ны
Animate	LIKE GENITIVE: но́вого студе́нта		но́вую студе́нтку	LIKE GENITIVE: но́вых студе́нтов / студе́нток

Feminine Singular Review

Only feminine singular has accusative forms not borrowed from nominative or genitive. The chart below recapitulates what you learned about these endings in Unit 4.

Adjective		Noun	
Hard	но́в**ую**	**Hard**	руба́шк**у**
Soft	после́дн**юю**	**Soft**	неде́л**ю**
		Feminine -ь	две́р**ь**

Упражнения

7-31 Соста́вьте предложе́ния. Ask what the following people's names are.

Образе́ц: ваш но́вый сосе́д → Как зову́т ва́шего но́вого сосе́да?

э́тот америка́нский инжене́р
э́та молода́я продавщи́ца
их зубно́й врач
твоя́ но́вая учи́тельница
ваш люби́мый писа́тель
твой племя́нник
твой сво́дный брат
её сво́дная сестра́
наш но́вый ме́неджер
ста́рший брат
ва́ша мать
его́ ба́бушка
твой де́душка
твоя́ племя́нница
они́
твоя́ сестра́

7-32 Что ты делаешь в свободное время?

современ́ные – *contemporary*

Что ты де́лаешь в свобо́дное вре́мя? Я люблю́ чита́ть (ру́сская литерату́ра) __________________________ . Осо́бенно люблю́ (совреме́нные° ру́сские писа́тели) _______________________________ . Я сейча́с чита́ю о́чень (интере́сный а́втор) __________________________________ . Мои́ роди́тели ма́ло зна́ют (литерату́ра) __________________________ , но лю́бят (поли́тика) ____________________________ и мно́го слу́шают (ра́дио) ___________________________ , осо́бенно (полити́ческие програ́ммы) _____________________________ . Они́ иногда́ пи́шут (интере́сные пи́сьма) _____________________________________ на полити́ческие те́мы. Моя́ сосе́дка по ко́мнате то́же изуча́ет (ру́сский язы́к) ___________________________ и лю́бит слу́шать (класси́ческая ру́сская рок-му́зыка) _______________________________ , осо́бенно (Бори́с Гребенщико́в) ____________________________________ и его́ (гру́ппа «Аква́риум») ____________________________________ _______ . Она́ слу́шает и (америка́нские и брита́нские музыка́нты) _______________________________ , о́чень лю́бит (класси́ческий рок на англи́йском языке́) ______________________ ________________ , наприме́р, («Би́тлы») _________________________________ .

Complete Oral Drill 21 in the SAM

Давайте почитаем

7-33 Рекла́ма. Advertisements like these are common in local Russian newspapers and on the Internet.

For each ad, indicate:

- Who placed it
- What kind of help is wanted
- The salary (rubles/month)
- Job qualifications: Are there any that you would not find in a want ad in your own country?
- Any other details you understand

Вакансия: Юрист

Уровень дохода:	до 60 000 руб. в месяц
Город:	Москва
Ближайшее метро:	Савеловская
Тип работы:	Полный рабочий день
Должностные обязанности:	Договорная работа Корпоративное право
Требования к кандидату	
Возраст:	Не имеет значения
Пол:	Не имеет значения
Образование:	Высшее
Язык:	Английский (Разговорный)
Требования к квалификации:	Высшее профессиональное образование Опыт работы корпоративным юристом от 3-х лет Отличное знание гражданского права Знание законодательства в области рекламы
Контактная информация:	ok@yurslugmoskva.ru

Вакансия: Менеджер по работе с клиентами

Уровень дохода:	от 25 000 руб. в месяц
Город:	Москва
Ближайшее метро:	Кузьминки, Люблино
Тип работы:	Полный рабочий день
Должностные обязанности:	Поиск клиентов, консультирование, прием и ведение заказов
Требования к кандидату	
Возраст:	от 21 до 30 лет
Пол:	Мужской
Образование:	Высшее
Гражданство:	РФ
Контактная информация:	ооо НС-Стиль. www.nsstil.ru, personal@nsstil.ru

Вакансия: Руководитель отдела контроля и лицензирования

Уровень дохода:	от 50 000 до 60 000 руб. в месяц
Город	Санкт-Петербург
Ближайшее метро:	Старая Деревня
Тип работы	Полный рабочий день
Должностные обязанности:	Лицензирование фармацевтической продукции ЗАО «Нейчур френд». • Работа по взаимодействию с лицензирующими и контролирующими органами. • Контроль за подготовкой, экспертизой и формированием пакета документов для подачи в лицензирующие органы. • Участие в разработке программы отдела IT по блокировке фальсифицированной и забракованной продукции. • Консультативная деятельность.
Требования к кандидату	
Возраст:	от 30 до 50 лет
Пол:	Не имеет значения
Образование:	Высшее
Требования к квалификации:	Высшее фармацевтическое образование Опыт работ в аптечной сети, лицензионных органах, IT
Контактная информация:	
Название организации:	Нейчур френд, www.naturefriend.ru: контактная информация на сайте.

7-34 Find out if any of the résumés match the job descriptions above.

ФИО:	Иванова Ольга Николаевна
Адрес:	413112, г. Энгельс, Студенческая ул. , 44-23
Дата рождения:	04.12.1985
Семейное положение:	не замужем
Место рождения:	г. Челябинск
Среднее образование:	1993–2003гг. Средняя школа № 2 города Энгельса

Высшее образование:

- 2003–2008гг. Саратовский Государственный Педагогический институт им. К. А. Федина. Факультет: иностранные языки. Квалификация по диплому: учитель французского и английского языков.
- 2009 г. Второе высшее образование (незаконченное) — Московский Государственный Социальный Университет — Факультет: юридический. Специальность: юриспруденция

Опыт работы:

- 2009 г. (февраль–май) ООО «Артромед». Должность: менеджер отдела снабжения
- 2009 г. (май) – 2011 (август) ООО «Химтекс». Холдинговое управление. Должность: офис-менеджер

ФИО:	Сидорова Елена Максимовна
Дата и место рождения:	12.10.1978, г. Волгоград
Семейное положение:	замужем

Образование:

- в 1996 г. закончила среднюю школу.
- 1996–1998 г. — обучение в Волгоградской медицинской академии, специальность: фармацевт.
- 1998–2000 г. — обучение в Академии IT (г. Волгоград) на сертификат Microsoft.

Опыт работы:

2002 г. — работа в аптеке О. О. О. «Валедус» в должности фармацевта.

1999–2002 г. — работа в Киевской городской санитарно-эпидемиологической станции в должности лаборанта бактериологической лаборатории.

1998–1999 г. — работа в аптечном объединении «Фармация» в должности фармацевта.

Дополнительные сведения: английский язык (читаю со словарём), коммуникабельная.

Контактный телефон: 44-19-63, 21-65-33.

Словарь:

должностны́е обя́занности – *job description*
значе́ние: не име́ет значе́ния – lit. *has no significance* (~ n/a)
по́иск – *search*
по́лный – *full*
тре́бование – *requirement*
хо́лдинг – *holding company*

Meaning from context

1. **ФИО.** This abbreviation appears not only on résumés, but on nearly every form any Russian would ever fill out. What does it stand for?
2. **Семе́йное положе́ние.** A woman who is **за́мужем** has a **муж.** (A man with a **жена́** is **жена́т.**) What then does **семе́йное положе́ние** mean? Does this heading appear on résumés in North America?
3. **Обуче́ние, до́лжность. Обуче́ние** is the noun for **учи́ться. До́лжность** has to do with what one does at work. Judging from context, what is the meaning of both words? What word is **до́лжность** related to?
4. **Обра́зование** can be **нача́льное, сре́днее,** or **вы́сшее.** What do all these words mean?
5. **Фармаце́вт** is one whose profession becomes obvious when you remember that in words of Greek origin, *c* usually became **ц,** and *eu* came out as **ев.**

7-35 Резюме́. Using the résumés from **Дава́йте почита́ем,** write a résumé for yourself or an acquaintance. Stay as close to the original as possible. Have your teacher help you with any specialized vocabulary.

7-36 Вака́нсии и резюме́ в Интерне́те. In a search engine such as **Yandex.ru,** search for **вака́нсии** and **резюме́.** What sorts of jobs and résumés did you find?

7-37 Приве́т из Аме́рики! Read the following e-mails and answer the questions below.

Файл Правка Вид Переход Закладки Инструменты Справка

http://yaschik.ru Перейти

yaschik.ru Выход

НАПИСАТЬ ВХОДЯЩИЕ ПАПКИ НАЙТИ ПИСЬМО АДРЕСА ЕЖЕДНЕВНИК НАСТРОЙКИ

От: valyabelova234@mail.ru
Кому: popovaea@inbox.ru
Копия:
Скрытая:
Тема: Моя американская семья

простой формат

Дорогая Елена Анатольевна!

Вчера был° день рождения Виктора. Собралась° вся семья плюс армия родственников: его родители (бабушка и дедушка Роба и Анны), всякие° дяди и тёти, двоюродные братья и сёстры и много друзей. Было очень весело.°

Сначала я боялась,° что все будут говорить° только по-испански и что мне будет° трудно общаться.° Но почти все разговоры шли° на английском. Во-первых, среди° гостей° было много друзей и соседей, которые° не говорят по-испански. Во-вторых, многие из родственников Виктора, особенно° молодые, говорят по-английски лучше,° чем по-испански.

Самое интересное — это разнообразие° профессий в этой семье. Брат Виктора фермер, у него большое ранчо где-то в Техасе. Его дочь Габриела актриса, живёт в Лос-Анджелесе, часто играет° в мыльных° операх на телевидении. Ещё одна двоюродная сестра физик, работает в каком-то° государственном учреждении.° Но самый интересный из моих сверстников° — это Мартин. Он фотомодель. Когда говоришь «модель», обычно думаешь о женщине. Но оказывается,° что фотографии Мартина видишь везде: на упаковках шампуня, в газетной рекламе костюмов и во всяких других местах!°

was; to gather
all sorts of
fun
to fear; will speak
for me it will be; to communicate
talks were (lit. *went*)
(+gen.) *among; guest,* **гостей** (gen. pl.) *who, which, that*
especially
better
variety
to play, to act (a role); soap
some sort of; bureau, government office
peer
to turn out to be
place

Хотя это был день рождения° отца семьи, я тоже оказалась в центре внимания.° Меня бомбили вопросами о России: «Что думают русские о президенте США?», «Какие в России экономические перспективы?», «Слушают ли° русские американскую музыку?». Были и вопросы личного° характера, типа «Есть у тебя американский бойфренд?», «Сколько зарабатывают° родители?», «Ты веришь в° Бога°?». Последние два вопроса особенно шокировали меня. Ведь сколько раз° предупреждали:° в Америке о заработке° и религии не спрашивают!

birth
attention
whether
personal
earn; **ве́рить (ве́рю, ве́ришь, ве́рят) в** *– to believe in; God*
time (occasion, not clock time); to warn
earnings

В общем,° всё было страшно° интересно. Мы сидели допоздна.° Я легла спать° только в 2 часа ночи.
Валя

in general, overall; terribly, very
till the wee hours
to go to sleep (went to sleep)

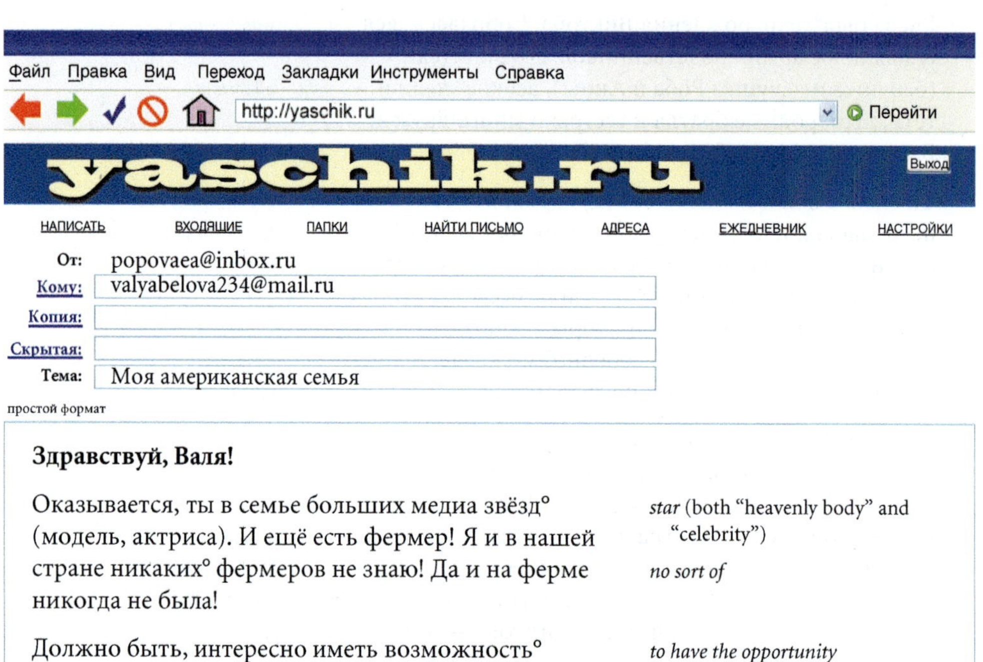

От: popovaea@inbox.ru
Кому: valyabelova234@mail.ru
Копия:
Скрытая:
Тема: Моя американская семья

простой формат

Здравствуй, Валя!

Оказывается, ты в семье больших медиа звёзд° (модель, актриса). И ещё есть фермер! Я и в нашей стране никаких° фермеров не знаю! Да и на ферме никогда не была!

star (both "heavenly body" and "celebrity")
no sort of

Должно быть, интересно иметь возможность° разговаривать с людьми стольких разнообразных° профессий. А в моей семье повторяются° одни и те же° слова: мы все учителя (я и мама), инженеры (папа и дедушка) и экономисты (брат, двоюродная сестра).

to have the opportunity
so many varied
to be repeated
one and the same

Е.

1. Вопро́сы

а. У кого́ вчера́ был день рожде́ния?
б. Кто был на э́том ве́чере?
в. На како́м языке́ говори́ли го́сти?
г. Кто по профе́ссии ро́дственники Ви́ктора?
д. О чём го́сти спра́шивали Ва́лю? Что хоте́ли знать о Росси́и? Каки́е ещё вопро́сы бы́ли у госте́й?
е. Ва́ля легла́ спать ра́но и́ли по́здно?
ж. Что мы зна́ем о семье́ Еле́ны Анато́льевны?

2. Язы́к в конте́ксте

a. **Н the Adjectivizer.** Many nouns can be converted to adjectives by adding н + an adjectival ending to the word root. Find adjectives in the e-mails formed from the following nouns:

мы́ло – soap (requires a ь before the н)
интере́с – interest
газе́та – newspaper
труд – labor

b. **Ли – *whether.*** Russian does not allow е́сли (*if*) to introduce questions in sentences like *We asked if . . . She wants to know if. . . .* Instead it uses the word **ли** – *whether.* We cover the use of **ли** in Book 2. For the time being, you can drop the **ли** in conversational Russian (a special word order is required). But avoid using **если.**

c. **Во-пе́рвых, во-вторы́х . . .** Judging from context, what do you think these expressions mean? (There's also **в-тре́тьих, в-четвёртых, and в-пя́тых,** but they are used rarely.)

d. **Ты without "ты" — the impersonal *you.*** In English, we often use "you" as an informal way of saying "one": *You have to have a driver's license to drive = One must have a driver's license.* Russian allows the same use of "you." Most of the time such expressions have a **ты** verb without the **ты** pronoun, even when the rest of the conversation takes place on **вы: Зна́ете, в Аме́рике, е́сли рабо́таешь мно́го, зараба́тываешь хорошо́.**

e. **Ко́рни ру́сского языка́. The Russian root system.** Find words with the following roots. The basic meaning of the root is given after the tilde (~) sign.

рожд-, род- ~ birth; clan
общ- ~ general; common; communing
позд- ~ late; tardy (You have seen **по́здно** and **опа́здывать,** which are also related.)
мож- ~ ability; possibility. This root is distantly related to the English word *might.*
втор- ~ second

Давайте послушаем

7-38 Виктори́на. You are about to listen to the opening of a game show in which one family plays against another. As you tune in, the contestants are being introduced. Listen for the information requested below.

THE BELOVS: Head of the family—Name (and patronymic if given):
Age (if given):
Job:
Hobby (at least one):
Her brother—Name (and patronymic if given):
Age (if given):
Job:
Hobby (at least one):
Her sister—Name (and patronymic if given):
Age (if given):
Job:
Hobby (at least one):
Her aunt's husband—Name (and patronymic if given):
Age (if given):
Job:
Hobby (at least one):

THE NIKITINS: Head of the family—Name (and patronymic if given):
Age (if given):
Job:
Hobby (at least one):
His son—Name (and patronymic if given):
Age (if given):
Job:
Hobby (at least one):
His daughter-in-law—Name (and patronymic if given):
Age (if given):
Job:
Hobby (at least one):
His wife—Name (and patronymic if given):
Age (if given):
Job:
Hobby (at least one):

7-39 Приве́т от твое́й ру́сской «семьи́»! You are in Skype contact with the Russian host family with whom you will be staying, and you recorded your host brother's description of the family. Listen to the audio and prepare a response of your own for your next call with them. In your response, include as much information about your family as you can, while staying within the bounds of the Russian you know.

Новые слова и выражения

NOUNS

Ро́дственники и друзья́	Relatives and friends
ба́бушка	grandmother
брат (*pl.* бра́тья)	brother
двою́родный брат	male cousin
сво́дный брат	stepbrother
внук	grandson
вну́чка	granddaughter
де́душка	grandfather
де́ти (*genitive pl.* дете́й)	children
дочь (*genitive and prepositional sing.* до́чери, *nominative pl.* до́чери)	daughter
друг (*pl.* друзья́)	friend
дя́дя	uncle
жена́ (*pl.* жёны)	wife
мать (*genitive and prepositional sing.* ма́тери, *nominative pl.* ма́тери)	mother
ма́чеха	stepmother
муж (*pl.* мужья́)	husband
от(е́)ц (*all endings stressed*)	father
о́тчим	stepfather
племя́нник	nephew
племя́нница	niece
ребён(о)к (*pl.* де́ти)	child(ren)
ро́дственник	relative
семья́	family
сестра́ (*pl.* сёстры)	sister
двою́родная сестра́	female cousin
сво́дная сестра́	stepsister
сын (*pl.* сыновья́)	son
тётя	aunt

Профе́ссии	**Professions**
архите́ктор	architect
библиоте́карь	librarian
бизнесме́н	businessperson
бухга́лтер	accountant
врач (*all endings stressed*)	physician
зубно́й врач	dentist (*conversational term*)
домохозя́йка	housewife
журнали́ст	journalist
инжене́р	engineer
медбра́т (*pl.* медбра́тья)	nurse (male)
медсестра́ (*pl.* медсёстры)	nurse (female)

Новые слова и выражения

ме́неджер	manager
музыка́нт	musician
писа́тель	writer
программи́ст	computer programmer
продав(е́)ц (*all endings stressed*)	salesperson (man)
продавщи́ца	salesperson (woman)
секрета́рь (*all endings stressed*)	secretary
стомато́лог	dentist (*official term*)
учёный (*declines like an adj.; masc. only*)	scholar; scientist
учи́тель (*pl.* учителя́)	schoolteacher (man)
учи́тельница	schoolteacher (woman)
фе́рмер	farmer
худо́жник	artist
юри́ст	lawyer

Места́ рабо́ты	**Places of work**
больни́ца	hospital
бюро́ (*indeclinable*)	bureau; office
бюро́ недви́жимости	real estate agency
туристи́ческое бюро́	travel agency
заво́д (на)	factory
лаборато́рия	laboratory
магази́н	store
музе́й	museum
о́фис	office
поликли́ника	health clinic
теа́тр	theater
телеста́нция (на)	television station
фе́рма (на)	farm
фи́рма	company; firm
комме́рческая фи́рма	trade office; business office
юриди́ческая фи́рма	law office

Други́е слова́	**Other words**
год (2–4 го́да, 5–20 лет)	year(s) [old]
класс	grade (*in school: 1st, 2nd, 3rd, etc.*)
лет (*see* год)	years
пе́нсия	pension
на пе́нсии	retired
пра́ктика	practice
ча́стная пра́ктика	private practice
профе́ссия	profession
рубль (*pl.* рубли́)	ruble
спорт (*always sing.*)	sports

Новые слова и выражения

ADJECTIVES

(не)весёлый	cheerful (melancholy)
глу́пый	stupid
еди́нственный	only
(не)здоро́вый	(un)healthy
комме́рческий	commercial, trade
мла́дший	younger
молодо́й	young
(не)обыкнове́нный	ordinary (unusual)
(не)серьёзный	(not) serious
(не)симпати́чный	(not) nice
ста́рший	older
ста́рый	old
туристи́ческий	tourist, travel
у́мный	intelligent
ча́стный	private (business, university, etc.)
(не)энерги́чный	(not) energetic
юриди́ческий	legal, law

VERBS

only past-tense forms of these verbs:

вы́расти (вы́рос, вы́росла, вы́росли)	to grow up
роди́ться (роди́лся, родила́сь, родили́сь)	to be born

ADVERBS

ла́дно	okay
ма́ло	(too) few; not much; little
мно́го	many; much; a great deal
наве́рное	probably
не́сколько	a few; some; several
совсе́м не	not at all . . .
то́чно	precisely

OTHER WORDS AND PHRASES

Говоря́т, что . . .	They say that . . . ; It is said that . . .
Да как сказа́ть?	How should I put it?
Зна́чит так . . .	Let's see . . .
Как зову́т (кого́)?	What is . . . 's name?
Кто по профе́ссии (кто)?	What is . . . 's profession?
мла́дше *or* моло́же (кого́) на (год, . . . го́да, . . . лет) . . .	years younger than . . .
наприме́р	for example

Новые слова и выражения

Послу́шай(те)!	Listen!
Расскажи́(те) (мне) . . .	Tell (me) . . . (*request for narrative, not just a piece of factual information*)
Ско́лько (кому́) лет?	How old is . . . ?
(Кому́) . . . год (го́да, лет). . . .	. . . is . . . years old.
ста́рше (кого́) на (год, . . . го́да, . . . лет) . . .	years older than . . .
Я ничего́ не зна́ю.	I don't know anything.

COLLECTIVE NUMBERS

дво́е, тро́е, че́тверо	2, 3, 4 (*apply to children in a family*)

PASSIVE VOCABULARY

был	was
везде́	everywhere
взро́слый	adult
во́зраст	age
гость	guest
друго́й	other; another
жена́т	married (*said of a man*)
же́нщина	woman
за́мужем	married (*said of a woman*)
образова́ние	education
вы́сшее образова́ние	higher (*college*) education
обуче́ние	schooling
о́пыт рабо́ты	job experience
по́иск	search
семе́йное положе́ние	family status (*marriage*)
служи́ть	to serve
служи́ть в а́рмии	to serve in the army
тре́бование	demand; requirement
увлече́ние	hobby
учрежде́ние	bureau, government office
цвето́к (*pl.* цветы́)	flower
чле́ны семьи́	family members

УРОК 8

В магазине

Коммуникативные задания

- Asking for advice about purchases
- Making simple purchases
- Birthday greetings
- Presents and gift giving
- Reading and listening to store advertisements
- Shopping in Russia

Культура и быт

- Viktor Pelevin
- Shopping in Russia: **магази́н, универма́г, ры́нок**
- Russian clothing sizes

Грамматика

- Past tense: **был, была́, бы́ло, бы́ли**
- Have and did not have: the past tense of **есть** and **нет**
- Went: **ходи́л** vs. **пошёл, е́здил** vs. **пое́хал**
- Dative case of modifiers and nouns
- Uses of the dative case
  - Expressing age
  - Indirect objects
  - The preposition **по**
  - Expressing necessity, possibility, impossibility
  - Expressions of possibility and impossibility: **мо́жно, невозмо́жно**
  - Other dative subjectless constructions: **тру́дно, легко́, интере́сно**
- Liking or not liking: **нра́виться**

Точка отсчёта

О чём идёт речь?

Что продают в э́том универма́ге?

ОТДЕЛ	ЭТАЖ	ОТДЕЛ	ЭТАЖ
аудио-видео	1	обувь	1
галантерея	1	пальто, меха	2
головные уборы	2	спорттовары	2
женская одежда	3	сувениры	1
мужская одежда	3		

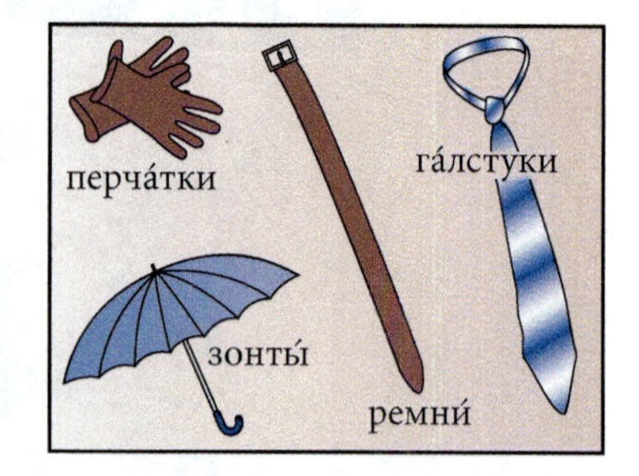

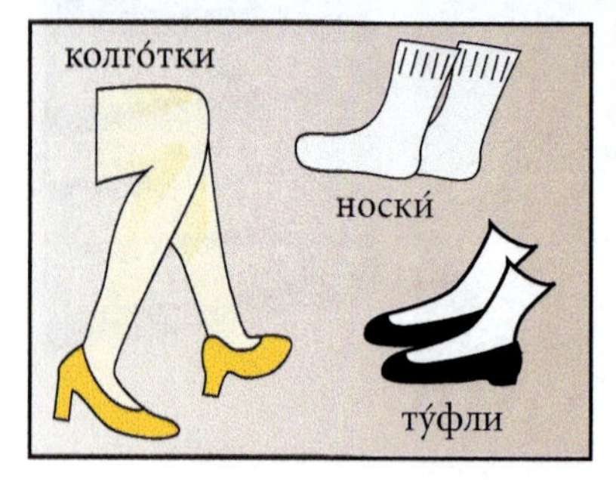

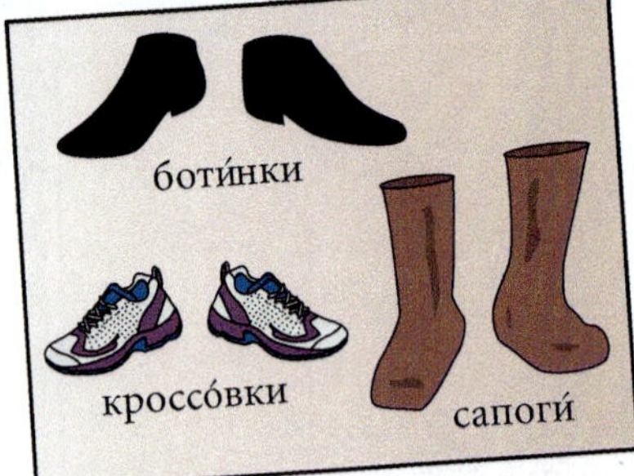

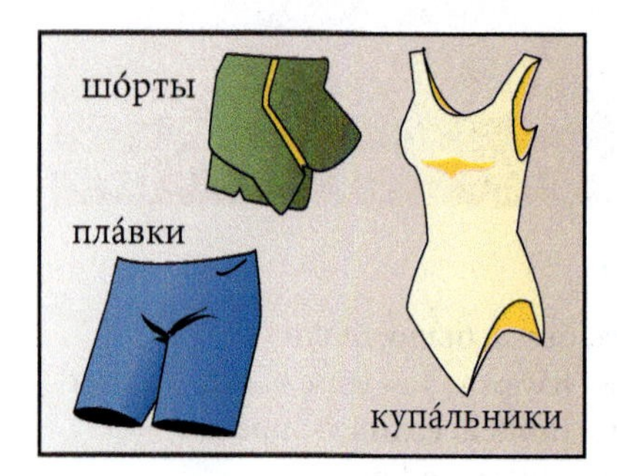

8-1 Make a list of gifts you could buy for the following people. Next to each item indicate the department in which you are most likely to find the gifts.

оте́ц	брат/сестра́	ба́бушка/де́душка
мать	друг/подру́га	сосе́д/сосе́дка

Что продаю́т в э́тих магази́нах?

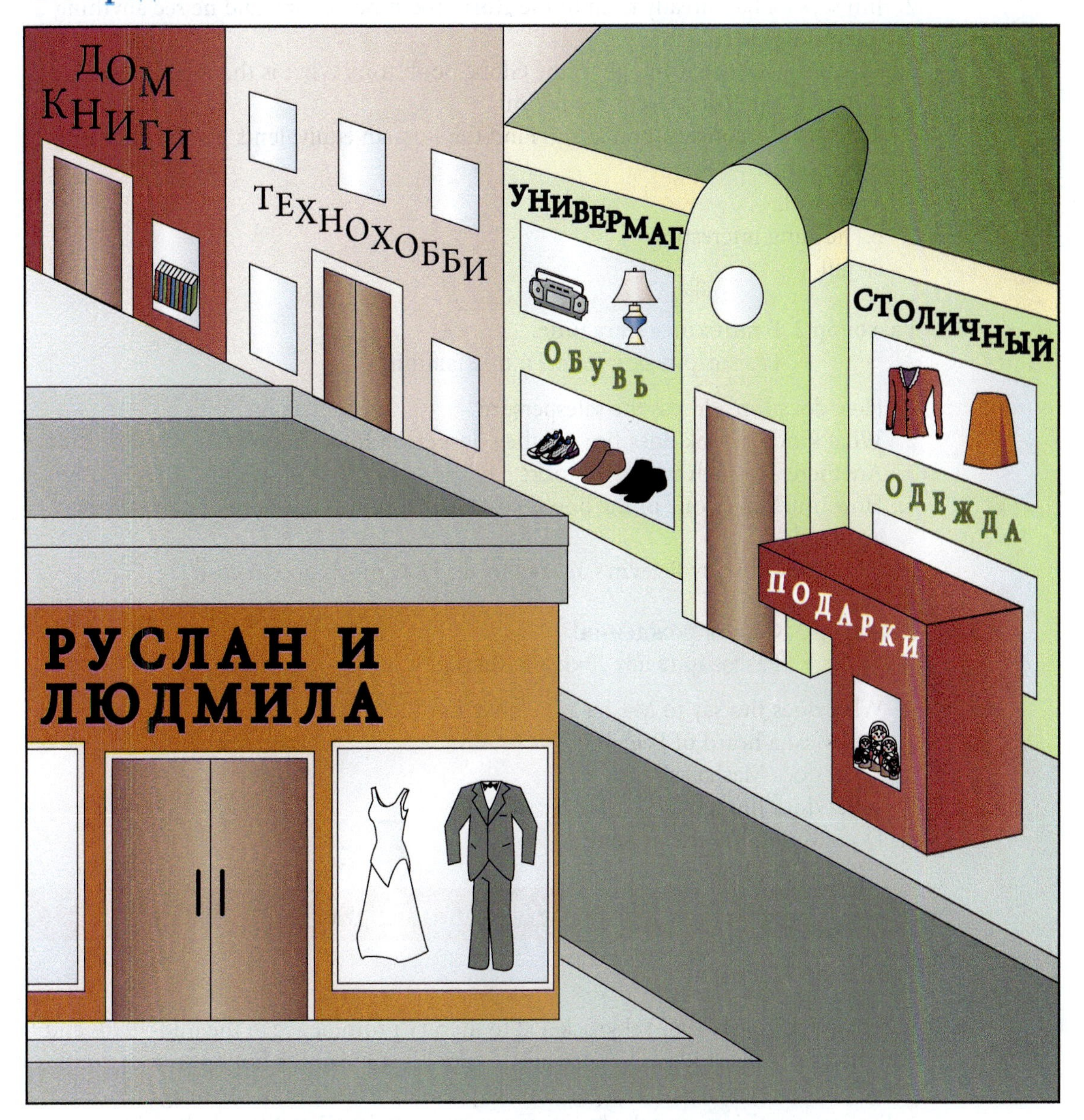

Где мо́жно купи́ть кни́ги?
Где мо́жно купи́ть брю́ки?
Где мо́жно купи́ть игру́шки?
Где мо́жно купи́ть ту́фли?
Где мо́жно купи́ть матрёшки?
Где мо́жно купи́ть пла́тья?
Где мо́жно купи́ть ка́рту?
Где мо́жно купи́ть блу́зки?
Где мо́жно купи́ть кроссо́вки?
Где мо́жно купи́ть нау́шники?

Разговоры для слушания

Разгово́р 1. Джим покупа́ет пода́рок.
Разгова́ривают Вале́ра и Джим.

1. What does Valera advise Jim to get as a gift for Masha's birthday?
2. Jim says he has already been to the **Дом кни́ги** bookstore. Did he see anything interesting there?
3. Valera suggests that Jim go to the Globe bookstore. What is the Russian for "globe"? Will Valera accompany Jim?
4. Listen to the conversation again. Find the Russian equivalents for the following expressions:
   a. birthday
   b. nothing interesting
   c. gift

Разгово́р 2. В кни́жном магази́не.
Разгова́ривают Джим и продавщи́ца.

1. How does Jim address the salesperson?
2. What kind of book does Jim ask the salesperson for?
3. Are there any such books in stock?
4. How much does one of the books cost? Is that more expensive or cheaper than expected?
5. Jim decides to buy Pelevin's *Yellow Arrow.* How much does it cost?

Разгово́р 3. С днём рожде́ния!
Разгова́ривают Джим и Ма́ша.

1. What does Jim say to Masha as he gives her the birthday present?
2. Has Masha heard of Pelevin?
3. What does Masha ask Jim?
4. What does Jim tell her?
5. Does Masha like the present?

Культура и быт

Ви́ктор Пеле́вин

Victor Pelevin (b. 1962) skyrocketed to literary prominence in the mid-1990s and remains popular today. His surrealistic tales hit some of the hot buttons of youth culture: the cynicism of the post-Soviet period, the growth of the drug culture, Eastern mysticism, and the looming presence of virtual reality's darker sides. Some of Pelevin's best known works are *Generation P, Empire V, Sacred Book of the Werewolf, The Life of Insects, Omon Ra,* and *The Yellow Arrow.*

Разговóр 4. Где мóжно купи́ть шля́пу?
Разговáривают Ди́на и Нэ́нси.

1. Nancy is talking to Dina about a hat. What does she ask?
2. Who gave Nancy the idea to buy a hat?
3. Two stores are mentioned in this conversation. Name one.
4. What is the Russian word for *hat*?

Разговóр 5. В магази́не «Светлáна».
Разговáривают Ди́на, Нэ́нси и продавщи́ца.

1. Does Nancy want to look at the yellow hat or the red hat?
2. What is Nancy's hat size?
3. How much does the hat cost?

Разговóр 6. Джеф плáтит за товáр.
Разговáривают Джеф и продавщи́ца.

Remember that in a few Russian stores customers pay for goods at a separate cashier's booth. When paying, they must name the **отдéл** from which they are making their purchase.

1. Does Jeff want to see the red gloves or the black leather ones?
2. How much does the scarf cost?
3. What happens when Jeff goes to pay?

Давайте поговорим

Диалоги

1. До́ма: Я хочу́ сде́лать Ма́ше пода́рок.

— Пе́тя, я хочу́ сде́лать на́шей сосе́дке Ма́ше пода́рок. У неё ведь ско́ро день рожде́ния.
— Ой, я совсе́м забы́л об э́том!
— Что ты мне посове́туешь ей купи́ть?
— Мне тру́дно тебе́ сове́товать. Плохо знаю её. А что ей нра́вится?
— Ну, наве́рное, мо́жно подари́ть кни́гу.
— Ты зна́ешь, я неда́вно был на ры́нке. Там бы́ли интере́сные ве́щи.
— А, мо́жет быть, пойдём туда́ сего́дня?
— Дава́й.

2. В магази́не: Покажи́те, пожа́луйста . . .

— Де́вушка! Покажи́те, пожа́луйста, вот э́тот плато́к.
— Вот э́тот, зелёный?
— Нет, тот, си́ний. Ско́лько он сто́ит?
— Две́сти се́мьдесят.
— А вы принима́ете креди́тные ка́рточки?
— Принима́ем. Плати́те в ка́ссу.

The forms of address **де́вушка** and **молодо́й челове́к** may sound rude to you, but they are in fact neutral. Use them to attract the attention of younger service personnel, and do not be offended if you are addressed in this way.

3. До́ма: Где мо́жно купи́ть ту́фли?

— Ми́ла, где у вас мо́жно купи́ть ту́фли?
— Да везде́, практи́чески в любо́м магази́не, наприме́р, в универма́ге.
— А, мо́жет быть, мы пойдём вме́сте? Мне ну́жно купи́ть но́вые ту́фли.
— А разме́р ты зна́ешь?
— Да, зна́ю. А ещё мне на́до купи́ть носки́ и перча́тки.
— Хорошо́. Мо́жно пойти́ в «Гости́ный двор». Но там всё дово́льно до́рого сто́ит. А ря́дом «Апра́ксин двор». Там всё дёшево. Коне́чно, и ка́чество друго́е.

Культура и быт

Ру́сские магази́ны

Универма́г (an abbreviation for **универса́льный магази́н**) is usually translated as *department store.* Some **универма́ги** look like smaller versions of their Western counterparts, while others are little more than lines of stalls in which goods are displayed behind a counter. **Светла́на, ДЛТ (Дом Ленингра́дской торго́вли), Пасса́ж,** and **Гости́ный двор** are the names of some St. Petersburg **универма́ги.** The famous **ГУМ (Госуда́рственный универса́льный магази́н)** is on Red Square in Moscow. Another major Moscow **универма́г** is **ЦУМ (Центра́льный универса́льный магази́н),** near the Bolshoi Theater. Many stores have no name other than that of the product sold there: **Обувь** – *Shoes,* **Оде́жда** – *Clothing,* **Молоко́** – *Milk.*

In many Russian stores, customers look at selections kept behind a sales counter and ask the salesperson **Покажи́те, пожа́луйста . . . (кни́гу, перча́тки,** etc.). Having made their selection, they are directed to the **ка́сса,** a few meters away. There they pay and get a receipt (**чек**), which they take to the original counter and exchange for the item.

A **ры́нок** is a farmer's market combined with stalls that sell a bit of everything else. Every city has at least one **ры́нок.**

People often talk about prices for big-ticket items in dollars, but payment in rubles is required nearly everywhere. Larger stores and restaurants may accept **креди́тные ка́рточки,** but the Russian economy is still very much based on cold hard cash (**нали́чные**).

4. Дом кни́ги

— Ко́ля, ты зна́ешь, куда́ я сего́дня ходи́ла?
— Куда́?
— В «Дом кни́ги». Там откры́ли но́вый отде́л.
— Ну, и что ты купи́ла?
— Вот э́ту но́вую кни́гу по иску́сству.
— Авангарди́сты? Интере́сно. А ско́лько она́ сто́ила?
— Сто шестьдеся́т пять.
— Это совсе́м не до́рого! А импрессиони́сты бы́ли?
— А я не зна́ла, что они́ тебе́ нра́вятся.
— Да́же о́чень нра́вятся!
— Ну, импрессиони́сты бы́ли, но тепе́рь их уже́ нет.

The word **тепе́рь** – *now* always implies a contrast with some other time. It is often used to contrast a former time with the present: **ра́ньше . . . , а тепе́рь . . .** The other word for *now*, **сейча́с,** is neutral.

Культура и быт

Разме́ры по-ру́сски

Russian clothing sizes follow the metric system.

0 10 см 20 см 30 см 40 см 50 см 60 см 70 см 80 см 90 см 1 метр

0 1 foot 2 feet 3 feet

Here are some sample adult clothing sizes (**разме́ры**).

ITEM	HOW TO MEASURE	SAMPLE SIZES
most clothing (shirts, blouses, dresses, coats)	chest measurement in cm. divided by 2 (even numbers only)	44–56
hats	circumference of head in cm. at mid-forehead	53–62
shoes	length of foot in cm. × 1.5	33–42 (women) 38–47 (men)

5. С днём рожде́ния!

— Ма́ша, с днём рожде́ния! Я купи́л тебе́ ма́ленький пода́рок.
— Ой, Пеле́вин! Я уже́ давно́ хоте́ла прочита́ть э́тот рома́н. Отку́да ты узна́л?
— Ми́ша мне посове́товал купи́ть тебе́ кни́гу.
— Но отку́да ты узна́л, что я люблю́ Пеле́вина?

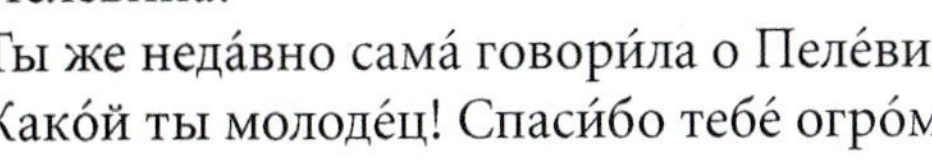

— Ты же неда́вно сама́ говори́ла о Пеле́вине.
— Како́й ты молоде́ц! Спаси́бо тебе́ огро́мное.

The word **сам** – *self* is marked for gender and number. When using **вы** to one person say **вы са́ми.** When using **ты**, say **ты сам** to a man, **ты сама́** to a woman.

Вопросы к диалогам

Диало́г 1

1. Что хо́чет де́лать друг Пе́ти? Почему́?
2. Что забы́л Пе́тя?
3. Что Пе́тя сове́тует купи́ть?
4. Где мо́жно купи́ть интере́сные ве́щи?
5. Куда́ они́ иду́т сего́дня?

Диало́г 2

1. Кто разгова́ривает в э́том диало́ге?
2. Где они́?
3. Что хо́чет купи́ть покупа́тель? Како́го цве́та э́та вещь?
4. Ско́лько она́ сто́ит?
5. Как мо́жно плати́ть?
6. Куда́ на́до плати́ть?

покупа́тель – *store customer*

Диало́г 3

1. Кто разгова́ривает в э́том диало́ге?
2. Что она́ хо́чет знать?
3. Что ей на́до купи́ть?
4. Она́ зна́ет разме́р?
5. Куда́ они́ пойду́т?
6. Куда́ они́ не пойду́т и почему́?

Диало́г 4

1. Кто разгова́ривает в э́том диало́ге?
2. Куда́ она́ сего́дня ходи́ла?
3. Что она́ купи́ла?
4. Ско́лько сто́ила кни́га по иску́сству?
5. Ко́ля ду́мает, что э́то до́рого?
6. Чего́ бо́льше нет в магази́не?

Диало́г 5

1. Како́й сего́дня у Ма́ши день?
2. Кто купи́л пода́рок и кому́?
3. Что он купи́л?
4. Кто ему́ посове́товал купи́ть Ма́ше кни́гу?
5. Почему́ он купи́л Пеле́вина?
6. Что говори́т Ма́ша?

Упражнения к диалогам

8-2 Что здесь продаю́т?

8-3 Ско́лько сто́ит . . . ? Ask how much the following items cost.

Образе́ц: Ско́лько сто́ит чемода́н?

8-4 В како́м отде́ле . . . ? In which department of a store do you think the following items are sold? Verify your answers by asking your teacher where these items can be bought.

ОТДЕЛ	ЭТАЖ	ОТДЕЛ	ЭТАЖ
товары для детей	3	мужская одежда	3
парфюмерия	1	игрушки	1
фототовары	4	обувь	3
мебель	2	головные уборы	2
электротовары	4	подарки	1
женская одежда	3	аудио-видео	4

Образе́ц:

— Где мо́жно купи́ть ла́мпу?

1.

2.

3.

4.

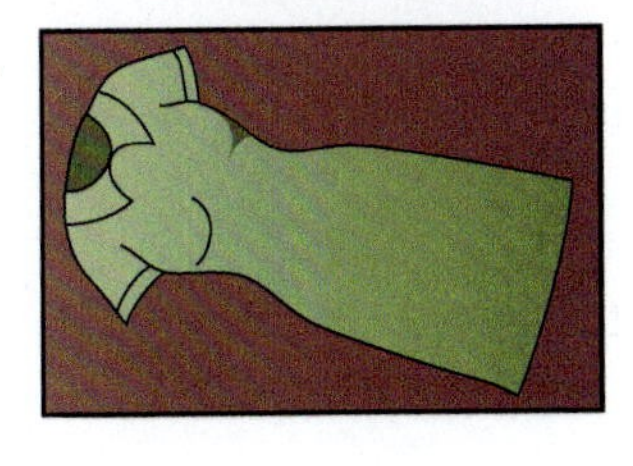

5.

6.

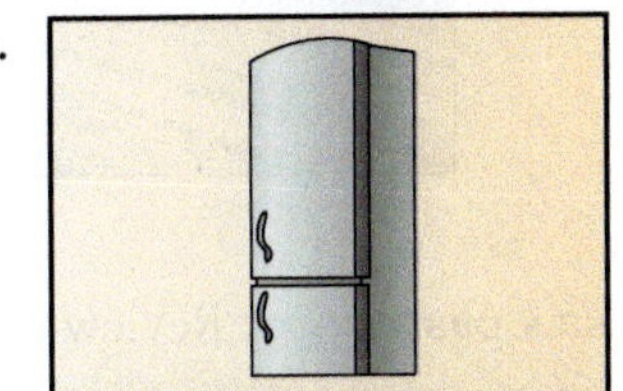

7.

8.

8-5 Где мóжно купи́ть э́ти ве́щи?

____ 1. кни́га по му́зыке	а. «Дом óбуви»
____ 2. ди́ски и DVD	б. «Пода́рки»
____ 3. пальтó	в. «Мéбель»
____ 4. фотоаппара́т	г. «Дéтский мир»
____ 5. сапоги́	д. «М-Ви́део»
____ 6. игру́шки	е. «Дом кни́ги»
____ 7. шкаф	ж. Жéнская и мужска́я одéжда
____ 8. матрёшки	з. Фотоэлектрóника

8-6 Подготóвка к разговóру. Review the dialogs. How would you do the following?

1. Say you want to give your friend a present.
2. Ask a friend to help you choose a gift for someone.
3. Tell a friend it's hard to advise him/her.
4. Suggest that your friend go with you to the market.
5. Get a salesperson's attention.
6. Ask a salesperson to show you a scarf (book, hat).
7. Ask how much the scarf (book, hat) costs.
8. Ask if the store accepts credit cards.
9. Ask a friend where you can buy shoes (gloves, hats, pants).
10. State that you need to buy socks (shoes, gloves).
11. Say that something is expensive (inexpensive, cheap).
12. Say that a new department (store, library, market) just opened.

13. Wish someone a happy birthday.
14. Ask how someone knew you love Pelevin (Chekhov, Bunin, Akhmatova).
15. Thank someone enthusiastically.

8-7 In the third dialog Mila's friend says she has to buy shoes. Later she says she has to buy socks and gloves *as well*, but she doesn't use either **то́же** or **та́кже.** How does she express the thought "And also . . . "!? Review the dialog and formulate some additional "And also . . . " statements.

1. Пойдём в Дом кни́ги.
2. Пойдём в Макдо́налдс.
3. Пойдём на ры́нок.
4. Пойдём в парк.
5. Пойдём в кино́.
6. Пойдём в ГУМ.

8-8 Дава́й пойдём вме́сте!

1. In the first dialog the speaker invites Petya to go with him to the bookstore. Review the dialog to find out how he issues the invitation.
2. Now look at the following possible responses. Which one(s) would you use to accept an invitation? to make a counterproposal? to turn down an invitation?
   - Хорошо́, дава́й.
   - Сего́дня не могу́. Я до́лжен/должна́ занима́ться.
   - А мо́жет быть, пойдём в кино́.
3. How do you signal agreement to plans that you have made with someone?
4. Prepare and act out a dialog in which you invite a partner to do something.

Игровые ситуации

8-9 О магази́нах.

1. Ask a friend where you can buy a good book on
   a. art
   b. medicine
   c. biology
   d. sociology
   e. literature
   f. your field of interest

   Invite your friend to go with you to make the purchase.
2. You are in a clothing store. Ask the salesperson to let you see a
   a. shirt
   b. dress
   c. pair of pants
   d. swimsuit
   e. blouse
   f. pair of shoes

   Specify which item you want to look at and what your size is. Find out how much it costs. Find out if you can pay with a credit card.

3. You want to buy a present for the 7-year-old son of your Russian teacher. Ask the salesperson for advice on what to buy.
4. Help a Russian visitor to your town decide what presents to buy for family members at home. Your friend wants to know what's available and how much it will cost. Compare at least two stores in your town in price and quality.
5. Working with a partner, prepare and act out a situation of your own that deals with the topics of this unit.

Устный перевод

8-10 You are in Russia. A friend who knows no Russian passes through on a two-week tour and asks you to help buy gifts. Serve as the interpreter in a store.

ENGLISH SPEAKER'S PART

1. Could I take a look at that scarf over there?
2. No, the red one.
3. How much does it cost?
4. That's awfully expensive. How much do those gloves cost?
5. Okay. I'll take the gloves then.

Грамматика

1. Past Tense — Был

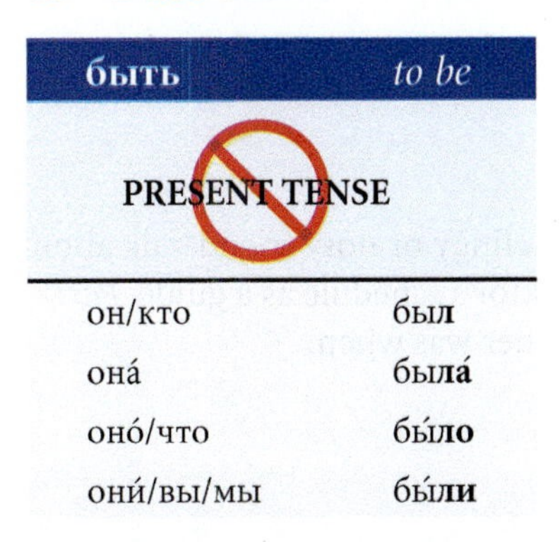

быть	*to be*
PRESENT TENSE	
он/кто	был
она́	был**а́**
оно́/что	бы́**ло**
они́/вы/мы	бы́**ли**

Present Tense	Past Tense
Джон в библиоте́ке. John *is* at the library.	Джон **был** в библиоте́ке. John *was* at the library.
Ка́тя на ле́кции. Katya *is* at class.	Ка́тя **была́** на ле́кции. Katya *was* at class.
Их роди́тели в рестора́не. Their parents *are* at the restaurant.	Их роди́тели **бы́ли** в рестора́не. Their parents *were* at the restaurant.
Кто здесь? Who *is* here?	Кто здесь **был**? Who *was* here?
Что здесь? What *is* here?	Что здесь **бы́ло**? What *was* here?

Упражнения

8-11 Отве́тьте на вопро́сы.

Образе́ц: — Ма́ша сего́дня в библиоте́ке?
— Нет, но она́ вчера́ была́ в библиоте́ке.

1. Анато́лий Петро́вич сего́дня на ле́кции?
2. Ве́ра Па́вловна сего́дня до́ма?
3. Эрик сего́дня в па́рке?
4. Его́ бра́тья сего́дня в кино́?
5. Мари́на сего́дня на рабо́те?

8-12 Распоря́док дня. Look at Viktor's daily schedule and tell where he was and what he might have done there.

8.00	*буфет*
9.00	*лекция*
13.00	*ресторан*
14.00	*банк*
17.00	*кино*
20.00	*библиотека*
23.00	*дома*

8-13 Где ты был(а́) вчера́? With a partner playing a clingy or nosy friend, talk about where you were yesterday at what time, using Viktor's schedule as a guide. *Partner:* Ask lots of questions about where your partner was when.

Complete Oral Drills 1–2 and Written Exercise 08-09 in the SAM

Образе́ц: — Где ты был(а́) вчера́ в 3 часа́?
— Я был(а́) на заня́тиях.
— А в 5 часо́в?
— Я у́жинала в кафе́.

2. *Had* and *Did not have* — The Past Tense of есть and нет

Existence

The past tense of **есть** is **был, была́, бы́ло, бы́ли**. The verb agrees with the thing that exists. This also applies to **у** constructions.

Present	Past
есть + nominative **Здесь есть кни́га.** Here there is a book	**Здесь была́ кни́г*а*.** Here there *was* a book
есть + nominative **У меня́ есть журна́лы.** By me there are magazines	**У меня́ бы́л*и* журна́лы.** By me there *were* magazines

Упражнения

8-14 Что у вас бы́ло? Your friends told you they forgot to take many things on their trip last week. How would you ask if they had the following items?

Образе́ц: па́спорт →
У вас был па́спорт?

де́ньги, чемода́н, оде́жда, кни́ги, газе́та, джи́нсы, фотоаппара́т, компью́тер, ра́дио, кроссо́вки, слова́рь, рома́н Пеле́вина

8-15 Что у тебя́ бы́ло вчера́? Your nosy friend is back again. Go back to the schedule you and your partner made in Exercise 8-13 and ask each other about what classes or other events you had yesterday.

Образе́ц: — Что у тебя́ бы́ло вчера́ в 2 часа́? — В 2 часа́ у меня́ была́ исто́рия.
— А в 4 часа́? — В 4 часа́ у меня́ был англи́йский язы́к.
— А в 8 часо́в? — В 8 часо́в у меня́ был конце́рт.

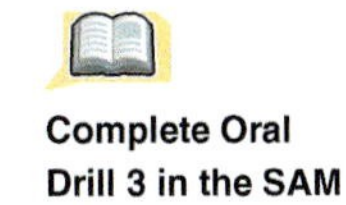

Complete Oral Drill 3 in the SAM

Nonexistence

The past tense of **нет** + genitive constructions is **не́ было** (pronounced as one word with stress on the **не**). In genitive-absence constructions **не́ было** never changes.

Present	Past
нет + genitive **Здесь нет кни́ги.** Here there is no book	не́ было + genitive **Здесь не́ было кни́ги.** Here there *was no* book
У меня́ нет журна́лов. By me there aren't magazines	не́ было + genitive **У меня́ не́ было журна́лов.** By me there weren't magazines

Упражнения

8-16 Отве́тьте на вопро́сы. Answer these questions in the negative.

Образе́ц: — Здесь был институ́т?
— Нет, здесь не́ было институ́та.

1. Здесь был универма́г?
2. Здесь бы́ли шко́лы?
3. Здесь бы́ло кафе́?
4. Здесь был медици́нский институ́т?
5. У Ма́ши бы́ли больши́е чемода́ны?
6. У Ки́ры была́ но́вая оде́жда?
7. У Ви́ктора бы́ло чёрное пальто́?
8. У Юры был рома́н Пеле́вина?
9. У роди́телей есть при́нтер?
10. У студе́нтов есть де́ньги?

8-17 Что здесь бы́ло? You can hardly believe your eyes. You were in the same store a month ago, and they remodeled everything and changed their inventory. You think you remember what was there before, but you're not sure. Sort out the items listed below that were or weren't there.

Образе́ц: — Здесь бы́ли ди́ски?
ди́ски → — Да, здесь бы́ли ди́ски.
ди́сков → — Нет, здесь не́ было ди́сков.

перча́тки
пла́тья
игру́шек
платко́в
матрёшки
ла́мпы
карт
сувени́ров
рома́ны Пеле́вина
но́вых книг
кни́ги по иску́сству
ру́сской му́зыки
това́ров для дете́й
же́нская оде́жда

8-18 А в твоём го́роде? Using the above list as a guide, tell your partner what was and wasn't in your hometown last summer (or last winter break, or before your trip to Russia). Say what has changed.

Образе́ц: — Здесь не́ было институ́та. А тепе́рь есть.
— Здесь был институ́т. А тепе́рь его́ нет.

8-19 А в ва́шем магази́не? Now think about your university bookstore or a nearby department store. Here, too, everything changed over break. Coming up with a list of your own, using the above list as a starting point, say what has changed.

Complete Oral Drill 4 and Written Exercises 08-10—08-12 in the SAM

Образе́ц: — Здесь не́ было книг по исто́рии. А тепе́рь есть.
— Здесь бы́ли кни́ги по исто́рии. А тепе́рь их нет.

3. *Went* — ходи́л vs. пошёл, е́здил vs. пое́хал

Russian differentiates between "went" in the sense of "set out" and "went" in the sense of "went and came back."

Consider the following English sentences.

What is said	What is meant	What it looks like
Every day Sasha *went* to the store.	***Multidirectional:*** Sasha went to the store. Then she came back. Then she went to the store again the next day. And Sasha also came back the next day.	
Sasha *went* to the store. (The groceries are on the table.)	***Multidirectional:*** Sasha made a round trip to the store (more than one direction: there *and* back).	
Sasha went to (*set out for*) the store.	***Unidirectional:*** Sasha set out (one place, one direction); no mention if Sasha returned.	

Moreover, Russian distinguishes between travel by foot or vehicle.

Foot (within the confines of a city)

По-англи́йски	Directionality	По-ру́сски
Every day Sasha *went* to class.	*Multidirectional*	Ка́ждый день Са́ша **ходи́ла** на заня́тия.
Where *was* Sasha? She *went* to class (*and is now back*).	*Multidirectional*	Где *была́* Са́ша? Она́ **ходи́ла** на заня́тия.
Where *is* Sasha? She *has gone to* (*set off for*) class.	*Unidirectional*	Где Са́ша? Она́ **пошла́** на заня́тия.

Vehicle

По-английски	Directionality	По-ру́сски
Every day Sasha *went* to the airport.	*Multidirectional*	Ка́ждый день Са́ша **е́здила** в аэропо́рт.
Where *was* Sasha?		Где *была́* Са́ша?
She *went* to the airport (*and is now back*).	*Multidirectional*	Она́ **е́здила** в аэропо́рт.
Where *is* Sasha?		Где Са́ша?
She *has gone to* (*set off for*) the airport.	*Unidirectional*	Она́ **пое́хала** в аэропо́рт.

Additional considerations:

1. **What's a round trip?** Avoid the temptation to think of every trip as a round trip. True, you always wind up at home *eventually*, but consider these scenarios:

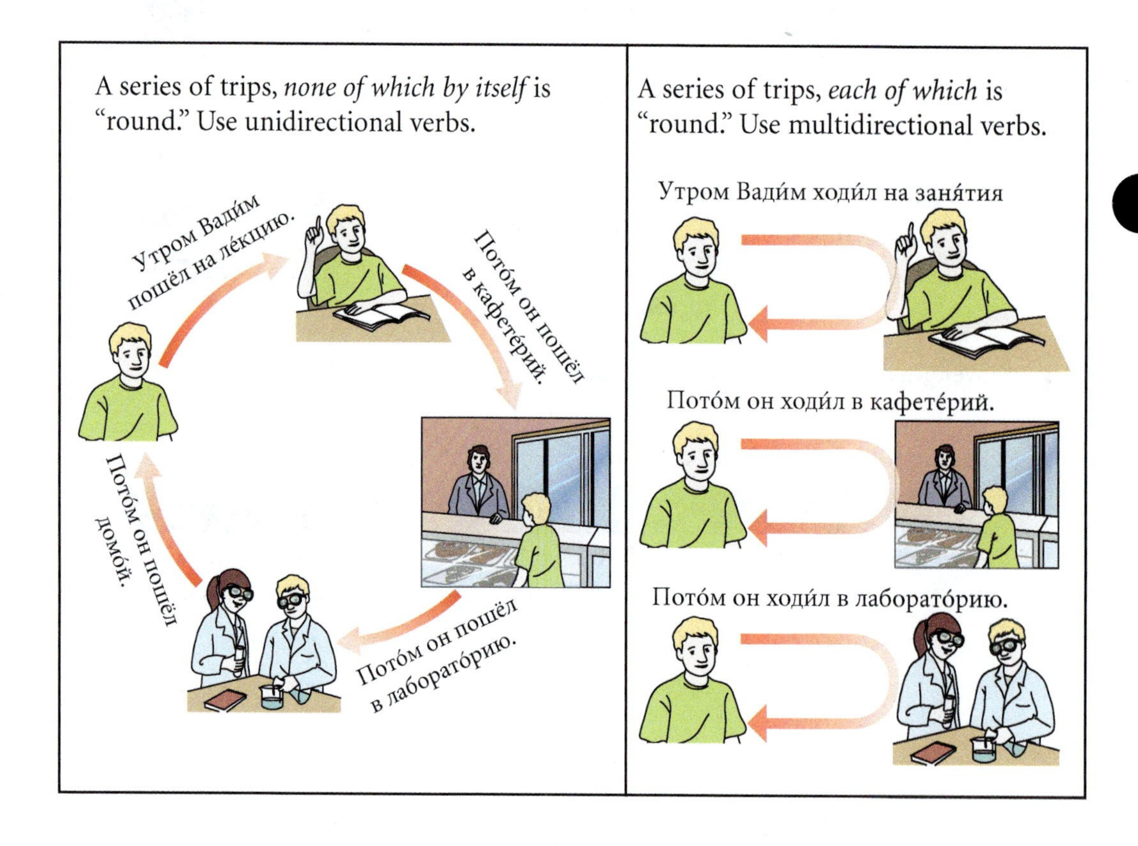
A series of trips, *none of which by itself* is "round." Use unidirectional verbs.
Утром Вади́м пошёл на ле́кцию.
Пото́м он пошёл в кафете́рий.
Пото́м он пошёл в лаборато́рию.
Пото́м он пошёл домо́й.
A series of trips, *each of which* is "round." Use multidirectional verbs.
Утром Вади́м ходи́л на заня́тия
Пото́м он ходи́л в кафете́рий.
Пото́м он ходи́л в лаборато́рию.

2. **Foot vs. vehicle.** Sometimes this dichotomy is not as literal as it seems. Consider these points:

   Vehicle verbs such as **éздил** and **поéхал** are always used for travel when walking there is impossible: between cities, countries, and so on — **Мы éздили в Москвý.** Any mention of a vehicle also requires a vehicle verb: **Лéна купи́ла нóвую маши́ну и поéхала домóй.**

   Foot verbs, such as **ходи́л** and **пошёл,** are often used in a generic sense for trips to everyday places where there is no thought of a vehicle: **Когдá Вéра пошлá в библиотéку?** – *When did Vera take off for the library?* (One might ask this even if Vera might live far from the library.) Of course, if the speaker wants to emphasize the fact that a vehicle is required, the question could come out as **Когдá Вéра поéхала в библиотéку?** Just don't be surprised if you hear your teacher or other Russians using walking verbs when you know that they drove — if the trip happened within a city.

Summary of "Go" Verbs for Beginning Russian

The forms you do not yet fully control are grayed out. In this unit we added the past tense for all going verbs.

	Foot	Vehicle
Infinitive unidirectional	идти́ / пойти́	éхать / поéхать
Infinitive multidirectional	ходи́ть	éздить
Future	пойдý, пойдёшь, пойдýт	поéду, поéдешь, поéдут
Present unidirectional *am going*	идý, идёшь, идýт	éду, éдешь, éдут
Present multidirectional *go there-back, there-back*	хожý, хóдишь, хóдят	éзжу, éздишь, éздят
Past unidirectional *set out for*	пошёл, пошлá, пошли́	поéхал, поéхала, поéхали
Past multidirectional *made a round trip or round trips*	ходи́л, ходи́ла, ходи́ли	éздил, éздила, éздили

In Units 9 and 10, more grayed out forms will become black as they are activated.

Упражнения

8-20 Пошёл и́ли ходи́л? Select the correct verb given in parentheses.

1. — Где Анна?
   — Она́ (пошла́ — ходи́ла) на заня́тия.
2. — Где Ви́тя?
   — Он (пошёл — ходи́л) в магази́н.
3. — Где они́ бы́ли вчера́?
   — Они́ (пошли́ — ходи́ли) в Дом кни́ги.
4. — Что вы де́лали вчера́?
   — Мы (пошли́ — ходи́ли) в центр.
5. У Анто́на был интере́сный день. Он (пошёл — ходи́л) в зоопа́рк.
6. О́ля была́ о́чень занята́ вчера́. В 9 часо́в она́ (пошла́ — ходи́ла) на заня́тия, в 2 часа́ она́ (пошла́ — ходи́ла) в центр и в 7 часо́в она́ (пошла́ — ходи́ла) на конце́рт.

за́нят, занята́, за́няты – *busy*

8-21 Они́ е́здили и́ли пое́хали? Pick the correct form of the verb based on the context of the sentence.

1. — Где роди́тели?
   — Они́ (е́здили — пое́хали) на да́чу.
2. — Где бы́ли роди́тели?
   — Они́ (е́здили — пое́хали) на да́чу.
3. — Куда́ Ле́на (е́здила — пое́хала) отдыха́ть в а́вгусте?
   — Она́ (е́здила — пое́хала) в Со́чи.
4. — Куда́ ты (е́здил — пое́хал) в суббо́ту?
   — Я (е́здил — пое́хал) в Вашингто́н.
5. В ма́рте у нас бы́ли кани́кулы. Мы (е́здили — пое́хали) в Петербу́рг. Пото́м мы (е́здили — пое́хали) в Псков. Пото́м мы (е́здили — пое́хали) в Но́вгород.

кани́кулы – *school/ university vacation*

8-22 Как по-ру́сски?

1. — Where did you go last year?
   — We went to New York.
2. — Where is Pavel?
   — He's gone to St. Petersburg.
3. — Where was Anya this morning?
   — She went to a lecture.
4. The students bought souvenirs and went home.

Complete Oral Drills 5–7 and Written Exercises 08-13 and 08-14 in the SAM

4. The Dative Case

Мне два́дцать оди́н год.	*I* am twenty-one.
Мое́й сестре́ два́дцать два го́да.	*My sister* is twenty-two.
Моему́ бра́ту шестна́дцать лет.	*My brother* is sixteen.
На́шим роди́телям со́рок семь лет.	*Our parents* are forty-seven.

In Unit 7 you learned the forms of the personal pronouns in the dative case and the use of the dative case to express age. This unit introduces the forms of nouns and their modifiers in the dative, and some additional uses of the dative case.

The Dative Case of Nouns

	Nominative	Dative		
		Masc. and Neuter	**Feminine**	**Plural**
Hard	журна́л письмо́ шко́ла	журна́лу письму́ **-у**	шко́ле **-е**	журна́лам пи́сьмам шко́лам **-ам**
Soft	музе́й слова́рь ку́хня пла́тье общежи́тие	музе́ю словарю́ пла́тью **-ю**	ку́хне **-е**	музе́ям словаря́м пла́тьям тетра́дям общежи́тиям ве́рсиям **-ям**
Feminine -ь	тетра́дь		тетра́ди **-и**	
~~ИЯ~~ → ИИ	ве́рсия		ве́рсии **-и**	

Notes:

1. Some masculine nouns have end stress whenever an ending is added: **стол → столу́, стола́м** (*pl.*); **гара́ж → гаражу́, гаража́м** (*pl.*).
2. Some masculine nouns with **о** or **е** in semifinal position lose this vowel whenever an ending is added: **оте́ц → отцу́, отца́м** (*pl*).
3. The words **мать** and **дочь** have a longer stem in every case except the nominative and accusative singular. Their dative forms are **мать → ма́тери** (*sg.*), **матеря́м** (*pl.*) and **дочь → до́чери** (*sg.*), **дочеря́м** (*pl.*).
4. The possessive modifiers **его́** (*his*), **её** (*her*), and **их** (*their*) never change. Do not confuse *his* (**его́**) with the dative form *him* (**ему́**)!

Мы хоти́м сде́лать **его́ бра́ту** пода́рок.	We want to give a gift to *his brother.*
BUT	BUT
Мы хоти́м сде́лать **ему́** пода́рок.	We want to give *him* a gift.

The Dative Case of Adjectives

	Masc. and Neuter	Feminine	Plural
Hard stems (-ый)	но́в**ому**	но́в**ой**	но́в**ым**
Soft stems (-ий)	си́н**ему**	си́н**ей**	си́н**им**
Spelling rules	хоро́ш**ему**[5] (*but* больш**о́му**)	хоро́ш**ей**[5] (*but* больш**о́й**)	хоро́ш**им**[7]

The superscripts refer to the 5-letter and 7-letter spelling rules.

The Dative Case of Special Modifiers

	Dative		
Nominative	**Masc. and Neuter**	**Feminine**	**Plural**
чей, чьё, чья, чьи	чь**ему́**	чь**ей**	**чьим**
мой, моё, моя́, мои́	мо**ему́**	мо**е́й**	мо**и́м**
твой, твоё, твоя́, твои́	тво**ему́**	тво**е́й**	тво**и́м**
наш, на́ше, на́ша, на́ши	на́ш**ему**	на́ш**ей**	на́ш**им**
ваш, ва́ше, ва́ша, ва́ши	ва́ш**ему**	ва́ш**ей**	ва́ш**им**
э́тот, э́то, э́та, э́ти	э́т**ому**	э́т**ой**	э́т**им**
оди́н, одно́, одна́, одни́	одн**ому́**	одн**о́й**	одн**и́м**

Упражнение

8-23 Ско́лько лет? Ask how old these people and things are.

Образе́ц: э́тот но́вый студе́нт →
— Ско́лько лет э́тому но́вому студе́нту?

1. ваш сосе́д
2. твой профе́ссор
3. э́тот хоро́ший учи́тель
4. его́ се́рое пальто́
5. э́то ста́рое зда́ние
6. молода́я балери́на
7. на́ша симпати́чная сосе́дка
8. её ку́хня
9. э́та больша́я лаборато́рия
10. твоя́ мать

5. Uses of the Dative Case

Expressing age

Мне два́дцать оди́н год, а **моему́ бра́ту** девятна́дцать лет.

Indirect objects

An indirect object is the person *to whom* or *for whom* an action is done.

subject			indirect object (to whom)	direct object, thing given
Джим	хо́чет	подари́ть	**Ма́ше**	пода́рок.
Jim	wants	to give	**to Masha**	a gift

Упражнения

8-24 Identify the direct objects and the indirect objects in the following English text.

Everyone bought a present for Masha. John gave Masha a book. Jenny gave her a sweater. Her mother bought her a new album. She told them "Thank you."

Now fill in the blanks with the equivalent Russian text:

Все купи́ли пода́рки ____ . Джон подари́л ____ кни́гу. Дже́нни подари́ла ____ сви́тер. Ма́ма купи́ла ____ но́вый альбо́м. Она́ сказа́ла ____ «спаси́бо».

8-25 **Что кому́ подари́ть?** Make sentences explaining what you want to give to whom.

Образе́ц: Я хочу́ подари́ть Ви́ктору ша́пку.

Ма́ша	сви́тер
Лари́са Алексе́евна	кни́га
Ви́ктор Игорьевич	рома́н Пеле́вина
твоя́ сестра́	ма́йка
ваш брат	футбо́лка
на́ши роди́тели	сувени́ры
её сёстры	матрёшки
но́вые сосе́ди	шокола́д
на́ши студе́нты	ру́сская му́зыка
моя́ дочь	но́вое пальто́

Complete Oral Drills 8-9 and Written Exercises 08-15—08-18 in the SAM

The preposition *по*

You have seen several examples of the dative case after the preposition **по.**

Кто **по национа́льности** ва́ши роди́тели?	What is your parents' *nationality?*
Кто **по профе́ссии** ва́ша сестра́?	What is your sister's *profession?*
У вас есть сосе́дка (сосе́д) **по ко́мнате?**	Do you have a *roommate?*
У вас есть кни́ги **по иску́сству?**	Do you have any books *on art?*

Use the structure **кни́га по** + *dative* only for fields of study.

The exact meaning of **по** is hard to nail down. It most often means *on the topic of* (often something academic, e.g., **кни́га по иску́сству**) or *by* (e.g., **по национа́льности** – *by nationality*). For the time being, learn the use of **по** + dative in set phrases.

Упражнения

8-26 Как по-ру́сски?

1. Do you have any music books?
2. Do you have any philosophy books?
3. Do you have any books on medicine?
4. Do you have any books on [fill in *your* field of special interest]?

8-27 Кто э́то? In pairs, ask and provide the profession and nationality of the following people.

Образе́ц: Анна Ку́рникова

— Кто по национа́льности Анна Ку́рникова?
— Она́ ру́сская.
— А по профе́ссии?
— По профе́ссии она́ спортсме́нка.

1. Ру́перт Мёрдок
2. Дж. К. Ро́улинг
3. Алекс Требе́к
4. Шаки́ра
5. Влади́мир Пу́тин
6. Билл Гейтс
7. Йо́ко Оно
8. Мари́я Шара́пова
9. Ангела Ме́ркель
10. Валенти́на Матвие́нко
11. Ви́ктор Пеле́вин
12. Бори́с Немцо́в

Complete Oral Drill 10 and Written Exercise 08-19 in the SAM

Expressing necessity

Russian has no commonly used verb for *to need*. Instead use **на́до** or **ну́жно** – *it is necessary* with the dative:

dative + **ну́жно** *or* **на́до** + infinitive

Этому студе́нту ну́жно (на́до) рабо́тать.

(To) this student it's necessary to work

When context makes clear who must do something, or when we mean that in general *one* must do something, we leave out the dative:

Using the nominative with **на́до/ну́жно** is a serious error:

на́до

Упражнения

8-28 Соста́вьте предложе́ния. Create logical and grammatically correct sentences by combining elements from the columns or by substituting words of your own choosing in the columns with the question mark.

Образе́ц: Мне всегда́ на́до занима́ться.

мой твой наш	я роди́тели сосе́д(ка) по ко́мнате преподава́тель ?	сейча́с ча́сто иногда́ всегда́	на́до ну́жно	занима́ться рабо́тать купи́ть пода́рок отдыха́ть смотре́ть но́вости ?

Complete Oral Drills 11–12 in the SAM

Expressions of possibility and impossibility: мóжно, невозмóжно

Мóжно means *it is possible* and *it is permissible:*

Где мóжно купи́ть тýфли?	Where can one buy shoes? *lit.* Where is it possible to buy shoes?
Мóжно идти́ домóй?	May I go home? *lit.* Is it permissible to go home?

Мóжно takes dative, never nominative. But even so, the dative is used only when context is not clear:

— **Мóжно** идти́ домóй?	*lit.* Is it permissible to go home?
— **Вам мóжно**, а **мне** ещё **нáдо** рабóтать.	*lit.* For you it's permissible, but for me it's still necessary to work.

Мóжно vs. the verb мочь (могý, мóжешь, мóжет, мóжете, мóгут). While the literal translations above make **мóжно** sound stuffy, **мóжно** constructions are quite common. For example, you could ask to watch TV by asking **Я могý посмотрéть телеви́зор?** But much more common (and a bit less jarring) is **Мóжно посмотрéть телеви́зор?**

Negating мóжно

Мóжно is never negated with **не** alone.

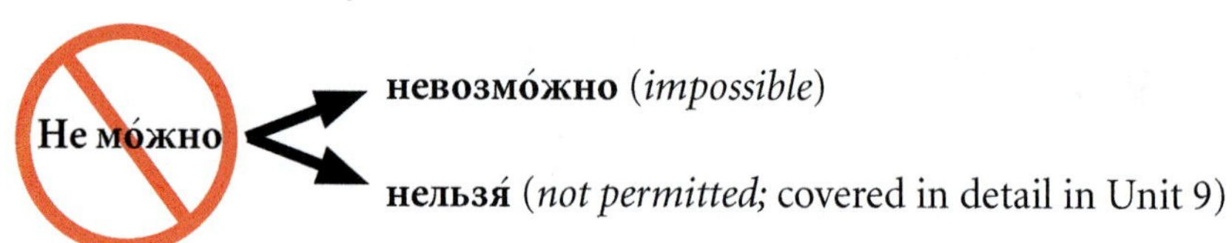

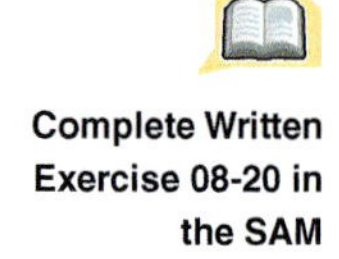

Complete Written Exercise 08-20 in the SAM

Невозмóжно (*impossible*) is occasionally used with the dative, more commonly without (but never with nominative!): (Нам) **невозмóжно** читáть таки́е трýдные кни́ги. – *It's **impossible** to read such hard books.*

Other dative subjectless constructions

Russian uses dative constructions to convey how people feel:

dative + "-o" adverb + rest of sentence.

Мне трýдно тебé совéтовать, что купи́ть Мáше.

To me / it is difficult / to advise you / what to buy for Masha

Almost any qualitative adverb ending in **-о** (**хорошо́, пло́хо, прия́тно, легко́, тру́дно, интере́сно,** etc.) can be combined with the dative either with or without additional phrasing.

Ве́ре тру́дно.	*Things are hard for Vera.*
Ве́ре тру́дно в но́вой шко́ле.	*Vera is having a hard time in her new school.*
Ве́ре тру́дно учи́ться в но́вой шко́ле.	*Vera is having a hard time going to her new school.*
Нам интере́сно.	*We're interested.*
Нам интере́сно чита́ть об э́том.	*We find it interesting to read about that.*
— Вам пло́хо?	*Do you feel bad?*
— Мне? Нет, всё отли́чно!	*Me? No, everything's great!*

Упражнение

8-29 Кому́ что прия́тно? Think about your family and friends. Who can do what? Who finds it easy or difficult, boring or interesting, to do what? Who has to do what? Tell your partner about them, using the following words as guides.

мы мы с бра́том (с сестро́й) брат сестра́ на́ша соба́ка (ко́шка) роди́тели наш преподава́тель америка́нский президе́нт ру́сский президе́нт америка́нцы мой друг моя́ подру́га мой сосе́д по ко́мнате моя́ сосе́дка по ко́мнате Ви́ктор Бори́сович Мари́на Никола́евна ?	на́до ну́жно невозмо́жно тру́дно легко́ прия́тно интере́сно неинтере́сно	говори́ть по-ру́сски говори́ть по-испа́нски писа́ть по-кита́йски чита́ть ру́сские газе́ты чита́ть кни́ги по матема́тике (по юриспруде́нции . . .) понима́ть ру́сские фи́льмы покупа́ть пода́рки занима́ться в библиоте́ке занима́ться ка́ждый день у́жинать в рестора́не ходи́ть в спортза́л ходи́ть в кино́ рабо́тать в о́фисе (на заво́де . . .) ?

Complete Oral Drills 13 and Written Exercises 08-21 and 08-22 in the SAM

6. Liking: нра́вится, нра́вятся + dative

You already have used the verb **люби́ть** for "love" or "like":

nominative + любить + accusative

Ве́ра любит э́тих писа́телей.

Vera loves / likes these writers

For "liking" (but not "loving") Russian also uses a *dative construction* with the verb **нра́виться** – *to be pleasing to*:

dative + **нра́виться** + nominative

Ве́ре нра́вятся э́ти писа́тели.

To Vera are pleasing these writers

In the example above it is the **писа́тели**—the writers—that *are* pleasing *to* Vera. So the verb **нра́виться** conjugates in the **они́** form: **нра́вятся.**

Look at these examples, paying attention to the form of **нра́виться** and to who or what is doing the pleasing.

Dative Case	(agrees with right column)	**Nominative Case**
Мне	нра́вится	твоя́ футбо́лка.
Тебе́	нра́вится	Достое́вский?
Бори́су Оле́говичу (Ему́)	нра́вятся	кни́ги по иску́сству.

Упражнения

8-30 Кому́ что нра́вится? With a partner, find out who likes what by asking and answering questions. Talk about your own tastes and those of your friends and family. Use the following list as a guide, but you may come up with items and people on your own.

Образе́ц: твой брат / книги по иску́сству
→ — Твоему́ бра́ту нра́вятся книги по иску́сству?
— Да, нра́вятся! *или* — Нет, не нра́вятся.

я		твоя́ футбо́лка
ты		ру́сская литерату́ра
твой брат		кни́ги по исто́рии
твоя́ сестра́		твой пода́рок
твои́ ру́сские сосе́ди		но́вый рома́н Пеле́вина
твой сосе́д/твоя́ сосе́дка по ко́мнате	нра́вится	моё но́вое пальто́
вы	нра́вятся	э́ти зелёные перча́тки
она́		си́ний плато́к
твои́ роди́тели		ру́сские сувени́ры
америка́нские студе́нты		матрёшки
?		?

Complete Oral Drills 14–16 and Written Exercises 08-23–08-25 in the SAM

8-31 Dative case uses. General review. In the following paragraph, find the words that are in the dative case and explain why the dative is used in each instance.

Нам ча́сто говоря́т: «Гла́вное° не пода́рок, а внима́ние°». Но всё-таки нам прия́тно, когда́ мы нашли́ и́менно то, что ну́жно.°

Если вам тру́дно реши́ть,° что подари́ть люби́мому челове́ку на день рожде́ния . . . Если не зна́ете, понра́вится ли° ему́ ваш пода́рок . . . Тогда́ посети́те° виртуа́льный магази́н nashsovet.ru. Там вы отве́тите на 10 вопро́сов (напр., ско́лько ему́ лет, кто он по профе́ссии, каки́е у него́ хо́бби, интере́сы и т.д.), и мы вам сра́зу° предло́жим° большо́й вы́бор° пода́рков. Вам ну́жно то́лько реши́ть, ка́кой пода́рок ему́ (и́ли ей) понра́вится бо́льше.° Мы гаранти́руем, что ва́шему близкому° челове́ку бу́дет прия́тно получи́ть любо́й из предло́женных° пода́рков!

the main thing
attention, care
и́менно то, что ну́жно – *the exact right thing*
to decide
whether (can be ignored for now)
visit (a place, not a person)
instantly; will offer
choice
more; close
любо́й из предло́женных – *any of the suggested*

Давайте почитаем

8-32 Большáя распродáжа! Read the following store sales advertisement with the following in mind.

1. Jot down what you would expect to see in an advertisement about a sale.
2. Read the text on the facing page and compare your notes with what you find in the text.
3. Use the following vocabulary list to help you:

   колúчество – *quantity*
   лéто, лéтний – *summer*
   пусть – *may* . . . (a wish)
   ограни́чено – *limited*
   скúдка – *discount*
   спешúть – *to hurry*

4. See if you can find the following clichés from American sales advertisements in this ad:

   - Huge sale, up to 75% off!
   - Amazing discounts!
   - Hurry while supplies last!
   - Special offer
   - Membership (club) card discounts do not apply.
   - Can't believe it?
   - Sales consultant (sales team member)

5. Provide equivalents for the following words:

   товáры
   мóда, мóдный
   купáльные костю́мы
   спорттовáры
   стúльный

Акция has a really slippery meaning. It means "(planned) event" or "happening" and can apply to things like political rallies, charity events, and in the commercial world by analogy to things like sales and discounts. Imagine an ad that says "BIG SUMMER SAVINGS EVENT!"

АКЦИЯ: УЖЕ ЛЕТО!

Грандиозная распродажа до 75%!

На улице еще холодно, а в магазине «Ваша мода» уже лето!

Посмотрите на наши летние коллекции моды для всей семьи! Самые модные бренды со скидкой до 75 процентов!

Колоссальные скидки на летнюю одежду для мужчин, женщин и детей, товары для детей, купальные костюмы, спорттовары, товары для дома.

Спешите! Количество товара ограничено!

А еще: СУПЕРАКЦИЯ!!

При покупке одной пары обуви Вы получаете в подарок футболку! При покупке одной пары детской обуви Ваш ребёнок получает в подарок игрушку!

Не верите? Спрашивайте у продавцов-консультантов наших магазинов.

Скоро лето! Ждём Вас! Пусть Ваше лето будет стильное!

Скидки по клубным картам на товар в распродаже не даются.

 **8-33 Ва́ша супера́кция!** Now, with a partner, come up with a TV or radio ad of your own to present to the class.

8-34 Америка́нский шо́ппинг-мо́лл. Read the e-mails below and answer the questions that follow.

От: valyabelova234@mail.ru
Кому: popovaea@inbox.ru
Копия:
Скрытая:
Тема: Шоппинг-моллы

простой формат

Дорогая Елена Анатольевна!

Вчера (в воскресенье) мы с Рамосами ездили в шоппинг-молл.

Молл — это огромная куча° магазинов под° одной крышей.° Чем же отличается° типично американский молл от ГУМа или, скажем, Пассажа? Во-первых, масштабом.° В молле расположены° 100 или даже 200 магазинов, из них два или три больших универмага, а остальные° — специализированные. Тут всё, что только можно придумать:° шмотки,° косметика, игрушки, всё для° кухни, электроника . . . Я видела один магазин, где продают только антикварные лампы, в другом — мебель, в третьем — одни кухонные° ножи.°

Во-вторых, если у нас крупные° магазины расположены в центре города, то американские моллы подальше° в пригороде или прямо° в глуши.° Сначала° я не понимала, почему это так. Но Виктор мне объяснил:° в пригороде живёт большинство° покупателей. Центр города — это в основном° место работы: государственные учреждения° и коммерческие офисы. А живут люди подальше от центра. Кроме того,° если арендовать° место для магазина в центре города, то это стоит очень дорого, намного° дороже,° чем в пригороде. Поэтому° неудивительно,° что в воскресенье центр города практически мёртв,° а моллы все работают.

bunch, pile; under
roof; to differ from . . .
scale
located
remaining
think of, think up; (colloquial = **оде́жда**)
for
kitchen (adj.)
knife
major
somewhat farther away from; right (lit. *straight)*
в глуши́ – *in the middle of nowhere; at first*
to explain
the majority
mainly
bureau, (government) office
кро́ме того́ – *besides that, moreover*
to rent (commercial property)
much; more expensive
therefore; not surprising
мёртв, мертва́, мертво́, мертвы́ – *dead*

Ещё одна разница:° американский молл — это не только магазины. В молле можно сходить в кино, отправить° письмо, послушать концерт и даже пойти к° глазному° врачу и тут же купить очки!

difference
to send
toward, to (a person's house or office); *eye* (adj.)

И, наконец, здесь почти не платят наличными.° Если покупка стоит больше, чем, скажем, 20 долларов, то скорее всего° платят кредитными карточками.

cash
most likely

Всё это, конечно, очень удобно.° Но есть один минус: так как моллы разбросаны° подальше от центра, без° машины не обойтись.°

comfortable; convenient
spread out
without; to make do

Валя

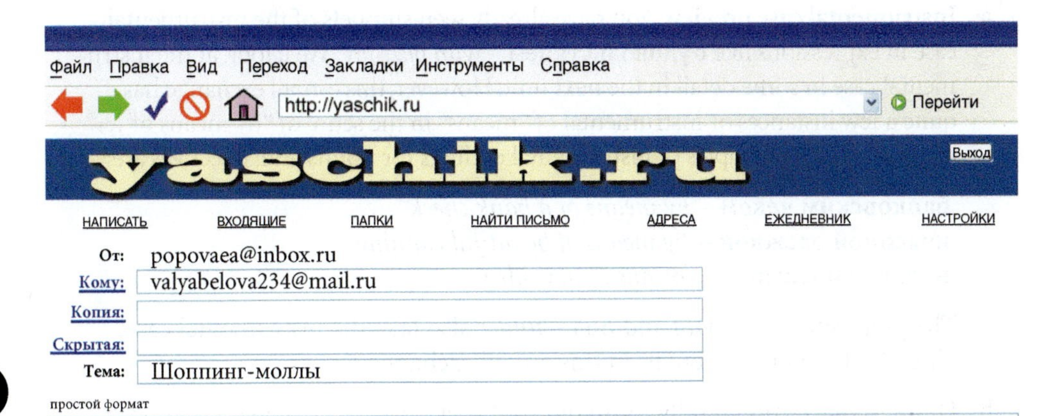

простой формат

Здравствуй, Валя!

Надо, конечно, отметить,° что в Москве тоже есть подобные° магазины. Такие «гипермаркеты» есть в Москве тоже подальше от центра, где земля° подешевле.° И все мои друзья-москвичи говорят, что без машины попасть° в такой магазин практически невозможно.

to take note of
similar
land
a bit cheaper
to get to (a destination)

Интересно, что в Америке везде° платят кредитными карточками. У меня есть кредитная карточка, но я обычно плачу наличными. Во-первых, если на счету° нет денег, то всё равно° принимают твою карточку, только потом платишь большие проценты.° Во-вторых, с кредиткой° всегда боишься° кражи° идентичности. У нас был такой инцидент в школе. Евгений Михайлович купил DVD по Интернету за° 200 рублей. Заплатил кредитной карточкой. А потом через° неделю посмотрел свой счёт — нет 10 тысяч рублей! Оказалось,° что кто-то украл° номер его карты! Ему потом всё восстановили,° но я поняла, что кредитная карточка — иногда большая возня!°
Е.

everywhere
account: **на счету́** *– in an account; all the same, nevertheless*
interest on a loan
(colloquial = **креди́тная ка́рточка**); *to fear; theft*
for
after (a certain amount of time)
it turned out; to steal
restore
hassle

1. **Вопро́сы**

а. Что пи́шет Ва́ля о больши́х магази́нах в типи́чном ру́сском го́роде? Где они́ нахо́дятся?
б. Что удивля́ет (*surprises*) Ва́лю в америка́нских шо́ппинг-мо́ллах?
в. Где, как ду́мает Ва́ля, живёт большинство́ америка́нцев?
г. Почему́ Ва́ля говори́т, что тру́дно жить без маши́ны?
д. Чего́ бо́йтся Еле́на Анато́льевна, когда́ она́ пла́тит креди́тной ка́рточкой?
е. Что случи́лось (*happened*), когда́ знако́мый Еле́ны Анато́льевны купи́л DVD по Интерне́ту?
ж. Как вы ду́маете, лу́чше плати́ть креди́тной ка́рточкой и́ли нали́чными?

2. **Язы́к в конте́ксте**

a. **Instrumental case preview.** You have already seen snippets of the instrumental case in expressions like **с удово́льствием** – *with pleasure.* We'll look at the instrumental case in some detail in the next unit. However, this e-mail exchange has quite a few instances of instrumental of "means" in the sense of "by means of . . ." or "by way of." Examples of instrumental endings for nouns and adjectives are:

ба́нковским че́ком – *by means of a bank check*
краси́вой оде́ждой – *by means of beautiful clothing*
но́выми иде́ями – *by means of new ideas*

The prepositions **с** – *with* and **под** – *under* also take the instrumental case. Find all of the instrumentals in this e-mail exchange.

b. **Оди́н, одна́, одно́** literally mean *one,* but they have other meanings as well:

Я ви́дела оди́н магази́н, где . . .	I saw one store, where . . . *or* I saw this store, where . . .
В тре́тьем магази́не — одни́ ку́хонные ножи́.	The third store has only kitchen knives.

c. **Adjectives without nouns.** Russian has a number of contexts in which we find adjectives without nouns. You saw some examples in Unit 6 when you learned the names for rooms in a home: **столо́вая, гости́ная, ва́нная.** This e-mail exchange has a number of adjectives used without nouns. Can you find them?

d. **Они́-without-они́ constructions.** In the e-mail exchange in Unit 7, you saw **ты-without-ты** constructions to indicate the impersonal "you." Russian also has an **они́-without-они́** construction that conveys the idea of people in general:

Я понима́ю, когда́ говоря́т по-ру́сски ме́дленно.
I understand when "people" speak Russian slowly. *or*
I understand when Russian is spoken slowly.

В э́том магази́не принима́ют креди́тные ка́рточки.
"They" accept credit cards in this store. *or*
Credit cards are accepted in this store.

The trick about using **они́-without-они́** constructions is *to leave out the pronoun* ***они́.***

Find all the **они́-without-они́** constructions in this e-mail exchange.

Давайте послушаем

 **8-35 В магази́не.**

1. Где нахо́дятся каки́е отде́лы? На како́м этаже́ мо́жно найти́ э́ти ве́щи?

де́тская ку́ртка

таре́лки и кастрю́ли

оде́жда

буфе́т

му́зыка

2. Ну́жные слова́:

назва́ние – *name* (of a thing, not a person)
ожида́ть – *to expect*
о́чередь *(fem.)* – *line*
про́бовать – *to try* [something] *out*
распрода́жа – *sale* (as when a store lowers prices)
сомнева́ться – *to doubt*
ски́дка – *discount*
спи́сок цен – *price list*
сто́ит – *it costs; it's worth;* **не сто́ит** – *it's not worth* (doing something)
твёрдый – *hard*
шмо́тки (*colloquial*) = **оде́жда**

3. Послу́шайте текст и найди́те ну́жную информа́цию.

   a. What product does Jenny want to look at first?
   b. What doubts does Lina have?
   c. What does Jenny suggest looking at on the second floor? Why does Lina not want to do that?
   d. What does Jenny hope to find on the third floor? What does she discover?
   e. What does Jenny end up buying? What does she find surprising?

4. Пересмотри́те но́вые слова́ из Ча́сти 2. Как они́ употребля́ются? Запо́лните про́пуски.

   Из объявле́ния:

   а. Мы вам предлага́ем фантасти́ческие ____ на де́тские ____ .
   б. Сего́дня, и то́лько сего́дня, ____ мужски́х и же́нских джи́нсов и джи́нсовых костю́мов.

   Из диало́га ме́жду Дже́нни и Ли́ной:

   а. Мо́жет быть, ____ посмотре́ть косме́тику?
   б. «Le Beste»? Это, ви́димо, како́е-то францу́зское ____ .
   в. Ну, тогда́ мо́жет быть, не ____ смотре́ть. Дава́й лу́чше посмо́трим шмо́тки.
   г. Ой, посмотри́, кака́я больша́я ____ ! Нет, я в таку́ю ____ станови́ться не бу́ду.
   д. Я ка́к-то ____ , что ты каки́е-нибудь интере́сные фи́льмы найдёшь.
   е. Вон там виси́т ____ цен.
   ж. Когда́ берёшь нелицензи́рованные ди́ски, никогда́ не зна́ешь, что ____ .
   з. Тут мно́го ди́сков «Се́ктора Га́за». — Что э́то за гру́ппа? — Это ____ рок.

8-36 Посове́туй мне. A Russian friend wants your advice on what gifts to buy for three family members. Listen to the descriptions and select the most appropriate gift for each person.

1. джи́нсы	ша́пка	телеви́зор	кни́га по иску́сству
2. телеви́зор	телефо́н	ди́ски	ра́дио
3. игру́шка	кни́га	телеви́зор	пле́ер

Новые слова и выражения

NOUNS

авангарди́ст	avant-garde artist
альбо́м	album
вещь (*fem.*)	thing
галантере́я	men's/women's accessories (*store department*)
головны́е убо́ры	hats
да́же	even
де́вушка	(young) woman
д(е)нь рожде́ния	birthday (*lit.* day of birth)
де́ньги (*always plural; gen. pl.* де́нег)	money
диск	*short for* компакт-ди́ск (CD)
до́ллар (5–20 до́лларов)	dollar
игру́шки	toys
импрессиони́ст	impressionist
иску́сство	art
ка́рта	map
ка́рточка	card
ка́сса	cash register
ка́чество	quality
колго́тки (*pl.*)	panty hose; tights
креди́тная ка́рточка	credit card
купа́льник	swimsuit (women only; see **пла́вки** for men)
матрёшка	Russian nested doll
метр	meter
молодо́й челове́к	young man
нау́шники (*sg.* нау́шник)	headphones; earphones
о́бувь (*fem.*)	footwear
отде́л	department
парфюме́рия	cosmetics (*store or department*)
перча́тки (*pl.*)	gloves
пла́вки (*pl.*)	swim trunks
плат(о́)к (*endings always stressed*)	(hand)kerchief
разме́р	size
рома́н	novel
рем(е́)нь (*endings always stressed*)	belt (man's)
рубль (2–4 рубля́, 5–20 рубле́й) (*endings always stressed*)	ruble
сувени́р	souvenir
това́р	goods
ту́фли (*pl.*)	shoes
универма́г	department store
чек	check; receipt
челове́к (*pl.* лю́ди)	person
шкату́лка	painted or carved wooden box (souvenir)
шля́па	hat (e.g., business hat)

Новые слова и выражения

ADJECTIVES

дешёвый	cheap
дорого́й	expensive
друго́й	another
же́нский	women's
кни́жный	book(ish)
креди́тный	credit
креди́тная ка́рточка	credit card
любо́й	any
мужско́й	men's
огро́мный	huge

VERBS

плати́ть (плачу́, пла́тишь, пла́тят)	to pay
покупа́ть (покупа́ю, покупа́ешь, покупа́ют)	to buy
принима́ть (принима́ю, принима́ешь, принима́ют)	to accept
продава́ть (продаю́, продаёшь, продаю́т)	to sell
сове́товать (сове́тую, сове́туешь, сове́туют) *кому*	to advise (*someone*)

For now, use the following verbs only in the forms given

<u>*Infinitives and past tense:*</u>

быть (был, была́, бы́ли)	to be
забы́ть (забы́л, забы́ла, забы́ли)	to forget
купи́ть (купи́л, купи́ла, купи́ли)	to buy
найти́ (нашёл, нашла́, нашли́)	to find
откры́ть (откры́л, откры́ла, откры́ли)	to open
подари́ть (подари́л, подари́ла, подари́ли)	to give a present
посове́товать (посове́товал, посове́товала, посове́товали)	to advise
сказа́ть (сказа́л, сказа́ла, сказа́ли)	to say
узна́ть (узна́л, узна́ла, узна́ли)	to find out
ходи́ть (ходи́л, ходи́ла, ходи́ли)	to go (and come back) on foot

<u>*Third-person forms:*</u>

нра́виться (нра́вится, нра́вятся *кому́*)	to please, be pleasing
сто́ить (сто́ит, сто́ят) (сто́ил, сто́ила, сто́ило, сто́или)	to cost

Новые слова и выражения

ADVERBS

везде́	everywhere
давно́	for a long time
да́же	even
дёшево	inexpensive(ly)
до́рого	expensive(ly)
неда́вно	recently
практи́чески	practically
ско́ро	soon
совсе́м	completely
туда́	there (*answers* Куда́?)

PREPOSITIONS

для (чего́)	for (someone's benefit)
за (что)	in exchange for (something)
плати́ть за	to pay for
спаси́бо за . . .	thanks for . . .
по (чему)	on the topic of (something)
кни́га по иску́сству	book on art
учёбник по геогра́фии	geography textbook

SUBJECTLESS CONSTRUCTIONS

(кому́) легко́ + *infinitive*	it is easy
(кому́) мо́жно + *infinitive*	it is possible
(кому́) на́до + *infinitive*	it is necessary
(кому́) невозмо́жно + *infinitive*	it is impossible
(кому́) нельзя́ + *infinitive*	it is not permitted
(кому́) ну́жно + *infinitive*	it is necessary
(кому́) тру́дно + *infinitive*	it is difficult

OTHER WORDS AND PHRASES

ведь	you know, after all (*filler word, never stressed*)
Дава́й(те)	Let's
Де́вушка!	Excuse me, miss!
Мне сказа́ли, что . . .	I was told that . . .
Молодо́й челове́к!	Excuse me, sir!
Плати́те в ка́ссу.	Pay the cashier.
Пойдём!	Let's go!
Покажи́(те)!	Show!
сам (сама́, са́ми)	(one)self
С днём рожде́ния!	Happy birthday!
Ско́лько сто́ит (сто́ят) . . . ?	How much does (do) . . . cost?
Спаси́бо огро́мное!	Thank you very much!
Это (совсе́м не) до́рого!	That's (not at all) expensive!
Я хочу́ сде́лать (кому́) пода́рок.	I want to give (someone) a present.

Новые слова и выражения

PASSIVE VOCABULARY

бли́зкий	close
бо́льше (нет)	more (there is no more)
внима́ние	attention; care
вы́бор	choice
гла́вное	the main thing
де́тский	children's
за́нят (-á, -о, -ы)	busy
и́менно то, что ну́жно	the exact right thing
кани́кулы	school/university vacation
кастрю́ля	pot
любо́й из предло́женных	any of the suggested
мех (*pl.* меха́)	fur(s)
мо́да	fashion
мо́дный	fashionable
мужчи́на	man
нали́чные (де́ньги)	cash
нахо́дится, нахо́дятся	is (are) located
объявле́ние	announcement
покупа́тель	customer
посети́ть	to visit (a place not a person)
предлага́ть/предложи́ть	to offer
реши́ть	to decide
ски́дка	discount
специализи́рованный	specialized
сра́зу	instantly
стрела́	arrow
таре́лка	plate
торго́вля	trade

УРОК 9

Что мы будем есть?

Коммуникативные задания

- Making plans to cook dinner
- Making plans to go to a restaurant
- Ordering meals in a restaurant
- Reading menus and restaurant reviews
- Listening to restaurant advertisements

Культура и быт

- Russian food stores: **магази́ны и ры́нок**
- Metric system: weight and volume
- Restaurants and cafés
- Russian meals: **Что едя́т и пьют?**

Грамматика

- Eating and drinking: conjugation of **есть** and **пить**
- Instrumental case with the preposition **с**
- Verbs in **-овать: сове́товать**
- Future tense of **быть**
- The future tense
- Verbal aspect – introduction
- Question words and pronouns

Точка отсчёта

О чём идёт речь?

óвощи

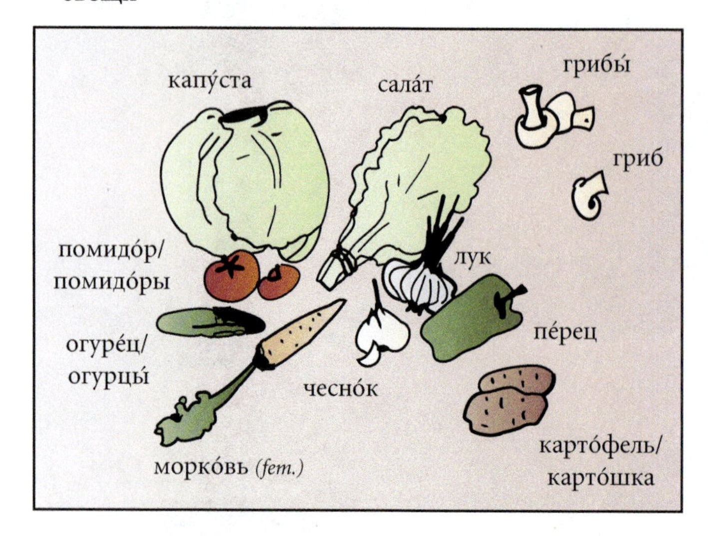

фрýкты

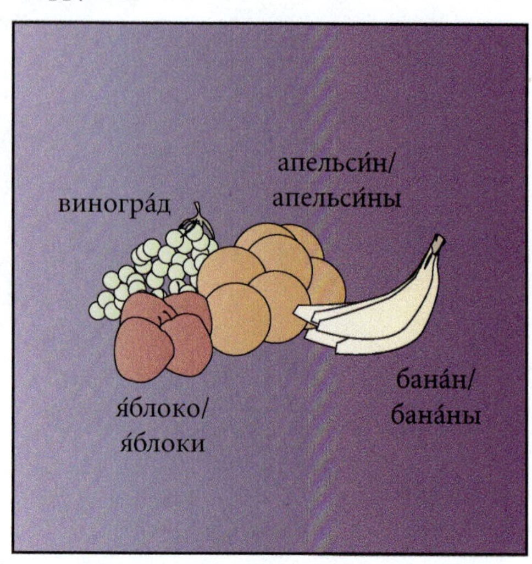

напúтки

хлеб и кáша

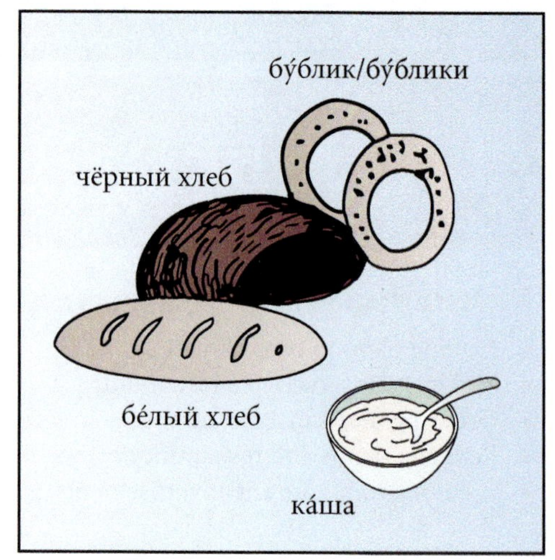

мя́со, пти́ца, ры́ба

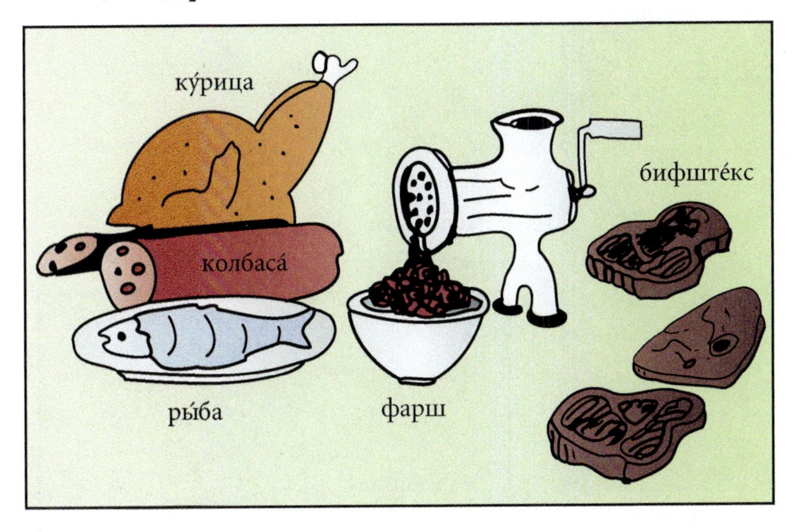

горя́чие блю́да

гарни́ры и спе́ции

супы́

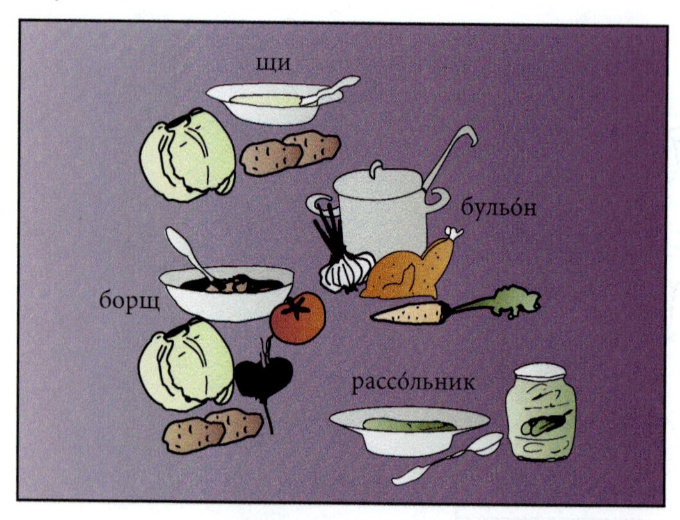

молóчные продýкты

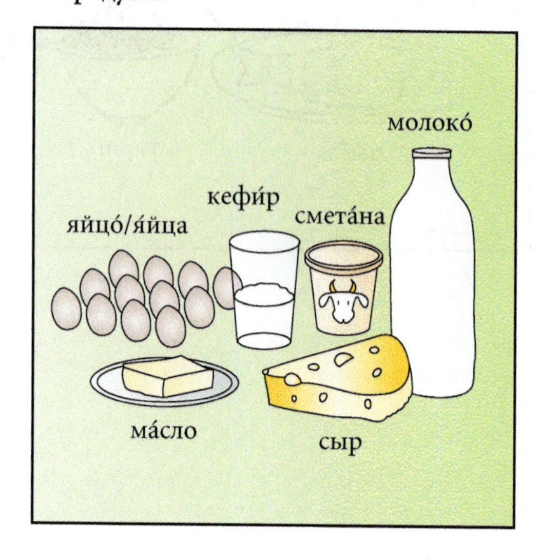

зáвтрак

закýски

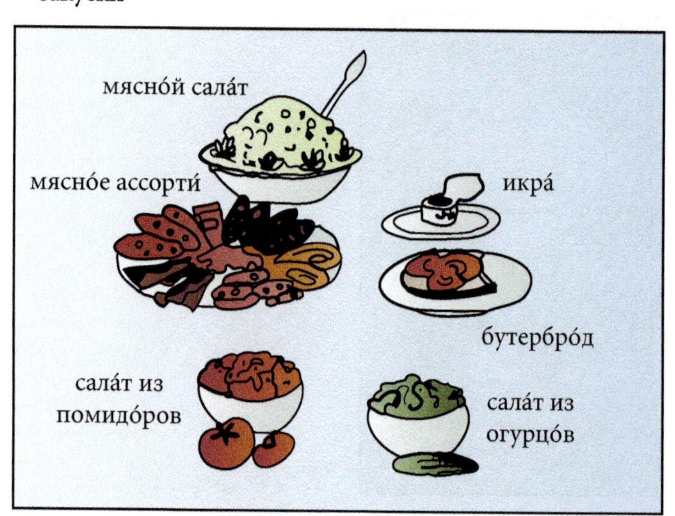

слáдкое

9-1 Что вы люби́те есть на за́втрак, обе́д и у́жин? With a partner, talk about what you typically eat for each meal, and compare that with the items above. What is the same, and what is different?

9-2 Что вы лю́бите есть и пить, а что вы не лю́бите есть и пить? List your favorite and least favorite foods and beverages.

9-3 Хочу́ сде́лать пи́ццу и сала́т! Что ну́жно? На́до купи́ть . . . List the ingredients you would need to buy in order to make **пи́цца, сала́т,** and **га́мбургер.** Remember to put them into the accusative after **купи́ть.**

9-4 Что здесь продаю́т? Где мо́жно купи́ть . . . ? With a partner, go through the pictures on the previous pages and talk about where you might buy each item. Identify the foods being sold in each of these stores and at the market.

Бу́лочная

Ры́нок

Магази́н «Овощи – фру́кты»

Мясно́й отде́л и́ли магази́н «Мя́со»

Культура и быт

Магази́ны и ры́нок

Food stores in Russia traditionally specialized in one or two types of items, and some still do. **Гастроно́м** usually specializes in **колбаса́** and **сыр. Бу́лочные** sell fresh bread, pastries, and baking goods. **Моло́чные магази́ны** offer dairy products. **Продово́льственные магази́ны,** sometimes called simply **«Проду́кты»,** are generic grocery stores. **Универса́мы** and **суперма́ркеты** are self-service grocery stores. Fresh produce, meat, dairy products, and other fresh food can be found at a farmer's market, **ры́нок,** where both quality and prices are generally higher.

Культура и быт

The Metric System: Weight and Volume

At the **ры́нок,** food is not prepackaged, so when you buy an item you need to specify how much you want. Produce is generally sold in **килогра́ммы.** A kilogram is a bit over two pounds. When you buy drinks by the bottle in the store, they are measured in **ли́тры.** When you order individual servings in a restaurant, they are measured in **гра́ммы.** The following conversion information should help you with the metric system.

Стака́нчик моро́женого: 100 г

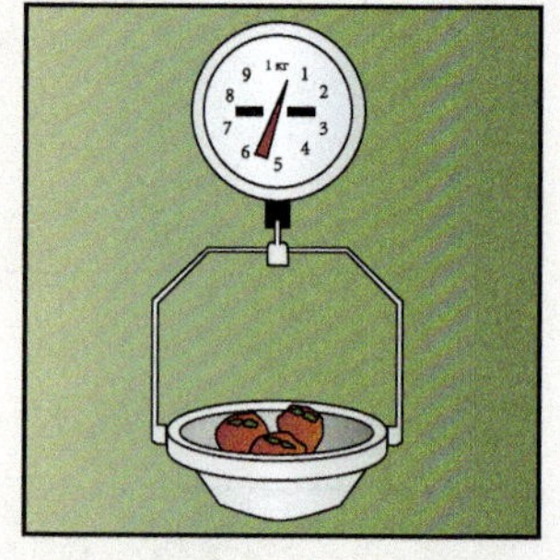

3 помидо́ра: 500 г (полкило́)

Буты́лка шампа́нского: 0,75 л
Буты́лка минера́льной воды́: 330 г (0,3 л)

18-ле́тняя де́вушка (1,6 м): 52 кг
Баскетболи́ст (2 м): 80 кг

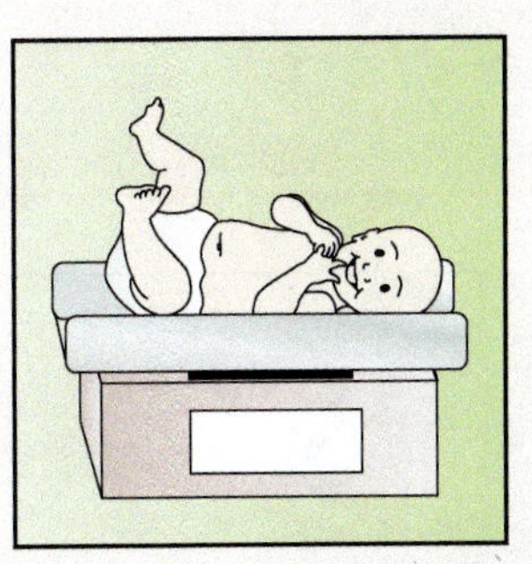
Он роди́лся сего́дня! 3,5 кг

Автомоби́ль берёт 40 л бензи́на

Разговоры для слушания

Разгово́р 1. Ты уже́ обе́дала?
Разгова́ривают Вади́м и Кэ́рен.

1. Where do Vadim and Karen decide to go?
2. What street is it located on?
3. What time of day is it easiest to get in?

Разгово́р 2. В кафе́
Разгова́ривают Вади́м, Кэ́рен и официа́нтка.

1. What kind of soup does the waiter recommend?
2. What does Vadim order to drink?
3. Does Karen get dessert?

Разгово́р 3. В кафе́
Разгова́ривают Вади́м и официа́нтка.

1. How much does the meal cost?

Культура и быт

Рестора́н и кафе́

The English *restaurant* applies to almost any eatery. The Russian **рестора́н** usually refers to a full-service restaurant featuring a three-course meal, and sometimes live entertainment and dancing. A bit less formal is a **кафе́,** which can range from a few tables in a small room to something larger. A **буфе́т** is a snack bar, while a **столо́вая** or **кафете́рий** is a cafeteria, often at school or work.

You ask for a menu by saying: **Принеси́те меню́, пожа́луйста;** sometimes only one menu is provided for a table. It is not unusual for a customer to ask the waiter for a recommendation (**Что вы посове́туете взять?**). You can use the same expression for the check: **Принеси́те, пожа́луйста, счёт.**

Tips (**чаевы́е**) in Russian restaurants are normally about 5 percent.

Давайте поговорим

Диалоги

1. Мóжет быть, пойдём в кафé?

— Кэ́рен, ты ужé обéдала?
— Нет, но ужé стрáшно хочу́ есть.
— Мы с Анной ду́мали пойти́ в кафé «Мину́тка». Не хóчешь пойти́ с нáми?
— В «Мину́тку»? Но я слы́шала, что попáсть тудá прóсто невозмóжно.
— Вéчером попáсть тру́дно, а днём мóжно. Я ду́маю, что сейчáс мы тóчно попадём.
— Хорошó, пошли́.

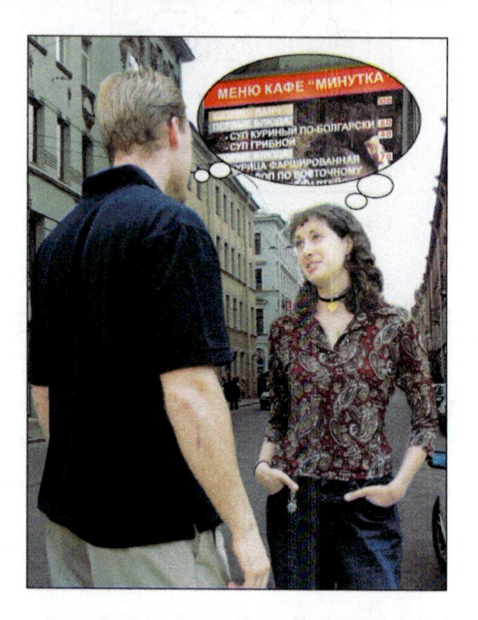

Культура и быт

Что едя́т и пьют?

While **зáвтрак** is indisputably *breakfast,* one can argue about **обéд** and **у́жин.** Traditionally **обéд** is the largest meal of the day (*dinner*), whereas **у́жин** is the evening meal (*supper*). In the past, the largest meal was taken at midday. Now **обéд** is usually *lunch,* regardless of size. However, you may hear any large meal taken in the afternoon or early evening referred to as **обéд.**

Обéд usually consists of two, three, or even four courses. **Заку́ски** are appetizers. The first course (**пéрвое**) is **борщ, бульóн, щи,** or some other kind of **суп.** The main course (**вторóе**) follows, and the meal is rounded off by **слáдкое** (dessert and/or coffee or tea).

The most common drink is tea, **чай.** It is customary to complete a meal with **чай,** to take a snack during the day or evening with **чай,** and to drink it throughout the day. Traditionally, **чай** is made with loose leaves placed in boiling water and made into a strong brew, **завáрка,** and diluted with boiling water to the desired strength. Strong tea is **крéпкий,** and weak tea is **слáбый.**

2. Что вы бу́дете зака́зывать?

— Что вы бу́дете зака́зывать?
— А что вы нам посове́туете взять?
— На пе́рвое я вам посове́тую взять борщ украи́нский. Или суп с ры́бой.
— Хорошо́. Суп с ры́бой — две по́рции.
— А на второ́е? Есть пельме́ни. Есть шашлы́к.
— Принеси́те две по́рции пельме́ней.
— А пить что вы бу́дете? Есть минера́льная вода́, со́ки и чай.
— Две буты́лки минера́льной воды́, то́лько без га́за, пожа́луйста.
— У нас вкусное моро́женое. Бу́дете?
— Да, шокола́дное.
— А мне ко́фе с молоко́м.

3. Рассчита́йте нас!

— Де́вушка! Да́йте, пожа́луйста, счёт!
— Зна́чит так: суп с ры́бой, шашлы́к с пюре́ . . .
— Мину́точку! С каки́м пюре́? Никако́го пюре́ не́ было!
— Ой, извини́те. Вы пра́вы. Так . . . да́льше . . .
— А да́льше у нас бы́ли две буты́лки минера́льной воды́, одно́ моро́женое, оди́н ко́фе с молоко́м.
— Так. С вас 487 (четы́реста во́семьдесят семь) рубле́й.
— Четы́реста во́семьдесят семь? Вот. Получи́те, пожа́луйста.

------------04/06/2006-----------------14:10----

Счет № 11305

Стол Ст9
Официант: Шведова

Суп с рыбой	1.0	130.00	130.00
Лангет	1.0	190.00	190.00
Лимонад	2.0	20.00	40.00
Мороженое	1.0	80.00	80.00
Кофе с молоком	1.0	47.00	47.00

Итого: 487.00

4. Хо́чешь, я тебе́ пригото́влю пи́ццу?

— Оля, хо́чешь, я тебе́ пригото́влю пи́ццу?
— Да, коне́чно. Что на́до купи́ть?
— Смотря́, с чем де́лать. Мо́жно сде́лать пи́ццу с колбасо́й и́ли с мя́сом, и́ли с гриба́ми.
— Ну, колбаса́ у нас уже́ есть.
— Хорошо́. Тогда́ на́до сде́лать тома́тный со́ус.
— Ясно. Зна́чит, мы ку́пим те́сто, сыр, помидо́ры и лук.
— Мне нельзя́ есть лук. У меня́ аллерги́я.
— Тогда́ сде́лаем без лу́ка.
— Зна́чит, так. Те́сто мо́жно купи́ть в гастроно́ме. Сыр и помидо́ры ку́пим на ры́нке.
— Отли́чно!

5. Мы гото́вим бутербро́ды.

A **бутербро́д** is an open-faced sandwich, usually consisting of a piece of cheese or meat on a small piece of white or black bread. In St. Petersburg, black bread is called simply **хлеб,** and white bread is called **бу́лка.**

— Хо́чешь, я тебе́ пригото́влю бутербро́ды?
— Да, коне́чно!
— Мне то́лько на́до купи́ть хлеб.
— Слу́шай, хлеб куплю́ я. Бу́лочная недалеко́.
— Хорошо́, а я пока́ найду́ горчи́цу.
— Что ещё ну́жно? Соль у нас есть?
— Есть. Купи́ то́лько хлеб. Чёрный и бе́лый.

Вопросы к диалогам

Диало́г 1

1. Кто хо́чет есть?
2. Куда́ они́ хотя́т пойти́?
3. Что слы́шала Кэ́рен о кафе́ «Мину́тка»?
4. Когда́ мо́жно туда́ попа́сть?

Диало́г 2

1. Где Кэ́рен и её друг?
2. Что им сове́туют взять на пе́рвое? А на второ́е?
3. Что они́ зака́зывают на пе́рвое? На второ́е?
4. Что они́ хотя́т пить?
5. Они́ зака́зывают сла́дкое?

Диало́г 3

посети́тели – *customers*

1. Что посети́тели говоря́т официа́нтке, когда́ хотя́т плати́ть?
2. Что они́ заказа́ли?
3. Чего́ не́ было?
4. Ско́лько они́ должны́?
5. Что говоря́т официа́нтке, когда́ пла́тят?

Диало́г 4

Зако́нчите предложе́ния.

1. Подру́га Оли хо́чет пригото́вить . . .
2. Мо́жно сде́лать пи́ццу с . . .
3. На́до купи́ть . . .
4. У них уже́ есть . . .
5. Подру́ге Оли нельзя́ есть . . . , потому́ что у неё . . .
6. Они́ ку́пят те́сто . . . (где?).
7. Они́ ку́пят сыр и помидо́ры . . .

Диало́г 5

Пра́вда и́ли непра́вда?

1. Они́ сейча́с гото́вят бутербро́ды.
2. Им на́до купи́ть соль.
3. Им на́до найти́ горчи́цу.
4. Бу́лочная далеко́.
5. Они́ ку́пят то́лько чёрный хлеб.

Упражнения к диалогам

9-5 Что вы лю́бите есть?

1. Каки́е о́вощи вы лю́бите?
2. Каки́е фру́кты вы лю́бите?
3. Вы пьёте ко́фе? С молоко́м и́ли без молока́? С са́харом и́ли без са́хара?
4. Вы пьёте чай? С лимо́ном и́ли без лимо́на? С са́харом и́ли без са́хара?
5. Вы пьёте минера́льную во́ду? С га́зом или без га́за?
6. Вы ча́сто и́ли ре́дко у́жинаете в рестора́не?
7. Что вы лю́бите зака́зывать в рестора́не?
8. Вы лю́бите пи́ццу? С гриба́ми и́ли без грибо́в? С овоща́ми и́ли без овоще́й? С колбасо́й и́ли без колбасы́?

9-6 Подгото́вка к разгово́ру. Review the dialogs. How would you do the following?

1. Ask if someone has had lunch.
2. Say you are (very) hungry.
3. Suggest going out to eat.
4. Say that it is impossible to get into a new restaurant.
5. Ask a waiter for suggestions on what to order.
6. Order a complete meal (soup, main course, dessert, drinks) in a restaurant.
7. Order two (three, four, etc.) servings of fish soup and pelmeni.
8. Tell the waiter to bring you the check.
9. Pay the check.
10. Offer to make someone pizza (sandwiches, dinner).
11. Say you have an allergy.
12. Ask what you need to buy.
13. Tell someone that one can buy dough (cheese, vegetables) in the grocery store.

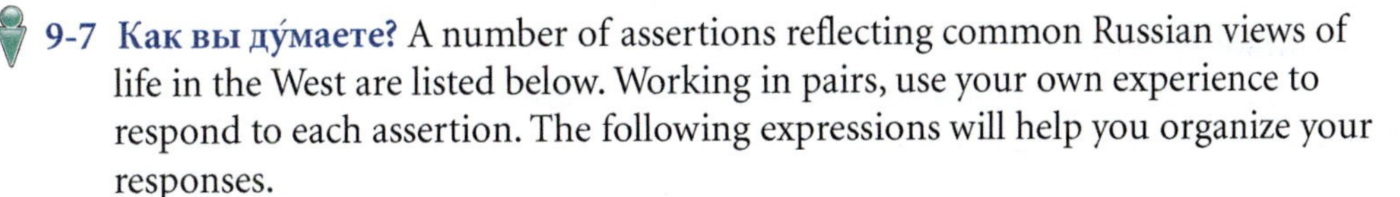

9-7 Как вы ду́маете? A number of assertions reflecting common Russian views of life in the West are listed below. Working in pairs, use your own experience to respond to each assertion. The following expressions will help you organize your responses.

Я ду́маю, что . . .
Это так.
Это не совсе́м так.
Это совсе́м не так.
Если говори́ть о себе́, то . . . *If I use myself as an example, then . . .*

С одно́й стороны́ ...	*On the one hand ...*
А с друго́й стороны́ ...	*On the other hand ...*
Во-пе́рвых ...	*First of all ...*
Во-вторы́х ...	*Second of all ...*

1. Я слы́шал(а), что америка́нцы (кана́дцы, англича́не) о́чень лю́бят есть в Макдо́налдсе.
2. Говоря́т, что америка́нская (кана́дская, англи́йская) ку́хня совсе́м не интере́сная.
3. Америка́нцы до́ма не гото́вят. Они́ покупа́ют гото́вые проду́кты в магази́не.
4. Почему́ так мно́го америка́нцев – вегетариа́нцы?

Игровые ситуации

9-8 Imagine that you are in Russia. Act out the following situations.

1. In a café, order yourself and a friend a meal. Find out if your friend wants an appetizer or soup. Use the menu on page 336.
2. At a restaurant you ordered soup with fish, chicken Kiev, and coffee, but the waiter brought borsch and some kind of meat, and completely forgot the coffee. Complain.
3. You are in a restaurant. Order a complete meal for yourself and a friend who is a vegetarian (**вегетериа́нец/вегетериа́нка**).
4. A Russian friend would like to try your favorite food. Offer to make it and explain what ingredients are needed. Decide who will buy what.
5. To celebrate a Russian friend's birthday, invite him or her to a new restaurant that you have heard is really good. Agree on a time.
6. Working with a partner, prepare and act out a situation of your own that deals with the topics of this unit.

Устный перевод

9-9 In Moscow, you are in a restaurant with a friend who doesn't know Russian. Help him order a meal.

ENGLISH SPEAKER'S PART

1. Can we get a menu?
2. I don't understand a thing. Do they have any salads?
3. I'll get the tomatoes, I guess.
4. I don't want any soup.
5. Do they have any chicken dishes?
6. Okay. And I'd like to get a bottle of water—but no bubbles!
7. How about coffee? Do they have coffee?
8. I'll take coffee then ... with milk, please.
9. No, that's it for me.

Грамматика

1. Verb Conjugation — есть, пить

The verb **есть** – *to eat* is one of only four truly irregular verbs in Russian. Use it to talk about eating a specific food. To express *eat breakfast, eat lunch,* and *eat dinner,* use the verbs **за́втракать, обе́дать,** and **у́жинать.**

The verb **пить** – *to drink* has regular **е/ё**-conjugation endings. But note the **ь** in the present-tense conjugation.

	есть *to eat*	**пить** *to drink*
я	**ем**	**пью**
ты	**ешь**	**пьёшь**
он/она́ (кто)	**ест**	**пьёт**
мы	**еди́м**	**пьём**
вы	**еди́те**	**пьёте**
они́	**едя́т**	**пьют**
он/кто	**ел**	**пил**
она́	**е́ла**	**пила́**
они́/вы/мы	**е́ли**	**пи́ли**

Упражнение

9-10 Что ты лю́бишь есть и пить? With a partner, answer the following questions and finish the following statements.

1. Что ты обы́чно ешь на за́втрак?
2. На за́втрак америка́нцы обы́чно . . .
3. Что ты лю́бишь есть и пить на обе́д? А на у́жин?
4. На обе́д америка́нцы обы́чно . . .
5. Что ты ел(а) вчера́ ве́чером?
6. Чего́ ты никогда́ не ешь и́ли пьёшь?
7. Америка́нцы никогда́ не . . .
8. Студе́нты ре́дко . . .
9. Мне нра́вится (не нра́вится), что америка́нцы . . . А тебе́?
10. Я ду́маю, что ру́сские . . . А как ты ду́маешь?
11. Что ты лю́бишь есть на день рожде́ния? Где ты лю́бишь у́жинать в э́тот день?
12. В на́шей семье́ мы ча́сто . . .
13. Папа (не) ест (пьёт) . . . , а ма́ма (не) ест (пьёт) . . .
14. Ты лю́бишь гото́вить? Что ты лю́бишь гото́вить?

Complete Oral Drills 1–2 and Written Exercises 09-06 and 09-07 in the SAM

2. Instrumental Case

Мы **с А́нной** ду́мали пойти́ в кафе́ «Мину́тка». Не хо́чешь пойти́ **с на́ми?** — *Anna and I* were thinking of going to the Minutka café. Would you like to go *with us?*

Дава́йте возьмём суп **с ры́бой.** — Let's order the soup *with fish.*

Я возьму́ ко́фе **с молоко́м.** — I'll take coffee *with milk.*

Мо́жно сде́лать пи́ццу **с колбасо́й** и́ли **с мя́сом.** — You can make pizza *with sausage* or *with meat.*

The instrumental case is used after the preposition **с** – *together with.* The English phrase *so-and-so and I* is almost always **мы с** + *instrumental*: **мы с А́нной, мы с Макси́мом, мы с ва́ми,** etc.

The Instrumental Case of Nouns

		Instrumental		
	Nominative	Masc. and Neuter	Feminine	Plural
Hard	журна́л письмо́ шко́ла	журна́лом письмо́м **-ом**	шко́лой **-ой**	журна́лами пи́сьмами шко́лами **-ами**
Soft	слова́рь музе́й пла́тье ку́хня	словарём **-ём** музе́ем пла́тьем **-ем**	семьёй **-ёй** ку́хней **-ей**	музе́ями словаря́ми пла́тьями тетра́дями **-ями**
Feminine -ь	тетра́дь		тетра́дью **-ью**	

Notes:

1. Stressed soft instrumental endings have **ё,** not **е: слова́рь → словарём, семья́ → семьёй.**
2. Feminine **-ь** words take a special ending in **-ью: тетра́дью, но́чью, крова́тью.**
3. The instrumental singular forms of **мать** and **дочь** are **ма́терью** and **до́черью.**

The Instrumental Case of Adjectives

	Masc. and Neuter	Feminine	Plural
Hard stems (-ый)	но́**вым**	но́**вой**	но́**выми**
Soft stems (-ий)	си́**ним**	си́**ней**	си́**ними**
Spelling rules	хоро́**шим**[7]	хоро́**шей**[5] (*but* больш**о́й**)	хоро́**шими**[7]

The superscript refers to the spelling rules.

The Instrumental Case of Special Modifiers

Nominative	Instrumental		
	Masc. and Neuter	Feminine	Plural
чей, чьё, чья, чьи	чь**им**	чь**ей**	**чьи́ми**
мой, моё, моя́, мои́	мо**и́м**	мо**е́й**	мо**и́ми**
твой, твоё, твоя́, твои́	тво**и́м**	тво**е́й**	тво**и́ми**
наш, на́ше, на́ша, на́ши	на́ш**им**	на́ш**ей**	на́ш**ими**
ваш, ва́ше, ва́ша, ва́ши	ва́ш**им**	ва́ш**ей**	ва́ш**ими**
э́тот, э́то, э́та, э́ти	э́т**им**	э́т**ой**	э́т**ими**
оди́н, одно́, одна́, одни́	одн**и́м**	одн**о́й**	одн**и́ми**

The Instrumental Case of Personal Pronouns

Nominative	с + Instrumental
что	с чем
кто	с кем
я	со мной
ты	с тобо́й
он, оно́	с ним
она́	с ней
мы	с на́ми
вы	с ва́ми
они́	с ни́ми

Notes:

1. All instrumental endings in **-ой** can appear in **-о́ю,** especially in high style: **со мной** or **со мно́ю.**
2. Do not confuse the instrumental case of the personal pronouns with the nonchanging possessive modifiers **его́, её,** and **их:**

   Мы бы́ли **с ней.** = We were *with her.*
   Мы бы́ли **с её сестро́й.** = We were *with her sister.*

Упражнения

9-11 Put the words in parentheses into the instrumental case.

1. Мы возьмём ко́фе с (горя́чее молоко́).
2. Я ем бутербро́д с (колбаса́) и (горчи́ца).
3. Мы гото́вим пи́ццу с (тома́тный со́ус) и (сыр).
4. Дава́йте сде́лаем сала́т с (капу́ста) и (морко́вь).
5. Хо́чешь, я тебе́ закажу́ мя́со с (карто́шка)?
6. С (что) вы пьёте чай?
7. С (кто) вы обе́дали сего́дня?

9-12 Finish the sentences, choosing from the phrases below or providing your own.

1. Я люблю́ ходи́ть в рестора́н с . . .
2. Мой сосе́д (моя́ сосе́дка) по ко́мнате лю́бит ходи́ть в кафе́ (в бар) с . . .
3. Роди́тели иногда́ хо́дят в рестора́н с . . .
4. Брат (сестра́) никогда́ не хо́дит в рестора́н (в кафе́) с . . .
5. Студе́нты обы́чно (ре́дко) хо́дят в кафе́ (в бар) с . . .

моя́ (твоя́) сосе́дка по ко́мнате
мла́дший брат
её ста́ршая сестра́
наш сена́тор
наш ста́рый друг
на́ши роди́тели
друзья́
серьёзный бизнесме́н
ру́сские студе́нты
тётя и дя́дя
америка́нский президе́нт

9-13 Как по-ру́сски? How would you say that you do the following things with the people listed below?

1. (Your friend and I) ходи́ли на ле́кцию.
2. (You [**ты**] and I) поéдем в кино́ за́втра?
3. (She and I) ча́сто занима́емся вме́сте.
4. (He and I) изуча́ем кита́йский язы́к.
5. (They and I) игра́ем в футбо́л.
6. (You [**вы**] and I) познако́мились на рабо́те.
7. (Igor [**Игорь**] and I) е́дем в Москву́.
8. (Maria and I) е́здили в Росси́ю.
9. My friend and I __________ .
10. My roommate and I __________ .
11. My mother and I __________ .
12. My father and I __________ .
13. My parents and I __________ .
14. My sister(s) and I __________ .
15. My brother(s) and I __________ .

Complete Oral Drills 3–5 and Written Exercises 09-08—09-10 in the SAM

3. Verbs in -овать: сове́товать

Verbs whose infinitives end in **-овать** have a different stem in their present-tense form, featuring **-у.**

	сове́товать *to advise*
я	сове́ту**ю**
ты	сове́ту**ешь**
он/она́ (кто)	сове́ту**ет**
мы	сове́ту**ем**
вы	сове́ту**ете**
они́	сове́ту**ют**
он/кто	сове́това**л**
она́	сове́това**ла**
они́/вы/мы	сове́това**ли**

Grammatical environment:
+ *dative*

кому́ де́лать что
Мы сове́туем **вам взять борщ.**

You will also see it in the form **посове́товать;** the difference will be explained in Section 6.

— А что вы **нам посове́туете** взять?
— На пе́рвое я **вам посове́тую** взять борщ украи́нский. Или суп с ры́бой.

Упражнения

9-14 Все лю́бят сове́товать. Fill in the blanks using forms of the verb **сове́товать.**

1. Я вам ______________________________ взять борщ украи́нский и́ли ры́бу с карто́шкой.
2. Мы ______________________________ вам пойти́ в кафе́ «Мину́тка». Там о́чень вку́сно.
3. Мои́ друзья́ мне то́же ______________________________ туда́ пойти́.
4. Что ты мне ______________________________ купи́ть Ма́ше ко дню рожде́ния?
5. Мы с Ле́ной ______________________________ тебе́ купи́ть ей кни́гу Пеле́вина.
6. Мари́на Влади́мировна мне о́чень ______________________________ пить чай с лимо́ном.
7. Мой брат нам ______________________________ пое́хать на да́чу сего́дня.
8. Преподава́тели ______________________________ студе́нтам чита́ть ру́сскую литерату́ру.
9. Я не зна́ю, куда́ пойти́ по́ужинать се́годня. Куда́ ты мне ______________________________ пойти́?
10. Каки́е пирожки́ ты мне ______________________________ взять: с капу́стой и́ли с гриба́ми?

9-15 Что ты мне сове́туешь взять?

1. In pairs, give each other advice on what to order in a Russian restaurant. (See the menu on page 336.)
2. In pairs, give each other advice on what to order in a favorite local restaurant/café/pizza parlor.

9-16 Ещё сове́ты! Finish the following sentences. Then share your advice, or your partner's, with the class to see if others agree.

1. Я тебе́ о́чень сове́тую пойти́ (пое́хать) в (на) . . . , потому́ что там . . .
2. Я тебе́ не сове́тую ходи́ть (е́здить) в (на) . . . , потому́ что там . . .

4. Future Tense of быть

— Вы **бы́ли** до́ма вчера́?	*Were* you at home yesterday?
— Нет, но мы **бу́дем** до́ма за́втра.	No, but we *will be* home tomorrow.

	быть *to be*
	Future
я	**бу́ду**
ты	**бу́дешь**
он/она́ (кто)	**бу́дет**
мы	**бу́дем**
вы	**бу́дете**
они́	**бу́дут**
	Present
	есть
	or
	∅
	Past
он/кто	**был**
она́	**была́**
они́/вы/мы	**бы́ли**

Упражнения

9-17 Anna wrote this postcard during her vacation. Fill in the verb *to be* in the appropriate tense forms.

> Здравствуй!
> Наша экскурсия очень интересная. Вчера наша группа ___ во Владимире. Сегодня мы в Санкт-Петербурге. Завтра мы ___ в Москве. Там ___ экскурсия по Кремлю и центру города. Я ___ дома в субботу.
> Целую. Анна

9-18 Кто где бу́дет? Finish the sentences below, saying where you think the following people will be tomorrow. You may draw from the following word bank or from your own ideas.

клуб
Бе́лый дом
до́ма
ры́нок
Мега-мо́лл
центр го́рода
у́жин с . . .

1. За́втра сосе́д(ка) по ко́мнате . . .
2. За́втра мы . . .
3. За́втра на́ши роди́тели . . .
4. За́втра ру́сский президе́нт . . . , а наш президе́нт . . .
5. За́втра все студе́нты . . .
6. За́втра вы . . .

Complete Oral Drill 6 and Written Exercises 09-11 and 09-12 in the SAM

5. The Future Tense

— Что вы **бу́дете де́лать** сего́дня?	What are you *going to do* today?
— Я **бу́ду занима́ться.**	I'm *going to study.*

For nearly all of the verbs you learned in Units 1 through 7, the future tense is formed by combining the conjugated form of **быть** with the infinitive: **бу́ду де́лать, бу́дешь чита́ть, бу́дет говори́ть, бу́дем жить, бу́дете ду́мать, бу́дут писа́ть,** etc.

Упражнения

9-19 Соста́вьте диало́ги. Make two-line dialogs as in the model.

Образе́ц: Со́ня – чита́ть — Что Со́ня бу́дет де́лать за́втра?
— Она́ бу́дет чита́ть.

1. Григо́рий Ви́кторович – писа́ть пи́сьма
2. мы – смотре́ть телеви́зор
3. на́ши друзья́ – отдыха́ть
4. Анна Никола́евна – рабо́тать
5. студе́нты – занима́ться в библиоте́ке
6. мы с сосе́дом (сосе́дкой) по ко́мнате – гото́вить пи́ццу
7. мы с дру́гом (подру́гой) – пить ко́фе в кафе́
8. вы – ?
9. ты – ?
10. вы с дру́гом (подру́гой) – ?

9-20 Опро́с. Go around the room and survey your classmates using the questions below. Then compile your data to see class tendencies along the following lines:

50% (проце́нтов) студе́нтов бу́дут . . .
20% (проце́нтов) студе́нтов бу́дут . . .

1. Кто бу́дет отдыха́ть за́втра?
2. Кто не бу́дет занима́ться в воскресе́нье?
3. Кто бу́дет у́жинать в рестора́не в пя́тницу?
4. Кто бу́дет убира́ть кварти́ру в суббо́ту?
5. Кто бу́дет смотре́ть телеви́зор сего́дня ве́чером?
6. Кто бу́дет на стадио́не в суббо́ту?
7. Кто не бу́дет гото́вить у́жин за́втра?
8. Кто в суббо́ту не бу́дет за́втракать?

Complete Oral Drills 7–8 and Written Exercise 09-13 in the SAM

6. Verbal Aspect — Introduction

Consider these English sentences, all referring to action in the future:

When you get here, we'll eat the pizza.
When you get here, we'll be eating pizza.
When you get here, we'll have eaten the pizza.
When you get here, we'll have been eating pizza for two hours.

The time frame for all of the sentences is the future. What is different is the verbal *aspect*, which tells us how the action is viewed.

Both English and Russian have verbal aspect. But the aspectual categories of English and Russian do not match up.

Almost all Russian verbs belong either to the *imperfective* or *perfective* aspect. Usually imperfective and perfective verbs come in pairs. Their meaning is the same or very close, but they differ in *aspect.*

Aspect	Imperfective Verbs	Perfective Verbs
Use	• Emphasis on duration or process • Repeated action • No emphasis on result	• One-time actions • Short duration • Emphasized result
Tenses and forms	All tenses: past, present, and future, plus infinitive and imperative	All tenses ***except present***: past, and future, plus infinitive and imperative
Examples	**Бу́дем гото́вить** пи́ццу. We will be *involved with making* pizza. *Process — no promised result.* Я люблю́ **гото́вить.** I like *to cook.* *Cooking in general is emphasized.* Мы ра́ньше **гото́вили** пи́ццу до́ма. Previously we *used to make* pizza at home. *Repeated action.*	Мы **пригото́вим** пи́ццу. We will *get* the pizza *made.* *Result emphasized.* Я хочу́ **пригото́вить** пи́ццу. I want *to make* the pizza. *The goal is a specific one-time result.* Мы уже́ **пригото́вили** пи́ццу. We already *got* the pizza *made.* *Completed one-time action.*

Imperfective/perfective pairs

You have learned verbs primarily in the ***imperfective aspect***. That's because your Russian has largely been limited to the present tense, which is expressed *only in the imperfective.* Now, more and more, you will see verbs listed in their aspectual pairs. Here are some examples of aspectual pairs of common verbs: **чита́ть/прочита́ть, писа́ть/написа́ть, смотре́ть/посмотре́ть, брать/взять, говори́ть/сказа́ть.**

Formation of the Future Tense

	Imperfective	Perfective
Future	Future of **быть** + *imperfective infinitive* бу́ду гото́вить бу́дешь писа́ть бу́дет чита́ть бу́дем смотре́ть бу́дете брать бу́дут зака́зывать	*Conjugated perfective verb* (*No* **бу́ду**, **бу́дешь**, etc.) пригото́влю напи́шешь прочита́ет посмо́трим возьмёте зака́жут
Present	гото́влю пи́шешь чита́ет смо́трим берёте зака́зывают	∅

Never combine *быть* (*бу́ду, бу́дешь*, etc.) with a *perfective* infinitive!

Imperfective and Perfective Future

Imperfective	Perfective
гото́вить Мы бу́дем **гото́вить пи́ццу** весь ве́чер. We *will make* pizza all evening.	**пригото́вить** Ве́чером мы **пригото́вим** пи́ццу, а пото́м мы пойдём в кино́. Tonight we *will make* pizza and then we'll go to the movies.
покупа́ть Когда́ я бу́ду в Росси́и, я **бу́ду покупа́ть** газе́ту ка́ждый день. When I'm in Russia, I *will buy* a newspaper every day.	**купи́ть** Я обы́чно не покупа́ю газе́ту, но за́втра я её **куплю́.** I don't usually buy a newspaper, but tomorrow I *will buy* one.

Formation of imperfective/perfective aspectual pairs

There are four patterns for aspectual pairs.

1. **Prefixation** (addition of a prefix to create a perfective verb from imperfective):

   гото́вить/пригото́вить
   сове́товать/посове́товать
   де́лать/сде́лать
   чита́ть/прочита́ть
   писа́ть/написа́ть

2. **Infixation** (insertion inside the verb of a unit, called an *infix*, like **-ыва/-ива,** to create an imperfective from a perfective verb):

   зака́зывать/заказа́ть
   пока́зывать/показа́ть
   расска́зывать/рассказа́ть
   опа́здывать/опозда́ть

3. **Change in the verb stem or ending:**

   покупа́ть/купи́ть
   реша́ть/реши́ть

4. **Separate verbs:**

   брать (беру́, берёшь, беру́т)/взять (возьму́, возьмёшь, возьму́т)
   говори́ть/сказа́ть (скажу́, ска́жешь, ска́жут)

We will return to some of these verbs in Unit 10.

In the initial stages of your study of Russian, you will have to memorize each pair individually.

Verbs are listed in glossaries and dictionaries as follows:

Verbs with prefixed perfectives:

imperfective infinitive and conjugation hints / perfectivizing prefix

писа́ть (пиш-у́, пи́ш-ешь, -ут) / **на-**

Verbs with unprefixed perfectives:

imperfective infinitive and conjugation hints / perfective infinitive and conjugation hints

пока́зывать (пока́зыва-ю, -ешь, -ют) / **показа́ть** (покаж-у́, пока́ж-ешь, -ут)

Упражнения

9-21 Which aspect would you use to express the italicized verbs in the following sentences?

1. I *will make* the pizza tomorrow night. (бу́ду гото́вить/пригото́влю)
2. I *will make* pizza often. After all, I always make pizza. (бу́ду гото́вить/пригото́влю)
3. We *will read* all evening. (бу́дем чита́ть/прочита́ем)
4. We *will read* through the paper now. (бу́дем чита́ть/прочита́ем)
5. Tomorrow evening I *will eat* and drink. (бу́ду есть/съем)
6. I *will eat* a hamburger. I always eat hamburgers. (бу́ду есть/съем)
7. We *will buy* milk here every week. (бу́дем покупа́ть/ку́пим)
8. We *will buy* the milk here. (бу́дем покупа́ть/ку́пим)

9-22 У кого́ каки́е пла́ны? Complete the sentences using the appropriate form of the verb. In some instances both aspects work. Be ready to explain your choice.

1. Я (бу́ду писа́ть/напишу́) тест три-четы́ре часа́.
2. Мари́на (бу́дет покупа́ть/ку́пит) пода́рки сего́дня ве́чером.
3. Андре́й бы́стро чита́ет. Он (бу́дет чита́ть/прочита́ет) э́тот журна́л сего́дня.
4. Мы (бу́дем гото́вить/пригото́вим) у́жин весь ве́чер.
5. Студе́нты (бу́дут смотре́ть/посмо́трят) ру́сские фи́льмы за́втра.
6. Когда́ ты (бу́дешь де́лать/сде́лаешь) э́ту рабо́ту?
7. Что вы нам (бу́дете сове́товать/посове́туете) взять на второ́е?

Complete Oral Drills 9-13 and Written Exercises 09-14—09-17 in the SAM

7. Question Words and Pronouns

	Question Words		Personal Pronouns						
Nominative	кто	что	я	ты	он/оно́	она́	мы	вы	они́
Genitive	кого́	чего́	меня́	тебя́	(н)его́	(н)её	нас	вас	(н)их
Dative	кому́	чему́	мне	тебе́	(н)ему́	(н)ей	нам	вам	(н)им
Accusative	кого́	что	меня́	тебя́	(н)его́	(н)её	нас	вас	(н)их
Instrumental	кем	чем	мной	тобо́й	(н)им	(н)ей	на́ми	ва́ми	(н)и́ми
Prepositional	о ком	о чём	обо мне́	о тебе́	о нём	о ней	о нас	о вас	о них

Notes:

1. The forms of **он, оно́, она́,** and **они́** have an initial **н-** when they immediately follow a preposition:

   У него́ есть кни́га. *but* Его́ нет.

2. Do not confuse personal pronouns with possessive modifiers. Compare:

PRONOUN	MODIFIER
Вчера́ они́ бы́ли у **нас.** Yesterday they were at *our place.*	Вчера́ они́ бы́ли у **на́шего** дру́га. Yesterday they were at *our* friend's place.
Мы **с ней** познако́мились. We met *her.*	Мы познако́мились **с её** роди́телями. We met *her* parents.

Упражнения

9-23 Соста́вьте вопро́сы. Ask questions about the words in boldface.

Образе́ц: **Моего́ бра́та** зову́т Алёша.
Кого́ зову́т Алёша?

Моего́ бра́та зову́т Алёша. Ему́ **16 лет.** Он **хорошо́** у́чится. Он изуча́ет **хи́мию и матема́тику.** Ещё он о́чень лю́бит **теа́тр.** Он говори́т об э́том **ча́сто.** Мы с ним ча́сто **хо́дим в теа́тр.** На день рожде́ния я хочу́ **сде́лать ему́ пода́рок.** Я ду́маю купи́ть ему́ **кни́гу.** Он о́чень лю́бит **Шекспи́ра и Пу́шкина.** У него́ есть **Пу́шкин.** Но у него́ нет **ни одно́й кни́ги Шекспи́ра.**

9-24 Отве́тьте на вопро́сы. Answer yes to the questions. Use complete sentences and replace the nouns with pronouns.

1. Алёша лю́бит Пу́шкина?
2. Брат ку́пит Алёше кни́гу?
3. Вы чита́ли о Пу́шкине?
4. Пу́шкин писа́л о Росси́и?
5. Алёша хо́дит в теа́тр с бра́том и с сестро́й?
6. Ру́сские студе́нты чита́ют интере́сные кни́ги?
7. Вы хоти́те чита́ть ру́сскую литерату́ру?

Complete Oral Drills 14–18 and Written Exercises 09-18–09-20 in the SAM

Давайте почитаем

9-25 Меню́.

1. Scan the menu to see whether these dishes are available. Note that many Russian menus list the weight in grams of every major ingredient of a dish. For example:

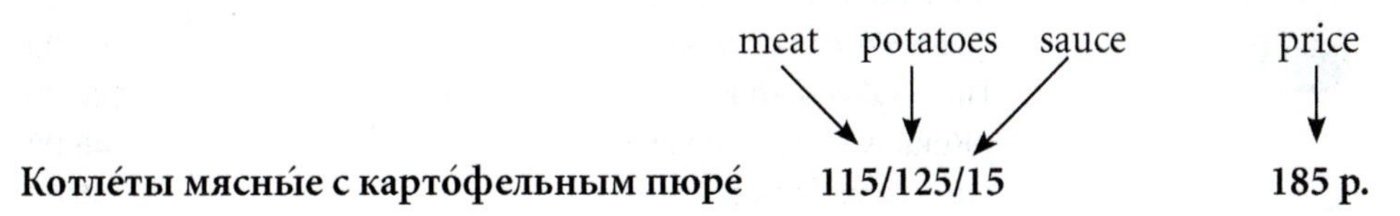

   - Лю́ля-кеба́б
   - Шашлы́к
   - Котле́ты по-ки́евски
   - Ку́рица
2. Look at the menu again to find out whether these drinks are available.
   - Во́дка
   - Пепси-ко́ла
   - Минера́льная вода́
   - Пи́во
3. How much do the following cost?
   - Grilled chicken
   - Black coffee
   - Bottle of Stolichnaya vodka
   - 100 grams of Stolichnaya vodka
   - Bottle of Zhigulevskoe beer
   - A glass of fruit juice
4. What kinds of mineral water are available?
5. What kinds of wine are available?
6. This menu contains a number of words you do not yet know. What strategies would you use to order a meal if you were in this restaurant, alone and hungry, and no one else in the restaurant knew English?

МЕНЮ

ВИНО-ВОДОЧНЫЕ ИЗДЕЛИЯ	100 г	БУТЫЛКА
Водка «Русская»	75 00	220 00
Водка «Столичная»	80 00	250 00
Водка «Смирнов»	106 00	340 00
Вино «Цинандали»	96 00	263 00
Рислинг	86 00	240 00
Минеральная вода «Боржоми»	— —	45 00
Минеральная вода «Эвиан»	— —	65 00
Пиво «Жигулевское»	— —	92 00
Пиво «Хайнекен»	— —	140 00
«Кока-Кола», «Спрайт»	— —	45 00
Фруктовые соки		45 00

ЗАКУСКИ		
Блины с икрой	80/25	106 00
Блины с капустой	80/45	122 00
Пирожок с капустой	45	98 00
Пирожок с мясом и луком	45	100 00
Мясной салат	150	132 00
Салат из свежей капусты	125	98 00
Сосиска в тесте	140/30	145 00
Бутерброд с сыром	125	102 00

ПЕРВЫЕ БЛЮДА		
Борщ	330/20/20/1	159 00
Бульон	120/20/1	143 00
Щи	120/20/1	155 00

ВТОРЫЕ БЛЮДА		
Шашлык с рисом		372 00
Пельмени со сметаной	220/30	355 00
Курица, жаренная на гриле	125/30/20	361 00
Плов	180/4/5	348 00
Котлеты из индейки	120/90/50/5	336 00
Сосиски с гарниром	160/50/16	303 00
Колбаса	200/50/16	294 00
Осетрина, жаренная на решетке	200/200/100	373 00

СЛАДКИЕ БЛЮДА И ГОРЯЧИЕ НАПИТКИ		
Кофе чёрный	150	45 00
Кофе со сливками	140/10	70 00
Чай	200	70 00
Пломбир с вареньем	130/20	127 00
Мороженое фруктовое	130/20	139 00
Пирожки с изюмом	130/20	124 00
Печенье	75	89 00

7. **Russian menus on the Internet.** In an Internet search engine (**google.com, yandex.ru, rambler.ru,** etc.), enter the terms **русский ресторан меню.** Find a menu and report to the class what is available and in general terms what costs are like. Ask other members of the class whether they like the selections available. Come to a conclusion on price and value.

9-26 Что ду́мают о рестора́нах?

1. Read each of the restaurant reviews below. You will need the following key words:

   включа́ть в себя́ – *to include*
   дегустацио́нный зал – *wine-tasting room*
   заведе́ние – *establishment*
   испро́бовать (*perf.*) – *to try (something) out*
   отте́нок – *shade (of color)*
   подава́ть (подаю́т) (*impf.*) – *to serve (food)*
   полушу́бок – *short fur coat*
   потряса́ющий = отли́чный
   предложи́ть (*perf.*) – *to suggest*
   приноси́ть (*impf.*) – *to bring*
   приобрести́ (*perf.*) – *to obtain*
   приходи́ться (прихо́дится) = на́до
   проголода́ться (*perf.*) – *to get hungry*
   производи́ть (*impf.*) = **де́лать**
   произраста́ть (*impf.*) – *to be grown*
   сыт (сыта́, сы́ты) – *full (no longer hungry)*
   тот и́ли ино́й – *one or another; this or that*
   удиви́ть (*perf.*) – *to surprise*

2. **Basic content.** Are the reviews mostly positive or negative?

3. **Details.** Complete a chart similar to this one with the Russian key words or phrases that describe the information required. You might not have complete information for each category.

	Mama Rosa	Pomona	Yen Ching
Atmosphere			
Service			
Foods			
Cost			
Other?			

4. **Ваш вы́бор?** Based on the information provided, which restaurant appeals to you the most? If you can, state your opinion in Russian: **Я хочу́ пойти́ у́жинать в рестора́н « . . . », потому́ что там . . .**

МАМА РОЗА. Небольшое, но очень оригинальное и уютное заведение. Оно включает в себя кафе, бар, ресторан, магазин и дегустационный зал. Начнем с конца. Дегустационный зал. В приятной, уютной обстановке вам расскажут об искусстве питья вин, прочитают лекцию о том, где произрастает виноград для данного сорта вина, в какой стране производят тот или иной напиток, из какого бокала его обычно пьют и с каким блюдом подают. Самое интересное, что вам дадут даже испробовать все то, о чем будут рассказывать. Если вы проголодались, можно поужинать в ресторане европейской кухни. И в самом конце, при выходе, в магазине вам предложат приобрести вино, которое вам понравилось. Советую Вам посетить это замечательное место, где не только обстановка, но и цены вас приятно удивят.

ПОМОНА. ***Интерьер.*** Мягкий свет, традиционные оттенки цветов Италии в интерьере, хороший дизайн ресторанного зала. ***Заказ.*** Традиционное итальянское меню. Доброжелательные, симпатичные официантки по вашей просьбе порекомендуют блюда и расскажут о них. ***Ожидание.*** Напитки приносят практически сразу, хорошее вино и неплохие коктейли, спокойная тихая музыка скрашивает ожидание и не мешает общению, да и долго ждать не приходится. ***Публика.*** Как правило, мужчины возраста 35–40 лет с девушками в ажурных колготках, коротких юбках и меховых полушубках. ***Наслаждение.*** Прекрасная, аппетитная фокачча начинает ваш ужин, затем глоток сухого вина (советую домашнее), цветная капуста в сливочном соусе тает во рту, опять глоток вина, отличное спагетти, лазанья. Уже сыты? Пожалуйста, кофе и яблочный пирог с мороженым. Не пробовали? ***Счёт, пожалуйста . . .*** Да, спасибо, все было очень вкусно . . . Сколько? Цены? При таком вечере не менее 1000 на человека. ***Эпилог.*** Отлично!

ЙЕНЧИН. В меню блюда национальной китайской кухни. Это что-то потрясающее! Великолепный интерьер, приветливые официанты, приятная музыка. Блюда огромные, рассчитанные на двоих, недорого. Заказали: говяжий язык под соусом, говядина на плитке — невероятно оригинальное и очень вкусное блюдо, утка в пиве, рис с овощами и с креветками в соевом соусе, карп в кисло-сладком соусе. Это, конечно, невероятно много, в следующий раз надо заказывать не больше, чем три блюда. Советую всем посетить этот уютный ресторан. Часы работы с 12 до 23 часов.

5. **Сло́ва в конте́ксте.** You can guess the meaning of some words based on context. Read the following sentences and pick the correct definition of the words given below.

   В прия́тной, ую́тной *обстано́вке* вам расска́жут об иску́сстве *питья́* вин, прочита́ют ле́кцию о том, где произраста́ет виногра́д.

   обстано́вка: (a) surroundings (b) basement (c) ballroom (d) rating
   питьё: (a) drinks (b) drunk (c) drinking (d) drinker

Сове́тую вам *посети́ть* э́то *замеча́тельное* ме́сто, где не то́лько обстано́вка, но и це́ны вас прия́тно *удивя́т*.

посети́ть: (a) avoid (b) visit (c) buy (d) rent
замеча́тельный: (a) remarkable (b) horrid (c) doubtful (d) undefined
удивя́т: (a) will disappoint (b) will amaze (c) will deceive (d) will arrange

Напи́тки прино́сят практи́чески *сра́зу*.

сра́зу: (a) immediately (b) gently (c) slowly (d) carefully

9-27 Приве́т из Аме́рики! Read the e-mails below and answer the questions that follow.

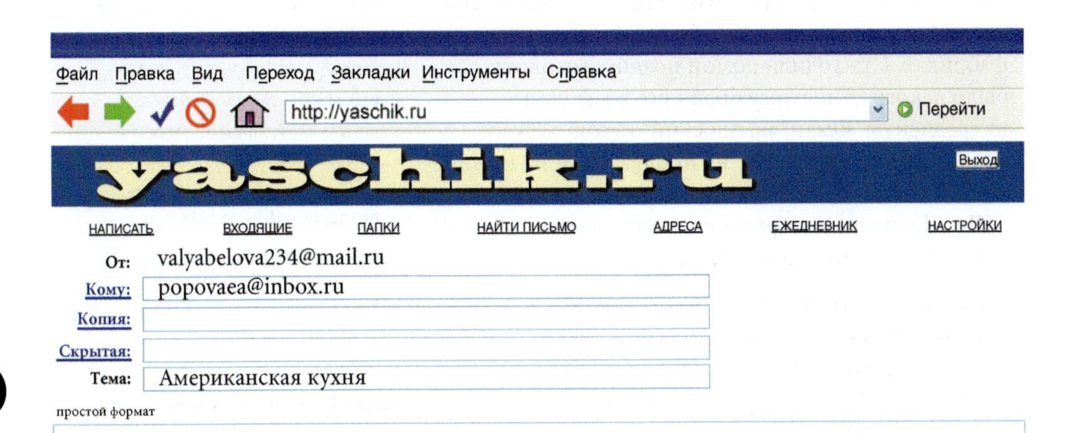

Дорогая Елена Анатольевна!

В семье Рамосов не любят готовить. Родители очень заняты,° приходят° домой поздно. Времени у них нет, а у детей нет желания.° Поэтому° мы часто ходим в рестораны или заказываем ужин на дом° — обычно два раза в неделю. Раз в неделю заказываем пиццу и раз — ужин из китайского ресторана. Мне кажется,° что большинство° американцев умеет° есть палочками.° Я тоже учусь, но пока° безуспешно.° Если доставка° еды на дом — это что-то° новое в России, то в Америке — это старая традиция.

за́нят (занята́, за́нято, за́няты) = не свобо́ден; приходи́ть (прихожу́, прихо́дишь, прихо́дят) – *to arrive*
desire; for that reason

дом: на́ дом *(pronounced as if it were one word, stress on the* **на***)*

it seems; majority
уме́ть (уме́ю, уме́ешь, уме́ют) – *to know how;* lit. *little sticks*

for the time being; unsuccessfully

delivery; something

Что интересно, даже в таком маленьком городке, как Центрпорт, есть рестораны всех возможных национальных кухонь. На углу° стоит греческий ресторан (их кухня похожа на° кавказскую), недалеко от школы — вьетнамское кафе. Есть и бразильский ресторан, а о множестве° итальянских и мексиканских ресторанов не стоит° даже говорить: их видишь на каждом углу. В Америке больше мексиканских ресторанов, чем в самой° Мексике. И Роб мне объяснил,° что пицца зародилась не в Италии, а в Америке.

corner: **на углу́** - *on the corner*
похо́ж (похо́жа, похо́жи) на + acc. – *to resemble*
many
to cost, but also *to be worth*
declined form (all cases except accusative) *of feminine* **сама́** - *self; explain*

Дело в том, что° первые итальянские иммигрантки в США не могли сидеть° дома и готовить весь день, как в Италии. Они должны были работать на фабриках. Приходили домой поздно, готовить было некогда,° поэтому брали все возможные ингредиенты, клали° на плоский° кусок° теста и пекли.° Так что пицца — не продукт самой Италии, а экономических условий иммигрантской жизни в США. Я думаю, что так можно объяснить появление° многих американских блюд.

the thing is that . . .
сиде́ть (сижу́, сиди́шь, сидя́т)/ по- – *to sit*
не́когда (*stress on the first syllable; not* **никогда́**) – *there is no time to . . .*
класть (кладу́, кладёшь, кладу́т) – *to put; flat; piece*
печь (пеку́, печёшь, пеку́т, пёк, пекла́, пекли́) – *to bake*
appearance (opposite of *vanish)*

Надо сказать, что хотя° мы ассоциируем американскую еду с «фэст-фуд», всё-таки° национальную кухню США (если такая есть) лучше искать° в «дайнерах». Дайнеры — это маленькие кафе в стиле ретро (1950-е годы). В таких ресторанах, так же как в Макдоналдсе, можно заказать чизбургер или картофель «фри» и молочный коктейль. Но в дайнерах вкус другой и реальная атмосфера 50-х.

although
nevertheless
иска́ть (ищу́, и́щешь, и́щут) – *to search*

Есть одно, что меня удивило° во всех ресторанах, от самых дешёвых до самых дорогих, на чай° дают° щедро.° Даже самый скупой° даст 15 процентов, а Виктор всегда даёт 20 процентов.

Валя

удивля́ть (удивля́ю)/удиви́ть (удивлю́, удиви́шь, удивя́т) – *to surprise*
дава́ть/дать на чай – *to leave a tip* (lit. *to give something for tea)*
*generously; cheap (*used as noun: *cheapskate)*

Файл Правка Вид Переход Закладки Инструменты Справка

http://yaschik.ru Перейти

yaschik.ru Выход

НАПИСАТЬ ВХОДЯЩИЕ ПАПКИ НАЙТИ ПИСЬМО АДРЕСА ЕЖЕДНЕВНИК НАСТРОЙКИ

От: popovaea@inbox.ru

Кому: valyabelova234@mail.ru

Копия:

Скрытая: Американская кухня

Тема:

простой формат

Здравствуй, Валя!

Твоя версия истории пиццы очень интересна, но я верю° ей только с трудом. У нас один из учеников — тот же,° кто всегда спрашивает о жизни в Америке, — недавно написал сочинение° об истории разных национальных блюд. (Зовут его Витя Минков, отличник.°) Он пишет, что пицца — это старая итальянская традиция, идёт с самых древних° времён. А первая пиццерия, пишет он, была открыта ещё в 19-м веке° в Неаполе. Что касается° истории пиццы в Америке, то Витя пишет, что первую пиццерию в США открыли в конце° 19-го века, а популярность пришла,° только когда американцы были в Италии во время Второй мировой° войны.°

Е.

ве́рить (ве́рю, ве́ришь, ве́рят) + dat. – *to believe*

то́т же (та́ же, то́ же, те́ же) – *the same one*

composition

отли́чник (отли́чница) – *straight-A student*

ancient

century; as far as . . . is concerned, . . .

end

приходи́ть/прийти́ (приду́, придёшь, приду́т) – *to arrive*

world(wide); war

1. Вопро́сы

а. Почему́ Ра́мосы гото́вят так ре́дко?
б. Что Ра́мосы ча́сто де́лают, когда́ хотя́т у́жинать?
в. Что говори́т Ва́ля о популя́рности национа́льных ку́хонь в Аме́рике?
г. Что Роб рассказа́л Ва́ле об исто́рии пи́ццы в Аме́рике?
д. Что отвеча́ет Еле́на Анато́льевна на э́то? Что ду́маете вы?
е. Почему́ Ва́ля ду́мает, что «да́йнеры» — интере́сные рестора́ны?
ж. Ско́лько обы́чно даю́т на чай в америка́нских рестора́нах?
з. Как вы ду́маете, ско́лько даю́т на чай в рестора́нах в Росси́и?

2. Язы́к в конте́ксте

а. **Вре́мя.** This e-mail exchange uses **вре́мя** in a number of forms. **Вре́мя** and **и́мя** are the two “first-year” words that have the irregular **-мя** declension. (There are eight others, but they are far less common.)

	Singular	Plural
Nominative (*что*)	вре́мя	времена́
Genitive (*чего́*)	вре́мени	времён
Dative (*чему́*)	вре́мени	времена́м
Accusative (*что*)	вре́мя	времена́
Instrumental (*чем*)	вре́менем	времена́ми
Prepositional (*о чём*)	о вре́мени	о времена́х

b. **Giving.** You have already seen a verb for "gifting." But the more common (and irregular) verb *to give* works as follows:

дава́ть	дать	
даю́ даёшь даю́т	дам дашь даст	дади́м дади́те даду́т
дава́ла	дала́ да́ли	

We will see more of this verb in Book 2.

c. **Они́-without-они́ constructions** were discussed in the comments to the e-mail exchange of Unit 8. This exchange also has a number of such constructions. Can you find them?

d. **New words from old.** Find roots for the following words. Sometimes a root has a consonant mutation. For example, the adjective **кни́жный** comes from **кни́га.**

мно́жество – *multitude*
объясни́ть – *explain*
приходи́ть – *arrive*
жизнь (*fem.*) – *life*

Давайте послушаем

 **9-28** Сейча́с вы услы́шите три рекла́мы рестора́нов одного́ из городо́в Росси́и.

1. **Background:** One of the ads refers to **8 (восьмо́е) Ма́рта, Междунаро́дный же́нский день.** International Women's Day is a major holiday (**пра́здник**) in Russia. Men are expected to bring the women in their life (wives, colleagues, mothers) flowers and treat them to dinner.

2. **Прослу́шайте рекла́мные ро́лики и да́йте ну́жную информа́цию.**
   - Каки́е блю́да мо́жно заказа́ть в рестора́не «Ру́сская бесе́дка»?
   - В честь како́го пра́здника да́рят буты́лку шампа́нского?
   - В како́м рестора́не мо́жно отме́тить Междунаро́дный же́нский день? Как вы ду́маете, почему́ э́тот пра́здник отмеча́ют в э́том рестора́не, а не в други́х?
   - В како́м рестора́не игра́ет му́зыка?
   - В каки́х рестора́нах да́рят сувени́ры?
   - В како́м рестора́не мо́жно заказа́ть зал на день рожде́ния?
   - Какой рестора́н лу́чше для вас? Почему́ вы так ду́маете?
3. **Ну́жные слова́:**

   друго́й – *different*
   отмеча́ть/отме́тить (**отме́чу, отме́тишь, отме́тят**) – *to observe*
   пра́здник – *holiday*
   честь – *honor*

4. **Как сказа́ть?** Прослу́шайте за́пись ещё раз. Узна́йте как сказа́ть:

   You'll give her flowers . . .
   Пода́рите ______________

   We suggest you treat the woman of your life . . .
   Предлага́ем ____________ же́нщину ва́шей жи́зни . . .

   The performers of traditional Russian romances will charm you.
   Вас очару́ют _________ ру́сских традицио́нных рома́нсов.

   Reservations for tables or for a banquet hall . . .
   _____________ столо́в и́ли банке́тного за́ла . . .

   In this restaurant on January 31 and February 1, there will be a festive atmosphere.
   В рестора́не 31-го января́ и 1-го февраля́ бу́дет цари́ть _____________ атмосфе́ра.

   You will be met by the cozy atmosphere of sunny Italy and home cooking of that hospitable country.
   Вас встре́тят ую́тная атмосфе́ра со́лнечной Ита́лии и ________ ку́хня э́той гостеприи́мной страны́.

   You have a choice of pasta, veal in wine sauce, and a large variety of fruits and vegetables.
   На ваш вы́бор па́ста, _________ под ви́нным со́усом, большо́е разнообра́зие фру́ктов и овоще́й.

   Are you planning to celebrate a birthday, wedding, or anniversary?
   Вы плани́руете ________ день рожде́ния, сва́дьбу и́ли торже́ственную годовщи́ну?

   блю́да
   ветчина́
   говя́дина
   дома́шняя
   досто́йная
   зака́з
   исполни́тели
   ожида́ть
   отмеча́ть
   официа́нтки
   пе́сен
   получа́ть
   пра́здничная
   пра́здновать
   резерва́ция
   теля́тина
   угости́ть
   ую́тная
   цари́ть
   цветы́

Новые слова и выражения

NOUNS

Пи́ща	**Food**
апельси́н	orange
бана́н	banana
бифште́кс	steak
борщ	borsch
бу́блик	bagel
бу́лка	white loaf of bread; roll
бу́лочка	small roll; bun
бульо́н	bouillon
бутербро́д	(open-faced) sandwich
вино́	wine
виногра́д (*sing. only*)	grapes
вода́	water
га́мбургер	hamburger
горчи́ца	mustard
гриб	mushroom
заку́ски	appetizers
икра́	caviar
капу́ста	cabbage
карто́фель (*masc.*) (карто́шка)	potato(es)
ка́ша	hot cereal
кефи́р	kefir
колбаса́	sausage
конфе́ты (*sing.* конфе́та *or* конфе́тка)	candy
котле́та	cutlet; meat patty
котле́ты по-ки́евски	chicken Kiev
ко́фе (*masc., indeclinable*)	coffee
ку́рица	chicken
лимо́н	lemon
лук	onion(s)
макаро́ны	macaroni, pasta
ма́сло	butter
минера́льная вода́	mineral water
с га́зом	with bubbles (seltzer)
без га́за	without bubbles
молоко́	milk
морко́вь (*fem.*)	carrot(s)
моро́женое (*declines like an adj.*)	ice cream
мя́со	meat
мясно́е ассорти́	cold cuts assortment
напи́т(о)к	drink
о́вощи	vegetables
огур(е́)ц	cucumber
оливье́	potato salad with chicken

Новые слова и выражения

пельме́ни	pelmeni (*dumplings*)
пе́р(е)ц	pepper
пече́нье	cookie
пи́во	beer
пирожки́	baked (or fried) dumplings
пи́цца	pizza
помидо́р	tomato
пюре́	creamy mashed potatoes
рис	rice
ры́ба	fish
сала́т	salad; lettuce
сала́т из огурцо́в	cucumber salad
сала́т из помидо́ров	tomato salad
са́хар	sugar
сла́дкое (*declines like an adj.*)	dessert
смета́на	sour cream
сок	juice
соль (*fem.*)	salt
со́ус	sauce
тома́тный со́ус	tomato sauce
суп	soup
сыр	cheese
те́сто	dough
торт	cake
фарш	ground meat
фру́кты	fruit
хлеб	bread
чай	tea
чесно́к	garlic
шашлы́к	shish kebab
щи	cabbage soup
я́блоко (*pl.* я́блоки)	apple
яи́чница	cooked (not boiled) eggs
яйцо́ (*pl.* я́йца)	egg

Магази́ны/рестора́ны	**Stores/restaurants**
буфе́т	snack bar
бу́лочная (*declines like an adj.*)	bakery
гастроно́м	grocery store
кафе́ [кафэ́] (*masc., indeclinable*)	café
кафете́рий	snack bar
продово́льственный магази́н	grocery store
универса́м	self-service grocery store

Новые слова и выражения

Други́е существи́тельные	Other nouns
аллерги́я	allergy
вегетариа́нец/вегетариа́нка	vegetarian
блю́до	dish
буты́лка	bottle
второ́е (*declines like an adj.*)	main course; entrée
копе́йка (2–4 копе́йки, 5–20 копе́ек; see S.A.M.)	kopeck
ку́хня	cuisine, style of cooking
меню́ (*neuter, indeclinable*)	menu
официа́нт/ка	server
пе́рвое (*declines like an adj.*)	first course (*always soup*)
по́рция	portion, order
проду́кты (*pl.*)	groceries
счёт	bill; check (*at a restaurant*)
чаевы́е (*pl., declines like an adj.*)	tip

ADJECTIVES

вку́сный	good, tasty
минера́льный	mineral
моло́чный	milk; dairy
мясно́й	meat
никако́й	none
све́жий	fresh
тома́тный	tomato

VERBS

быть (бу́ду, бу́дешь, бу́дут)	to be (*future-tense conj.*)
брать (беру́, берёшь, беру́т)/взять (возьму́, возьмёшь, возьму́т)	to take
гото́вить (гото́влю, гото́вишь, гото́вят)/при-	to prepare
де́лать (де́лаю, де́лаешь, де́лают)/с-	to do, to make
ду́мать (ду́маю, ду́маешь, ду́мают)/по-	to think
есть (ем, ешь, ест, еди́м, еди́те, едя́т)/съ-	to eat
зака́зывать (*impf.*: зака́зываю, зака́зываешь, зака́зывают)	to order
идти́ (иду́, идёшь, иду́т)/пойти́ (пойду́, пойдёшь, пойду́т)	to go (*on foot, or within a city*)
найти́ (*perf.*: найду́, найдёшь, найду́т)	to find
обе́дать (обе́даю, обе́даешь, обе́дают)/по-	to have lunch, dinner
писа́ть (пишу́, пи́шешь, пи́шут)/на-	to write
пить (пью, пьёшь, пьют; пил, пила́, пи́ли)/вы́пить (вы́пью, вы́пьешь, вы́пьют)	to drink
пока́зывать (пока́зываю, пока́зываешь, пока́зывают)/показа́ть (покажу́, пока́жешь, пока́жут)	to show; to point to

Новые слова и выражения

покупа́ть (покупа́ю, покупа́ешь, покупа́ют)/ купи́ть (куплю́, ку́пишь, ку́пят)	to buy
попа́сть (*perf.*: попаду́, попадёшь, попаду́т; попа́л, попа́ла, попа́ли)	to manage to get in
расска́зывать (расска́зываю, расска́зываешь, расска́зывают)/рассказа́ть (расскажу́, расска́жешь, расска́жут)	to tell
реша́ть (реша́ю, реша́ешь, реша́ют)/ реши́ть (решу́, реши́шь, реша́т)	to decide
слы́шать (слы́шу, слы́шишь, слы́шат)/у-	to hear
смотре́ть (смотрю́, смо́тришь, смо́трят)/по-	to watch
сове́товать (сове́тую, сове́туешь, сове́туют)/ по- (*кому́*)	to advise
у́жинать (у́жинаю, у́жинаешь, у́жинают)/по-	to have supper

ADVERBS

пока́	meanwhile
про́сто	simply
стра́шно	terribly

PREPOSITIONS

без (*чего́*)	without
с (*чем*)	with

SUBJECTLESS CONSTRUCTIONS

(кому́) нельзя́ + *infinitive*	it is not permitted

OTHER WORDS AND PHRASES

Во-пе́рвых . . . , во-вторы́х . . .	In the first place . . . , in the second place . . .
Да́йте, пожа́луйста, счёт!	Check, please!
Если говори́ть о себе́, то . . .	If I use myself as an example, then . . .
Мину́точку!	Just a minute!
Мы то́чно попадём.	We'll get in for sure.
Получи́те!	Take it! (*said when paying*)
Пошли́!	Let's go!
Принеси́те, пожа́луйста, меню́.	Please bring a menu.
С (кого́) . . .	Someone owes . . .
Смотря́ . . .	It depends . . .
С одно́й стороны́ . . . , с друго́й стороны́ . . .	On the one hand . . . , on the other hand . . .
Что вы (нам, мне) посове́туете взять?	What do you advise (us, me) to order?
Что ещё ну́жно?	What else is needed?

Новые слова и выражения

PASSIVE VOCABULARY

бензи́н	gasoline
блины́	Russian pancakes
варе́нье	preserves
вино́	wine
вьетна́мский	Vietnamese
грамм (*gen. pl.* грамм)	gram
жа́реный	fried; grilled
зава́рка	concentrated tea
зако́нчите предложе́ния	complete the sentences
изю́м	raisin(s)
инде́йка	turkey
килогра́мм (*gen. pl.* килогра́мм)	kilogram
кре́пкий	strong
кусо́к (кусо́чек)	piece
литр	liter
осетри́на	sturgeon
плов	Central Asian rice pilaf
пломби́р	creamy ice cream
полкило́	half a kilo
посети́тель	visitor
приходи́ть	to arrive
пти́ца	bird; poultry
сла́бый	weak
соси́ска	hot dog
со сли́вками	with cream
стака́н	glass
стака́нчик	small glass; cup (*measurement*)
страна́	country, nation
фрукто́вый	fruit (*adj.*)
шампа́нское (*declines like an adj.*)	champagne

УРОК 10

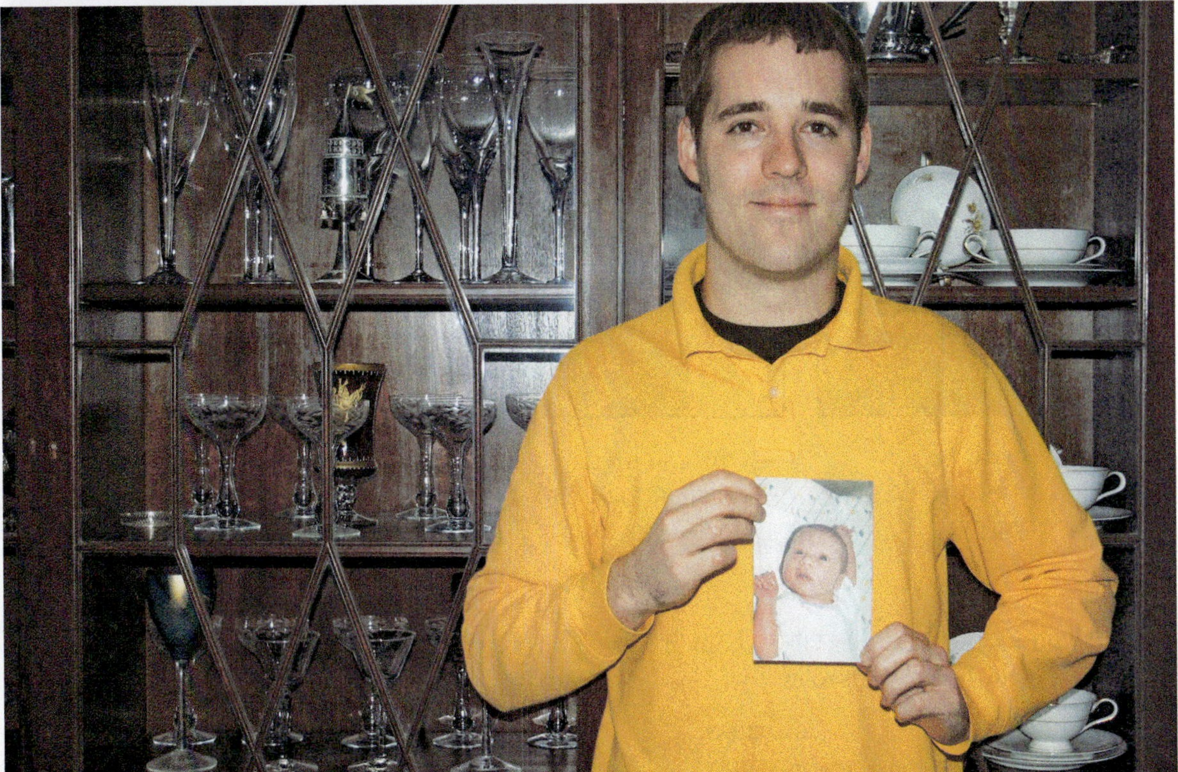

Биография

Коммуникативные задания

- Talking more about yourself and your family
- Telling where your city is located
- Reading and listening to short biographies

Культура и быт

- Russian educational system
- Which Tolstoy?

Грамматика

- Expressing resemblance: **похо́ж (-а, -и) на кого́**
- Expressing location: **на ю́ге (се́вере, восто́ке, за́паде) (от) чего́**
- Entering and graduating from school: **поступа́ть/поступи́ть куда́; око́нчить что**
- Indicating the year in which an event takes (took) place: **В како́м году́?**
- Time expressions with **че́рез** and **наза́д**
- Verbal aspect: past tense
- Review of motion verbs
- Have been doing: use present tense

Точка отсчёта

О чём идёт речь?

На кого́ вы похо́жи?

— Это моя́ сестра́.
— Слу́шай, ты о́чень похо́ж на сестру́.

— Это мой оте́ц.
— Слу́шай, ты о́чень похо́жа на отца́.

— Это на́ша мать.
— Слу́шайте, вы о́чень похо́жи на мать.

10-1 Tell your partner who looks like whom in your family by combining elements from the two columns below. Then switch roles.

	ба́бушку
Я похо́ж(а) на . . .	де́душку
Сестра́ похо́жа на . . .	мать
Брат похо́ж на . . .	отца́
Оте́ц похо́ж на . . .	бра́та
Мать похо́жа на . . .	сестру́
	дя́дю
	тётю

Отку́да вы?

— Са́ра, отку́да вы?
— Я из Ло́ндона.

— Джим, отку́да вы?
— Я из Та́мпы.

— Ребя́та, отку́да вы?
— Мы из Торо́нто.

10-2 How would you ask the following people where they are from?

1. преподава́тель
2. большо́й друг
3. мать подру́ги
4. сосе́д(ка) по ко́мнате
5. де́ти
6. делега́ция Моско́вского университе́та

Разговоры для слушания

Разгово́р 1. У Ча́рльза в гостя́х.
Разгова́ривают Же́ня, Лю́да и Чарльз.

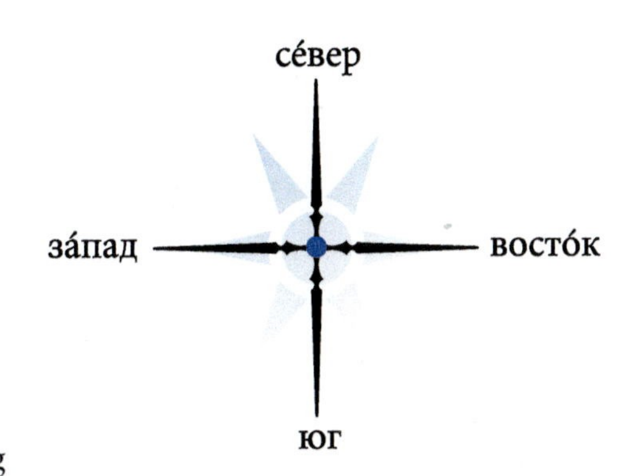

1. Luda says that she is from Irkutsk. Charles is not sure where Irkutsk is located. What is his guess?
2. According to Luda, in what part of Russia is Irkutsk located?
3. Where was Luda born?
4. Where did she go to college?
5. How long did she work after graduating from college?
6. At what university will she be doing graduate work?

Разгово́р 2. По́сле обе́да.
Разгова́ривают Чарльз и Лю́да.

1. How old is Charles's sister?
2. Where does she go to college?
3. How much older than Charles is his brother?
4. Where does Charles's brother work?

Разгово́р 3. Америка́нцы ча́сто переезжа́ют.
Разгова́ривают Чарльз и Лю́да.

1. How old was Charles when his family moved to Denver?
2. In what state did his family live before that?
3. Where did his family move after five years in Denver?
4. Based on this conversation, what do you think the verb **переезжа́ть/перее́хать** means?

Давайте поговорим

Диалоги

1. Я поступа́ла в аспиранту́ру, но не поступи́ла.

— Здра́вствуй, Дэн! Познако́мься, э́то моя́ знако́мая Ка́тя.
— О́чень прия́тно, Ка́тя!
— Ка́тя прие́хала из Перми́. Это на восто́ке от Москвы́.
— Как интере́сно! А вы родили́сь в Перми́?
— Нет, я родила́сь и вы́росла в Смоле́нске. Но учи́лась в Перми́. Три го́да наза́д я око́нчила университе́т. Я поступа́ла в аспиранту́ру, но не поступи́ла.
— Да. Я слы́шал, что у вас о́чень тру́дно попа́сть в аспиранту́ру.
— Ну вот. И я пошла́ рабо́тать. Рабо́тала два го́да, а пото́м поступи́ла в Моско́вский университе́т.

2. Дава́й перейдём на «ты»!

— Дэн, я ви́жу, что у тебя́ на столе́ фотогра́фии лежа́т. Это твоя́ семья́?
— Да. Хоти́те, покажу́?
— Дэн, дава́й перейдём на «ты».
— Хорошо́, дава́й! Вот э́то фотогра́фия сестры́.
— Она́ о́чень похо́жа на тебя́. Ско́лько ей лет?
— Два́дцать. Она́ мла́дше меня́ на два го́да.
— Она́ у́чится?
— Да, в Калифорни́йском университе́те. Она́ око́нчит университе́т че́рез год.

When referring to members of your own family, do not use possessive pronouns.

3. Кто э́то на фотогра́фии?

— Кто э́то на фотогра́фии?
— Это я три го́да наза́д.
— Не мо́жет быть!
— Пра́вда, пра́вда. Мы тогда́ жи́ли в Теха́се.
— Ты тогда́ учи́лся в шко́ле?
— Да, в деся́том кла́ссе.
— Вы до́лго жи́ли в Теха́се?
— Нет, всего́ два го́да. Мы перее́хали, когда́ я был в оди́ннадцатом кла́ссе.

4. Америка́нцы ча́сто переезжа́ют?

— Ребе́кка, а э́то пра́вда, что америка́нцы ча́сто переезжа́ют?
— Да. Мы, наприме́р, переезжа́ли ча́сто. Когда́ мне бы́ло 10 лет, мы перее́хали в Кли́вленд.
— А до э́того?
— До э́того мы жи́ли в Чика́го.
— А пото́м?
— А пото́м че́рез пять лет мы перее́хали из Кли́вленда в Да́ллас.
— А у нас переезжа́ют ре́дко. Вот я роди́лся, вы́рос и учи́лся в Москве́.

5. Отку́да вы?

— Здра́вствуйте! Дава́йте познако́мимся. Меня́ зову́т Наза́рова Наде́жда Анато́льевна. Пожа́луйста, расскажи́те о себе́. Как вас зову́т? Отку́да вы?
— Меня́ зову́т Мише́ль. Я из Нью-Хэ́мпшира.
— Нью-Хэ́мпшир, ка́жется, на за́паде Аме́рики?
— Нет, на восто́ке.
— А вы живёте у роди́телей?
— Нет, ма́ма и па́па живу́т в друго́м шта́те, во Фло́риде, на ю́ге страны́.

Вопросы к диалогам

Диало́г 1

Пра́вда и́ли непра́вда?

1. Разгова́ривают Дэн, Ка́тя и подру́га Ка́ти.
2. Ка́тя прие́хала из Ирку́тска.
3. Ка́тя вы́росла в Смоле́нске.
4. Ка́тя учи́лась в Смоле́нске.
5. Она́ око́нчила университе́т три го́да наза́д.
6. Она́ рабо́тала три го́да.
7. Она́ сейча́с у́чится в Моско́вском университе́те.
8. В Росси́и тру́дно попа́сть в аспиранту́ру.

Культура и быт

Шко́льное образова́ние

Russian schools have eleven grades (**кла́ссы**). The pupils are called **шко́льник/шко́льница** or **учени́к/учени́ца,** never **студе́нт/ка.** In primary and secondary education a teacher is an **учи́тель** (*pl.* **учителя́**). Informally, women are **учи́тельницы.** A high school graduate receives an **аттеста́т зре́лости** after taking the **Еди́ный госуда́рственный экза́мен** (**ЕГЭ́**), which doubles as a kind of SAT for college admissions.

Диало́г 2

1. Кто разгова́ривает в э́том диало́ге?
2. Что лежи́т у Дэ́на на столе́?
3. У Дэ́на есть бра́тья и сёстры?
4. Ско́лько лет его́ сестре́?
5. Она́ рабо́тает и́ли у́чится?

Диало́г 3

1. Кто на фотогра́фии?
2. Когда́ сде́лали фотогра́фию?
3. Где они́ жи́ли, когда́ сде́лали фотогра́фию?
4. В како́м кла́ссе он был?
5. Когда́ они́ перее́хали?

Диало́г 4

1. Ребе́кка ду́мает, что америка́нцы ча́сто переезжа́ют? А что вы ду́маете?
2. Куда́ перее́хала семья́ Ребе́кки?
3. Ско́лько ей бы́ло лет, когда́ они́ перее́хали?
4. Где они́ жи́ли до э́того?
5. Когда́ они́ перее́хали в Да́ллас?
6. А ру́сские ча́сто переезжа́ют?

Диало́г 5

1. Кто разгова́ривает в э́том диало́ге?
2. Как вы ду́маете, кто Наде́жда Анато́льевна?
3. Отку́да Мише́ль?
4. Наде́жда Анато́льевна зна́ет, где Нью-Хэ́мпшир?
5. Где Нью-Хэ́мпшир?
6. Где живу́т роди́тели Мише́ль? А где э́тот штат?

Упражнения к диалогам

10-3 Кто на кого́ похо́ж?

In five minutes, find out as much as you can from your classmates about who resembles whom in their families. Ask questions such as the following in Russian. Jot down what you learn and be prepared to report several facts to the entire class.

Remember these accusative animate plurals as you discuss your family: Он похо́ж на **бра́тьев.** Она́ похо́жа на **сестёр.** Кто похо́ж на **дете́й?** Де́ти похо́жи на **роди́телей.**

1. Ты похо́ж(а) на ма́му и́ли на па́пу?
2. Твои́ бра́тья и сёстры похо́жи на роди́телей?
3. Кто похо́ж на твоего́ де́душку?
4. Кто похо́ж на тебя́?
5. Кто в ва́шей семье́ ни на кого́ не похо́ж?

10-4 О бра́тьях и сёстрах. Find out from your classmates how old they and their siblings are and what year of school they are in. Be ready to report your findings to the class. Be sure to use **в (-ом) кла́ссе** for grades in grade school and high school, and **на (-ом) ку́рсе** for years in college or university.

10-5 Мла́дше и́ли ста́рше? Recall the construction for older/younger (presented in Unit 7):

Это мой мла́дший брат.	А э́то моя́ мла́дшая сестра́.
Он мла́дше меня́ на́ год.	Она́ мла́дше меня́ на два го́да.
Вот э́то мой ста́рший брат.	И, наконе́ц, э́то моя́ ста́ршая сестра́.
Он ста́рше меня́ на три го́да.	Она́ ста́рше меня́ на пять лет.

Compare the ages of people in your family by combining elements from the columns below.

я брат сестра́ мать оте́ц	ста́рше мла́дше	меня́ его́ её бра́та сестры́ ма́тери/ма́чехи отца́/о́тчима	на	год два го́да три го́да четы́ре го́да пять лет два́дцать лет два́дцать оди́н год

It is important to provide a context for references to points of the compass: **на за́паде США (Аме́рики)** – *in the western part of the U.S. (America);* **на за́паде от Кли́вленда** – *west of Cleveland.* If you leave out the context, most Russian listeners will assume you are speaking about the concepts "the West" or "the East" in broad general terms.

10-6 Родно́й го́род. Just as most Europeans and Americans would not know the location of **Хи́мки,** a major Moscow suburb familiar to many Russians, Russians may not know the location of your hometown. If you are not from a major city like New York, London, or Montreal, you will need to provide more than the name of your hometown. Here are some ways to do this.

Я из Са́нта-Мо́ники.	Это го́род в шта́те Калифо́рния. Это го́род на ю́ге Калифо́рнии. Это при́город Лос-Анджелеса. Это го́род на за́паде от Лос-Анджелеса.

1. Practice telling in what states the following cities are located. Then come up with your own examples and quiz each other.

   Олбани, Ли́тл-Рок, Атла́нта, Та́мпа, Сан-Анто́нио, Балтимо́р, Анн-Арбор, Сэнт-Лу́ис, Мэ́дисон

2. Say where the following U.S. states are located. Then talk about the locations of other states.

   Образе́ц: Калифо́рния на за́паде Аме́рики.

   Орего́н, Мэн, Нева́да, Фло́рида, Миннесо́та, Мэ́риленд, Вермо́нт, Теха́с, Виско́нсин

3. Indicate where the following cities are in relation to Moscow. Consult the map if necessary.

Образе́ц: — Где Яросла́вль?
— Он на се́вере от Москвы́.

Ки́ев, Санкт-Петербу́рг, Калинингра́д, Арха́нгельск, Тбили́си, Ри́га, Ерева́н, Иркýтск, Смоле́нск

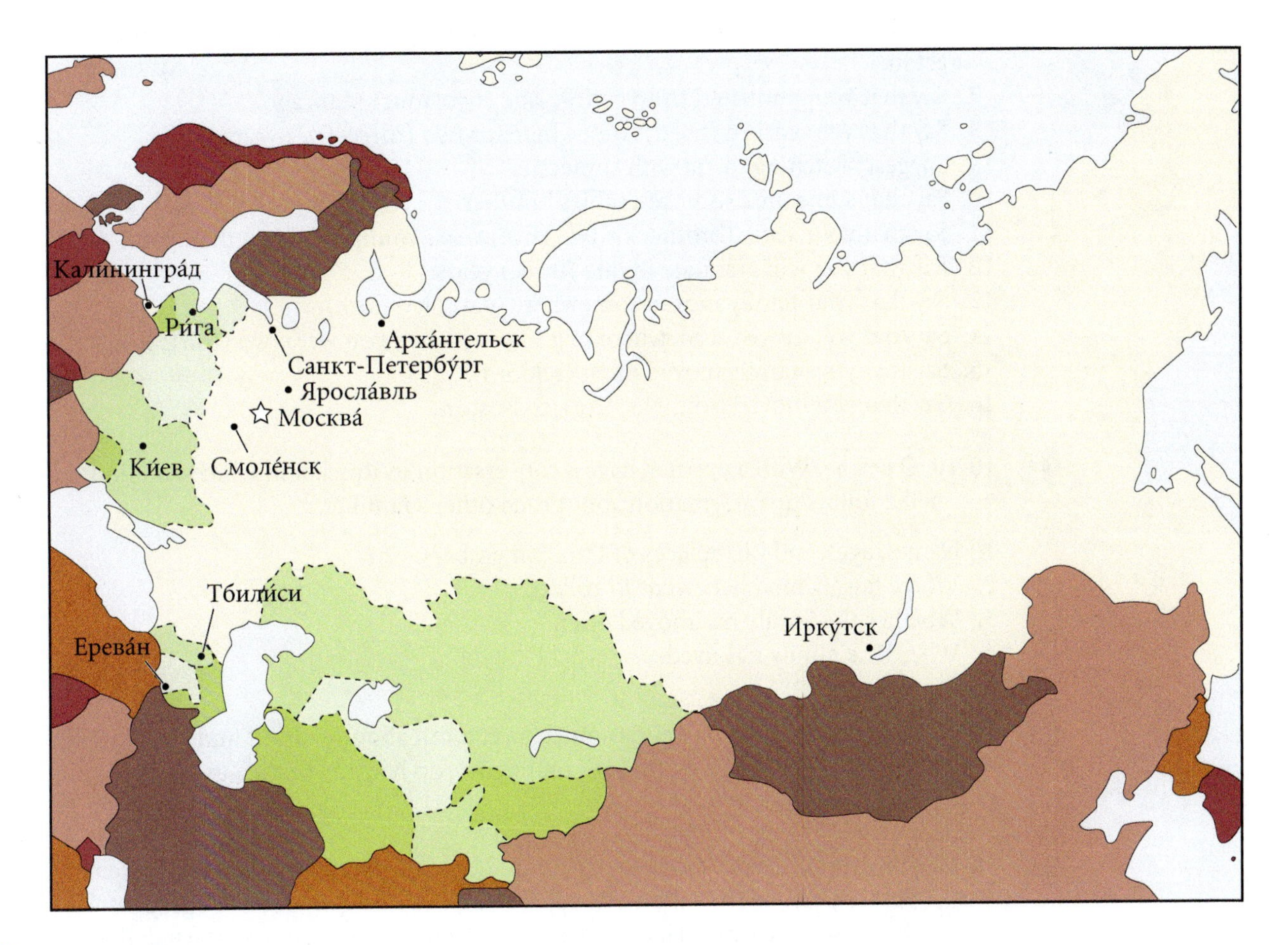

10-7 Working in small groups, tell where you are from and explain where that is relative to other cities, states, or parts of the U.S.

10-8 Find out where your classmates are from (by asking **Отку́да ты?**) and jot down their answers. Everyone asks and answers at the same time. The first person who can tell where everyone is from wins. Note that the word following **из** is in the genitive case.

10-9 Подгото́вка к разгово́ру. Review the dialogs. How would you do the following?

1. Introduce someone.
2. Say where you were born (grew up).
3. Ask where someone was born (grew up, went to college).
4. Say you applied to college.
5. Say you entered college.
6. Say that someone (your brother, sister, friend) applied to grad school, but didn't get in.
7. Say that you graduated from college one (two, four) years ago.
8. Say that you worked (lived) somewhere for two (three, five) years.
9. Suggest switching to **ты** with someone.
10. Say that someone's sister resembles him/her.
11. Say that your sister (brother) is two (five) years younger (older) than you.
12. Say that you will graduate in one (three) years.
13. Say that your family moved somewhere (e.g., New York).
14. Say that you moved somewhere (e.g., Texas) when you were two (thirteen).
15. Say that your family moved often (seldom).
16. Say that you moved from New York to Boston.

10-10 О семье́. With a partner, have a conversation in Russian in which you find out the following information about each other's families.

1. Names, ages, and birthplaces of family members.
2. Where family members went to college.
3. Whether the family has moved often.
4. Where the family has lived.

10-11 О себе́. Tell your partner as much as you can about yourself and your family in two minutes. Then, to work on fluency, do it again, but try to say everything in one minute.

10-12 Два́дцать вопро́сов. One person in the group thinks of a famous contemporary person. The others ask up to twenty yes-no questions to figure out the person's identity. Here are some good questions to get you started: **Вы мужчи́на** (*man*)**? Вы же́нщина** (*woman*)**? Вы родили́сь в Росси́и? Вы америка́нец? Вы писа́тель?**

Игровые ситуации

10-13 Расскажи́те о себе́.

1. You are in Russia on an exchange program and your group has been invited to a let's-get-acquainted meeting with Russian students. To get things started, everybody has been asked to say a little bit about themselves.

2. You are at a party in Russia and are eager to meet new people. Strike up a conversation with someone at the party and make as much small talk as you can.
3. You are new to your host family in Russia and they would like to know more about your family at home. Tell them about your parents and siblings and where they work or study. Show photographs and explain how much older or younger your siblings are.
4. You were at a Russian friend's house and met someone who spoke English extremely well. Ask your friend about that person's background to find out how he/she learned English so well.
5. At a school in Russia, you have been asked to talk to students about getting into college in your country. Tell about your own experience.
6. Working with a partner, prepare and act out a situation of your own that deals with the topics of this unit.

Устный перевод

10-14 A Russian friend has come to visit your family. Everyone is interested in your friend's background. Serve as the interpreter.

ENGLISH SPEAKER'S PART

1. Sasha, are you from Moscow?
2. Vladivostok is in the north, isn't it?
3. Were you born there?
4. And you're in Moscow now? Where do you go to school?
5. Where did you stay?
6. When will you graduate?
7. So in two years, right?

Грамматика

1. Expressing Resemblance: похóж на когó

Use the following formula to express resemblance:

subject	+	похóж, похóжа, похóжи	+	на	+	noun in accusative
Дочь		**похóжа**		**на**		**мáму.**
Daughter		bears resemblance		to		mother

Сын похóж на отцá.	*The son looks like his father.*
Дочь похóжа на бáбушку.	*The daughter looks like her grandmother.*
Дéти похóжи на мать.	*The children look like their mother.*

Упражнения

10-15 Use the correct form of the words in parentheses.

1. — На (кто) похóж Антóн?
   — Он похóж на (брат).
2. — На (кто) похóжа Анна?
   — Онá похóжа на (отéц).
3. — На (кто) похóж Грúша?
   — Он похóж на (мáма).
4. — На (кто) похóжи твой брáтья?
   — Онú похóжи на (пáпа).
5. — На (кто) похóжа Сóня?
   — Онá похóжа на (стáршая сестрá).
6. — На (кто) похóж Вúтя?
   — Он похóж на (сёстры).
7. — На (кто) похóжа Лáра?
   — Онá похóжа на (стáршие брáтья).
8. — На (кто) похóжи дéти?
   — Онú похóжи на (родúтели).

10-16 Как по-рýсски? (Don't translate the words in brackets.)

1. Vanya looks like [his] brother.
2. Katya and Tanya look like [their] parents. That means Katya looks like Tanya.
3. — Whom do you look like?
   — My mother thinks I look like her, but my father thinks I look like him.

10-17 Кто на когó похóж? In pairs or small groups, talk about what celebrities and public figures (actors, singers, politicians, TV journalists) look like other celebrities. Then exchange your thoughts with the rest of the class, and agree or disagree using phrases similar to these:

Complete Oral Drills 1–2 and Written Exercises 10-04 and 10-05 in the SAM

— Да, тóчно, онú óчень похóжи!
— Нет, он на неё совсéм не похóж!

2. Expressing Location: на ю́ге (се́вере, восто́ке, за́паде) (от) чего́

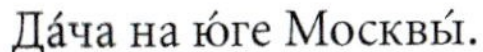
Да́ча на ю́ге Москвы́.

Да́ча на ю́ге от Москвы́.

ВНИМАНИЕ!

English: *in* the north, south, east, west

Russian: **НА – на се́вере, на ю́ге, на восто́ке, на за́паде**

Упражнения

10-18 Соста́вьте предложе́ния. Make truthful and grammatically accurate sentences by combining words from the columns below. Do not change word order or add extra words, but do put the words in the last column in the genitive case. Then, in pairs, come up with five more places in the U.S. or Russia and discuss their locations.

> Abbreviations that are pronounced like letters, such as **США**, are indeclinable.

Атла́нта			
Владивосто́к		се́вере	
Ванку́вер		ю́ге	Кана́да
Монреа́ль	на	за́паде	Росси́я
Санкт-Петербу́рг		восто́ке	США
Сан-Франци́ско			

10-19 Соста́вьте предложе́ния. Make truthful and grammatically accurate sentences by combining words from the columns below. Do not change word order or add extra words, but do put the words following the preposition **от** in the genitive case.

Берли́н				Берли́н
Бонн		се́вере		Бонн
Ло́ндон		ю́ге		Ло́ндон
Мадри́д	на	за́паде	от + *gen.*	Мадри́д
Осло		восто́ке		Осло
Пари́ж				Пари́ж
Хе́льсинки				Санкт-Петербу́рг

10-20 А где э́то? In pairs or small groups, quiz each other on the locations of various cities in Russia and surrounding nations, and then countries in the world. One of you can use the textbook maps for reference while quizzing the other on cities in Russia and neighboring countries. Then reverse roles using the world map in the back of your textbook.

Complete Oral Drill 3 and Written Exercises 10-06 and 10-07 in the SAM

3. Entering and Graduating from School: поступа́ть/поступи́ть (куда́), око́нчить (что)

The formula for getting into a college is:

поступа́ть process: *to apply*	**поступи́ть** result: *to enroll*	***куда́***
поступа́ю	поступлю́ посту́пишь посту́пят	*в университе́т* *на факульте́т*
поступа́ла	поступи́ла	

The meaning of the imperfective **поступа́ть** emphasizes the process as an *attempt:* to *apply to college*. The perfective **поступи́ть** emphasizes the *successful result:* to *get in and enroll.*

Ка́тя **поступа́ла** *в аспиранту́ру на юриди́ческий факульте́т*, но не **поступи́ла.**

Katya applied to *graduate school in the law department* but didn't *get in (didn't enroll)*.

заканчивать	**око́нчить**	
зака́нчиваю	око́нчу око́нчишь око́нчат	***что*** *(accusative direct object)* *университе́т* *шко́лу*
зака́нчивала	око́нчила	

Note: The imperfective **зака́нчивать** is grayed out. The contexts for its use at this stage of your Russian are limited. You are unlikely to use the present tense (*I graduate*). In the future and past tense, you will have little occasion to talk about the process of graduation or talk about repeated acts of graduation.

Ка́тя **око́нчила** *шко́лу* три го́да наза́д.
Она́ **око́нчит** *университе́т* че́рез два го́да.

Katya *graduated from high school* three years ago.
She *will graduate from college* two years from now.

Entering and Graduating from Russian Educational Institutions—Summary

The Russian education (**образова́ние**) system is divided roughly into three tiers: **нача́льное, сре́днее,** and **вы́сшее.** Generically any institution of higher education is referred to by the bureaucratic acronym **вуз – вы́сшее уче́бное заведе́ние.**

		Уче́бное заведе́ние	Срок обуче́ния	Эквивале́нт в Се́верной Аме́рике
поступа́ть/ поступи́ть в . . . око́нчить . . .	нача́льное, сре́днее	шко́лу гимна́зию	9–11 лет	lower school middle school high school
	сре́днее профессиона́льное	колле́дж* профессиона́льно-техни́ческий лице́й	2–2, 5 го́да поступле́ние по́сле 9-го кла́сса и́ли ста́рше	trade or technical school, community college
		те́хникум	4 го́да поступле́ние по́сле 9-го кла́сса и́ли ста́рше	technical trade school (about 2–4 years)
	вы́сшее	акаде́мию институ́т университе́т	4–5 лет поступле́ние по́сле 11-го кла́сса	college university

*When stressed on the first syllable, **ко́лледж** usually refers to an American college.

Упражнения

10-21 Запо́лните про́пуски. Fill in the blanks with the preposition **в** where needed.

1. Ма́ша уже́ око́нчила _____ шко́лу.
2. Когда́ она́ посту́пит _____ институ́т?
3. Когда́ Са́ша око́нчит _____ университе́т, он посту́пит _____ аспиранту́ру?
4. Вы не зна́ете, когда́ он око́нчит _____ аспиранту́ру?
5. Мои́ друзья́ око́нчили _____ гимна́зию и поступи́ли ____ ко́лледж в США.

10-22 Как по-ру́сски?

1. Masha graduated from high school and entered the university.
2. When did she finish high school?
3. When will she graduate from college?
4. Will she go to graduate school?

Complete Oral Drills 4–8 and Written Exercises 10-08—10-12 in the SAM

10-23 А вы? А ты? А твои́ бра́тья, сёстры, друзья́? In pairs or small groups, talk about when your siblings, cousins, or friends graduated from high school, entered college, plan to graduate, and if they plan to apply to graduate school (**хо́чет поступа́ть в аспиранту́ру**).

4. Indicating the Year in Which an Event Takes (Took) Place: В како́м году́?

Russian expresses calendar years with ordinal numbers. Use this formula to answer the question **В како́м году́?** – *In what year?*

в	ordinal number (1st, 2nd, 3rd) in prepositional	год in prepositional (special ending -у́)
в	**две ты́сячи двена́дцатом**	**году́**
in	the 2012th	year

Notes:

1. Ordinal numbers decline like adjectives. Only the last digit declines.
2. Russian always takes a long-form number (*two thousand twelfth,* not *twenty-twelfth*).
3. For the 1900s, the "19" is often omitted if context is clear:
   in 1998 – **в ты́сяча девятьсо́т девяно́сто восьмо́м году́ →**
   в девяно́сто восьмо́м году́
4. Exceptions: Many round ordinal numbers (those ending in 0) have special forms. The ordinal number **третий** – *third* is somewhat irregular. Note these forms:

1800	в ты́сяча вос**ьмисо́том**	2040	в две ты́сячи сороков**о́м**
1900	в ты́сяча девят**исо́том**	2050	в две ты́сячи пят**идеся́**том
2000	в **двух**ты́сяч**ном**	2060	в две ты́сячи шест**идеся́**том
2003	в две ты́сячи трёт**ьем**	2070	в две ты́сячи сем**идеся́**том
2010	в две ты́сячи деся́т**ом**	2080	в две ты́сячи вос**ьмидеся́**том
2020	в две ты́сячи двадца́т**ом**	2090	в две ты́сячи девя**но́**стом
2030	в две ты́сячи тридца́т**ом**		

А что мы должны́ знать?

What you need to be able to do:

LISTENING. You should be able to understand the years when they are spoken at normal speed.

WRITING. Only rarely are years written out as words. It is more common to abbreviate as follows: **Мы бы́ли в Евро́пе в 74-ом году́. Мы бу́дем в Росси́и в 2007-ом году́** (*и́ли:* **в 2007 г.**). Note that the prepositional ending and either the abbreviation **г.** or the word **году́** are often added, even when the year is written as numerals rather than as words. You should be able to write years like this.

SPEAKING. You should learn to pronounce with confidence the correct answers to the following questions:

В како́м году́ вы родили́сь?
В како́м году́ родили́сь ва́ши роди́тели?
В како́м году́ родили́сь ва́ши бра́тья и сёстры?
В како́м году́ родила́сь ва́ша жена́ (роди́лся ваш муж)?
В како́м году́ родили́сь ва́ши де́ти?

Strategy: If you are asked either **Когда́?** or **В како́м году́?** questions, you will probably find it easier to answer them using **че́рез** or **наза́д** (see section 5 below).

Упражнения

10-24 Прочита́йте предложе́ния. Read the following sentences aloud.

1. Пе́тя роди́лся в 1995 г.
2. Аля родила́сь в 1982 г.
3. Ира родила́сь в 2000 г.
4. Ва́ня роди́лся в 1980 г.
5. Вади́м поступи́л в университе́т в 2008 г.
6. Кса́на око́нчила университе́т в 2010 г.
7. Мы око́нчим университе́т в 2015-ом г.
8. Де́душка у́мер в 2001 г.
9. Ба́бушка умерла́ в 1999 г.

to die

умира́ть	умере́ть
умира́ю	умру́ умрёшь умру́т
умира́ла	у́мер умерла́ у́мерли

10-25 А в ва́шей семье́? In pairs or small groups, talk about when various relatives were born or died.

Review Числительные in the S.A.M.; complete Oral Drill 9 and Written Exercise 10-13 in the SAM

5. Time Expressions with че́рез and наза́д

через + *accusative*
че́рез год (неде́лю, час)
after a year (week, hour)
= a year from now

accusative + **наза́д**
год (неде́лю, час) наза́д
year (week, hour) ago

and

через + *number* + *genitive*
че́рез два го́да (две неде́ли)
after two years (two weeks)
= two years from now

number + *genitive* + **наза́д**
два го́да (две неде́ли) наза́д
two years (two weeks) ago

Упражнения

10-26 Как по-ру́сски? Alla graduated from high school a week ago. In three months she'll start university. Her brother graduated from college two years ago. In a year he'll apply to graduate school.

10-27 Отве́тьте на вопро́сы. Answer the following questions truthfully, using time expressions with **че́рез** or **наза́д.** Pay attention to the tense of the verbs.

1. Когда́ вы поступи́ли в университе́т?
2. Когда́ вы око́нчите университе́т?
3. Когда́ вы посту́пите в аспиранту́ру?
4. Когда́ ва́ши бра́тья и сёстры око́нчили шко́лу?
5. Когда́ вы е́дете в Росси́ю?
6. Когда́ вы е́здили в Нью-Йо́рк?
7. Когда́ вы ходи́ли в кино́ и́ли на конце́рт?
8. Когда́ вы пойдёте у́жинать в рестора́н?
9. Когда́ вы бу́дете отдыха́ть?

Complete Oral Drills 10-12 and Written Exercise 10-14 in the SAM

6. Verbal Aspect — Past Tense

Imperfective

1. **Repeated action.** Repetition may be indicated by an adverb such as **всегда́, всё вре́мя, обы́чно, ча́сто, ре́дко, ка́ждый день,** or **ра́ньше.**

   Когда́ Ва́ня был в Аме́рике, он **ка́ждый день чита́л** америка́нские газе́ты. Когда́ я учи́лась в институ́те, я **ре́дко отдыха́ла.**

   Sometimes English indicates repetition with the expression *used to:* used to read, used to rest, etc. Such *used to* expressions are always imperfective in Russian.

2. **Emphasis on length or process/activity.** Look for time expressions that emphasize the length or emphasize the process: **весь день, всё у́тро, три часа́, до́лго.** If in English, you feel the verb in question can be expressed by *was ___ing,* e.g., *was writing,* or *was in the process of ___ing* or *spent x amount of time ___ing,* then you are sure to need an imperfective verb. Some verbs are by nature "activity" verbs and are therefore more likely to appear in the imperfective: **изуча́ть, занима́ться, учи́ться,** and **рабо́тать.**

3. **Emphasis shifted away from result or completion.** Imperfective does not mean that the action is necessarily *un*finished, only that the result or completion is not emphasized: **Я чита́л Пеле́вина** means that at some point you engaged in reading Pelevin. Whether you finished any of his books is irrelevant.

4. **Attempt as opposed to success.** Some verbs are "natural" attempt/success pairs like:

   поступа́ть – *to apply to a school* / **поступи́ть** – *to successfully enroll*
   реша́ть (реша́ю) – *to work on or consider* (a problem) / **реши́ть (решу́, реши́шь, реша́т)** – *to solve or come to a decision* (about a problem)

But almost any "goal-oriented" verb can have an attempt/success connotation if the context is right: **Мы до́лго *писа́ли* э́то письмо́, но не *написа́ли.*** – *We spent a long time **trying to write** the letter but didn't manage to **get it written.***

Perfective

1. **One-time action seen as a whole.**

   Мы пошли́ в магази́н и **купи́ли** вот э́ту но́вую кни́гу.
   We went to the store and ***bought*** *this new book.*

2. **Emphasis on brevity of a whole action.**

   Ве́ра **бы́стро прочита́ла** письмо́ дру́га и **тут же написа́ла** отве́т.
   Vera ***quickly read through*** *her friend's letter and* ***right then and there wrote*** *her answer.*

3. **Emphasis on result or completion.** The following exchange shows when completion is emphasized:

   Преподава́тель: Вы **прочита́ли** э́тот расска́з?
   Instructor: Did you ***read*** *that story?* (The teacher clearly expects completed action.)

   Студе́нт: Понима́ете, э . . . я . . .

   Преподава́тель: А вы вообще́ **чита́ли** Толсто́го?
   Instructor: ***Have*** *you* ***read*** *any Tolstoy?* (That is, has the student even laid eyes on a Tolstoy book? Completion is not important.)

4. **Success as opposed to attempt.** See the contrasts on the previous page.

Упражнения

10-28 Како́й вид глаго́ла? Select the correct aspect of each verb below. Which of these sentences requires an imperfective verb because the action is repeated?

1. Когда́ Же́ня учи́лась в Вашингто́не, она́ ка́ждый день (слу́шала/послу́шала) ра́дио.
2. Мы ра́ньше (покупа́ли/купи́ли) газе́ты на ру́сском языке́.
3. Серафи́ма Дени́совна, вы уже́ (писа́ли/написа́ли) письмо́ дире́ктору?
4. Ма́ма всё вре́мя (говори́ла/сказа́ла) ребёнку, что не на́до опа́здывать.
5. Извини́те, что вы сейча́с (говори́ли/сказа́ли)? Я вас не расслы́шала.
6. Ва́ня, почему́ ты сего́дня (опа́здывал/опозда́л) на уро́к? Ты ведь ра́ньше не (опа́здывал/опозда́л).

10-29 Are the boldfaced verbs perfective or imperfective? Why?

1. — Та́ня, ты хо́чешь есть?
   — Нет, спаси́бо. Я уже́ **пообе́дала.**
2. — Ви́тя, где ты был вчера́ ве́чером?
   — Я был в це́нтре. **Обе́дал** в но́вом рестора́не.
3. — Что вы **де́лали** вчера́?
   — Мы **занима́лись.**
4. — Воло́дя ещё пока́зывает сла́йды?
   — Нет, уже́ всё **показа́л.** Мо́жет быть, он тебе́ пока́жет их за́втра.
5. — Ты **чита́ла** «Анну Каре́нину»?
   — Да, я её **чита́ла,** когда́ ещё учи́лась в институ́те.
6. В сре́ду Анна **купи́ла** но́вое пла́тье.
7. Мы до́лго **чита́ли** э́тот рома́н. Наконе́ц мы его́ **прочита́ли.**
8. Что вы **де́лали** в суббо́ту?

10-30 Pick the best Russian equivalent for the verbs in the sentences below.

1. Some students were watching videotapes all night. (**смотре́ли/посмотре́ли** видеофи́льмы) Others read their assignments for the next day. (**чита́ли/прочита́ли**)
2. Some students spent the hour eating lunch. (**обе́дали/пообе́дали**)
3. "Did your parents manage to order the plane tickets yesterday?" (**зака́зывали/заказа́ли**) "Yes, they spent all morning ordering those tickets." (**зака́зывали/заказа́ли**)
4. "Did you manage to write your term paper?" (**писа́ли/написа́ли**)
   "Yes, but I wrote all night." (**писа́л[а]/написа́л[а]**)
5. We spent four hours fixing dinner. (**гото́вили/пригото́вили**)
6. We made a pizza for our guests. (**гото́вили/пригото́вили**)
7. I wrote e-mails all evening. (**писа́л[а]/написа́л[а]**)
8. I wrote an e-mail to my parents and sent it this morning. (**писа́л[а]/написа́л[а]**)
9. Have you ever read *War and Peace*? (**чита́л[а]/прочита́л[а]** «Войну́ и мир»)
10. We read the assignment and feel prepared for class tomorrow. (**чита́ли/прочита́ли**)
11. My teacher advised me to take Russian history. (**сове́товал[а]/посове́товал[а]**)
12. My teacher often advised me what courses to take. (**сове́товал[а]/посове́товал[а]**)

10-31 Read Masha's description of what she did last night. Then help her complete it by selecting the appropriate verb from each pair of past-tense verbs given. Pay attention to context.

Вчера́ ве́чером я (**смотре́ла/посмотре́ла**) телеви́зор. Я (**смотре́ла/посмотре́ла**) одну́ переда́чу, а пото́м пошла́ в центр. Там я до́лго (**реша́ла/реши́ла**), что де́лать. Наконе́ц я (**реша́ла/реши́ла**) пойти́ в кафе́. Там сиде́ли мои́ друзья́ Со́ня и Ко́стя. Ра́ньше мы ча́сто (**обе́дали/пообе́дали**) вме́сте, а тепе́рь мы ре́дко ви́дим друг дру́га. Мы до́лго (**обе́дали/пообе́дали**) в кафе́, (**спра́шивали/спроси́ли**) друг дру́га об университе́те и о рабо́те и (**расска́зывали/рассказа́ли**) о се́мьях. Когда́ мы обо всём (**расска́зывали/рассказа́ли**), мы (**говори́ли/сказа́ли**) «до свида́ния» и пошли́ домо́й. Я о́чень по́здно пришла́ домо́й.

Verbal Aspect: Simultaneous vs. Consecutive Events

Aspect plays a role in how events are reported in temporal relationship to one another.

Imperfective: Simultaneous Events

Мы **чита́ли** газе́ту и **за́втракали.**
We *were reading* the paper and *having breakfast.*

Когда́ мы **за́втракали,** мы **чита́ли** газе́ту.
While we *were having breakfast* we *were reading* the paper.

Perfective: Consecutive Events

Мы **прочита́ли** газе́ту и **поза́втракали.**
We *read* the paper and then *had breakfast.*

Когда мы **прочита́ли** газе́ту, мы **поза́втракали.**
After we *got through reading* the newspaper, we *had breakfast.*

Imperfective + Perfective: Single Event Interrupts a Process

Когда́ мы **чита́ли** газе́ту, сосе́д **откры́л** окно́.
While we *were reading* the paper, my roommate *opened* a window.

Упражнение

10-32 For each sentence, indicate whether the events occurred at the same time or one after the other.

1. Мы поу́жинали, пошли́ в кино́ и посмотре́ли фильм.
2. Когда́ мы поу́жинали, мы пошли́ в кино́.
3. Мы у́жинали и смотре́ли фильм.
4. Когда́ мы у́жинали, мы смотре́ли фильм.
5. Когда́ мы поу́жинали, мы посмотре́ли фильм.
6. Мы купи́ли проду́кты, пошли́ домо́й и пригото́вили обе́д.
7. Когда́ мы купи́ли проду́кты, мы пошли́ домо́й.
8. Когда́ мы покупа́ли проду́кты, мы говори́ли о фи́льме.
9. Мы пи́ли чай и слу́шали ра́дио.
10. Мы сде́лали дома́шние зада́ния и пошли́ на уро́к.

But what if . . .

What if an action is repeated but is also completed?
What if the action took place only once, but there was no completion?

The problem with Russian aspect for non-natives is that the oppositions don't appear to be mutually exclusive. After all, you can spend a *long time* (imperfective?) performing an action that is now *completed* (perfective?).

A few rules of thumb bring some clarity to problems of Russian verbal aspect.

1. Repetition and length almost always trump completion: **Я мно́го раз чита́л э́тот рома́н. Мне о́чень нра́вятся после́дние страни́цы.** *I've **read** that novel many times. I really like the last few pages.* (Obviously, a reader who got to the last few pages finished the book, but *many times* trumps finishing.)
2. In future- and past-tense questions, the verb **де́лать** is almost always imperfective: **Что вы *де́лали* в Росси́и?**
3. Past tense "have you ever . . . " questions prefer imperfective: **Вы смотре́ли э́тот фильм?**

As your Russian progresses, you will learn more such rules of thumb that help narrow aspectual choice.

Complete Oral Drills 13–18 and Written Exercises 10-15 — 10-18 in the SAM

10-33 Как по-ру́сски? Yesterday my friend Viktor and I were having dinner in a restaurant. I ordered meat with potatoes and ice cream. Viktor decided to get chicken with vegetables and coffee. While we were having dinner Viktor was telling me about Moscow and I was asking him about his university. He said that he would graduate from the university in a year. Then we went home.

7. Review of Motion Verbs

In this unit we fill in the entire chart of going verbs.

Summary Table of "Go" Verbs for Beginning Russian

	Foot	Vehicle
Infinitive unidirectional	идти́/пойти́	е́хать/пое́хать
Infinitive multidirectional	ходи́ть	е́здить
Future	пойду́, пойдёшь, пойду́т	пое́ду, пое́дешь, пое́дут
Present unidirectional *am going*	иду́, идёшь, иду́т	е́ду, е́дешь, е́дут
Present multidirectional *go there-back, there-back*	хожу́, хо́дишь, хо́дят	е́зжу, е́здишь, е́здят
Past unidirectional *set out for*	пошёл, пошла́, пошли́	пое́хал, пое́хала, пое́хали
Past multidirectional *made a round trip or round trips*	ходи́л, ходи́ла, ходи́ли	е́здил, е́здила, е́здили

"Go" and aspect

For beginning learners of Russian, aspect plays a secondary role to multi- and unidirectionality. Multidirectional **ходи́ть** and **е́здить** are *imperfective*, as are unidirectional **идти́** and **е́хать.** (They all have present tenses: **хожу́, е́зжу, иду́, е́ду.**) The verbs **пойти́** and **пое́хать** are *perfective* (**пойду́** and **пое́ду** are, after all, future-tense forms).

"Go" infinitives and aspect

For the time being, use perfective infinitives in sentences like:

Хо́чешь пойти́ в кино́ сего́дня?	Do you *want to go* to the movies today?
Мы **должны́ пое́хать** на да́чу в суббо́ту.	We *have to go* to the dacha on Saturday.

Foot or vehicle?

Vehicle verbs are required:

- for travel to other countries and cities (**Мы е́дем в Ки́ев** – *We're going to Kiev*).
- when a vehicle is mentioned explicitly (**Мы е́дем домо́й на маши́не** – *We're going home in a car*).
- when the vehicle is physically present (e.g., in an elevator you say: **Я е́ду на пя́тый эта́ж**).

Use foot verbs for:

- travel on foot (under one's own power).
- travel *within* a city/town to "generic" places: school, the movies, the store, etc., *unless* you want to emphasize the vehicular nature of the trip:

— Мне ну́жно **пойти́** в магази́н.	I need *to go* to the store.
— Дава́йте все вме́сте **поéдем** в «Кро́кус Си́ти Молл».	Let's all *go* together to Crocus City Mall.

Кро́кус Си́ти Молл

Упражнения

10-34 Pick the correct form of the verb based on the context of the sentence.

1. — Где роди́тели?
   — Их нет. Они́ (éздили/поéхали) на да́чу. Они́ бу́дут до́ма ве́чером.
2. — Где Ле́на?
   — Она́ (ходи́ла/пошла́) в библиоте́ку. Она́ бу́дет до́ма че́рез два часа́.
3. — Ты хо́чешь (идти́/пойти́) на конце́рт в пя́тницу?
   — Хочу́, но не могу́. Я должна́ (е́хать/поéхать) на да́чу в пя́тницу днём.
4. — Анна была́ в Сиби́ри?
   — Да, она́ (е́здила/поéхала) в Сиби́рь ме́сяц наза́д. Хо́чешь, она́ тебе́ всё расска́жет.
5. — Куда́ вы (ходи́ли/пошли́) вчера́?
   — Мы (ходи́ли/пошли́) в музе́й.
6. — Каки́е у вас пла́ны на за́втра?
   — В 9 часо́в мы (хо́дим/пойдём) в музе́й. Пото́м мы хоти́м (идти́/пойти́) в кафе́ пообе́дать. А ве́чером (хо́дим/пойдём) в кино́.
7. — Что ты де́лала вчера́?
   — В 9 часо́в я (ходи́ла/пошла́) на уро́к англи́йского языка́. Пото́м я (ходи́ла/пошла́) в библиоте́ку занима́ться. Пото́м я (ходи́ла/пошла́) на ле́кцию по исто́рии. Наконе́ц, я (ходи́ла/пошла́) домо́й и отдыха́ла.

8. — Где вы бы́ли год наза́д?
   — Мы (е́здили/пое́хали) на юг отдыха́ть.
9. — Где вы там отдыха́ли?
   — Из Москвы́ мы (е́здили/пое́хали) в Со́чи. А из Со́чи мы (е́здили/пое́хали) в Новоросси́йск. Пото́м из Новоросси́йска мы (е́здили/пое́хали) в Оде́ссу.
10. — Приве́т, Са́ша! Куда́ ты сейча́с (идёшь/пойдёшь)?
   — (Иду́/Пойду́) в кафе́. Хо́чешь (идти́/пойти́) со мной?

10-35 Куда́ ты? Ask your partner about where he/she goes (is/was going) at the times indicated below. Be prepared to report his/her answers to the class.

1. Каки́е у тебя́ пла́ны на суббо́ту?
2. Что ты обы́чно де́лаешь во вто́рник?
3. Куда́ ты ходи́л(а) вчера́?
4. Куда́ ты е́здил(а) в воскресе́нье?
5. Куда́ ты пое́дешь на кани́кулы (*on vacation/break*)?

Complete Oral Drills 19–20 and Written Exercises 10-19 and 10-20 in the SAM

8. Have Been Doing — Use Present Tense

Consider the examples:

Мы давно́ **живём** в Нью-Йо́рке.	We *have been living* in New York for a long time.
А мы здесь **живём** то́лько четы́ре ме́сяца.	We *have been living* here for only four months.

Упражнение

10-36 Как по-ру́сски? How would you express the following questions in Russian? How would you answer them?

1. Where do you live?
2. How long (**ско́лько вре́мени**) have you been living there?
3. How long have you been a student at this university?
4. How long have you been studying Russian?
5. What other foreign languages do you know?
6. How long have you been studying . . . language?

Complete Oral Drill 21 and Written Exercises 10-21 and 10-22 in the SAM

Давайте почитаем

10-37 На́ши а́вторы. Below is a reference listing of well-known Russian authors. Read it to find answers to the following questions.

1. What is the purpose of this article?
2. Supply the following information for each of the authors: name, birthplace and year, education (if given), current place of residence.
3. How many of the authors listed are women?
4. Which authors have lived abroad? How many still live in Russia? How many are dead?
5. The descriptions mention the forebears of some of the authors. What did you find out?
6. Which authors appear not to have graduated with a literature major? What brings you to this conclusion?
7. Which author do you find the most interesting and why?
8. Name one thing that you learned about the kinds of things each of the authors writes.

Наши авторы

ВОЙНОВИЧ Владимир Николаевич. Родился в 1932 г. в Душанбе. Много переезжал, в 1951–55 гг. служил в армии, учился в вечерней школе и полтора года в педагогическом институте. В армии начал писать стихи, потом он перешёл на прозу. Его первая повесть «Мы здесь живём» была опубликована в журнале «Новый мир» в 1961 г. В 1962 г. его приняли в Союз писателей. С 1966 г. принимал участие в движении за права человека. В 1969 и 1975 гг. вышел за границей его самый известный роман «Жизнь и необычайные приключения солдата Ивана Чонкина». В 1974 г. он был исключён из СП и в 1980 г. эмигрировал. Жил в Германии и в США. Его произведения публиковались за границей и в самиздате. Теперь он живёт в Москве и в Германии. В романах, повестях, рассказах, пьесах и фельетонах он критикует советскую систему. Его произведения «Иванькиада», «Шапка», «Москва 2042» и «Антисоветский Советский Союз» восходят к сатирическим традициям Гоголя, Салтыкова-Щедрина и Булгакова.

ГРИШКОВЕЦ Евгений Валерьевич. Писатель, драматург, актёр, режиссёр, музыкант. Родился в 1967 году в сибирском городе Кемерово. В 1984 поступил на филфак Кемеровского университета, окончил его в 1994 году. После третьего курса университета был призван на военную службу, служил три года в военно-морском флоте на Дальнем Востоке. Жил короткое время в эмиграции в Германии, потом вернулся в Кемерово в 1990 и основал театр «Ложа». В 1998 году переехал в Калининград и поставил в Москве монодраму «Как я съел собаку», в которой автор рассказывает о военной службе. Автор пьес «Город», «Одновременно», «Планета», «ПоПо» (по произведениям Эдгара Аллана По) и книг «Рубашка», «Реки», «Асфальт». Поёт в музыкальном коллективе «Бигуди», играет в фильмах. Живёт с семьей в Калининграде, часто выступает в России и за границей.

МАРИНИНА Александра Борисовна. Маринина — псевдоним Марины Анатольевны Алексеевой. Родилась в 1957 г. в Ленинграде. В 1971 г. переехала в Москву. В 1979 г. окончила юридический факультет МГУ и получила распределение в Академию МВД СССР. В 1980 г. получила звание лейтенанта милиции и должность научного сотрудника со специальностью психопатология. В 1986 г. защитила кандидатскую диссертацию. С 1991 года пишет детективы. Первую свою повесть, «Шестикрылый серафим», она написала с коллегой Александром Горкиным. В 1992–93 гг. она написала свой первый детектив без соавтора «Стечение обстоятельств». Повесть была опубликована в журнале «Милиция» в 1993 г. На сегодняшний день Маринина — один из самых известных писателей популярного жанра русского детектива. Среди её работ – «Игры», «Чужой», «Смерть ради смерти» и другие. В 2000 г. был снят телесериал по произведениям Марининой. Живёт в Москве.

ЕРОФЕЕВ Венедикт Васильевич. Родился в 1938 г. в Карелии. В 1955 г. поступил на филологический факультет МГУ, но был исключён из университета за участие в неофициальном студенческом кружке. В 1959 и 1961 гг. Ерофеев поступил в два педагогических института, но вскоре был исключён из обоих. В 1960–70 гг. живёт в ряде городов, работает на строительстве. Первые литературные произведения написаны ещё в студенческие годы, печатаются в «самиздате» и за рубежом в 1970–80 гг. Первые произведения были опубликованы в СССР в 1990 г. Ерофеев — абсурдист в традиции Гоголя или Кафки. Его романы: «Москва — Петушки», «Василий Розанов глазами эксцентрика», пьеса: «Вальпургиева ночь или Шаги командора». Ерофеев скончался в Москве в 1990 г.

ТОЛСТАЯ Татьяна Никитична. Родилась в 1951 г. в Ленинграде, внучка писателя Алексея Николаевича Толстого. Окончила филологический факультет ЛГУ в 1974 г. Первые рассказы опубликованы в 1983 г. в ленинградском журнале «Аврора». В 1988 г. вышел сборник её рассказов «На золотом крыльце сидели», а в 2000 г. её роман «Кысь». Другие книги: «День. Личное» (2001), «Ночь. Рассказы» (2001), «Изюм» (2002). Многие её рассказы переведены на английский. Главные темы автора — негативные аспекты психологического облика людей. В её тематике особое место занимают старики и дети. В 90-е годы Толстая часто преподавала в американских вузах и публиковала статьи в американских и британских журналах. С 2002 г. ведёт телепередачу (вместе со сценаристкой Дуней Смирновой) «Школа злословия». Живёт в Москве.

Культура и быт

Какóй Толстóй?

Everyone knows Tolstoy as the author of *War and Peace.* But which Tolstoy? Russia has three famous Tolstoys, two of whom are mentioned here. **Лев Николáевич** (1828–1910), the most famous, was the author of **Войнá и мир** and **Анна Карéнина. Алексéй Константúнович** (1817–1875) is remembered for his lyric poetry and for his historical trilogy covering the czars of the sixteenth century. **Алексéй Николáевич** (1883–1945) wrote sweeping historical novels, among them **Пётр Пéрвый** and **Ивáн IV.**

Ну́жные слова́:

вое́нно-морско́й флот – *navy*
движе́ние за права́ челове́ка – *human rights movement*
до́лжность – *position*
за грани́цей – *abroad*
занима́ть – *to occupy*
защити́ть – *to defend*
зва́ние – *title*
исключён, исключена́ (из чего́) – *was expelled from*
МВД – Министе́рство вну́тренних дел – *includes the police,* **мили́ция**
нау́чный сотру́дник – *researcher*
по́весть – ма́ленький рома́н, нове́лла
о́блик – (psychological) *portrait or profile*
печа́таться в «самизда́те» – *to be published in* samizdat (*underground publishing in Soviet times*)
получи́ть распределе́ние = получи́ть рабо́ту
при́зван - *drafted*
принима́ть уча́стие – *to participate, take part in*
произведе́ние – *work* (of art or literature)
пье́са – *stage play*
расска́з – *story*
слу́жба, служи́ть – *service; to serve*
сбо́рник – *collection*
СП – Сою́з писа́телей – *Union of Writers* (What then is **член**?)
стече́ние обстоя́тельств – *coincidence*
строи́тельство – *construction*
уча́стие – *participation*

10-38 Вы уже́ зна́ете э́ти слова́! Most of the boldfaced words below are related to English words. What do they mean?

1. Он **критику́ет сове́тскую систе́му** – *he* ______________
2. Мари́нина — **псевдони́м** Мари́ны Анато́льевны Алексе́евой – *Marinina is the* ______________ *of Marina Anatolievna Alexeeva*
3. **неофициа́льный студе́нческий** кружо́к – ______________ *club*
4. **абсурди́ст в тради́ции** Го́голя и́ли Ка́фки – *an* ______________ *in the* ______________ *of Gogol and Kafka*
5. Его́ произве́дения . . . восхо́дят к сатири́ческим **тради́циям** Го́голя, Салтыко́ва-Щедрина́ и Булга́кова – *His works can be traced back to the satirical* ______________ *of Gogol, Saltykov-Shchedrin, and Bulgakov.*
6. Поёт в **музыка́льном коллекти́ве** «Бигуди́», **игра́ет в фи́льмах.** Живёт **с семьёй** в Калинингра́де. – *He sings in the* ________________ *Bigudi and* ______________ *. He lives* ________________ *in Kaliningrad.*
7. а́втор расска́зов и **киносцена́риев** – *author of short stories and* ______________
8. Пе́рвые расска́зы **опублико́ваны** в 1983 г. – *the first stories were* ______________ *in 1983*
9. **Гла́вные** те́мы а́втора — негати́вные аспе́кты **психологи́ческого о́блика** люде́й. – *The author's* ______________ *themes are the negative aspects of people's* ______________ .
10. Автор пьес «**Го́род**», «Одновре́менно», «**Плане́та**», «ПоПо» (**по произведе́ниям Эдга́ра Аллана По**) – *the author of plays* ______________ , *«Одновременно»,* ________________ *, and «ПоПо» (based on* ________________ *)*
11. вре́мя – *time* → «**Одновре́менно**» – ____________________

10-39 Привéт из Амéрики! Read the e-mails below and answer the questions that follow.

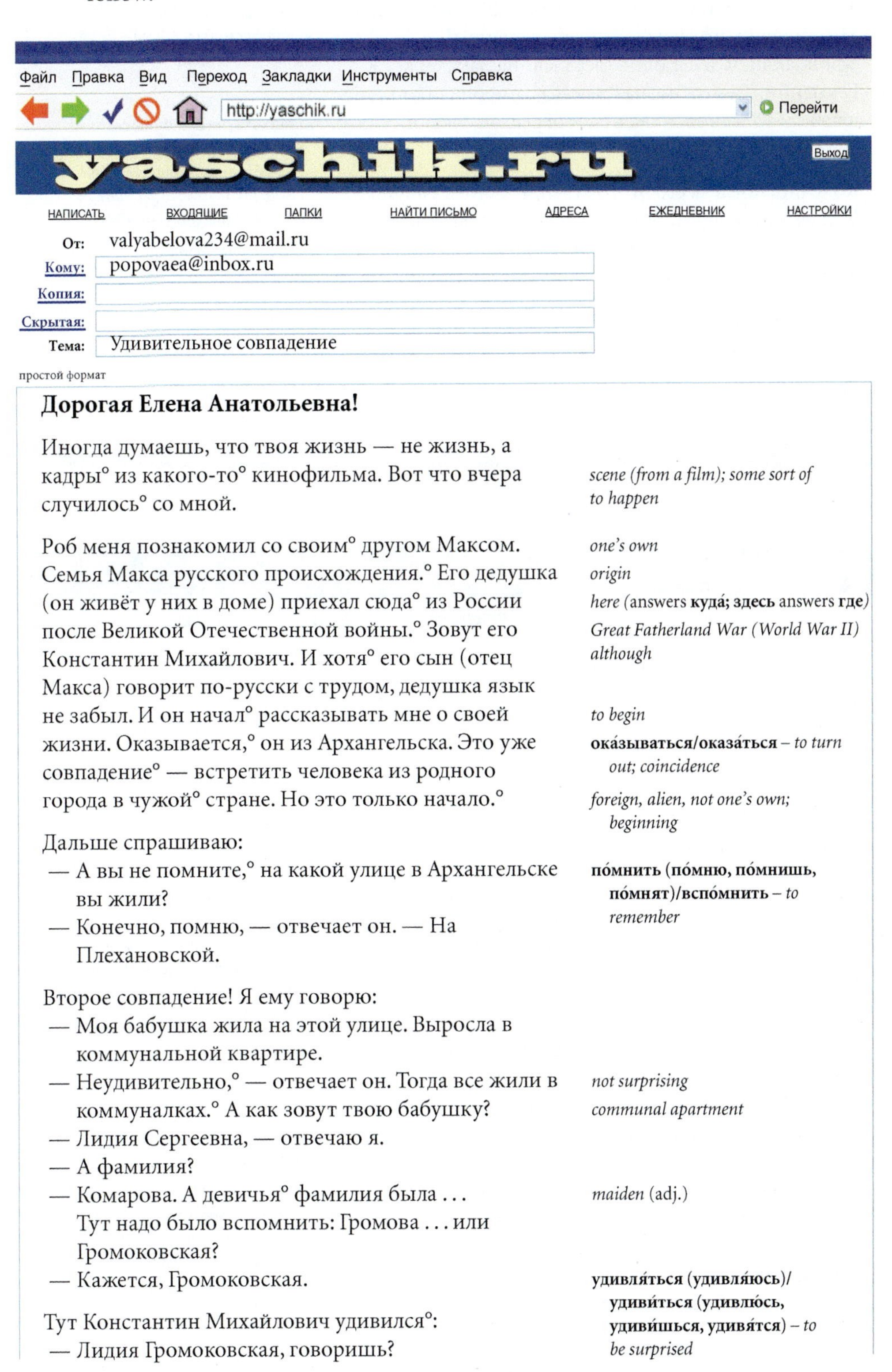

Файл Правка Вид Переход Закладки Инструменты Справка

http://yaschik.ru Перейти

yaschik.ru Выход

НАПИСАТЬ ВХОДЯЩИЕ ПАПКИ НАЙТИ ПИСЬМО АДРЕСА ЕЖЕДНЕВНИК НАСТРОЙКИ

От: valyabelova234@mail.ru
Кому: popovaea@inbox.ru
Копия:
Скрытая:
Тема: Удивительное совпадение

простой формат

Дорогая Елена Анатольевна!

Иногда думаешь, что твоя жизнь — не жизнь, а кадры° из какого-то° кинофильма. Вот что вчера случилось° со мной.

scene (from a film); some sort of
to happen

Роб меня познакомил со своим° другом Максом. Семья Макса русского происхождения.° Его дедушка (он живёт у них в доме) приехал сюда° из России после Великой Отечественной войны.° Зовут его Константин Михайлович. И хотя° его сын (отец Макса) говорит по-русски с трудом, дедушка язык не забыл. И он начал° рассказывать мне о своей жизни. Оказывается,° он из Архангельска. Это уже совпадение° — встретить человека из родного города в чужой° стране. Но это только начало.°

one's own
origin
here (answers **кудá; здесь** answers **где**)
Great Fatherland War (World War II)
although
to begin
окáзываться/оказáться – *to turn out; coincidence*
foreign, alien, not one's own; beginning

Дальше спрашиваю:
— А вы не помните,° на какой улице в Архангельске вы жили?
— Конечно, помню, — отвечает он. — На Плехановской.

пóмнить (пóмню, пóмнишь, пóмнят)/вспóмнить – *to remember*

Второе совпадение! Я ему говорю:
— Моя бабушка жила на этой улице. Выросла в коммунальной квартире.
— Неудивительно,° — отвечает он. Тогда все жили в коммуналках.° А как зовут твою бабушку?
— Лидия Сергеевна, — отвечаю я.
— А фамилия?
— Комарова. А девичья° фамилия была . . .
Тут надо было вспомнить: Громова . . . или Громоковская?
— Кажется, Громоковская.

not surprising
communal apartment
maiden (adj.)

Тут Константин Михайлович удивился°:
— Лидия Громоковская, говоришь?

удивля́ться (удивля́юсь)/удиви́ться (удивлю́сь, удиви́шься, удивя́тся) – *to be surprised*

Оказывается, что ещё до войны они были знакомы. Выросли в одном° доме. Более того, они были влюблены° друг в друга. Но в начале 50-х Константин Михайлович оказался в Вене, был членом° официальной делегации. Остался° на Западе, в Германии. Там он познакомился с американкой, влюбился,° женился° на ней и переехал с ней в Америку.

in the same
влюблён (влюблена́, влюблены́) (**в** + *acc.*) – *in love*
member; to remain
влюбля́ться (влюбля́юсь)/влюби́ться (влюблю́сь, влю́бишься, влю́бятся) (**в** + *acc.*) – *to fall in love; to get married* (said of men and couples)

Конечно, после всего этого контакт с моей бабушкой был невозможным. Во-первых, у него уже была жена, и, во-вторых, он был изменником Родины.° Ведь это были самые тяжёлые° годы «холодной войны».

traitor to one's homeland
heavy, difficult

Всё это похоже на фильм «Назад в будущее°». Но это не фантастика, а жизнь!

future

Валя

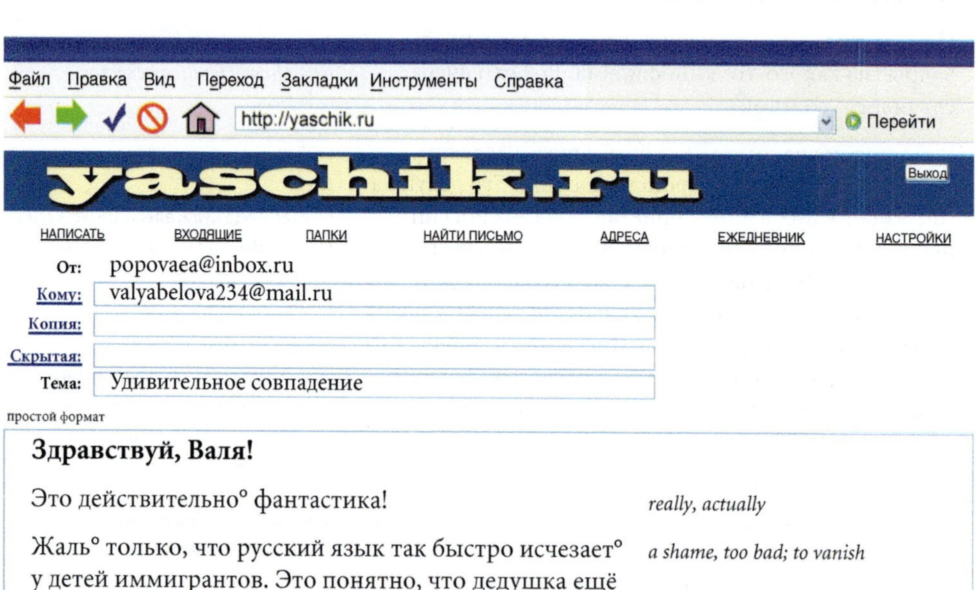

Здравствуй, Валя!

Это действительно° фантастика!

really, actually

Жаль° только, что русский язык так быстро исчезает° у детей иммигрантов. Это понятно, что дедушка ещё по-русски говорит. Ведь когда он приехал в Америку, он был уже взрослым человеком. Но мне его сына жалко.° Он ведь мог иметь° два языка.

a shame, too bad; to vanish
sorry for someone: dat. + **жа́лко** + acc.; **Мне жа́лко ма́му.** – *I feel sorry for Mom.; to have* (used with abstract concepts)

В детстве я была знакома с одной девочкой,° дочерью американских коммунистов. Приехали сюда в 50-х годах. Девочка, конечно, говорила по-русски, но дома все говорили по-английски. Английский язык она не забыла. Тем более,° Аня (так ее зовут) училась в спецшколе° с английским, поступила в Институт иностранных языков, окончила его и пошла работать. Сначала преподавала язык в институте, а потом основала° свою школу английского языка. Школа имеет большой успех!°

little girl
all the more reason
special school (These schools offer intensive study in a given subject, usually a foreign language, most often English.)
осно́вывать/основа́ть – *to found*
success

Е.

Ма́ленький уро́к исто́рии. Understanding this e-mail exchange requires a superficial knowledge of twentieth-century Russian history.

The Soviet period. Russians lived under totalitarian Communism from shortly after the October 1917 Revolution until the collapse of the Soviet Union. The Cold War pitted the United States against the Soviet Union in a geopolitical struggle from the end of World War II until the end of the 1980s. Throughout the Soviet period, citizens of the USSR were discouraged from having contact with Westerners. Free travel abroad was prohibited. Some Soviet citizens who were allowed to travel "defected": They chose to stay in the West. On the other hand, a trickle of American Communists and their sympathizers, hounded by anti-Communist witch hunts in the 1950s, moved to Russia.

World War II, or at least the part fought on Russian and Eastern European soil, is usually referred to as **Вели́кая Оте́чественная война́,** *the Great Fatherland War.* This name might sound self-aggrandizing, but keep in mind that the Soviet Union lost 27 million lives during the war. By comparison, the United States lost about 300,000. The term **Втора́я мирова́я война́** refers to the "rest" of World War II.

Коммуна́льная кварти́ра (коммуна́лка) is a communal apartment. Until the end of the 1960s, communal apartments represented the standard living arrangements of city dwellers. A family lived in one room and shared a kitchen and a bathroom with other families.

1. Вопро́сы

а. С кем познако́милась Ва́ля?
б. Где роди́лся и вы́рос де́душка Ма́кса?
в. Как зову́т де́душку?
г. В како́м го́роде в Сове́тском Сою́зе он жил?
д. Де́душка по́мнит, на како́й у́лице он жил в э́том го́роде?
е. С кем он жил в одно́м до́ме?
ж. Что он ду́мал об э́том челове́ке?
з. С кем познако́мился де́душка в Герма́нии?
и. Куда́ перее́хал де́душка, когда́ он жени́лся?
к. Почему́ не́ было конта́кта ме́жду (*between*) де́душкой Ма́кса и его́ пе́рвой любо́вью (*love*)?
л. Оте́ц Ма́кса хорошо́ зна́ет ру́сский язы́к?
м. Почему́ семья́ Ани прие́хала жить в Сове́тский Сою́з?
н. Куда́ поступи́ла Аня по́сле оконча́ния шко́лы?
о. Аня хорошо́ зна́ет англи́йский язы́к?
п. Кто Аня сейча́с? Где она́ рабо́тает?

2. Язы́к в конте́ксте

а. **Boys, girls, men, women.** Russian uses the following words:

челове́к – *person,* both male and female, but often used in contexts where we might use *man.* **Он уже́ взро́слый челове́к.** – *He's now a grown man.* But we can also say: **Она́ взро́слый челове́к.** – *She is a grown woman.*
ма́льчик – *boy.* More or less equivalent to English.

мужчи́на – *man.* Specifically "male," never generic man. Thus **хоро́ший мужчи́на** – *a good man.*
де́вочка – *little girl.* Applies until about puberty. However, Russians often use it as a diminutive for a young woman.
де́вушка – *young woman.* From teenage years through the thirties (with some free variation).
же́нщина – *woman.* From somewhere in the twenties on. However, for women in their twenties and thirties, Russians often use **де́вушка.** In English, the difference between the use of *girl* and *woman* is a socially sensitive question, but not in Russian.

b. **Secrets of the instrumental case.** The instrumental is often used to indicate a state of being after link verbs like **быть.**

Он был взро́слым челове́ко́м.	He was a grown man.

We'll see much more of this usage in Book 2. But in this e-mail exchange, can you find any other places where the instrumental is used in this way?

c. **Свой** means *one's own.* It refers back to the subject of the sentence.

Я люблю́ **свою́** рабо́ту.	I love *my* job.
Она́ жила́ со **свое́й** ма́мой.	She lived with *her* mother.

What instances of **свой** do you see in this exchange?

Давайте послушаем

10-40 Семья́ и карье́ра. Boris Gorbunov lives in Smolensk with his wife Tanya. Boris is a programmer who dreams of moving to Moscow to work for Microsoft. Tanya, a teacher in the local pedagogical institute, is happy in Smolensk, where they have recently managed to get a cozy apartment. Today Boris received an e-mail message from the Moscow division of Microsoft. Scan the message and then listen to the conversation to find out whether the statements that follow are true or false.

Файл Правка Вид Переход Закладки Инструменты Справка

http://yaschik.ru Перейти

yaschik.ru Выход

НАПИСАТЬ ВХОДЯЩИЕ ПАПКИ НАЙТИ ПИСЬМО АДРЕСА ЕЖЕДНЕВНИК НАСТРОЙКИ

От: nvasiliev@msn.ru

Кому: bgorbunov@msn.ru

Копия:

Скрытая:

Тема: Приглашение на работу

простой формат

Многоуважаемый г-н Горбунов!

Позвольте мне от имени "Microsoft" предложить Вам должность "старший программист" в нашем Московском представительстве.

Я Вас прошу внимательно просмотреть условия, предложенные в прилагаемом документе. Если они Вас устраивают, подтвердите Ваше согласие личной подписью и пришлите этот бланк нам. (Вы можете прислать бланк по указанному факсу.)

Как мы договорились по телефону, мы надеемся, что Вы сможете начать работу у нас не позже, чем 01.07 с.г.

Если у Вас будут какие-либо вопросы, прошу обратиться сразу ко мне лично.

Примите мои добрые пожелания! Welcome to Microsoft!

ДА и́ли НЕТ?

1. Бо́ря пригото́вил у́жин для Та́ни.
2. Та́не не нра́вится ланге́т с шампиньо́нами.
3. Бо́ря и Та́ня живу́т с роди́телями Бо́ри.
4. Бо́ря — оди́н из бли́зких знако́мых Би́лла Ге́йтса.
5. Та́ня давно́ хоче́т име́ть ребёнка.
6. Та́ня ра́ньше не зна́ла, что Бо́ря получи́л предложе́ние от большо́й америка́нской фи́рмы.
7. Та́ня хо́чет жить в Смоле́нске, потому́ что у неё там хоро́шая рабо́та.
8. Та́ня <u>не</u> хо́чет переезжа́ть в Москву́, потому́ что у неё там нет знако́мых.
9. Та́ня гото́ва пойти́ на компроми́сс, е́сли Бо́ря бу́дет зараба́тывать бо́льше де́нег.
10. Бо́ря не понима́ет, почему́ Та́ня не хо́чет переезжа́ть в Москву́.
11. В конце́ разгово́ра Та́ня понима́ет, что лу́чше жить в Москве́.

10-41 Биогра́фии. You are about to hear two short biographies. The first is about Dr. Martin Luther King, and the second is about Andrei Dmitrievich Sakharov.

You probably know that both became famous for their defense of human rights. How much more do you know? Most Russians have heard about King, but are unfamiliar with the details of his life. Similarly, many Americans have a vague notion of who Sakharov was, but know little more.

You are not expected to understand either of the passages word for word. However, keeping in mind the background knowledge you already possess and listening for key phrases will allow you to get the main ideas.

For both passages you will need these new words:

права́ – *rights*
защи́та гражда́нских прав – *defense of civil rights*
защи́та прав челове́ка – *defense of human rights*
расшире́ние экономи́ческих прав – *expansion of economic rights*
вопро́с прав челове́ка – *problem of human rights*
де́ятельность – *activity*
обще́ственная де́ятельность – *public activity*
полити́ческая де́ятельность – *political activity*

Ма́ртин Лю́тер Кинг

1. List five things you know about King. Then check to see whether any of them are mentioned in the biography.
2. Listen to the passage again. Pay special attention to the cognates below. Can you identify them? (Note that the words in this list are given in the nominative singular. They may appear in other forms in the passage. Do not let the unfamiliar endings throw you off!)

семина́рия
бойко́т городско́го тра́нспорта
бапти́стский па́стор
ра́совая гармо́ния

3. Listen to the passage once again, paying special attention to the following phrases. Then use context to figure out the meanings of the boldfaced words.

филосо́фия **ненаси́льственности** Га́нди
Но́белевская **пре́мия** ми́ра
война́ во Вьетна́ме
«У меня́ есть **мечта́**».

Андре́й Дми́триевич Са́харов

1. Before listening to the passage, read the following new words aloud.

   ми́рное сосуществова́ние – *peaceful coexistence*
   свобо́да – *freedom*
   свобо́да мышле́ния – *freedom of thought*
   он был лишён конта́кта – *he was deprived of contact*
   Съезд наро́дных депута́тов – *Congress of People's Deputies*
   у́мер – *he died* (**он у́мер, она́ умерла́, они́ у́мерли**)

2. Look up Sakharov in Wikipedia or read the thumbnail sketch below.

   САХАРОВ Андрей Дмитриевич (1921–89), физик-теоретик, общественный деятель.[1] «Отец» водородной бомбы в СССР (1953). Опубликовал труды[2] по магнитной гидродинамике, физике плазмы, управляемому термоядерному синтезу, астрофизике, гравитации. С конца 60-х по начало 70-х гг. один из лидеров правозащитного движения.[3] После публикации работы «Размышления о прогрессе, мирном сосуществовании и интеллектуальной свободе» (1968) Сахаров отстранён[4] от секретных работ. В январе 1980 г. был сослан[5] в г. Горький. Он возвращён[6] из ссылки в 1986 г. В 1989 г. избран народным депутатом СССР. Нобелевская премия мира (1975).

   [1]общественный де́ятель – *public figure* [2]*studies* [3]правозащи́тного движе́ния – *of the human-rights movement* [4]*removed from* [5]*exiled* [6]*brought back*

Armed with your background knowledge, listen to the passage about Sakharov with these questions in mind.

a. What sort of work did Sakharov do when he was young?
b. What sorts of questions did Sakharov become concerned with later?
c. What award did Sakharov receive in 1975?
d. What was one of the things that Sakharov managed to do during his seven-year exile in Gorky (now called Nizhniy Novgorod)?
e. To what governmental body was Sakharov elected in 1989?

3. Use context to figure out the meaning of the boldfaced words.

   термоя́дерная реа́кция
   конта́кт **с за́падными** корреспонде́нтами

Новые слова и выражения

NOUNS

аспира́нт	graduate student
восто́к (на)	east
на восто́ке (от чего)	to the east (of something)
за́пад (на)	west
на за́паде (от чего)	to the west (of something)
класс (в)	class, year of study in grade school or high school
курс (на)	class, year of study in institution of higher education
ме́сяц (2–4 ме́сяца, 5 ме́сяцев)	month
неде́ля (2–4 неде́ли, 5 неде́ль)	week
се́вер (на)	north
на се́вере (от чего)	to the north (of something)
страна́	country, nation
учени́к	pupil
шко́льник	pupil (school-age student); school-age child
юг (на)	south
на ю́ге (от чего)	to the south (of something)

ADJECTIVES

друго́й	other, another
знако́мый	acquaintance, friend
похо́ж (-а, -и) на кого́, на что	resemble, look like

VERBS

вы́расти (*perfective*) вы́рос, вы́росла, вы́росли (*past tense*)	to grow up
за́втракать (за́втракаю, за́втракаешь, за́втракают)/по-	to eat breakfast
зака́зывать (зака́зываю, зака́зываешь, зака́зывают)/заказа́ть (закажу́, зака́жешь, зака́жут)	to order
име́ть	to have
обе́дать (обе́даю, обе́даешь, обе́дают)/по-	to have lunch
око́нчить (*perfective*) (око́нчу, око́нчишь, око́нчат)	to graduate from (*requires direct object*)
опа́здывать (опа́здываю, опа́здываешь, опа́здывают)/опозда́ть (опозда́ю, опозда́ешь, опозда́ют)	to be late
переезжа́ть (переезжа́ю, переезжа́ешь, переезжа́ют)/перее́хать (куда́) (перее́ду, перее́дешь, перее́дут)	to move, to take up a new living place

Новые слова и выражения

писа́ть (пишу́, пи́шешь, пи́шут)/на-	to write
пойти́ рабо́тать (куда́) (*perfective*) (пойду́, пойдёшь, пойду́т)	to begin to work; to begin a job
пока́зывать (пока́зываю, пока́зываешь, пока́зывают)/показа́ть (покажу́, пока́жешь, пока́жут)	to show
покупа́ть (покупа́ю, покупа́ешь, покупа́ют)/купи́ть (куплю́, ку́пишь, ку́пят)	to buy
поступа́ть (поступа́ю, поступа́ешь, поступа́ют)/поступи́ть (куда́) (поступлю́, посту́пишь, посту́пят)	to apply to/to enroll in
приезжа́ть (приезжа́ю, приезжа́ешь, приезжа́ют)/прие́хать (прие́ду, прие́дешь, прие́дут)	to arrive (*by vehicle*)
расска́зывать (расска́зываю, расска́зываешь, расска́зывают)/рассказа́ть (расскажу́, расска́жешь, расска́жут)	to tell, narrate
реша́ть (реша́ю, реша́ешь, реша́ют)/реши́ть (решу́, реши́шь, реша́т)	to decide
слу́шать (кого́/что)/про- (слу́шаю, слу́шаешь, слу́шают)	to listen to
слы́шать (слы́шу, слы́шишь, слы́шат)/у-	to hear
смотре́ть (смотрю́, смо́тришь, смо́трят)/по-	to watch
чита́ть (чита́ю, чита́ешь, чита́ют)/про-	to read
умира́ть (умира́ю, умира́ешь, умира́ют)/умере́ть (умру́, умрёшь, умру́т; у́мер, умерла́, у́мерли)	to die

ADVERBS

давно́ (+ *present-tense verb*)	for a long time
до́лго (+ *past-tense verb*)	for a long time
пото́м	then, afterwards
ре́дко	rarely
тогда́	then, at that time
ча́сто	frequently

PREPOSITIONS

из (чего́)	from
наза́д	ago
по́сле (чего́)	after
че́рез	in, after

Новые слова и выражения

OTHER WORDS AND PHRASES

в про́шлом году́	last year
Дава́й перейдём на ты.	Let's switch to ты.
до э́того	before that
ка́жется	it seems
на ю́ге (на се́вере, на восто́ке, на за́паде страны́)	in the south (north, east, west of the country)
Отку́да вы (ты)?	Where are you from?
Ребя́та!	Guys! (*conversational term of address*)
у роди́телей	at (one's) parents' (house)

PASSIVE VOCABULARY

вре́мя	time
в гостя́х	at someone's house visiting
полтора́	one and a half
расслы́шать	to manage to hear (*perfective*)
смерть (*fem.*)	death
стихи́	poetry

Русско-английский словарь

Bold numbers in brackets indicate the unit in which a word is first introduced as active vocabulary. Nonbold numbers indicate a first-time use as passive vocabulary. Irregular plural forms are given in this order: nominative, genitive, dative, instrumental, prepositional. Only irregular forms or forms with stress changes are given, for example, (*pl.* **сёстры, сестёр, сёстрам, -ами, -ах**).

For words denoting cardinal and ordinal numbers, see Appendix D.

А

а [**1**] — and; and what about . . . ? (*Introduces new questions*); but (*see 3.9*)
абза́ц [5] — paragraph
авангарди́ст [**8**] — avant-garde artist
автобиогра́фия [4] — autobiography
автоотве́тчик [5] — answering machine
Азия [4] — Asia
аллерги́я [**9**] — allergy
алло́ [**5**] — hello (*on telephone*)
альбо́м [**8**] — album
Аме́рика [**3**] — America
америка́нец/америка́нка [**1, 3**] — American (*person; see 3.7*)
американи́стика [**4**] — American studies
америка́нский [**2, 3**] — American (*adj.; see 3.7*)
англи́йский [**3**] — English (*adj.; see 3.7*)
англича́нин/англича́нка (*pl.* **англича́не**) [**1, 3**] — English (*person; see 3.7*)
Англия [**1**] — England
англо-ру́сский [2] — English-Russian
антрополо́гия [**4**] — anthropology
апельси́н [**9**] — orange (*fruit*)
ара́б / ара́бка (*pl.* **ара́бы**) [**3**] — Arab (*see 3.7*)
ара́бский [**3**] — Arabic (*adj.; see 3.7*)
Арме́ния [**3**] — Armenia
армяни́н/армя́нка (*pl.* **армя́не**) [**3**] — Armenian (*person; see 3.7*)
армя́нский [**3**] — Armenian (*adj.; see 3.7*)
архите́ктор [**7**] — architect
архитекту́ра [**4**] — architecture
аспира́нт [**10**] — graduate student
аспиранту́ра [**4**] — graduate school
аудито́рия [**2, 5**] — classroom
аэро́бика [4] — aerobics
аэропо́рт [2] — airport
  в аэропорту́ [2] — in the airport

Б

ба́бушка [**7**] — grandmother
бале́т [4] — ballet
бана́н [**9**] — banana
банк [**5**] — bank
бассе́йн [**5**] — swimming pool
бе́жевый [**2**] — beige
без (*чего*) [**9**] — without
  без га́за [**9**] — without bubbles (*mineral water*)
бе́лый [**2**] — white
бензи́н [9] — gasoline
библиоте́ка [**4**] — library
библиоте́карь [2, **7**] — librarian
бизнесме́н [**7**] — businessperson
биле́т [5] — ticket
биоло́гия [**4**] — biology
бифште́кс [**9**] — steak
бли́зкий [8] — close
блины́ [9] — Russian pancakes
блу́зка [**2**] — blouse
блю́до [**9**] — dish
бойфре́нд [2] — boyfriend
больни́ца [**7**] — hospital
бо́льше (нет) [8] — more (there is no more)
большо́й [**2**] — large; big
борщ (*ending always stressed*) [**9**] — borsch
боти́нки (*pl.*) [**2**] — shoes
брат (*pl.* **бра́тья**) [**1, 7**] — brother
  двою́родный брат [**7**] — male cousin
  сво́дный брат [**7**] — stepbrother
брать (бер-у́, -ёшь, -у́т; брала́, бра́ли)/взять (возьм-у́, -ёшь, -у́т; взяла́, взя́ли) [**9**] — to take
брю́ки (*pl.*) [**2**] — pants
бу́блик [**9**] — bagel
бу́дущий [**4**] — future
Бу́дьте как до́ма! [**2**] — Make yourself at home!
бу́лка [**9**] — white loaf of bread; roll
бу́лочка [**9**] — small roll; bun
бу́лочная (*declines like adj.*) [**9**] — bakery
бульо́н [**9**] — bouillon
бутербро́д [**9**] — (open-faced) sandwich
буты́лка [**9**] — bottle
буфе́т [5] — buffet
буфе́т [**9**] — snack bar
бухга́лтер [**7**] — accountant
бы́стро [**3**] — quickly
быть (*fut.:* **бу́ду, бу́дешь, бу́дут; была́, бы́ли**) [**8, 9**] — to be (*see 8.1, 9.4*)
бюро́ (*indecl.*) [**7**] — bureau; office
  бюро́ недви́жимости [**7**] — real estate agency
  туристи́ческое бюро́ [7] — travel agency

В

в
+ *prepositional case* [**1**] — in; at (*see 1.7*)
+ *accusative case* [**5**] — to (*see 5.7*)
+ *day in accusative case;* + *hour* [**5**] — on; at (*a day of the week, at a time of the day; see 5.2*)
Во ско́лько? [5] — At what time?
ва́нная (*declines like adj.*) [**6**] — bathroom (*bath/shower; usually no toilet*)
варе́нье [9] — preserves
вахтёр [2] — guard
ваш (ва́ше, ва́ша, ва́ши) [**2**] — your (*formal or plural*)
вегетариа́нец/вегетариа́нка [**9**] — vegetarian
ведь [**8**] — you know; after all (*filler word, never stressed*)
везде́ [7, **8**] — everywhere
ве́рсия [**2**] — version
ве́рующий (*declines like adj.*) [**6**] — believer
весёлый [**7**] — cheerful
весь день [**5**] — all day
ве́чер [**1**] — evening
ве́чером [**5**] — in the evening
До́брый ве́чер! [**1**] — Good evening!
вещь (*она*) [**8**] — thing
взро́слый [7] — adult
видеоди́ск [**2**] — videodisk
видеока́мера [**2**] — video camera
ви́деть (ви́ж-у, ви́д-ишь, -ят)/у- [**6**] — to see
ви́за [**2**] — visa
вино́ [9] — wine
виногра́д (*sing. only*) [**9**] — grapes
висе́ть (виси́т, вися́т) [**6**] — to hang
виско́нсинский [4] — Wisconsin (*adj.*)
вку́сный [**9**] — good (*food*); tasty
вме́сте [**5**] — together
внима́ние [8] — attention; care
внук [**7**] — grandson
вну́чка [**7**] — granddaughter
Во ско́лько? [**5**] — At what time?
вода́ (*pl.* **во́ды**) [**6, 9**] — water
во́зраст [7] — age
Во-пе́рвых . . . , во-вторы́х . . . [9] — In the first place . . . , in the second place . . .
вопро́с [1] — question
воскресе́нье [**5**] — Sunday
восто́к (на) [**10**] — east
на восто́ке (*от чего*) [**10**] — to the east (*of something*)
Вот как?! [**4**] — Really?!
Вот . . . [**2**] — Here is . . .
врач (*ending always stressed*) [**7**] — physician
зубно́й врач [**7**] — dentist (*conversational term*)
вре́мя (*see irreg. decl. appendix*) [**10**] — time
всё [**2, 3**] — everything; that's all!
все [**5**] — everybody; everyone (*used as a pronoun*)
всегда́ [**3**] — always
всего́ [**6**] — only (*used only with numbers*)
встава́ть (вста-ю́, -ёшь, -ю́т) [**5**] — to get up
вто́рник [5] — Tuesday
второ́й [**4**] — second
второ́е (*declines like adj.*) [**9**] — main course; entrée
вуз (вы́сшее учёбное заведе́ние) [4] — institute of higher education
вчера́ [**5**] — yesterday
вы [**1**] — you (*sing. formal or formal/informal pl.*)
вы́бор [8] — choice
вы́расти (*past tense:* **вы́рос, вы́росла, вы́росли**) [**7, 10**] — to grow up
высо́кий [**6**] — high
вы́сшее образова́ние [4, 7] — higher (*college*) education
вьетна́мский [4, 9] — Vietnamese

Г

газ [**6**] — natural gas
с га́зом, без га́за — with/out fizz (*in mineral water*)
газе́та [**2**] — newspaper
галантере́я [**8**] — men's/women's accessories (*store department*)
га́лстук [**2**] — tie
га́мбургер [**9**] — hamburger
гара́ж (*ending always stressed*) [**6**] — garage
гастроно́м [**9**] — grocery store
где [**1**] — where (*at*)
ге́ндерные иссле́дования [**4**] — gender studies
Герма́ния [3] — Germany
гита́ра [**5**] — guitar
гла́вный — main
гла́вное [8] — the main thing
глу́пый [**7**] — stupid
говори́ть (говор-ю́, -и́шь, -я́т) [**3**]/**сказа́ть (скаж-у́, ска́ж-ешь, -ут)** [**1, 8, 9**] — to speak; to say
Говори́те ме́дленнее. [**3**] — Speak more slowly.
Говоря́т, что . . . [7] — They say that . . . ; It is said that . . .
год (2–4 го́да, 5–20 лет) [**4, 7**] — year(s)[old] (*see 7.2*)
в про́шлом году́ — last year [**10**]
головны́е убо́ры [**8**] — hats
го́лос (*pl.* **голоса́**) [1] — voice
голубо́й [**2**] — light blue
го́род (*pl.* **города́**) [**1**] — city
горчи́ца [**9**] — mustard
горя́чий [**6**] — hot (*of things, not weather or spicy foods*)
гости́ная (*declines like adj.*) [**6**] — living room
гость (*он*) [7] — guest
в гостя́х [10] — at someone's house visiting
госуда́рственный [**4**] — state
гото́в, -а, -о, -ы [**6**] — ready (*short-form adj.*)
Обе́д гото́в. [**6**] — Lunch is ready.
гото́вить (гото́в-лю, -ишь, -ят)/при- [**9**] — to prepare
грамм (*gen. pl.* **грамм**) [9] — gram
грамма́тика [1] — grammar
гриб [**9**] — mushroom
гру́ппа [**5**] — group; section (of a course)

Д

да [**1**] — yes
Да как сказа́ть? [7] — How should I put it?

Дава́й(те) . . . [**1, 8**] — Let's . . .
Дава́йте познако́мимся! [**1**] — Let's get acquainted!
Дава́йте поговори́м! [1] — Let's talk!
Дава́йте послу́шаем! [1] — Let's listen!
Дава́йте почита́ем! [1] — Let's read!
Дава́й перейдём на ты. [**10**] — Let's switch to **ты.**
Дава́й(те) поéдем . . . [5] — Let's go . . . (*by vehicle; to another city or country*)
Дава́й(те) пойдём . . . [5] — Let's go . . . (*on foot; someplace within city*)
давно́ (+ *present-tense verb*) [**8, 10**] — for a long time
да́же [**8**] — even
далеко́ [6] — far
да́льше [6] — farther; next
дари́ть (**дар-ю́, да́р-ишь, -ят**)/**по-** [**8**] — to give a present
да́ча (**на**) [5, 6] — summer home; dacha
два/две — two (*see 6.7*)
дверь (*она*) [6] — door
двóе [7] — a pair; two (*especially when counting children in a family, see 7.4*)
двóйка [4] — D (*a failing grade in Russia*)
двою́родная сестра́ [7] — female cousin
двою́родный брат [7] — male cousin
де́вушка [**8**] — (young) woman
Де́вушка! [**8**] — Excuse me, miss!
де́душка [7] — grandfather
деклара́ция [2] — customs declaration
де́лать (**де́ла-ю, -ешь, -ют**) [5]/**с-** [**9, 10**] — to do; to make
д(е)нь (*он*) [**1, 5**] — day
весь день [5] — all day
д(е)нь рожде́ния [2, **8**] — birthday (*lit.* day of birth)
С днём рожде́ния! [**8**] — Happy birthday!
До́брый день! [1] — Good afternoon!
днём [5] — in the afternoon
де́ньги (*always pl. gen. pl.* **де́нег**) [**8**] — money
де́ти (*gen. pl.* **дете́й**) [**6, 7**] — children
де́тский [8] — children's
дешёвый [**8**] — cheap
дёшево [**8**] — (*adv.*) inexpensive(ly)
джи́нсы (*pl.*) [2] — jeans
диало́г [1] — dialog
дива́н [6] — couch
дипло́м [4] — college diploma
диплома́т [**4**] — diplomat
дипломи́рованный специали́ст [4] — certified specialist
диск [**8**] — short for компакт-ди́ск (CD)
для (*кого*) [8] — for (*someone's benefit*)
днём [5] — in the afternoon
до (*чего*) [**10**] — before
До свида́ния! [**1, 3**] — Good-bye!
до́брый — kind
До́брое у́тро! [1] — Good morning!
До́брый ве́чер! [1] — Good evening!
До́брый день! [1] — Good afternoon!
дово́льно [**3, 4**] — quite
Договори́лись. [5] — Okay. (We've agreed.)
до́ктор нау́к [4] — doctor of science (highest academic degree awarded in Russia)
докуме́нт [2] — document; identification
до́лго (+ *past-tense verb*) [**10**] — for a long time
до́лжен (**должна́, должны́**) + *infinitive* [**5**] — must; ought to (*see 5.8*)
до́ллар (**5–20 до́лларов**) [**8**] — dollar
дом (*pl.* **дома́**) [2] — home; apartment building
до́ма [3] — at home
домо́й [5] — (to) home (*answers куда*)
домохозя́йка [7] — housewife
дорого́й [**8**] — expensive
до́рого [**8**] — expensive(ly)
Это (**совсе́м не**) **до́рого!** [8] — That's (not at all) expensive!
доска́ (*pl.* **до́ски**) [2] — (black)board
дочь (*pl.* **до́чери,** *see irreg. decl. appendix*) [**2, 6, 7**] — daughter
друг (*pl.* **друзья́**)/**подру́га** [**1, 7**] — friend
друго́й [6, 7, **8, 10**] — other; another; different
ду́мать (**ду́ма-ю, -ешь, -ют**) [4]/**по-** [**4, 9**] — to think
душ [**5**] — shower
дя́дя [7] — uncle

Е

европе́йский [**3, 4**] — European
Еги́п(е)т [3] — Egypt
его́ (*possessive modifier*) [2]; (*accusative case of* **он, оно́**) [3] — his; him/it
едини́ца [4] — F (grade)
еди́нственный [7] — only
её (*possessive modifier*) [2]; (*accusative case of* **она́**) [3] — her
е́здить (**е́зжу, е́здишь, е́здят**) [5] — to go habitually; make a round trip (*by vehicle; see 5.5, 8.3, 10.7*)
Ерева́н [3] — Yerevan (city in Armenia)
е́сли [**9**] — if
Если говори́ть о себе́, то . . . [**9**] — If I use myself as an example, then . . .
есть (+ *nominative*) [**6**] — there is
Есть . . . ? [2] — Is there . . . ? Are there . . . ?
есть (**ем, ешь, ест, еди́м, еди́те, едя́т**)/**съ-** [**9**] — to eat
е́хать (**е́д-у, -ешь, -ут**)/**по-** [**5**] — to go by vehicle (*see 5.5, 8.3, 10.7*)
ещё (**не**) [**3, 4**] — still (not yet)

Ж

жа́реный [9] — fried; grilled
жёлтый [2] — yellow
жена́ (*pl.* **жёны**) [**7**] — wife
жена́т [7] — married (*said of a man*)
же́нский [**8**] — women's
же́нщина [7] — woman
жили́щные усло́вия [6] — living conditions
жить (**живу́, -ёшь, -у́т; жила́, жи́ли**) [**1, 3**] — to live

журна́л [2] — magazine
журнали́ст [7] — journalist
журнали́стика [4] — journalism

З

за (*что*) [8] — in exchange for *something*
  плати́ть за ... [8] — to pay for
  спаси́бо за ... [8] — thanks for ...
забыва́ть (забыва́-ю, -ешь, -ют)/забы́ть (забу́д-у, -ешь, -ут) [8] — to forget
  Я забы́л(а). [3, 5] — I forgot.
зава́рка [9] — concentrated tea
заво́д (на) [7] — factory
за́втра [5] — tomorrow
за́втрак [5] — breakfast
за́втракать (за́втрака-ю, -ешь, -ют) [5]/**по-** [9, 10] — to eat breakfast
зака́зывать (зака́зыва-ю, -ешь, -ют)/заказа́ть (закаж-у́, зака́ж-ешь, -ут) [9, 10] — to order
зако́нчите предложе́ния [9] — complete the sentences
заку́ски [9] — appetizers
за́мужем [7] — married (*said of a woman*)
занима́ться (занима́-юсь, -ешься, -ются) [4] — to do homework; to study (*cannot have a direct object*)
за́нят (-а́, -о, -ы) [8] — busy
заня́тие (на) [5] — class; **заня́тия** (*pl.*) **(на)** — class(es) (collectively)
за́пад (на) [10] — west
  на за́паде (*от чего*) [10] — to the west (*of something*)
за́пись (*она*) [5] — recording
Запо́лните про́пуски. [2] — Fill in the blanks.
зачёт [4] — passing grade (pass/fail)
здесь [1] — here
здоро́вый [7] — healthy
Здра́вствуй(те)! [1] — Hello!
зелёный [2] — green
знако́мый (*declines like adj.*) [10] — acquaintance; friend
знать (зна́-ю, -ешь, -ют) [3]/**у-** — to know/to find out
зна́чит ... [1] — so; that means
  Зна́чит так ... [7] — Let's see ...
зову́т [1] — they call ...
  Меня́ зову́т ... [1] — My name is ...
зубно́й врач [7] — dentist (*conversational term*)

И

и [1] — and
игра́ (*pl.* **и́гры**) [2] — game
игра́ть (игра́-ю, -ешь, -ют) [5]/**по-** [9, 10] — to play
  игра́ть в + *accusative* [5] — to play a game
  игра́ть на + *prepositional* [5] — to play an instrument
игрова́я ситуа́ция [1] — role-play
игру́шка [8] — toy
идти́ (ид-у́, -ёшь, -у́т)/пойти́ (пойд-у́, -ёшь, -ут; пошёл, пошла́, пошли́) [5, 9] — to go; walk; set out (*see 5.5, 8.3, 10.7*)
из (*чего*) [10] — from
Извини́(те) ... [3, 5] — Excuse me ...
изуча́ть (изуча́-ю, -ешь, -ют) (*что*) [3, 4] — to take (*a subject in school*); to study (*something—must have a direct object; see 4.3*)
изю́м [9] — raisin(s)
ико́на [6] — religious icon
икра́ [9] — caviar
и́ли [1, 4] — or
иллино́йский [4] — Illinois (*adj.*)
и́менно то, что ну́жно [8] — exactly the right thing
име́ть (име́-ю, -ешь, -ют) [10] — to have (*used mostly with concepts*)
импрессиони́ст [8] — impressionist
и́мя (*pl.* **имена́**; *see irreg. decl. appendix*) [1] — first name
инде́йка [9] — turkey
инжене́р [7] — engineer
иногда́ [3, 5] — sometimes
иностра́нец/иностра́нка [4] — foreigner
иностра́нный [3, 4] — foreign
институ́т [4] — institute
  Институ́т иностра́нных языко́в [4] — Institute of Foreign Languages
интервью́ [2] — interview
интере́сный [2] — interesting
  Интере́сно ... [2] — I wonder ...; It's interesting ...
иску́сство [8] — art
искусствове́дение [4] — art history
испа́нец/испа́нка [3] — Spaniard (*see 3.7*)
Испа́ния [3] — Spain
испа́нский [3] — Spanish (*adj.; see 3.7*)
истори́ческий [4] — historical
исто́рия [4] — history
Ита́лия [3] — Italy
италья́нец/италья́нка [3] — Italian (*person; see 3.7*)
италья́нский [3] — Italian (*adj.; see 3.7*)
их [2] — their(s)

К

кабине́т [6] — office
ка́ждый [5] — each; every
  ка́ждый день [5] — every day
ка́жется [10] — it seems
как [1] — how
  Как вас (тебя́) зову́т? [1] — What is your name?
  Как ва́ша фами́лия? [1] — What's your last name?
  Как ва́ше о́тчество? [1] — What is your patronymic?
  Как вы сказа́ли? [1] — What did you say? (*formal and plural*)
  Как ты сказа́л(а)? [1] — What did you say? (*informal*)
  Как зову́т *кого́* (*accusative*)? [7] — What is ...'s name?
  Как по-ру́сски ... ? [1, 3] — How do you say ... in Russian?
  Как ты? [2] — How are you? (*informal*)
како́й [2] — what; which
  Како́го цве́та ... ? [6] — What color is/are ... ?
  Како́й кошма́р! [2] — Oh no! (*lit.* What a nightmare!)
  Како́й сего́дня день? [5] — What day is it?
калифорни́йский [4] — Californian

Кана́да [1] — Canada
кана́дец/кана́дка [**1**, **3**] — Canadian (*person; see 3.7*)
кана́дский [3] — Canadian (*adj.; see 3.7*)
кандида́т нау́к [4] — candidate of science (second-highest academic degree awarded in Russia)
кани́кулы [8] — school/university vacation
капу́ста [9] — cabbage
каранда́ш (*pl.* **карандаши́**) [2] — pencil
ка́рта [**8**] — map
карти́нка [3] — picture
карто́фель (*он*) (*colloq.* **карто́шка**) [**9**] — potato(es)
ка́рточка [**8**] — card
ка́ртридж [2] — cartridge
ка́сса [**8**] — cash register
кастрю́ля [8] — pot
кафе́ (*indecl.*) [2, **5**, **9**] — café
ка́федра (**на**) [**4**] — department
  ка́федра англи́йского языка́ [4] — English department
  ка́федра ру́сского языка́ [4] — Russian department
кафете́рий [**9**] — snack bar
ка́чество [**8**] — quality
ка́ша [**9**] — hot cereal
квадра́тный [**6**] — square
  три́дцать квадра́тных ме́тров [6] — 30 square meters
кварти́ра [3] — apartment
Квебе́к [1] — Quebec
кефи́р [**9**] — kefir
килогра́мм (*gen. pl.* **килогра́мм**) [9] — kilogram
кино́ (*indecl.*) [**5**] — the movies
кинотеа́тр [5] — movie theater
кита́ец/китая́нка [3] — Chinese (*person; see 3.7*)
Кита́й [3] — China
кита́йский [3] — Chinese (*adj.; see 3.7*)
класс [**7**, **10**] — grade (*in school: 1st, 2nd, 3rd, etc.*)
кни́га [2, **3**, **5**] — book
кни́жный [**8**] — book(ish)
ков(ё)р (*ending always stressed*) [**6**] — rug
когда́ [2] — when
колбаса́ [**9**] — sausage
колго́тки [**8**] — pantyhose; tights
ко́лледж [4] — *in the U.S.*, small college; *in Russia*, equivalent to community college
коло́нки [2] — speakers
колумби́йский [4] — Columbia (*adj.*)
комме́рческий [7] — commercial; trade
коммуника́ция [4] — communications
ко́мната [2] — room
комплиме́нт [3] — compliment
компью́тер [2] — computer
компью́терный [**2**, **5**] — computer (*adj.*)
  компью́терная те́хника [4] — computer science
коне́чно [4] — of course
конфе́ты (*sing.* **конфе́та** *or* **конфе́тка**) [9] — candy
конце́рт [5] — concert
копе́йка (**2–4 копе́йки, 5–20 копе́ек**) [9] — kopeck
коре́йский [4] — Korean (*adj.*)
коридо́р [6] — hallway; corridor
кори́чневый [2] — brown
костю́м [2] — suit
котле́та [9] — cutlet; meat patty
котле́ты по-ки́евски [9] — chicken Kiev
ко́фе (*он; indecl.*) [9] — coffee
  ко́фе с молоко́м [9] — coffee with milk
ко́шка (*masc.* **кот**, *masc. pl.* **коты́**) [2] — cat (tomcat)
краси́вый [2] — pretty
кра́сный [2] — red
креди́тный [8] — credit
  креди́тная ка́рточка [8] — credit card
кре́пкий [9] — strong
кре́сло [6] — armchair
крова́ть (*она*) [2, 6] — bed
кроссо́вки (*pl.*) [2] — athletic shoes
кто [1] — who
  Кто . . . по профе́ссии (кто)? [7] — What is . . .'s profession?
  Кто . . . по национа́льности? [3] — What is . . .'s nationality?
куда́ [5] — where (*to*)
культу́ра и быт [1] — culture and everyday life
купа́льник [8] — swimsuit (*women only; see* **пла́вки** *for men*)
купи́ть (куп-лю́, ку́п-ишь, -ят) (*perf.; see* **покупа́ть**) [8] — to buy
ку́рица [9] — chicken
куро́рт [2] — resort (*vacation place*)
курс (**на**) [3, 4, 10] — class; year of study in institution of higher education; college course
  на како́м ку́рсе [4] — in what year (*in university or institute*)
курсова́я рабо́та [5] — term paper
ку́ртка [2] — short jacket
кус(о́)к (кусо́чек) [9] — piece
ку́хня (**в** *or* **на**) [4, 6] — kitchen; cuisine

Л

лаборато́рия [3, 7] — laboratory
ла́дно [7] — okay
ла́мпа [6] — lamp
легко́ + *infinitive* [8] — it is easy (*subjectless dative construction, see 8.5*)
лежа́ть (лежи́т, лежа́т) [6] — to lie; be in a lying position
ле́кция (**на**) [3, 4] — lecture
ле́стница [6] — stairway
лет (*see* **год**) [7] — years
лимо́н [9] — lemon
лингвисти́ческий [4] — linguistic
ли́нза [2] — lens
литерату́ра [4] — literature
литр [9] — liter
ложи́ться (лож-у́сь, -и́шься, -а́тся) спать [5] — to go to bed
Ло́ндон [1] — London
лук [9] — onion(s)
люби́ть (люб-лю́, лю́б-ишь, -ят) [4] — to like; to love
любо́й [8] — any

М

магази́н [2, 5] — store
ма́йка [2] — T-shirt; undershirt
макаро́ны [9] — macaroni; pasta
ма́ленький [2] — small
ма́ло [7] — (too) few; not much; little
ма́ма [2] — mom
ма́сло [9] — butter
матема́тика [4] — mathematics
математи́ческий [4] — math
матрёшка [8] — Russian nested doll
мать (*она; pl.* **ма́тери**, *see irreg. decl. appendix*) [3, 6, 7] — mother
ма́чеха [7] — stepmother
маши́на [2] — car
МГУ (**Моско́вский госуда́рственный университе́т**) [4] — MGU, Moscow State University
ме́бель (*она; always sing.*) [6] — furniture
медбра́т (*pl.* **медбра́тья**) [7] — nurse (*male*)
медици́на [4] — medicine
ме́дленно [3] — slowly
медсестра́ (*pl.* **медсёстры**) [7] — nurse (*female*)
междунаро́дные отноше́ния [4] — international affairs
Ме́ксика [3] — Mexico
мексика́нец/мексика́нка [3] — Mexican (*person; see 3.7*)
мексика́нский [3] — Mexican (*adj.; see 3.7*)
мел [2] — chalk
ме́неджер [2, 7] — manager
ме́неджмент [4] — management
меню́ (*оно; indecl.*) [9] — menu
ме́сто [5] — place
  места́ рабо́ты [7] — places of work
ме́сяц (**2–4 ме́сяца, 5 ме́сяцев**) [10] — month
метр [6] — meter
мех (*pl.* **меха́**) [8] — fur(s)
мили́ция [2] — police
минера́льная вода́ [9] — mineral water
Мину́точку! [9] — Just a minute!
мичига́нский [4] — Michigan (*adj.*)
мла́дше *or* **моло́же** (*кого на́ год, . . . го́да, . . . лет*) . . . [7] — years younger than . . . (*see 7.5*)
мла́дший [5, 7] — younger
мно́гие [3] — many
мно́го [7] — many; much; a great deal
мо́да [8] — fashion
мо́дный [8] — fashionable
мо́жет быть [4, 5] — maybe
  Не мо́жет быть! [5] — That's impossible!; It can't be!
мо́жно + *infinitive* [8] — it is possible (*subjectless dative construction, see 8.5*)
  Мо́жно посмотре́ть кварти́ру? [6] — May I look at the apartment?
мой (**моё, моя́, мои́**) [1, 2] — my
Молод(е́)ц! [2] — Well done!
молодо́й [7] — young
  Молодо́й челове́к! [8] — young man; Excuse me, sir!
моло́же (*кого на х лет*) [7] — younger (*than someone by x years*) (*see 7.5*)
молоко́ [9] — milk
моло́чный [9] — milk; dairy
морко́вь (*она*) [9] — carrot(s)
моро́женое (*declines like adj.*) [9] — ice cream
Москва́ [1] — Moscow
моско́вский [4] — Moscow
мочь (**могу́, мо́ж-ешь, мо́г-ут; мог, могла́, могли́**) [5] — to be able to; can
муж (*pl.* **мужья́**) [7] — husband
мужско́й [8] — men's
мужчи́на [8] — man
музе́й [5, 7] — museum
му́зыка [4] — music
музыка́льный [2] — musical
музыка́нт [7] — musician
мы [3] — we
мя́гкий [Alphabet] — soft (*as opposed to hard*)
мясно́й [9] — meat (*adj.*)
  мясно́е ассорти́ [9] — cold cuts assortment
мя́со [9] — meat

Н

на (+ *prepositional case, see 4.2*) [3, 4] — in; on; at; (+ *accusative*) [5] to (*see 5.7*)
наве́рное [4, 7] — probably
на́до + *infinitive* [8] — it is necessary (*subjectless dative construction, see 8.5*)
наза́д [10] — ago (*see 10.5*)
найти́ (*perf.*: **найду́, найдёшь, найду́т; нашёл, нашла́, нашли́**) [8, 9] — to find
наконе́ц [5] — finally
нали́чные (**де́ньги**) [8] — cash
написа́ть (*perf.; see* **писа́ть**) — to write
напи́т(о)к [9] — drink
наприме́р [4, 7] — for example
нау́шники (*sing.* **нау́шник**) [8] — headphones; earphones
нахо́дится, нахо́дятся [6, 8] — is (are) located
национа́льность *она́* [3] — nationality; ethnicity
  Кто . . . по национа́льности? [3] — What is . . .'s nationality/ethnic background?
наш (**на́ше, на́ша, на́ши**) [2] — our
не [3] — not (*negates following word*)
невозмо́жно + *infinitive* [8] — it is impossible (*subjectless dative construction; see 8.5*)
неда́вно [8] — recently
недалеко́ [6] — near; not far
неде́ля (**2–4 неде́ли, 5 неде́ль**) [5, 10] — week
нельзя́ + *infinitive with dative* [9] — it is not permitted
не́мец/не́мка [3] — German (*adj.; see 3.7*)
неме́цкий [3] — German (*adj.; see 3.7*)
немно́го, немно́жко [3] — a little
  немно́го о себе́ [1] — A bit about myself/yourself.
непло́хо [3] — pretty well
не́сколько [7] — a few; some; several
нет [2] — no

нет (*чего*) [**6**] — there is not
Ни ... ни ... [**6**] — neither ... nor ...
ни́зкий [**6**] — low
никако́й [9] — none
никогда́ не [5] — never
ничего́ [5] — nothing
но [3] — but (*see 3.9*)
но́вый [2] — new
но́мер [5] — number
норма́льно [3] — normal; okay; in a normal way
носки́ [2] — socks
но́утбук [2] — notebook computer
ночь (*она*) — night
но́чью [5] — at night
нра́виться (**нра́вится, нра́вятся** *кому́*) [8] — to please; be pleasing (*see 8.6*)
ну [**1, 2**] — well ...
ну́жно + *infinitive* [8] — it is necessary (*subjectless dative construction, see 8.5*)

О

о(б) (+ *prepositional case*) [3] — about
О чём ... ? [3] — About what ... ?
обе́д [4, 5] — lunch
Обе́д гото́в. [6] — Lunch is ready.
обе́дать (**обе́да-ю, -ешь, -ют**) [5]/**по-** [**9, 10**] — to eat lunch
обме́н [3] — exchange
образе́ц [1] — example
образова́ние [4, 7] — education
вы́сшее образова́ние [4] — higher education
о́бувь (*она*) [**8**] — footwear
обуче́ние [7] — schooling
общежи́тие [3] — dormitory
объявле́ние [8] — announcement
обыкнове́нный [7] — ordinary
обы́чно [**4, 5**] — usually
о́вощи [9] — vegetables
огро́мный [8] — huge
Спаси́бо огро́мное! — Thank you very much! [**8**]
огур(е́)ц [9] — cucumber
одева́ться (**одева́-юсь, -ешься, -ются**) [5] — to get dressed
оде́жда [2] — clothing
оди́н (**одна́, одно́, одни́**) [**3, 6**] — one (*see 6.7*); a certain
одно́ сло́во [3] — a certain word
Ой! [2] — Oh!
окно́ (*pl.* **о́кна**) [**2, 6**] — window
око́нчить (*perf.*) [10] — to graduate from (*requires direct object; see 10.3*)
оливье́ [9] — potato salad with chicken
он [2] — he; it
она́ [2] — she; it
они́ [2] — they
оно́ [2] — it
опа́здывать (**опа́здыва-ю, -ешь, -ют**) [5]/**опозда́ть** (**опозда́-ю, -ешь, -ют**) [10] — to be late
о́пыт рабо́ты [7] — job experience
ора́нжевый [**2**] — orange (*color*)
осетри́на [9] — sturgeon
от(е́)ц (*ending always stressed*) [**3, 7**] — father
отвеча́ть (**отвеча́-ю, -ешь, -ют**) [4] — to answer
Отве́тьте на вопро́сы. [1] — Answer the questions.
отде́л [**8**] — department
отдыха́ть (**отдыха́-ю, -ешь, -ют**) [5] — to relax
откры́ть (*perf., past tense:* **откры́ла**) [8] — to open
отку́да — where from
Отку́да вы зна́ете ру́сский язы́к? [3] — How do you know Russian?
Отку́да вы (ты)? [10] — Where are you from?
отли́чно [**4, 5**] — perfectly; excellent
о́тчество [**1**] — patronymic
о́тчим [7] — stepfather
о́фис [7] — office
официа́нт(ка) [9] — server (*in a restaurant*)
о́чень [**1, 3**] — very
очки́ (*pl.*) [2] — eyeglasses

П

пальто́ (*indecl.*) [2] — overcoat
па́па [2] — dad
па́ра [5] — class period
парфюме́рия [8] — cosmetics (*store or department*)
па́спорт (*pl.* **паспорта́**) [2] — passport
педаго́гика [4] — education (*a subject in college*)
пельме́ни [9] — pelmeni (*dumplings*)
пенсильва́нский [4] — Pennsylvanian (*adj.*)
пе́нсия [7] — pension
на пе́нсии [7] — retired
пе́р(е)ц [9] — pepper
пе́рвый [4] — first
пе́рвое (*declines like adj.*) [9] — first course (*always soup*)
переезжа́ть (**переезжа́-ю, -ешь, -ют**)/**перее́хать** (**перее́д-у, -ешь, -ут**) (*куда*) [10] — to move; to take up a new living place
перча́тки [8] — gloves
печа́ть *она́* [2] — press (*e.g., newspapers*)
пече́нье [9] — cookie
пи́во [9] — beer
пиджа́к [2] — suit jacket
пирожки́ [9] — baked (or fried) dumplings
писа́тель [7] — writer
писа́ть (**пиш-у́, пи́ш-ешь, -ут**) [3]/**на-** [**9, 10**] — to write
пи́сьменный [6] — writing
пи́сьменный стол [**2, 6**] — desk
письмо́ (*pl.* **пи́сьма**) [2] — letter (mail)
пить (**пь-ю, -ёшь, -ют; пила́, пи́ли**)/**вы́пить** (**вы́пь-ю, -ешь, -ют**) [9] — to drink
пи́цца [9] — pizza
пи́ща [9] — food
пла́вки [8] — swim trunks
плат(о́)к (*ending always stressed*) [8] — (hand)kerchief
Плати́те в ка́ссу. [8] — Pay the cashier.
плати́ть (**плачу́, пла́тишь, пла́тят**) [8] — to pay

пла́тье [2] — dress
пле́ер [2] — (media) player
аудиопле́ер [2] — audio player
медиапле́ер [2] — media player
CD [сиди́]-пле́ер [2] — CD player
DVD [дивиди́]-пле́ер [2] — DVD player
племя́нник [7] — nephew
племя́нница [7] — niece
плита́ (*pl.* **пли́ты**) [6] — stove
плов [9] — Central Asian rice pilaf
пломби́р [9] — creamy ice cream
пло́хо [3] — poorly
плохо́й [2] — bad
по национа́льности [3] — by nationality
по (*чему́*) [5] — by means of
по телефо́ну [5] — by telephone
по (*чему́*) [8] — on the topic of (*something*) (*usually about books and academics*)
кни́га по иску́сству [8] — book on art
учёбник по геогра́фии [8] — geography textbook
по-англи́йски, по-ру́сски, по-испа́нски, *etc.* [3] — in English, Russian, Spanish, *etc.* (*see 3.6*)
пода́р(о)к [2] — gift
подари́ть (*perf.; see* **дари́ть**) [8] — to give a present
подва́л [6] — basement
подгото́вка [1] — preparation
подру́га [1, 7] — friend (*female*)
поду́мать (*perf.; see* **ду́мать**) [9] — to think
Сейча́с поду́маю. [5] — Let me think for a moment.
Поéдем . . . [6] — Let's go . . .
поéздка [2] — trip
поéздка в Москву́ [2] — trip to Moscow
поéхать (*perf.; see* **éхать**) [5, 10] — to go by vehicle (*see 5.5, 8.3, 10.7*)
пожа́луйста [2, 3] — please; you're welcome
поза́втракать (*perf.; see* **за́втракать**) [9, 10]
по́здно [5] — late
Познако́мьтесь! [1] — Let me introduce you! (*lit.* Get acquainted!)
поигра́ть (*perf.; see* **игра́ть**) [9, 10] — to play
Пойдём . . . [8] — Let's go . . .
по́иск [7] — search
пойти́ (*perf.; see* **идти́**) [5] — to go by vehicle (*see 5.5, 8.3, 10.7*)
пойти́ рабо́тать (куда́) (*perf.*) [10] — to begin; to work; to begin a job
пока́ [9] — meanwhile
Пока́! [1] — So long! (*informal*)
пока́зывать (пока́зыва-ю, -ешь, -ают)/показа́ть (покаж-у́, пока́ж-ешь, -ут) [9, 10] — to show; to point to
Покажи́(те)! [8] — Show!
покупа́тель [8] — customer
покупа́ть (покупа́-ю, -ешь, -ют)/купи́ть (куп-лю́, ку́п-ишь, -ят) [8, 9, 10] — to buy
пол (на полу́; *ending always stressed*) [6] — floor (*as opposed to ceiling*)
поликли́ника [7] — health clinic
полито́лог [4] — political scientist
политоло́гия [4] — political science
полкило́ [9] — half a kilo
полтора́ [10] — one and a half
Получи́те! [9] — Take it! (*said when paying*)
помидо́р [9] — tomato
понеде́льник [5] — Monday
понима́ть (понима́-ю, -ешь, -ют)/поня́ть (пойм-у́, ёшь, -у́т; поняла́, по́няли) [3] — to understand
поня́тно [2] — understood; clear
пообе́дать (*perf.; see* **обе́дать**) [9, 10] — to eat lunch
попа́сть (*perf.*: **попаду́, попадёшь, попаду́т; попа́ла** [9] — to manage to get in
Мы то́чно попадём. [9] — We'll get in for sure.
по́рция [9] — portion
посети́тель [9] — visitor
посети́ть [8] — to visit (*a place, not a person*)
по́сле (*чего*) [2, 10] — after
после́дний [2] — last
послу́шать (*perf.; see* **слу́шать**) [9, 10] — to listen
Послу́шай(те)! [7] — Listen!
посмотре́ть (*perf.; see* **смотре́ть**) [6, 9, 10] — to look at
Посмо́трим. [6] — Let's see.
посове́товать (*perf.; see* **сове́товать**) [8] — to advise
поступа́ть (поступа́-ю, -ешь, -ют)/поступи́ть (поступ-лю́, посту́п-ишь, -ят) (*куда*) [10] — to apply to/to enroll in
потол(о́)к [6] — ceiling
пото́м [5, 10] — then; afterward; later
потому́ что [4] — because
поу́жинать (*perf.; see* **у́жинать**) [9, 10] — to eat dinner
похо́ж (-а, -и) (*на кого, на что*) [10] — resemble; look like
почему́ [5] — why
Пошли́! [9] — Let's go!
поэ́тому [3] — because of that; therefore
пра́вда [1, 7] — truth
Пра́вда? [1] — Really?
пра́ктика [4, 7] — practice; internship
ча́стная пра́ктика [7] — private practice
практи́чески [8] — practically
предлага́ть/предложи́ть [8] — to offer
предме́т [4] — subject
преподава́тель [3, 4] — teacher in college
Приве́т! [1] — Hi! (*informal*)
приглаше́ние на ве́чер [1] — invitation to a party
при́город [6, 10] — suburb
пригото́вить (*perf.; see* **гото́вить**) [9] — to prepare
приезжа́ть (приезжа́-ю, -ешь, -ут)/прие́хать (прие́д-у, -ешь, -ут) [10] — to arrive (*by vehicle*)
приложе́ние к дипло́му [4] — transcript
Принеси́те, пожа́луйста, меню́. [9] — Please bring a menu.
принима́ть (принима́-ю, -ешь, -ют) [8] — to accept
принима́ть душ [5] — to take a shower
при́нтер [2] — printer
приходи́ть [9] — to arrive
прия́тно [1, 4] — pleasantly

Очень прия́тно с ва́ми познако́миться! [1] — It's very nice to meet you!
программи́ст [7] — computer programmer
продава́ть (*imperf.:* **прода-ю́, -ёшь, -ю́т**) [8] — to sell
продав(е́)ц (*ending always stressed*)/**продавщи́ца** [7] — salesperson
про давщи́ца [7] — saleswoman
продово́льственный магази́н [9] — grocery store
проду́кты (*pl.*) [9] — groceries
прослу́шать (*кого/что*) (*perf.; see* **слу́шать**) [9, 10] — to listen to
Прости́те! [1] — Excuse me!
про́сто [9] — simply
профе́ссия [7] — profession
Проходи́(те). [2, 6] — Come in; Go on through.
прочита́ть (*perf.; see* **чита́ть**) [9, 10] — to read
психоло́гия [4] — psychology
пти́ца [9] — bird; poultry
пюре́ [9] — creamy mashed potatoes
пятёрка [4] — A (*grade*)
пя́тница [5] — Friday
пя́тый [4] — fifth

Р

рабо́та (на) [2, 4, 5] — work; job
рабо́тать (рабо́та-ю, -ешь, -ют) [4] — to work
ра́дио (приёмник) [2] — radio (receiver)
разгова́ривать [3] — to talk
разгово́р [1] — conversation
разгово́ры для слу́шания [1] — listening conversations
разме́р [8] — size
Разреши́те предста́виться. [1, 3] — Allow me to introduce myself.
ра́но [5] — early
ра́ньше [3, 4] — previously
расписа́ние [1, 5] — schedule (*written listing, not a daily routine*)
распоря́док дня [5] — daily routine
Расскажи́(те) (мне)... [7] — Tell (me)... (*request for narrative, not just a piece of factual information*)
расска́зывать (расска́зыва-ю, -ешь, -ют)/рассказа́ть (расскаж-у́, расска́ж-ешь, -ут) [9, 10] — to tell, narrate
расслы́шать (*perf.:* **расслы́ш-у, -ишь, -ат**) [10] — to manage to hear
ребё(о)к (*pl.* **де́ти**) [6, 7] — child(ren)
Ребя́та! [10] — Guys! (*conversational term of address*)
регуля́рно [4] — on a regular basis
ре́дко [5, 10] — rarely
рекла́ма [3] — advertisement
рем(е́)нь (*он*) (*ending always stressed*) [8] — belt (man's)
ремо́нт [6] — renovations
рестора́н [5, 9] — restaurant
речь: О чём идёт речь? [1] — What are we talking about?
реша́ть (реша́-ю, -ешь, -ют) / реши́ть (реш-у́, -и́шь, -а́т) [8, 9, 10] — to decide; to solve
рис [9] — rice
роди́тели [3] — parents
роди́ться (*past tense:* **роди́лся, родила́сь, роди́лись**) [7] — to be born
ро́дственник [7] — relative (*in a family*)
рожде́ние [8] — birth
С днём рожде́ния! [8] — Happy birthday!
ро́зовый [2] — pink
рома́н [8] — novel
росси́йский [3] — Russian (*adj.; see 3.7*)
Росси́я [3, 4] — Russia
россия́нин/россия́нка (*pl.* **россия́не**) [3] — Russian citizen (*person; see 3.7*)
руба́шка [2] — shirt
рубль (*он*) (**2–4 рубля́, 5–20 рубле́й,** *pl.* **рубли́,** *ending stressed*) [8] — ruble
ру́сский, ру́сская/ру́сский [1, 2, 3] — Russian (*ethnicity*) (*person and adj; see 3.7*)
ру́чка [2] — pen
ры́ба [9] — fish
ры́нок (*pl.* **ры́нки**) [3] — market
рюкза́к (*pl.* **рюкзаки́**) [2] — backpack
ря́дом [6] — alongside

С

с (*кого*)... [9] — someone owes...
С одно́й стороны́..., с друго́й стороны́... [9] — On the one hand..., on the other hand...
с (*чем*) [9] — with
С прие́здом! [2] — Welcome! (*to someone from out of town*)
С удово́льствием. [5] — With pleasure.
сала́т [9] — salad; lettuce
сала́т из огурцо́в [9] — cucumber salad
сала́т из помидо́ров [9] — tomato salad
сам (сама́, са́ми) [8] — (one)self
са́мый + *adj.* [5] — the most + *adj.*
са́мый люби́мый ... [5] — favorite ...
са́мый нелюби́мый ... [5] — least favorite ...
сапоги́ (*pl.*) [2] — boots
са́хар [9] — sugar
све́жий [9] — fresh
сви́тер (*pl.* **свитера́**) [2] — sweater
свобо́ден (свобо́дна, свобо́дны) [5] — free; not busy
свобо́дно [3] — fluently
сво́дный [7] — step- (*brother or sister*)
сво́дный брат, сво́дная сестра́, — stepbrother, stepsister
свой (своё, своя́, свои́) [6] — one's own
сде́лать (*perf.; see* **де́лать**) [9] — to do; to make
се́вер (на) [10] — north
на се́вере (*от чего*) [10] — to the north (*of something*)
сего́дня [5] — today
сейча́с [3] — now
секрета́рь (*ending always stressed*) [3, 7] — secretary
семе́йное положе́ние [7] — family status (*marriage*)
семина́р [5] — seminar
семья́ (*pl.* **се́мьи**) [2, 3, 7] — family
се́рый [2] — gray
серьёзный [7] — serious

сестра́ (*pl.* **сёстры**) [1, 2, 7] — sister
двою́родная сестра́ [7] — female cousin
сво́дная сестра́ [7] — stepsister
симпати́чный [7] — nice
си́ний [2] — dark blue
сказа́ть (*perf.* **скаж-у́, ска́ж-ешь, -ут**; see **говори́ть**) [1, 9] — to say
Как ты сказа́л(а)/вы сказа́ли? [1] — What did you say?
Мне сказа́ли, что ... [8] — I was told that ...
Скажи́те, пожа́луйста ... [5, 8] — Tell me, please ... (*to ask a question*)
ски́дка [8] — discount
ско́лько [6] — how many; how much
Во ско́лько? [5] — At what time?
Ско́лько (кому́) лет? [7] — How old is ...? (*see 8.2*)
Ско́лько сейча́с вре́мени? [5] — What time is it?
Ско́лько сто́ит (сто́ят) ...? [8] — How much does (do) ... cost?
Ско́лько у вас ко́мнат? [6] — How many rooms do you have?
ско́ро [8] — soon
ску́чный [4] — boring
сла́бый [9] — weak
сла́дкое (*declines like adj.*) [9] — dessert
сле́ва [6] — on the left
сли́вки: со сли́вками [9] — with cream
слова́рь (*он*) (*pl.* **словари́**) [2] — dictionary
сло́во (*pl.* **слова́**) [1, 3] — word
но́вые слова́ и выраже́ния [1] — new words and expressions
служи́ть в а́рмии [7] — to serve in the army
слу́шать (**слу́ша-ю, -ешь, -ют**) (*кого/что*) [5]/**по-** *and* **про-** [9, 10] — to listen to
слу́шай(те) [5] — listen (*command form*)
слы́шать (**слы́ш-у, -ишь, -ат**)/**у-** [9, 10] — to hear
смерть (*она*) [10] — death
смета́на [9] — sour cream
смотре́ть(**смотр-ю́, смо́тр-ишь, -ят**) [5]/**по-** [9, 10] — to watch; to look at
Смотря́ ... [9] — It depends ...
снача́ла [5] — to begin with; at first
соба́ка [2] — dog
сове́товать (**сове́ту-ю, -ешь, -ют**)/**по-** (*кому*) [8, 9] — to advise (*someone*)
совсе́м [8] — completely
совсе́м не [4, 7] — not at all
сок [9] — juice
соль (*она*) [9] — salt
сосе́д (*pl.* **сосе́ди**)/**сосе́дка** [4] — neighbor
сосе́д(ка) по ко́мнате [6, 4] — roommate
соси́ска [9] — hot dog
Соста́вьте предложе́ния. [2] — Make up sentences.
со́ус [9] — sauce
тома́тный со́ус [9] — tomato sauce
социоло́гия [4] — sociology
спа́льня [6] — bedroom
спаси́бо [2] — thank you
большо́е спаси́бо [3] — thank you very much
Спаси́бо огро́мное! 8 — Thank you very much!
специализи́рованный [8] — specialized
специа́льность (*она*) [4] — major
спорт (*always sing.*) [7] — sports
спорти́вный зал (спортза́л) [6] — gym
спра́ва [6] — on the right
спра́шивать (**спра́шива-ю, -ешь, -ют**) [4] — to ask
сра́зу [8] — instantly
среда́ (в сре́ду) [5] — Wednesday (on Wednesday)
стадио́н (на) [5] — stadium
стажёр [4] — person undergoing on-the-job training
стака́н [9] — glass
стака́нчик [9] — small glass; cup (*measurement*)
ста́рше (*кого* **на́ год, ... го́да, ... лет**) ... [7] — years older than ... (*see 7.5*)
ста́рший [5, 7] — older (*adj., not comparative*)
ста́рый [2, 7] — old
статья́ [4] — article
стена́ (*pl.* **сте́ны**) [6] — wall
сте́пень (*она*) [4] — degree
сте́пень бакала́вра (нау́к) [4] — B.A.
сте́пень маги́стра (нау́к) [4] — M.A.
стихи́ [10] — poetry
сто́ить (**сто́ит, сто́ят**) [8] — to cost
стол (*ending always stressed*) [6] — table
столо́вая (*declines like adj.*) [6] — dining room; cafeteria
стомато́лог [7] — dentist (*official term*)
стоя́ть (**стои́т, стоя́т**) [6] — to stand
страна́ [9, 10] — country; nation
странове́дение [4] — area studies
странове́дение Росси́и 4 — Russian area studies
стра́шно [9] — terribly
стрела́ [8] — arrow
студе́нт/студе́нтка [1] — student in college
стул (*pl.* **сту́лья**) [6] — (hard) chair
суббо́та [5] — Saturday
сувени́р [8] — souvenir
су́мка [2] — bag; purse; campus bag
суп [9] — soup
счёт [9] — bill; check (*at a restaurant*)
Да́йте, пожа́луйста, счёт! [9] — Check, please!
съесть (*perf.; see* **есть**) [9] — to eat
сын (*pl.* **сыновья́**) [2, 7] — son
сыр [9] — cheese
сюрпри́з [2] — surprise

Т

так [3] — so
та́кже [4] — also; too (*see 4.8*)
тако́й [6] — such; so (*used with nouns*)
тако́й же [6] — the same kind of
там [2] — there
тамо́жня [2] — customs
та́почки (*pl.*) [2] — slippers
таре́лка [8] — plate
твёрдый [Alphabet] — hard (*as opposed to soft*)

твой (**твоё, твоя́, твои́**) [2] — your (*informal*)
теа́тр [**2, 7**] — theater
телеви́зор [**2, 5**] — television set
телеста́нция (**на**) [7] — television station
телефо́н [2] — telephone
  моби́льный телефо́н (**моби́льник**) [2] — mobile telephone
  по телефо́ну [5] — by telephone
тепе́рь [4] — now (*as opposed to some other time*)
те́сто [9] — dough
тетра́дь (*она*) [2] — notebook
тётя [7] — aunt
те́хника [2] — gadgets
типи́чный [5] — typical
това́р [8] — goods
тогда́ [**6, 10**] — then; at that time; in that case
то́же [**1, 4**] — also; too (*see 4.8*)
то́лько [2] — only
тома́тный [9] — tomato
  тома́тный соус — tomato sauce
торго́вля [8] — trade
торт [9] — cake
тот (**то, та, те**) [6] — that; those (*as opposed to* **э́тот**)
то́чка отсчёта [1] — point of departure
то́чно [7] — precisely; for sure
  Мы то́чно попадём. [9] — We'll get in for sure.
тради́ция [6] — tradition
тре́бование [7] — demand; requirement
тре́тий (**тре́тье, тре́тья, тре́тьи**) [4] — third
тро́е [7] — three (*when counting children in a family; see 7.4*)
тро́йка [4] — C (*grade*)
тру́дно + *infinitive* [8] — it is difficult (*subjectless dative construction; see 8.5*)
тру́дный [4] — difficult
туале́т [6] — bathroom
туда́ [8] — there (*answers* Куда́?)
туристи́ческий [7] — tourist; travel
  туристи́ческое бюро́ — travel agency
тут [2] — here
ту́фли [**2, 8**] — shoes
ты [1] — you (*informal and sing.*)

У

у + *genitive* + **есть** + *nominative* [6] — (*someone*) has (*something*); at someone's house (*see 6.4*)
  У вас (**тебя́**) **есть . . . ?** [2] — Do you have . . . ?
  У меня́ есть . . . [2] — I have . . .
  у роди́телей [10] — at (one's) parents' (house)
у + *genitive* + **нет** + *genitive* [6] — (*someone*) doesn't have (*something; see 6.5*)
  У меня́ не́т. [2] — I don't have any of those.
убира́ть (**убира́-ю, -ешь, -ют**) [5] — to straighten up (*house, apartment, room*)
увлече́ние [7] — hobby
удовлетвори́тельно [4] — satisfactory; satisfactorily
уже́ [4] — already
  уже́ не [4] — no longer
у́жин [5] — supper
у́зкий [6] — narrow
узна́ть (**узна́ла, узна́ли**) [8] — to find out
Украи́на [3] — Ukraine
украи́нец/украи́нка [3] — Ukrainian (*person; see 3.7*)
украи́нский [3] — Ukrainian (*adj.; see 3.7*)
у́лица (**на**) [6] — street
умира́ть (**умира́-ю, -ешь, -ет**)/**умере́ть** (**умр-у́, -ёшь, -у́т; у́мер, умерла́, у́мерли**) [10] — to die
у́мный [7] — intelligent
универма́г [8] — department store
универса́м [9] — self-service grocery store
университе́т [1] — university; college
упражне́ние (*pl.* **упражне́ния**) [1] — exercise
уро́к (**на**) [5] — class; lesson (*practical*)
  уро́к ру́сского языка́ [5] — Russian class
услы́шать (*perf.; see* **слы́шать**) [**9, 10**] — to hear
у́стный перево́д [1] — oral interpretation
у́тро [1] — morning
  До́брое у́тро! [1] — Good morning!
  у́тром [5] — in the morning
уче́бник [2] — textbook
уче́бный [4] — academic
учени́к [10] — pupil
учёный (*declines like adj.; masc. only*) [7] — scholar; scientist
учи́тель (*pl.* **учителя́**) [7] — schoolteacher (man)
учи́тельница [7] — schoolteacher (woman)
учи́ться (**уч-у́сь, у́ч-ишься, -атся**) [**1, 3, 4**] — to study; be a student (*cannot have a direct object*)
учрежде́ние [7] — bureau; government office
ую́тный [6] — cozy; comfortable (*about a room or house*)

Ф

файл [2] — (*electronic*) file
факульте́т (**на**) [**3, 4**] — department
фами́лия [1] — last name
фарш [9] — ground meat
фе́рма (**на**) [7] — farm
фе́рмер [7] — farmer
фи́зика [4] — physics
филологи́ческий [4] — philological (*relating to the study of language and literature*)
  филологи́ческй факульте́т [3] — department of languages and literatures
филоло́гия [4] — philology (*study of language and literature*)
филосо́фия [4] — philosophy
фина́нсовый [3] — financial
фина́нсы [4] — finance
фиоле́товый [2] — purple
фи́рма [**3, 7**] — company; firm
  комме́рческая фи́рма [7] — trade office; business office
  юриди́ческая фи́рма [7] — law office
фоне́тика [4] — phonetics
фотоаппара́т [2] — camera
фотогра́фия (**на**) [**2, 6**] — photograph

Фра́нция [3] — France
францу́з/францу́женка [3] — French (*person; see 3.7*)
францу́зский [3] — French (*adj.; see 3.7*)
фрукто́вый [9] — fruit (*adj.*)
фру́кты [9] — fruit
футбо́л [5] — soccer
футбо́лка [2] — T-shirt; jersey
футбо́льный матч [5] — soccer game

Х

хи́мия [4] — chemistry
хлеб [9] — bread
ходи́ть (хожу́, хо́дишь, хо́дят) [5, 8, 10] — to go habitually; make a round trip (*on foot; see 5.5, 8.3, 10.7*)
холоди́льник [6] — refrigerator
хоро́ший [2] — good; fine
хорошо́ [2, 3] — well
хоте́ть (хочу́, хо́чешь, хо́чет, хоти́м, хоти́те, хотя́т) [5, 6] — to want
Не хо́чешь (хоти́те) пойти́ (пое́хать) . . . ? [5] — Would you like to go . . . ?
Хо́чешь посмотре́ть? [6] — Would you like to see [it, them]?
худо́жник [7] — artist

Ц

цвет (*pl.* **цвета́**) [2] — color
Како́го цве́та . . . ? [6] — What color is/are . . . ?
цветно́й [6] — color (*adj.*)
цвето́к (*pl.* **цветы́**) [7] — flower
цирк [5] — circus

Ч

чаевы́е (*pl.; declines like adj.*) [9] — tip
чай [9] — tea
час (2–4 часа́, 5–12 часо́в) [5] — o'clock
ча́стный [7] — private (business, university, etc.)
ча́сто [5, 10] — frequently
часы́ (*pl.*) [2] — watch
чей (чьё, чья, чьи) [2] — whose
чек [8] — check; receipt
челове́к (*pl.* **лю́ди**) [8] — person
чемода́н [2] — suitcase
черда́к (на) (*ending always stressed*) [6] — attic
че́рез (*что or number expression*) [10] — in, after (*a certain amount of time; see 10.5*)
чёрный [2] — black
чесно́к [9] — garlic
четве́рг [5] — Thursday
четвёрка [4] — B (*grade*)
че́тверо [7] — four (*when counting children in a family; see 7.4*)
четвёртый [4] — fourth
че́шский [3] — Czech (*adj.*)
чита́ть (чита́-ю, -ешь, -ют) [3]/**про-** [9, 10] — to read
чле́ны семьи́ [7] — family members
что [1, 3, 4] — what; that (*introduces a new clause*)
Что́ вы (ты)! [3] — Oh, no! Not at all! (*response to a compliment*)
Что ещё ну́жно? [9] — What else is needed?
Что чему́ соотве́тствует? [1] — What matches what?
Что э́то тако́е? [3] — (Just) what is that?

Ш

шампа́нское [9] — champagne
ша́пка [2] — cap
шашлы́к [9] — shish kebab
широ́кий [6] — wide
шкату́лка [8] — painted or carved wooden box (*souvenir*)
шкаф (в шкафу́; *ending always stressed*) [2, 6] — cabinet; wardrobe; freestanding closet
шко́ла [3] — school
шко́льник [10] — pupil (*school-age student*); school-age child
шля́па [8] — hat (*e.g., business hat*)
штат [1] — state

Щ

щи [9] — cabbage soup

Э

эконо́мика [4] — economics
экономи́ческий [4] — economics
энергети́ческий [4] — energy (*adj.*)
энерги́чный [7] — energetic
эта́ж (на) (*ending always stressed*) [5] — floor; story
э́то [1, 2] — this is; that is; those are; these are (*see 2.7*)
Это бу́дет . . . [3] — That would be . . .
э́тот (э́та, э́то, э́ти) [2] — this (*see 2.7*)

Ю

ю́бка [2] — skirt
юг (на) [10] — south
на ю́ге (*от чего*) [10] — to the south (*of something*)
юриди́ческий [4] — judicial; legal
юриди́ческий [7] — legal; law
юриспруде́нция [4] — law (*study of*)
юри́ст [7] — lawyer

Я

я [1] — I
я́блоко (*pl.* **я́блоки**) [9] — apple
язы́к (*pl.* **языки́**) [3] — language
На каки́х языка́х вы говори́те до́ма? [3] — What languages do you speak at home?
яйцо́ (*pl.* **я́йца**) [9] — egg
яи́чница [9] — cooked (not boiled) eggs
япо́нец/япо́нка [3] — Japanese (*person; see 3.7*)
Япо́ния [3] — Japan
япо́нский [3] — Japanese (*adj.; see 3.7*)

Англо-русский словарь

A

A (*grade*) — **пятёрка** [4]
able to (*can*) — **мочь (могу́, мо́ж-ешь, мо́г-ут; мог, могла́, могли́)** [5]
about — **о(б)** (+ *prepositional case*) [3]
About what — **о чём . . . ?** [3]
academic — **учёбный** [4]
accept — **принима́ть (принима́-ю, -ешь, -ют)** [8]
take a shower — **принима́ть душ** [5]
accessories store (*clothing*) — **галантере́я** [8]
accountant — **бухга́лтер** [7]
acquaintance, friend — **знако́мый** (*declines like adj.*) [10]
acquainted:
Get acquainted — **Познако́мьтесь!** [1]
Let's get acquainted — **Дава́йте познако́мимся!** [1]
adult — **взро́слый** [7]
advertisement — **рекла́ма** [3]
advise (*someone*) — **сове́товать (сове́ту-ю, -ешь, -ют)/по-** (*кому*) [8, 9]
aerobics — **аэро́бика** [4]
after — **по́сле** (*чего*) [2, 10]; (*after a certain amount of time*) **че́рез** (*что or number expression*) [10] (*see 10.5*)
after all (*filler word, never stressed*) — **ведь** [8]
afternoon — **д(е)нь** [1, 5]
in the afternoon — **днём** [5]
Good afternoon! — **До́брый день!** [1]
age — **во́зраст** [7]
agency — **бюро́** (*indecl.*) [7]
real estate agency — **бюро́ недви́жимости** [7]
travel agency — **туристи́ческое бюро́** [7]
ago — **наза́д** [10] (*see 10.5*)
airport — **аэропо́рт** [2]
in the airport — **в аэропорту́** [2]
album — **альбо́м** [8]
all — **все**
That's all! — **Всё!**[2, 3]
all day — **весь день** [5]
not at all — **совсе́м не** [4, 7]
allergy — **аллерги́я** [9]
alongside — **ря́дом** [6]
already — **уже́** [4]
no longer — **уже́ не** [4]
also — **та́кже** [4]; **то́же** [1] (*see 4.8*)
always — **всегда́** [3]
America — **Аме́рика** [3]
American — (*person*) **америка́нец/америка́нка** [1, 3]; **америка́нский** [2, 3] (*adj.; see 3.7*)
American studies — **американи́стика** [4]
and — **и** [1]; (*and what about . . . ?, introduces new questions*) **а** [1] (*see 3.9*)
announcement — **объявле́ние** [8]
another — **друго́й** [6, 7, **8**, **10**]
answer — **отвеча́ть (отвеча́-ю, -ешь, -ют)** [4]
Answer the questions. — **Отве́тьте на вопро́сы.** [1]
answering machine — **автоотве́тчик** [5]
anthropology — **антрополо́гия** [4]
any — **любо́й** [8]
apartment — **кварти́ра** [3]
apartment building — **дом** (*pl.* **дома́**) [2]
appetizers — **заку́ски** [9]
apple — **я́блоко** (*pl.* **я́блоки**) [9]
apply (*to college*) — **поступа́ть (поступа́-ю, -ешь, -ют)/поступи́ть (поступ-лю́, посту́п-ишь, -ят)** (*куда*) [10]
Arab — (*person*) **ара́б/ара́бка** (*pl.* **ара́бы**); (*adj.*) **ара́бский** [3] (*see 3.7*)
architect — **архите́ктор** [7]
architecture — **архитекту́ра** [4]
area studies — **странове́дение** [4]
Russian area studies — **странове́дение Росси́и** [4]
armchair — **кре́сло** [6]
Armenia — **Арме́ния** [3]
Armenian — (*person*) **армяни́н/армя́нка** (*pl.* **армя́не**); (*adj.*) **армя́нский** [3] (*see 3.7*)
arrive — **приходи́ть** [9]
arrive (*by vehicle*) — **приезжа́ть (приезжа́-ю, -ешь, -ут)/прие́хать (прие́д-у, -ешь, -ут)** [10]
arrow — **стрела́** [8]
art — **иску́сство** [8]
art history — **искусствове́дение** [4]
article — **статья́** [4]
artist — **худо́жник** [7]
Asia — **Азия** [4]
ask — **спра́шивать (спра́шива-ю, -ешь, -ют)** [4]
at — **в** + *prepositional case* (*see 1.7*) [1]; **на** + *prepositional case* (*see 4.2*)
at + *clock time on the hour* — **в** + *hour* + **час, часа́, часо́в** [5] (*see 5.2*)
At what time? — **во ско́лько?** [5]
athletic shoes — **кроссо́вки** (*pl.*) [2]
attention — **внима́ние** [8]
attic — **черда́к (на)** (*ending always stressed*) [6]
audio player — **аудиопле́ер** [2]
aunt — **тётя** [7]
autobiography — **автобиогра́фия** [4]
avant-garde artist — **авангарди́ст** [8]

B

B (*grade*) — **четвёрка** [4]
bachelor's degree (B.A.) — **сте́пень бакала́вра (нау́к)** [4]
backpack — **рюкза́к** (*pl.* **рюкзаки́**; *ending always stressed*) [2]

bad — **плохо́й** [2]
it's bad — **пло́хо**
it's not bad — **непло́хо** [3]
bag (*over the shoulder, tote bag*) — **су́мка** [2]
bagel — **бу́блик** [9]
bakery — **бу́лочная** (*declines like adj.*) [9]
ballet — **бале́т** [4]
banana — **бана́н** [9]
bank — **банк** [5]
basement — **подва́л** [6]
bathroom — (*toilet room*) **туале́т** [6]; (*bath/shower; usually no toilet*) **ва́нная** (*declines like adj.*) [6]
be — **быть** (*fut.:* **бу́ду, бу́дешь, бу́дут; была́, бы́ли;** *see 8.1, 9.4*) [8, 9]
because — **потому́ что** [4]
because of that (*therefore*) — **поэ́тому** [3]
bed — **крова́ть** (*она*) [2, 6]
go to bed — **ложи́ться** (**лож-у́сь, -и́шься, -а́тся**) **спать** [5]
bedroom — **спа́льня** [6]
beer — **пи́во** [9]
before — **до** (*чего*) [10]
beige — **бе́жевый** [2]
believer — **ве́рующий** (*declines like adj.*) [6]
belt (*man's*) — **рем(е́)нь** (*он*) (*ending always stressed*) [8]
big — **большо́й** [2]
bill (*at a restaurant*) — **счёт** [9]
biology — **биоло́гия** [4]
bird — **пти́ца** [9]
birth — **рожде́ние** [8]
birthday — **день рожде́ния** [8]
Happy birthday! — **С днём рожде́ния!** [2, 8]
bit: a bit — **немно́го, немно́жко** [3]
A bit about myself/yourself — **немно́го о себе́** [1]
black — **чёрный** [2]
blackboard — **доска́** (*pl.* **до́ски**) [2]
blouse — **блу́зка** [2]
board — **доска́** (*pl.* **до́ски**) [2]
book — **кни́га** [2]
book(ish) — **кни́жный** [8]
boots — **сапоги́** (*pl.*) [2]
boring — **ску́чный** [4]
born — **роди́ться** (*past tense:* **роди́лся, родила́сь, родили́сь**) [7]
borsch — **борщ** (*ending always stressed*) [9]
bottle — **буты́лка** [9]
bouillon — **бульо́н** [9]
boyfriend — **бойфре́нд** [2]
bread — **хлеб** [9]
breakfast — **за́втрак** [5]
eat breakfast — **за́втракать** (**за́втрака-ю, -ешь, -ют**) [5]/**по-** [9, 10]
brother — **брат** (*pl.* **бра́тья**) [1, 7]
brown — **кори́чневый** [2]
buffet — **буфе́т** [5]
bun — **бу́лочка** [9]
bureau — **бюро́** (*indecl.*) [7]
bureau (*government office*) — **учрежде́ние** [7]
business office — **комме́рческая фи́рма** [7]
businessperson — **бизнесме́н** [7]
busy — **за́нят** (**-а́, -о, -ы**) [8]
but — **но; а** [1, 3] (*see 3.9*)
butter — **ма́сло** [9]
buy — **покупа́ть** (**покупа́-ю, -ешь, -ют**)/**купи́ть** (**куп-лю́, ку́п-ишь, -ят**) [8, 9, 10]
by means of — **по** (*чему*) [5]
by telephone — **по телефо́ну** [5]
Bye-bye! (*informal*) — **Пока́!** [1]

C

C (*grade*) — **тро́йка** [4]
cabbage — **капу́ста** [9]
cabbage soup — **щи** [9]
cabinet; wardrobe; freestanding closet — **шкаф** (**в шкафу́**; *ending always stressed*) [2, 6]
café — **кафе́** (*indecl.*) [2, 5, 9]
cafeteria — **столо́вая** (*declines like adj.*) [6]
cake — **торт** [9]
Californian — **калифорни́йский** [4]
camera — **фотоаппара́т** [2]
can (*able to*) — **мочь** (**могу́, мо́ж-ешь, мо́г-ут; мог, могла́, могли́**) [5]
Canada — **Кана́да** [1]
Canadian — (*person*) **кана́дец/кана́дка** [1, 3]; (*adj.*) **кана́дский** [3] (*see 3.7*)
candidate of science (*second-highest academic degree awarded in Russia*) — **кандида́т нау́к** [4]
candy — **конфе́ты** (*sing.* **конфе́та** *or* **конфе́тка**) [9]
cap — **ша́пка** [2]
car — **маши́на** [2]
card — **ка́рточка** [8]
credit card — **креди́тная ка́рточка**
care (*attention*) — **внима́ние** [8]
carrot(s) — **морко́вь** (*она*) [9]
cartridge — **ка́ртридж** [2]
cash — **нали́чные** (**де́ньги**) [8]
cash register — **ка́сса** [8]
cat (tomcat) — **ко́шка** (*masc.* **кот**, *masc. pl.* **коты́**) [2]
caviar — **икра́** [9]
CD player — **CD** [**сиди́**]**-пле́ер** [2]
ceiling — **потол(о́)к** [6]
cereal (*hot*) — **ка́ша** [9]
certified specialist — **дипломи́рованный специали.ст** [4]
chair — (*hard*) **стул** (*pl.* **сту́лья**) [6]
chalk — **мел** [2]
champagne — **шампа́нское** [9]
cheap — **дешёвый** [8]
check (*at a restaurant*) — **счёт** [9]
Check, please! — **Да́йте, пожа́луйста, счёт!** [9]
cheerful — **весёлый** [7]
cheese — **сыр** [9]
chemistry — **хи́мия** [4]
chicken — **ку́рица** [9]
chicken Kiev — **котле́ты по-ки́евски** [9]

child(ren) — **ребён(о)к** (*pl.* **де́ти**, *gen. pl.* **дете́й**) [**6, 7**]
children's — **де́тский** [8]
China — **Кита́й** [**3**]
Chinese — (*person*) **кита́ец/китая́нка**; (*adj.*) **кита́йский** [**3**] (*see 3.7*)
choice — **вы́бор** [8]
circus — **цирк** [**5**]
city — **го́род** (*pl.* **города́**) [**1**]
class — (*course*) **курс** (**на**); (*class session*) **уро́к; ле́кция; па́ра; за́нтяие;** (*class section*) **гру́ппа** [**3, 4, 5, 10**] (*see 4.1*)
class — **уро́к** (**на**) [**5**]
Russian class — **уро́к ру́сского языка́** [**5**]
classroom — **аудито́рия** [2, **5**]
clean (*straighten up a house, apartment, room; not wash*) — **убира́ть** (**убира́-ю, -ешь, -ют**) [**5**]
clear — **поня́тно** [**2**]
clock — **часы́** (*pl.*) [**2**]
close (*nearby*) — **бли́зкий** [8]
clothing — **оде́жда** [**2**]
coffee — **ко́фе** (*он; indecl.*) [**9**]
coffee with milk — **ко́фе с молоко́м** [**9**]
cold cuts plate — **мясно́е ассорти́** [**9**]
college — **университе́т** [**1**]; (*small U.S. institution*) **ко́лледж** [4]
color — **цвет** (*pl.* **цвета́**) [**2**]; (*adj.*) **цветно́й** [**6**]
What color is/are . . . ? — **Како́го цве́та . . . ?** [**6**]
Columbia (*adj.*) — **колумби́йский** [4]
Come on in. — **Проходи́(те).** [**2, 6**]
comfortable (*about a room or house*) — **ую́тный** [**6**]
commercial — **комме́рческий** [**7**]
communications — **коммуника́ция** [**4**]
company — **фи́рма** [3, **7**]
completely — **совсе́м** [**8**]
compliment — **комплиме́нт** [3]
computer — **компью́тер** [**2**]; (*adj.*) **компью́терный** [**2**]
computer science — **компью́терная те́хника** [**4**]
computer programmer — **программи́ст** [**7**]
concert — **конце́рт** [**5**]
conversation — **разгово́р** [1]
listening conversations — **разгово́ры для слу́шания** [1]
cooked (*not boiled*) eggs — **яи́чница** [**9**]
cookie — **пече́нье** [**9**]
corridor — **коридо́р** [**6**]
cosmetics (*store or department*) — **парфюме́рия** [**8**]
cost — **сто́ить** (**сто́ит, сто́ят**) [**8**]
couch — **дива́н** [**6**]
country — **страна́** [9, **10**]
cousin — **двою́родный брат/двою́родная сестра́** [**7**]
cozy — **ую́тный** [**6**]
cream — **сли́вки**
with cream — **со сли́вками** [9]
credit card — **креди́тная ка́рточка** [**8**]
cucumber — **огур(е́)ц** [**9**]
cuisine — **ку́хня**
culture and everyday life — **культу́ра и быт** [1]
cup — **стака́нчик** [9]
customer — **покупа́тель** [8]

customer — **посети́тель** [9]
customs — **тамо́жня** [**2**]
customs declaration — **деклара́ция** [2]
cutlet (*meat patty*) — **котле́та** [**9**]
Czech (*adj.*) — **че́шский** [3]

D

D (*a failing grade in Russia*) — **дво́йка** [4]
dacha — **да́ча** (**на**) [**5, 6**]
dad — **па́па** [**2**]
daily routine — **распоря́док дня** [**5**]
dark blue — **си́ний** [**2**]
daughter — **дочь** (*pl.* **до́чери**, *see irreg. decl. appendix*) [**2, 6, 7**]
day — **д(е)нь** [**1, 5**]
all day — **весь день** [**5**]
birthday (*lit.* day of birth) — **д(е)нь рожде́ния** [**8**]
Happy birthday! — **С днём рожде́ния!** [**8**]
death — **смерть** (*она*) [**10**]
decide — **реша́ть** (**реша́-ю, -ешь, -ют**)/**реши́ть** (**реш-у́, -и́шь, -а́т**) [8, **9, 10**]
declaration — **деклара́ция** [2]
degree — **сте́пень** (*она*) [4]
dentist — **стомато́лог** [**7**]; (*conversational term*) **зубно́й врач** [**7**]
department — (*of an organization or store*) **отде́л** [**8**]; (*large division of an academic institution*) **факульте́т** (**на**) [3, **4**]; (*small department of an academic institution*) **ка́федра** (**на**) [**4**]
department of languages and literatures — **филологи́ческй факульте́т** [3]
English department — **ка́федра англи́йского языка́** [**4**]
Russian department — **ка́федра ру́сского языка́** [**4**]
depend: It depends . . . — **Смотря́ . . .** [9]
desk — **пи́сьменный стол** [**2, 6**]
dessert — **сла́дкое** (*declines like adj.*) [**9**]
dialog — **диало́г** [1]
dictionary — **слова́рь** (*он*) (*pl.* **словари́**) [**2**]
die — **умира́ть** (**умира́-ю, -ешь, -ет**)/**умере́ть** (**умр-у́, -ёшь, -у́т; у́мер, умерла́, у́мерли**) [**10**]
different — **друго́й** [6, **8, 10**]
difficult — **тру́дно** + *infinitive, subjectless dative construction* (*see 8.5*) [**8**]
difficult — **тру́дный** [**4**]
dining room — **столо́вая** (*declines like adj.*) [**6**]
diploma (*college*) — **дипло́м** [4]
diplomat — **диплома́т** [**4**]
discount — **ски́дка** [8]
dish — **блю́до** [**9**]
do — **де́лать** (**де́ла-ю, -ешь, -ют**) [**5**]/**с-** [**9, 10**]
doctor — **врач** (*ending always stressed*) [**7**]
doctor of science (*highest academic degree in Russia*) — **до́ктор нау́к** [4]
document — **докуме́нт** [2]
dog — **соба́ка** [**2**]
doll (*Russian nested*) — **матрёшка** [**8**]
dollar — **до́ллар** (**5–20 до́лларов**) [**8**]

door — **дверь** (*она*) [6]
dormitory — **общежи́тие** [3]
dough — **те́сто** [9]
dress — **пла́тье** [2]
  get dressed — **одева́ться** (**одева́-юсь, -ешься, -ются**) [5]
drink — **напи́т(о)к** [9]
drink — **пить** (**пь-ю, -ёшь, -ют; пила́, пи́ли**)/ **вы́пить** (**вы́пь-ю, -ешь, -ют**) [9]
dumplings — **пирожки́** [9]
DVD player — **DVD** [**дивиди́**]-**пле́ер** [2]

E

each (*every*) — **ка́ждый** [5]
  every day — **ка́ждый день** [5]
early — **ра́но** [5]
earphones — **нау́шники** (*sing.* **нау́шник**) [8]
east — **восто́к** (**на**) [10]
  to the east (*of something*) — **на восто́ке** (*от чего*) [10]
easy — **легко́** + *infinitive with dative* (*see 8.5*) [8]
eat — **есть** (**ем, ешь, ест, еди́м, еди́те, едя́т**)/**съ-** [9]
  eat breakfast — **за́втракать** (**за́втрака-ю, -ешь, -ют**) [5]/**по-** [9, 10]
  eat lunch — **обе́дать** (**обе́да-ю, -ешь, -ют**)/**по-** [9, 10]
  eat dinner — **у́жинать** (**у́жина-ю, -ешь, -ют**)/ **по-** [9, 10]
economics — **экономи́ческий** [4]
education — **образова́ние** [4, 7]; (*a subject in college*) **педаго́гика** [4]
egg — **яйцо́** (*pl.* **я́йца**) [9]
Egypt — **Еги́п(е)т** [3]
energetic — **энерги́чный** [7]
energetic — **эта́ж** (**на**) (*ending always stressed*) [5]
engineer — **инжене́р** [7]
England — **Англия** [1]
English — (*person*) **англича́нин/англича́нка** (*pl.* **англича́не**); (*adj.*) **англи́йский** [1, 3] (*see 3.7*)
English-Russian — **англо-ру́сский** [2]
enroll (*in college*) — **поступа́ть** (**поступа́-ю, -ешь, -ют**)/ **поступи́ть** (**поступ-лю́, посту́п-ишь, -ят**) (*куда*) [10]
entrée — **второ́е** (*adj. decl.*) [9]
ethnicity — **национа́льность** [3]
  What is . . .'s ethnic background? — **Кто . . . по национа́льности?** [3]
European — **европе́йский** [3]
even — **да́же** [8]
evening — **ве́чер** [1]
  Good evening! — **До́брый ве́чер!** [1]
  in the evening — **ве́чером** [5]
every — **ка́ждый** [5]
  every day — **ка́ждый день** [5]
everybody (*everyone*) — **все** [5]
everything — **всё** [2, 3]
everywhere — **везде́** [7, 8]
exact(ly) — **то́чно** [7]
  the exact right thing — **и́менно то, что ну́жно** [8]
example — **образе́ц** [1]
excellent — **отли́чно** [4, 5]
exchange — **обме́н** [3]
Excuse me! — **Прости́те!** [1]; **Извини́те.** [3, 5]
  Excuse me, miss! — **Де́вушка!** [8]
exercise — **упражне́ние** [1]
expensive — **дорого́й** [8]
  expensive(ly) — **до́рого** [8]
  That's (not at all) expensive! — **Это** (**совсе́м не**) **до́рого!** [8]
eyeglasses — **очки́** (*pl.*) [2]

F

F (*grade*) — **едини́ца** [4]
factory — **заво́д** (**на**) [7]
family — **семья́** (*pl.* **се́мьи**) [2, 3, 7]
  family members — **чле́ны семьи́** [7]
  family status (*marriage*) — **семе́йное положе́ние** [7]
far — **далеко́** [6]
farm — **фе́рма** (**на**) [7]
farmer — **фе́рмер** [7]
farther — **да́льше** [6]
fashion — **мо́да** [8]
fashionable — **мо́дный** [8]
fast — **бы́стро** [3]
father — **от(е́)ц** (*ending always stressed*) [3, 7]
few (not much) — **ма́ло** [7]
fifth — **пя́тый** [4]
file (*computer*) — **файл** [2]
Fill in the blanks. — **Запо́лните про́пуски.** [2]
finally — **наконе́ц** [5]
finance — **фина́нсы** [4]
financial — **фина́нсовый** [3]
find — **найти́** (*perf.*: **найду́, найдёшь, найду́т; нашёл, нашла́, нашли́**) [8, 9]
find out — **узна́ть** (*perf.* **узна́-ю, -ешь, -ют**) [3, 8]
firm — **фи́рма** [3, 7]
first — **пе́рвый** [4]
  first course (*always soup*) — **пе́рвое** (*declines like adj.*) [9]
  first name — **и́мя** (*pl.* **имена́**; *see irreg. decl. appendix*)
  at first — **снача́ла** [5]
fish — **ры́ба** [9]
fizz: with/out fizz (*in mineral water*) — **с га́зом, без га́за** [9]
floor — (*as opposed to ceiling*) **пол** (**на полу́**; *ending always stressed*) [6]; (*story*) **эта́ж** (*ending always stressed*) [6]
flower — **цвето́к** (*pl.* **цветы́**) [7]
fluently — **свобо́дно** [3]
food — **пи́ща** [9]
footwear — **о́бувь** (*она*) [8]
for — (*the benefit of someone*) **для** (*кого*) [8]; (*in exchange for something*) — **за** (*что*) [8]
  pay for — **плати́ть за . . .** [8]
  thanks for . . . — **спаси́бо за . . .** [8]
  for a long time — **до́лго** + *past-tense verb* [10]
  for example — **наприме́р** [4, 7]
forbidden — **нельзя́** + *infinitive with dative* [9]

foreign — **иностра́нный** [3]
foreigner — **иностра́нец/иностра́нка** [4]
forget — **забыва́ть (забыва́-ю, -ешь, -ют)/забы́ть (забу́д-у, -ешь, -ут)** [8]
I forgot. — **Я забы́л(а).** [5]
four — **четы́ре**; (*when counting children in a family*) **че́тверо** [7] (*see 7.4*)
fourth — **четвёртый** [4]
France — **Фра́нция** [3]
free — (*short-form adjective*) **свобо́ден (свобо́дна, свобо́дны)** [5]
French — (*person*) **францу́з/францу́женка** [3]; (*adj.*) **францу́зский** [3] (*see 3.7*)
frequently — **ча́сто** [5, 10]
fresh — **све́жий** [9]
Friday — **пя́тница** [5]
fried — **жа́реный** [9]
friend — **друг** (*pl.* **друзья́**)/**подру́га** [1, 7]
from — **из** (*чего*) [10]
fruit — **фру́кты** [9]; (*adj.*) **фрукто́вый** [9]
fur(s) — **мех** (*pl.* **меха́**) [8]
furniture — **ме́бель** (*она; always sing.*) [6]
future — **бу́дущий** [4]

G

gadgets — **те́хника** [2]
game — **игра́** (*pl.* **и́гры**) [2]
garage — **гара́ж** (*ending always stressed*) [6]
garlic — **чесно́к** [9]
gasoline — **бензи́н** [9]
gender studies — **ге́ндерные иссле́дования** [4]
German — (*person*) **не́мец/не́мка**; (*adj.*) **неме́цкий** [3] (*see 3.7*)
Germany — **Герма́ния** [3]
get in — **попа́сть** (*perf.*: **попаду́, попадёшь, попаду́т; попа́ла**) [9]
We'll get in for sure. — **Мы то́чно попадём.** [9]
get up — **встава́ть (вста-ю́, -ёшь, -ю́т)** [5]
gift — **пода́р(о)к** [2]
give a gift — **дари́ть (дар-ю́, да́р-ишь, -ят)/по-** [8]
glass — **стака́н** [9]
glasses — **очки́** (*pl.*) [2]
gloves — **перча́тки** [8]
go — (*by foot unidirectional*) **идти́ (ид-у́, ёшь, -у́т)/пойти** [5, 9]; (*by foot multidirectional*) **ходи́ть (хож-у́, хо́д-ишь, -ят)** [5, 8, 10]; (*by vehicle unidirectional*) **е́хать (е́д-у, -ешь, -ут)/по-** [5]; (*by vehicle multidirectional*) **е́здить (е́зж-у, е́зд-ишь, -ят)** [5] (*see 5.5, 8.3, 10.7*)
go to bed — **ложи́ться (лож-у́сь, -и́шься, -а́тся) спать** [5]
good — **хоро́ший** [2]; (*food*) tasty — **вку́сный** [9]
Good! — **Хорошо́!** [2, 3]
Good morning! — **До́брое у́тро!** [1]
Good evening! — **До́брый ве́чер!** [1]
Good afternoon! — **До́брый день!** [1]
Good-bye! — **До свида́ния!** [1, 3]

goods — **това́р** [8]
grade (*in school: 1st, 2nd, 3rd, etc.*) — **класс** [7, 10]
graduate (*from*) — **око́нчить** (*perf., requires direct object* [10] (*see 10.3*)
graduate school — **аспиранту́ра** [4]
graduate student — **аспира́нт** [10]
gram — **грамм** (*gen. pl.* **грамм**) [9]
grammar — **грамма́тика** [1]
granddaughter — **вну́чка** [7]
grandfather — **де́душка** [7]
grandmother — **ба́бушка** [7]
grandson — **внук** [7]
grapes — **виногра́д** (*sing. only*) [9]
gray — **се́рый** [2]
green — **зелёный** [2]
grilled — **жа́реный** [9]
groceries — **проду́кты** (*pl.*) [9]
grocery store — **гастроно́м** [9]; **продово́льственный магази́н** [9]
ground meat — **фарш** [9]
group — **гру́ппа** [5]
grow up — **вы́расти** (*past tense:* **вы́рос, вы́росла, вы́росли**) [7, 10]
guard — **вахтёр** [2]
guest — **гость** (*он*) [7]
guitar — **гита́ра** [5]
Guys! (*conversational term of address*) — **Ребя́та!** [10]
gym — **спорти́вный зал (спортза́л)** [6]

H

half a kilo — **полкило́** [9]
hallway — **коридо́р** [6]
hamburger — **га́мбургер** [9]
hand: On the one hand . . . , on the other hand . . . — **С одно́й стороны́ . . . , с друго́й стороны́ . . .** [9]
handbag — **су́мка** [2]
handkerchief — **плат(о́)к** (*ending always stressed*) [8]
hang — **висе́ть (виси́т, вися́т)** [6]
hard (*as opposed to soft*) — **твёрдый** [**Alphabet**]
hard (*difficult*) — **тру́дно** + *infinitive, subjectless dative construction* (*see 8.5*) [8]
hat — **шля́па** [8]; (*generic term for headgear*) **головны́е убо́ры** [8]
have — **у** + *genitive* + **есть** + *nominative* [6] (*see 6.4, 6.5*); (*used mostly with concepts*) **име́ть (име́-ю, -ешь, -ют)** [10]
Do you have . . . ? (*formal*) — **У вас (тебя́) есть . . . ?** [2]
I have . . . — **У меня есть . . .** [2]
(*someone*) doesn't have (*something*) — **у** + *genitive* + **нет** + *genitive* [6] (*see 6.5*)
I don't have any of those. — **У меня́ не́т.** [2]
he — **он** [2] (*see 2.3*)
headphones — **нау́шники** (*sing.* **нау́шник**) [8]
health clinic — **поликли́ника** [7]
healthy — **здоро́вый** [7]

hear — **слы́шать (слы́ш-у, -ишь, -ат)/у-** [**9, 10**]
manage to hear — **расслы́шать** (*perf.:* **расслы́ш-у, -ишь, -ат**) [**10**]
hello — **здра́вствуй(те)** [**1**]; (*informal*) **приве́т** [**1**]; (*on telephone*) **алло́** [**5**]
her — **её** (*possessive modifier*) [**2**]; (*accusative case of* **она́**) [**3**]
here — **здесь** [**1**]
here — **тут** [**2**]
Here is . . . — **вот . . .** [**2**]
Hi! (*informal*) — **Приве́т!** [**1**]
high — **высо́кий** [**6**]
higher (*college*) education — **вы́сшее образова́ние** [4, 7]
his — **его́** (*possessive modifier*) [**2**]
historical — **истори́ческий** [**4**]
history — **исто́рия** [**4**]
hobby — **увлече́ние** [7]
home — **дом** (*pl.* **дома́**) [**2**]
at home — (*answers* где?) **до́ма** [**3**]
(*to*) home (*answers* Куда?) — **домо́й** [**5**]
Make yourself at home! — **Бу́дьте как до́ма!** [**2**]
homework: do homework (*to study — cannot have a direct object*) — **занима́ться (занима́-юсь, -ешься, -ются)** [**4**]
hospital — **больни́ца** [**7**]
hot (*of things, not weather or spicy foods*) — **горя́чий** [**6**]
hot dog — **соси́ска** [9]
house: at (one's) parents' (house) — **у роди́телей** [**10**] (*see 6.4*)
housewife — **домохозя́йка** [**7**]
how — **как** [**1**]
How do you say . . . in Russian? — **Как по-ру́сски . . . ?** [1, 3]
How are you? — (*informal*) **Как ты?** [**2**]
How should I put it? — **Да как сказа́ть?** [**7**]
How old is . . . ? — **Ско́лько (кому́) лет?** [**7**] (*see 8.2*)
how many (*how much*) — **ско́лько** [**6**]
How many rooms do you have? — **Ско́лько у вас ко́мнат?** [**6**]
How much does (do) . . . cost? — **Ско́лько сто́ит (сто́ят) . . . ?** [**8**]
huge — **огро́мный** [**8**]
husband — **муж** (*pl.* **мужья́**) [**7**]

I

I — **я** [**1**]
ice cream — **моро́женое** (*declines like adj.*) [**9**]; (*creamy*) **пломби́р** [9]
icon (*religious, not computer*) — **ико́на** [**6**]
identification (ID) — **докуме́нт** [**2**]
if — **е́сли** [**9**]
If I use myself as an example, then . . . — **Если говори́ть о себе́, то . . .** [**9**]
Illinois (*adj.*) — **иллино́йский** [4]
impossible — **невозмо́жно** (*subjectless dative + infinitive construction; see 8.5*) [**8**]
That's impossible! — **Не мо́жет быть!** [**5**]
impressionist — **импрессиони́ст** [**8**]
in — **в** + *prepositional case* (*see 1.7*) [**1**]
In the first place . . . , in the second place . . . — **Во-пе́рвых . . . , во-вторы́х . . .** [**9**]
in (*a language: English, Russian, etc.*) — **по-англи́йски, по-ру́сски,** *etc.* [**3**]
inexpensive(ly) — **дёшево** [**8**]
instantly — **сра́зу** [8]
institute — **институ́т** [**4**]
Institute of Foreign Languages — **Институ́т иностра́нных языко́в** [**4**]
institute of higher education — **вуз (вы́сшее учéбное заведе́ние)** [4]
intelligent — **у́мный** [**7**]
interesting — **интере́сный** [**2**]
international affairs — **междунаро́дные отноше́ния** [**4**]
internship — **пра́ктика** [**4, 7**]
interview — **интервью́** [2]
introduce: Allow me to introduce myself. — **Разреши́те предста́виться.** [1, 3]
invitation to a party — **приглаше́ние на ве́чер** [1]
is/are located — **нахо́дится, нахо́дятся** [6, 8]
is: there is — **есть** + *nominative* [**2, 6**]
it — **он, она́, оно́** [2] (*see 2.3*)
Italian — (*person*) **италья́нец/италья́нка**; (*adj.*) **италья́нский** [**3**] (*see 3.7*)
Italy — **Ита́лия** [**3**]

J

jam — **варе́нье** [9]
Japan — **Япо́ния** [**3**]
Japanese — (*person*) **япо́нец/япо́нка**; (*adj.*) **япо́нский** [**3**] (*see 3.7*)
jeans — **джи́нсы** (*pl.*) [**2**]
jersey — **футбо́лка** [**2**]
job — **рабо́та** [**на**] [2, **4, 5**]
job experience — **о́пыт рабо́ты** [7]
begin a job — **пойти́ рабо́тать** (*куда; perf.*) [**10**]
journalism — **журнали́стика** [**4**]
journalist — **журнали́ст** [**7**]
judicial — **юриди́ческий** [**4**]
juice — **сок** [**9**]

K

kefir — **кефи́р** [**9**]
kilogram — **килогра́мм** (*gen. pl.* **килогра́мм**) [9]
kind — **до́брый**
kitchen — **ку́хня** (**в** *or* **на**) [**4, 6**]
know/find out — **знать (зна́-ю, -ешь, -ют)** [**3**]/**у-**
kopeck — **копе́йка (2–4 копе́йки, 5–20 копе́ек)** [**9**]
Korean (*adj.*) — **коре́йский** [4]

L

laboratory — **лаборато́рия** [3, 7]
lacquered gift box (*souvenir*) — **шкату́лка** [8]
lamp — **ла́мпа** [6]
language — **язы́к** (*pl.* **языки́**, *ending always stressed*) [3]
What languages do you speak at home? — **На каки́х языка́х вы говори́те до́ма?** [3]
large — **большо́й** [2]
last — **после́дний** [2]
last name — **фами́лия** [1]
late — **по́здно** [5]
to be late — **опа́здывать (опа́здыва-ю, -ешь, -ют)** [5]/**опозда́ть (опозда́-ю, -ешь, -ют)** [10]
law (*study of*) — **юриспруде́нция; пра́во** [4]
lawyer — **юри́ст** [7]
lecture — **ле́кция (на)** [3, 4]
left: on the left — **сле́ва** [6]
legal (*having to do with law, not "permitted"*) — **юриди́ческий** [7]
lemon — **лимо́н** [9]
lens — **ли́нза** [2]
lesson — **уро́к (на)** [5]
Let's . . . — **давай(те) . . .** [1, 8]
Let's get acquainted! — **Давайте познако́мимся!** [1]
Let's talk! — **Дава́йте поговори́м!** [1]
Let's listen! — **Дава́йте послу́шаем!** [1]
Let's read! — **Дава́йте почита́ем!** [1]
Let's switch to **ты**. — **Дава́й перейдём на ты.** [10]
Let's go . . . (*by vehicle; to another city*) — **Дава́й(те) пое́дем . . .** [5]; (*in walking distance*) **Дава́й(те) пойдём . . .** [5]
letter (mail) — **письмо́** (*pl.* **пи́сьма**) [2]
lettuce — **сала́т** [9]
librarian — **библиоте́карь** [2, 7]
library — **библиоте́ка** [4]
lie (*be in a prone position*) — **лежа́ть (лежи́т, лежа́т)** [6]
light blue — **голубо́й** [2]
like (*to be pleased by*) — **люби́ть (люб-лю́, лю́б-ишь, -ят)** [4] (*see 6.6*)
linguistic — **лингвисти́ческий** [4]
listen — **прослу́шать** (*perf.; see* **слу́шать**) [9, 10]
listen — **слу́шать (слу́ша-ю, -ешь, -ют)** [5]/**по-** *and* **про-** [9, 10]
listen (*command form*) — **слу́шай(те); послу́шай(те)!** [5, 7]
liter — **литр** [9]
literature — **литерату́ра** [4]
little — **ма́ленький** [2]; (*small amount of*) **ма́ло**
a little bit — **немно́го, немно́жко** [3]
live — **жить (живу́, -ёшь, -у́т; жила́, жи́ли)** [1, 3]
living conditions — **жили́щные усло́вия** [6]
living room — **гости́ная** (*declines like adj.*) [6]
loaf (*of white bead*) — **бу́лка** [9]
London — **Ло́ндон** [1]
look at — **смотре́ть(смотр-ю́, смо́тр-ишь, -ят)** [5]/**по-** [9, 10]
Let's see. — **Посмо́трим.** [6]
love — **люби́ть (люб-лю́, лю́б-ишь, -ят)** [4]
low — **ни́зкий** [6]
lunch — **обе́д** [4, 5]
Lunch is ready. — **обе́д гото́в.** [6]
eat lunch — **обе́дать (обе́да-ю, -ешь, -ют)** [5]/**по-** [9, 10]

M

macaroni, pasta — **макаро́ны** [9]
magazine — **журна́л** [2]
main — **гла́вный**
the main thing — **гла́вное** [8]
major — **специа́льность** (*она*) [4]
make — **де́лать (де́ла-ю, -ешь, -ют)** [5]/**с-** [9, 10]
Make up sentences. — **Соста́вьте предложе́ния.** [2]
man — (*as opposed to woman*) **мужчи́на** [8]
management — **ме́неджмент** [4]
manager — **ме́неджер** [2, 7]
many — **мно́го** [7]; **мно́гие** [3]
map — **ка́рта** [8]
market — **ры́нок** (*pl.* **ры́нки**) [3]
married — (*said of a man*) **жена́т** [7]; (*said of a woman*) **за́мужем** [7]
master's degree (M.A.) — **сте́пень маги́стра (нау́к)** [4]
mathematics — **матема́тика;** (*adj.*) **математи́ческий** [4]
maybe — **мо́жет быть** [4, 5]
mean — **зна́чить**
so that means — **зна́чит . . .** [1]
meanwhile — **пока́** [9]
meat — **мя́со** [9]; (*adj.*) **мясно́й** [9]
media player — **медиапле́ер** [2]
medicine — **медици́на** [4]
men's — **мужско́й** [8]
menu — **меню́** (*оно; indecl.*) [9]
meter — **метр** [6]
Mexican — (*person*) **мексика́нец/мексика́нка;** (*adj.*) **мексика́нский** [3] (*see 3.7*)
Mexico — **Ме́ксика** [3]
Michigan (*adj.*) — **мичига́нский** [4]
milk — **молоко́** [9]; (*adj.; dairy*) **моло́чный** [9]
mineral water — **минера́льная вода́** [9]
minute — **мину́та; мину́тка** [9]
Just a minute! — **Мину́точку!** [9]
mom — **ма́ма** [2]
Monday — **понеде́льник** [5]
money — **де́ньги** (*always pl.; gen. pl.* **де́нег**) [8]
month — **ме́сяц (2–4 ме́сяца, 5 ме́сяцев)** [10]
more (there is no more) — **бо́льше (нет)** [8]
morning — **у́тро** [1]
Good morning! — **до́брое у́тро!** [1]
in the morning — **у́тром** [5]
Moscow — **Москва́** [1]; (*adj.*) **моско́вский** [4]
Moscow State University (MGU) — **МГУ (Моско́вский госуда́рственный университе́т)** [4]
most (the most + *adj.*) — **са́мый** + *adj.* [5]
favorite . . . — **са́мый люби́мый . . .** [5]

mother — **мать** (*pl.* **ма́тери**; *see irreg. decl. appendix*) [**3, 6, 7**]
move (*change residence*) — **переезжа́ть (переезжа́-ю, -ешь, -ют)/перее́хать (перее́д-у, -ешь, -ут)** (*куда́*) [**10**]
movie theater — **кинотеа́тр** [**5**]
movies (*movie industry*) — **кино́** (*indecl.*) [**5**]
much — **мно́го** [**7**]
museum — **музе́й** [**5, 7**]
mushroom — **гриб** [**9**]
music — **му́зыка** [**4**]
musician — **музыка́нт** [**7**]
must — **до́лжен (должна́, должны́)** + *infinitive* [**5**] (*see 5.8*); *dative* + **на́до** + *infinitive* (*see 8.5*)
mustard — **горчи́ца** [**9**]
my — **мой (моё, моя́, мои́)** [**1, 2**]

N

narrow — **у́зкий** [**6**]
nation — **страна́** [9, **10**]
nationality — **национа́льность** (*она*) [**3**]
What is ...'s nationality background? — **Кто ... по национа́льности?** [**3**]
natural gas — **газ** [**6**]
nearby — **недалеко́** [**6**]
necessary — **на́до** *or* **ну́жно** (*subjectless dative* + *infinitive construction, see 8.5*) [**8**]
neighbor — **сосе́д** (*pl.* **сосе́ди**)/**сосе́дка** [**4**]
neither ... nor ... — **ни ... ни ...** [**6**]
nephew — **племя́нник** [**7**]
never — **никогда́ (не)** [**5**]
new — **но́вый** [**2**]
newspaper — **газе́та** [**2**]
nice — **симпати́чный** [**7**]; **прия́тно**
It's very nice to meet you! — **Очень прия́тно с ва́ми познако́миться!** [**1**]
niece — **племя́нница** [**7**]
night — **ночь** (*она*)
Good night! — **Споко́йной но́чи!** [**1**]
at night (*after midnight*) — **но́чью** [**5**]
no — **нет** [**2**]
normal(ly) — **норма́льно** [**3**]
north — **се́вер (на)** [**10**]
to the north (*of something*) — **на се́вере** (*от чего*) [**10**]
not (*negates following word*) — **не** [**3**]
notebook — **тетра́дь** (*она*) [**2**]
notebook computer — **но́утбук** [**2**]
nothing — **ничего́** [**5**]
novel — **рома́н** [**8**]
now — **сейча́с** [**3**]; (*as opposed to earlier*) **тепе́рь** [**4**]
number — **но́мер** [**5**]
nurse — **медсестра́** (*pl.* **медсёстры**); **медбра́т** (*pl.* **медбра́тья**) [**7**]

O

o'clock — **час (2–4 часа́, 5–12 часо́в)** [**5**]
of course — **коне́чно** [**4**]
offer — **предлага́ть/предложи́ть** [8]
office — **кабине́т** [**6**]; **о́фис** [**7**]
law office — **юриди́ческая фи́рма** [**7**]
Oh! — **Ой!** [**2**]
okay — **ла́дно** [**7**]; (*We've agreed, e.g., on a time/date*) **Договори́лись.** [**5**]
old — **ста́рый** [**2, 7**]
older (*adj., not comparative*) — **ста́рший** [5, **7**]
on — **в** + *prepositional case* (*see 1.7*) [**1**]; **на** + *prepositional case* (*see 4.2*)
on (a day of the week) — **в** + *day of the week in accusative* (*see 5.2*)
on (*the topic of something usually about books and academics*) — **по** (*чему*) [**8**]
book on art — **кни́га по иску́сству** [**8**]
one — **оди́н (одна́, одно́, одни́)** [**3, 6**] (*see 6.7*)
one and a half — **полтора́** [10]
oneself — **сам (сама́, са́ми)** [**8**]
onion(s) — **лук** [**9**]
only — **то́лько** [**2**]; (*used only with numbers*) **всего́** [**6**]; (*adj.: **the** only*) **еди́нственный** [**7**]
open — **откры́ть** (*perf.; past tense:* **откры́ла**) [**8**]
or — **и́ли** [**1, 4**]
oral interpretation — **у́стный перево́д** [1]
orange (*color*) — **ора́нжевый** [**2**]
orange (*fruit*) — **апельси́н** [**9**]
order — **зака́зывать (зака́зыва-ю, -ешь, -ют)/заказа́ть (закаж-у́, зака́ж-ешь, -ут)** [**9, 10**]
ordinary — **обыкнове́нный** [**7**]
other — **друго́й** [7]
our — **наш (на́ше, на́ша, на́ши)** [**2**]
overcoat — **пальто́** (*indecl.*) [**2**]
owe: someone owes ... — **с** (*кого*) **...** [**9**]
own: one's own — **свой (своё, своя́, свои́)** [6]

P

pair — **дво́е** [**7**] (*especially when counting children in a family, see 7.26*); **па́ра**
pancakes (*Russian style*) — **блины́** [9]
pants — **брю́ки** (*pl.*) [**2**]
pantyhose — **колго́тки** [**8**]
paragraph — **абза́ц** [5]
parents — **роди́тели** [**3**]
passing grade (*pass/fail*) — **зачёт** [4]
passport — **па́спорт** (*pl.* **паспорта́**) [**2**]
patronymic — **о́тчество** [**1**]
pay — **плати́ть (плачу́, пла́тишь, пла́тят)** [**8**]
Pay the cashier. — **Плати́те в ка́ссу.** [**8**]
pelmeni (*dumplings*) — **пельме́ни** [**9**]
pen — **ру́чка** [**2**]
pencil — **каранда́ш** (*pl.* **карандаши́**) [**2**]
Pennsylvanian (*adj.*) — **пенсильва́нский** [4]
pension — **пе́нсия** [**7**]
pepper — **пе́р(е)ц** [**9**]
perfectly — **отли́чно** [**4, 5**]
person — **челове́к** (*pl.* **лю́ди**) [**8**]

philological (*relating to the study of language and literature*) — **филологи́ческий** [4]
philology (*study of language and literature*) — **филоло́гия** [4]
philosophy — **филосо́фия** [4]
phonetics — **фоне́тика** [4]
photograph — **фотогра́фия (на)** [2, 6]
physician — **врач** (*ending always stressed*) [7]
physics — **фи́зика** [4]
picture — **карти́нка** [3]
piece — **кусо́к (кусо́чек)** [9]
pilaf — **плов** [9]
pink — **ро́зовый** [2]
pizza — **пи́цца** [9]
place — **ме́сто** [5]
places of work — **места́ рабо́ты** [7]
plate — **таре́лка** [8]
play — **игра́ть (игра́-ю, -ешь, -ют)** [5]/**по-** [9, 10]
play a game — **игра́ть в** + *accusative* [5]
play an instrument — **игра́ть на** + *prepositional* [5]
player — **пле́ер** [2]
pleasant(ly) — **прия́тно** [1, 4]
please — **пожа́луйста** [2, 3]
please (*someone*), be pleasing — **нра́виться (нра́вится, нра́вятся** *кому́*) [8] (*see 8.6*)
poetry — **стихи́** [10]
point of departure — **то́чка отсчёта** [1]
police — **мили́ция** [2]
political science — **политоло́гия** [4]
political scientist — **полито́лог** [4]
pool (*swimming*) — **бассе́йн** [5]
poorly — **пло́хо** [3]
portion — **по́рция** [9]
possible — **мо́жно** [8] (*subjectless dative* **мо́жно** + *infinitive construction, see 8.5*)
pot — **кастрю́ля** [8]
potato(es) — **карто́фель** (*он*); (*colloq.* **карто́шка**) [9]
potatoes (creamy mashed) — **пюре́** [9]
potato and chicken salad — **оливье́** [9]
poultry — **пти́ца** [9]
practically — **практи́чески** [8]
practice — **пра́ктика** [7]
private practice — **ча́стная пра́ктика** [7]
precisely — **то́чно** [7]
preparation — **подгото́вка** [1]
prepare — **гото́вить (гото́в-лю, -ишь, -ят)/при-** [9]
present — **пода́рок**
give a present — **дари́ть (дар-ю́, да́р-ишь, -ят)/ по-** [8]
preserves (*jam*) — **варе́нье** [9]
press (*e.g., newspapers*) — **печа́ть** (*она*) [2]
pretty — **краси́вый** [2]
previously — **ра́ньше** [3, 4]
printer — **при́нтер** [2]
private (business, university, etc.) — **ча́стный** [7]
probably — **наве́рное** [4, 7]
profession — **профе́ссия** [7]
programmer — **программи́ст** [7]
psychology — **психоло́гия** [4]
pupil (school-age student); school-age child — **шко́льник** [10]
pupil (*student in precollege institution*) — **учени́к** [10]
purple — **фиоле́товый** [2]
purse — **су́мка** [2]

Q

quality — **ка́чество** [8]
Quebec — **Квебе́к** [1]
question — **вопро́с** [1]
quickly — **бы́стро** [3]
quite — **дово́льно** [3, 4]

R

radio (*receiver*) — **ра́дио (приёмник)** [2]
raisin(s) — **изю́м** [9]
rarely — **ре́дко** [5, 10]
read — **чита́ть (чита́-ю, -ешь, -ют)** [3]/**про-** [9, 10]
ready — (*short-form adj.*) **гото́в, -а, -о, -ы** [6]
Lunch is ready. — **Обе́д гото́в.** [6]
Really?! — **Вот как?!** [4]
receipt — **чек** [8]
recently — **неда́вно** [8]
recording — **за́пись** (*она*) [5]
red — **кра́сный** [2]
refrigerator — **холоди́льник** [6]
regularly (*on a regular basis*) — **регуля́рно** [4]
relative (*in a family*) — **ро́дственник** [7]
relax — **отдыха́ть (отдыха́-ю, -ешь, -ют)** [5]
renovations — **ремо́нт** [6]
requirement — **тре́бование** [7]
resemble — **похо́ж (-а, -и)** (*на кого́, на что*) [10]
resort (*vacation place*) — **куро́рт** [2]
rest — **отдыха́ть (отдыха́-ю, -ешь, -ют)** [5]
restaurant — **рестора́н** [5, 9]
retired — **на пе́нсии** [7]
rice — **рис** [9]
right: on the right — **спра́ва** [6]
role-play — **игрова́я ситуа́ция** [1]
roll (*bread*) — **бу́лка** [9]
room — **ко́мната** [2]
roommate — **сосе́д(ка) по ко́мнате** [4, 6]
routine — **распоря́док дня** [5]
ruble — **рубль** (*он*) (**2–4 рубля́, 5–20 рубле́й,** *pl.* **рубли́,** *ending always stressed*) [8]
rug — **ков(ё)р** (*ending always stressed*) [6]
Russia — **Росси́я** [3, 4]
Russian — (*ethnicity: person and adj.*) **ру́сский, ру́сская/ ру́сский** [1, 2, 3]; (*adj. for citizenship*) **росси́йский** [3] (*see 3.7*)
Russian citizen — (*person*) **россия́нин/россия́нка** (*pl.* **россия́не**) [3] (*see 3.7*)

S

salad — **сала́т** [9]
  cucumber salad — **сала́т из огурцо́в** [9]
  tomato salad — **сала́т из помидо́ров** [9]
salesperson (man) — **продав(е́)ц** (*ending always stressed*)/ **продавщи́ца** [7]
salt — **соль** (*она*) [9]
same kind of — **тако́й же** [6]
sandwich (open-faced) — **бутербро́д** [9]
satisfactory; satisfactorily — **удовлетвори́тельно** [4]
Saturday — **суббо́та** [5]
sauce — **со́ус** [9]
  tomato sauce — **тома́тный со́ус** [9]
sausage — **колбаса́** [9]
say — **говори́ть (говор-ю́, -и́шь, -я́т)** [3]/**сказа́ть (скаж-у́, ска́ж-ешь, -ут)** [1, 9]
  They say that . . . ; It is said that . . . — **Говоря́т, что . . .** [7]
  What did you say? — **Как ты сказа́л(а) / вы сказа́ли?** [1]
schedule — **расписа́ние** [1, 5]; (*daily routine*) **распоря́док дня** [5]
scholar — **учёный** (*declines like adj.; masc. only*) [7]
school — **шко́ла** [3]
school/university vacation — **кани́кулы** [8]
schooling — **обуче́ние** [7]
schoolteacher — **учи́тель** (*pl.* **учителя́**)/**учи́тельница** [7]
scientist — **учёный** (*declines like adj.; masc. only*) [7]
search — **по́иск** [7]
second — **второ́й** [4]
secretary — **секрета́рь** (*ending always stressed*) [3, 7]
section (*of a course*) — **гру́ппа** [5]
see — **ви́деть (ви́ж-у, ви́д-ишь, -ят)/у-** [6]
seems: it seems — **ка́жется** [10]
self: oneself — **сам (сама́, са́ми)** [8]
sell — **продава́ть** (*imperf.:* **прода-ю́, -ёшь, -ю́т**) [8]
seminar — **семина́р** [5]
sentence: complete the sentences — **зако́нчите предложе́ния** [9]
serious — **серьёзный** [7]
serve — **служи́ть** [7]
server (*in a restaurant*) — **официа́нт(ка)** [9]
shchi (*cabbage soup*) — **щи** [9]
she — **она́** [2] (*see 2.3*)
shirt — **руба́шка** [2]
shish kebab — **шашлы́к** [9]
shoes — **боти́нки** [2], **ту́фли** [8]
short jacket — **ку́ртка**
show — **пока́зывать (пока́зыва-ю, -ешь, -ают)/ показа́ть (покаж-у́, пока́ж-ешь, -ут)** [9, 10]
  Show! — **Покажи́(те)!** [8]
shower — **душ** [5]
simply — **про́сто** [9]
sister — **сестра́** (*pl.* **сёстры**) [1, 2, 7]
  stepsister — **сво́дная сестра́** [7]
size — **разме́р** [8]
skirt — **ю́бка** [2]
slippers — **та́почки** (*pl.*) [2]
slowly — **ме́дленно** [3]
small — **ма́ленький** [2]
snack bar — **буфе́т** [9]; **кафете́рий** [9]
so — **так** [3]
So long! (*informal*) — **Пока́!** [1]
soccer — **футбо́л** [5]
soccer game — **футбо́льный матч** [5]
sociology — **социоло́гия** [4]
socks — **носки́** [2]
soft (*as opposed to hard*) — **мягкий** [**Alphabet**]
solve — **реша́ть (реша́-ю, -ешь, -ют)/реши́ть (реш-у́, -и́шь, -а́т)** [8, 9, 10]
some (*several*) — **не́сколько** [7]
sometimes — **иногда́** [3, 5]
son — **сын** (*pl.* **сыновья́**) [2, 7]
soon — **ско́ро** [8]
soup — **суп; пе́рвое** [9] (*generic term for the first course in a formal meal, which is always some sort of soup*)
  cabbage soup — **щи** [9]
sour cream — **смета́на** [9]
south — **юг (на)** [10]
  to the south (*of something*) — **на ю́ге** (*от чего*) [10]
souvenir — **сувени́р** [8]
Spain — **Испа́ния** [3]
Spaniard — **испа́нец/испа́нка** [3] (*see 3.7*)
Spanish — (*adj.*) **испа́нский** [3] (*see 3.7*)
speak — **говори́ть (говор-ю́, -и́шь, -я́т)/по-** [3]
  Speak more slowly. — **Говори́те ме́дленнее.** [3]
speakers — **коло́нки** [2]
specialized — **специализи́рованный** [8]
sports — **спорт** (*always sing.*) [7]
square — **квадра́тный** [6]
  30 square meters — **три́дцать квадра́тных ме́тров** [6]
stadium — **стадио́н (на)** [5]
stairway — **ле́стница** [6]
stand — **стоя́ть (стои́т, стоя́т)** [6]
state (of the U.S.) — **штат**; (*public, not private*) **госуда́рственный** [4]
steak — **бифште́кс** [9]
step- (*brother or sister*) — **сво́дный** [7]
  stepbrother, stepsister — **сво́дный брат, сво́дная сестра́**
stepbrother — **сво́дный брат** [7]
stepfather — **о́тчим** [7]
stepmother — **ма́чеха** [7]
stepsister — **сво́дная сестра́** [7]
still (*as of yet*) — **ещё** [3, 4]
store — **магази́н** [2, 7]
  department store — **универма́г** [8]
  self-service grocery store — **универса́м** [9]
stove — **плита́** (*pl.* **пли́ты**) [6]
straighten up (*house, apartment, room*) — **убира́ть (убира́-ю, -ешь, -ют)** [5]
street — **у́лица (на)** [6]
strong — **кре́пкий** [9]
student (*college*) — **студе́нт/студе́нтка** [1]

study — (*go to school; be a student, cannot have a direct object*) **учи́ться (уч-у́сь,у́ч-ишься, -атся)**; (*take a school subject, requires a direct object*) **изуча́ть (изуча́-ю, -ешь, -ют)**; (*do homework, cannot take a direct object*) **занима́ться (занима́-юсь, -ешься, -ются)** [**1, 3, 4**] (*see 4.3*)
stupid — **глу́пый** [**7**]
sturgeon — **осетри́на** [9]
subject — **предме́т** [4]
suburb — **при́город** [**6, 10**]
such a (*used with nouns*) — **тако́й** [6]
sugar — **са́хар** [**9**]
suit — **костю́м** [2]
suit jacket — **пиджа́к** [2]
suitcase — **чемода́н** [2]
Sunday — **воскресе́нье** [5]
supper — **у́жин** [**5**]
sure: for sure — **то́чно** [7]
surname — **фами́лия** [1]
surprise — **сюрпри́з** [2]
sweater — **сви́тер** (*pl.* **свитера́**) [2]
swimming pool — **бассе́йн** [**5**]
swimsuit — (*men*) **пла́вки**; (*women*) **купа́льник** [**8**]

T

table — **стол** (*ending always stressed*) [6]
take — **брать (бер-у́, -ёшь, -у́т; брала́, бра́ли)/взять (возьм-у́, -ёшь, -у́т; взяла́, взя́ли)** [9]
take (*a class*) — **слу́шать (слу́ша-ю, -ешь, -ют)** [5]/**про-** [**9, 10**]
take (*a subject in school*) — **изуча́ть (изуча́-ю, -ешь, -ют)** (*что*) [**3, 4**] (*something—must have a direct object; see 4.3*)
Take it! (*said when paying*) — **Получи́те!** [9]
talk — **говори́ть (говор-ю́, -и́шь, -я́т)/по-** [3]
talk — **разгова́ривать** [3]
tasty — **вку́сный** [**9**]
tea — **чай** [**9**]
tea (*concentrate*) — **зава́рка** [9]
teacher in college — **преподава́тель** [3, 4]
telephone — **телефо́н** [2]
mobile telephone — **моби́льный телефо́н (моби́льник)** [2]
by telephone — **по телефо́ну** [5]
television set — **телеви́зор** [**2, 5**]
television station — **телеста́нция (на)** [7]
tell — **расска́зывать (расска́зыва-ю, -ешь, -ют)/рассказа́ть (расскаж-у́, расска́ж-ешь, -ут)** [**9, 10**]
Tell me — **Скажи́(те), ...**
Tell (me) ... (*request for narrative, not just a piece of factual information*) — **Расскажи́(те) (мне) ...** [7]
term paper — **курсова́я рабо́та** [5]
terribly — **стра́шно** [**9**]
textbook — **уче́бник** [2]
thank you — **спаси́бо** [2]
thank you very much — **большо́е спаси́бо** [3]

that (*introduces a new clause*) — **что** [**2, 4**]
that (*those — as opposed to* **э́тот**) — **тот (то, та, те)** [**6**]
that is — **э́то** (*see 2.7*)
That would be ... — **это бу́дет ...** [3]
theater — **теа́тр** [**2, 7**]
their(s) — **их** [2]
then (*at that time; in that case*) — **тогда́** [**6, 10**]
then, afterward — **пото́м** [**5, 10**]
there — **там** [2]
there (*answers* Куда́?) — **туда́** [8]
there is not — **нет** (*чего*) [6]
therefore — **поэ́тому** [3]
they — **они́** [2] (*see 2.3*)
they call ... **зову́т** [1]
My name is ... — **Меня́ зову́т ...** [1]
thing — **вещь** (*она*) [**8**]
think — **ду́мать (ду́ма-ю, -ешь, -ют)** [4]/**по-** [**4, 9**]
think — **поду́мать** (*perf.; see* **ду́мать**) [9]
Let me think for a moment. — **Сейча́с поду́маю.** [5]
third — **тре́тий (тре́тье, тре́тья, тре́тьи)** [4]
this — **э́тот (э́та, э́то, э́ти)**; (*this is; that is; those are; these are*) **э́то** [**1, 2**] (*see 2.7*)
three — **три**; **тро́е** (*when counting children in a family; see 7.4*) [7]
Thursday — **четве́рг** [5]
ticket — **биле́т** [5]
tie — **га́лстук** [2]
tights — **колго́тки** [**8**]
time — **вре́мя** (*see irreg. decl. appendix*) [**10**]
What time is it? — **Ско́лько сейча́с вре́мени?** [5]
At what time? — **Во ско́лько?** [5]
for a long time — **давно́** + *present-tense verb* [**8, 10**]
tip — **чаевы́е** (*pl.; declines like adj.*) [**9**]
to — **в** *or* **на** + *accusative* [5] (*see 4.2, 5.7*)
today — **сего́дня** [5]
together — **вме́сте** [5]
tomato — **помидо́р** [9]; (*adj.*) **тома́тный** [9]
tomato sauce — **тома́тный со́ус** [9]
tomorrow — **за́втра** [5]
too — **та́кже**; **то́же** [4] (*see 4.8*)
tourist; travel — **туристи́ческий** [7]
toy — **игру́шка** [**8**]
trade — **торго́вля** [8]
tradition — **тради́ция** [**6**]
training: person undergoing on-the-job training — **стажёр** [4]
transcript — **приложе́ние к дипло́му** [4]
trip — **пое́здка** [2]
trip to Moscow — **пое́здка в Москву́** [2]
truth — **пра́вда** [**1, 7**]
Really? — **Пра́вда?** [1]
T-shirt — **футбо́лка** [2]; **ма́йка** [2]
Tuesday — **вто́рник** [5]
turkey — **инде́йка** [9]
two — **два/две** (*see 6.7*); **дво́е** (*when counting children in a family; see 7.4*)
typical — **типи́чный** [5]

U

Ukraine — **Украи́на** [3]
Ukrainian — (*person*) **украи́нец/украи́нка**; (*adj.*) **украи́нский** [3] (*see 3.7*)
uncle — **дя́дя** [7]
understand — **понима́ть (понима́-ю, -ешь, -ют)/поня́ть (пойм-у́, ёшь, -ут; поняла́, по́няли)** [3] Understood! — **Поня́тно!** [2]
university — **университе́т** [1]
usually — **обы́чно** [4, 5]

V

vegetables — **о́вощи** [9]
vegetarian — **вегетариа́нец/вегетариа́нка** [9]
version — **ве́рсия** [2]
very — **о́чень** [1, 3]
video camera — **видеока́мера** [2]
videodisk — **видеоди́ск** [2]
Vietnamese — **вьетна́мский** [4, 9]
visa — **ви́за** [2]
visit (*a place, not a person*) — **посети́ть** [8]
  at someone's house visiting — **в гостя́х** [10]
voice — **го́лос** (*pl.* **голоса́**) [1]

W

wall — **стена́** (*pl.* **сте́ны**) [6]
want — **хоте́ть (хочу́, хо́чешь, хо́чет, хоти́м, хоти́те, хотя́т)** [5, 6]
watch — **смотре́ть (смотр-ю́, смо́тр-ишь, -ят)** [5]/**по-** [9, 10]
watch (*wristwatch; clock*) — **часы́** (*pl.*) [2]
water — **вода́** (*pl.* **во́ды**) [6]
we — **мы** [3]
weak — **сла́бый** [9]
Wednesday (on Wednesday) — **среда́ (в сре́ду)** [5]
week — **неде́ля (2–4 неде́ли, 5 неде́ль)** [5, 10]
welcome — (*you're welcome*) **пожа́луйста**; (*when greeting someone after a trip*) **с прие́здом** [2]
well — **хорошо́** [3]
  Well done! — **Молод(е́)ц!** [2]
well . . . — **ну . . .** [1, 2]
west — **за́пад (на)** [10]
  to the west (*of somewhere*) — **на за́паде** (*от чего*) [10]
what — **что** [1, 3, 4]; what kind of (which one) — **како́й** [2] (*see 2.6*)
  What's your name? — **Как вас (тебя́) зову́т?** [1]
  What is . . .'s name? — **Как зову́т** *кого* (*accusative*)? [7]
  What's your last name? — **Как ва́ша фами́лия?** [1]
  What's your patronymic? — **Как ва́ше о́тчество?** [1]
  What did you say? — (*formal and plural*) **Как ты сказа́л(а)? Как вы сказа́ли?** [1]
  What color is/are . . . ? — **Како́го цве́та . . . ?** [6]
  What a nightmare!) — **Како́й кошма́р!** [2]
  What day is it? — **Како́й сего́дня день?** [5]
  What is . . .'s profession? — **Кто по профе́ссии (кто)?** [7]
  What is . . .'s nationality? — **Кто . . . по национа́льности?** [3]
  What are we talking about? — **О чём идёт речь?** [1]
  What time is it? — **Ско́лько сейча́с вре́мени?** [5]
when — **когда́** [2]
where — (*at*) **где** [1]; (*where to*) **куда́** [5] (*see 5.7*)
where (*at*) — **где**
where from — **отку́да**
  How do you know Russian? — **Отку́да вы зна́ете ру́сский язы́к?** [3]
  Where are you from? — **Отку́да вы (ты)?** [10]
white — **бе́лый** [2]
who — **кто** [1]
whose — **чей (чьё, чья, чьи)** [2]
why — **почему́** [5]
wide — **широ́кий** [6]
wife — **жена́** (*pl.* **жёны**) [7]
window — **окно́** (*pl.* **о́кна**) [2, 6]
wine — **вино́** [9]
Wisconsin (*adj.*) — **виско́нсинский** [4]
with — **с** (*чем*) [9]
  With pleasure. — **С удово́льствием.** [5]
without — **без** (*чего*) [9]
woman — **же́нщина** [7]; (*young*) **де́вушка** [8]
women's — **же́нский** [8]
wonder: I wonder . . . (It's interesting . . .)— **Интере́сно . . .** [2]
word — **сло́во** (*pl.* **слова́**) [1, 3]
  new words and expressions — **но́вые слова́ и выраже́ния** [1]
work — (*job*) **рабо́та (на)** [2, 4, 5]; (*verb*) **рабо́тать (рабо́та-ю, -ешь, -ют)** [4]
wristwatch — **часы́** (*pl.*) [2]
write — **писа́ть (пиш-у́, пи́ш-ешь, -ут)** [3]/**на-** [9, 10]
writer — **писа́тель** [7]

Y

year(s)[old] — **год (2–4 го́да, 5–20 лет)** [4, 7] (*see 7.2*)
  year (*of college*) — **на како́м ку́рсе** [4]
yellow — **жёлтый** [2]
Yerevan (city in Armenia) — **Ерева́н** [3]
yes — **да** [1]
yesterday — **вчера́** [5]
yet (*still*) — **ещё** [3, 4]
you — (*sing. formal or formal/informal pl.*) **вы**; (*informal*) **ты** [1]
young — **молодо́й** [7]
  Young man! — **Молодо́й челове́к!** [8]
younger — **Мла́дше**; **моло́же** [7]; (*as an adjective, e.g., younger brother*) **мла́дший** [5, 7]
  years younger than . . . — **мла́дше** *or* **моло́же** (*кого на́ год, . . . го́да, . . . лет*) . . . [7] (*see 7.5*)
your (*formal or pl.*) — **ваш (ва́ше, ва́ша, ва́ши)**; (*informal sing.*) **твой, твоя́, твоё, твои́** [2]

Appendix A: Spelling Rules

The spelling rules apply throughout the language with exceptions only in exotic foreign words. They account for the grammatical endings to be added to stems that end in velars (**г к х**) and hushing sounds (**ш щ ж ч ц**).

For words whose stem ends in one of these letters, do not worry about whether the stem is hard or soft. Rather, always attempt to add the *basic* ending, then apply the spelling rule if necessary.

Never break a spelling rule when adding endings to Russian verbs or nouns!

8-Letter Spelling Rule				
After the letters	**г к х**	**ш щ ж ч**	**ц**	do not write **-ю,** write **-у** instead do not write **-я,** write **-а** instead
7-Letter Spelling Rule				
After the letters	**г к х**	**ш щ ж ч**		do not write **-ы,** write **-и** instead
5-Letter Spelling Rule				
After the letters		**ш щ ж ч**	**ц**	do not write **unaccented -о,** write **-е** instead

USE

We see the spellings rules most often in these situations:

1. The 8-letter spelling rule is used in **и**-conjugation verbs.
2. The 7- and 5-letter spelling rules are used in the declension of modifiers and nouns.

Appendix B: Nouns and Modifiers

Hard Stems vs. Soft Stems

Every Russian noun and modifier has either a *hard* (nonpalatalized) or a *soft* (palatalized) stem. *When adding endings to hard-stem nouns and modifiers, always add the basic (hard) ending. When adding endings to soft-stem nouns and modifiers, always add the soft variant of the ending.*

However, if the stem of a modifier or noun ends in one of the velar sounds (**г к х**) or one of the hushing sounds (**ш щ ж ч ц**), do not worry about whether the stem is hard or soft. Rather, always attempt to add the *basic* ending, then apply the spelling rule if necessary (see Appendix A).

One can determine whether a noun or modifier stem is hard or soft by looking at the first letter in the word's ending. For the purposes of this discussion, **й** and **ь** are considered to be endings.

Hard Stems	Soft Stems
Have one of these letters or nothing as the first letter in the ending:	Have one of these letters as the first letter in the ending:
а	**я**
(э)*	**е**
о	**ё**
у	**ю**
ы	**и**
no vowel (Ø)	**ь**
	й

*The letter **э** does not play a role in grammatical endings in Russian. In grammatical endings, the soft variants of **о** are **ё** (when accented) and **е** (when not accented).

Appendix C: Declensions

Note on declensional order: These tables follow the traditional Russian declensional order, which is second nature to any Russian schoolchild. In each chart we have included the declension questions **что** = *what* and **кто** = *who,* which in each of the cases "trigger" the correct case. For example, the dative of the question word **кому́** = *who* requires an animate noun in the dative.

To Russian ears, the prepositional case requires one of four preceding prepositions. ***Голоса*** presents three of these: **о (об), в,** and **на**. (That explains why it is so named.) Russian grammar books use **о (об)** as the default preposition. We have done the same, but for reasons of space, we have included **о** and **об** only in tables covering nouns.

Nouns

Masculine Singular

		HARD	SOFT	
N	*что, кто*	стол ∅	преподава́тел**ь**	музе́**й**
G	*чего́, кого́*	стол**а́**	преподава́тел**я**	музе́**я**
D	*чему́, кому́*	стол**у́**	преподава́тел**ю**	музе́**ю**
A	*что, кого́*	Inanimate like nominative; animate like genitive		
		стол ∅	музе́**й**	
		студе́нт**а**	преподава́тел**я**	
I	*чем, кем*	стол**о́м**[1]	преподава́тел**ем**[2]	музе́**ем**
P	*о чём, о ком*	о стол**е́**	о преподава́тел**е**	о музе́**е** о кафете́ри**и**[3]

1. The 5-letter spelling rule requires **е** instead of **о** in unstressed position after **ц, ж, ч, ш,** and **щ**: for example, **отцо́м** but **америка́нцем.**
2. When stressed, the soft instrumental ending is **-ём:** секретар**ём,** Кремл**ём.**
3. Prepositional case does not permit nouns ending in **-ие.** Use **-ии** instead.

Masculine Plural

		HARD	SOFT	
N	*что, кто*	стол**ы́**[1]	преподава́тел**и**	музе́**и**
G	*чего́, кого́*	стол**о́в**[2]	преподава́тел**ей**	музе́**ев**
D	*чему́, кому́*	стол**а́м**	преподава́тел**ям**	музе́**ям**
A	*что, кого́*	Inanimate like nominative; animate like genitive		
		стол**ы́**[1]	музе́**и**	
		студе́нт**ов**	преподава́тел**ей**	
I	*чем, кем*	стол**а́ми**	преподава́тел**ями**	музе́**ями**
P	*о чём, о ком*	стол**а́х**	преподава́тел**ях**	музе́**ях**

1. The 7-letter spelling rule requires **и** after **к, г, х, ж, ч, ш,** and **щ:** па́рк**и,** гараж**и́,** карандаш**и́,** etc.
2. The 5-letter spelling rule requires **е** instead of **о** in unstressed position after **ц, ж, ч, ш,** and **щ:** for example, **отцо́м** but **америка́нцем.** In addition, in the genitive plural, words ending in hushing sounds **ж, ч, ш,** and **щ** take **-ей:** этаж**е́й,** врач**е́й,** плащ**е́й,** etc.

Feminine Singular

		HARD	SOFT -я	SOFT . . . ия	SOFT -ь
N	*что, кто*	газе́т**а**	неде́л**я**	пе́нси**я**	двер**ь**
G	*чего́, кого́*	газе́т**ы**[1]	неде́л**и**	пе́нси**и**	две́р**и**
D	*чему́, кому́*	газе́т**е**	неде́л**е**	пе́нси**и**[2]	две́р**и**
A	*что, кого́*	газе́т**у**	неде́л**ю**	пе́нси**ю**	две́р**ь**
I	*чем, кем*	газе́т**ой**	неде́л**ей**[3]	пе́нси**ей**	две́р**ью**
P	*о чём, о ком*	о газе́т**е**	о неде́л**е**	о пе́нси**и**[2]	о две́р**и**

1. The 7-letter spelling rule requires **и** after **к, г, х, ж, ч, ш,** and **щ:** книг**и,** студе́нтк**и,** ру́чк**и,** etc.
2. Dative and prepositional case forms do not permit nouns ending in **-ие.** Use **-ии** instead.
3. When stressed, the soft instrumental ending is **-ёй:** семь**ёй.**

Feminine Plural

		HARD	SOFT -я	SOFT . . . ия	SOFT -ь
N	*что, кто*	газе́т**ы**[1]	неде́л**и**	пе́нси**и**	две́р**и**
G	*чего́, кого́*	газе́т ∅	неде́л**ь**	пе́нси**й**	двер**е́й**
D	*чему́, кому́*	газе́т**ам**	неде́л**ям**	пе́нси**ям**	двер**я́м**
A	*что, кого́*	Inanimate like nominative; animate like genitive			
		газе́т**ы**[1]			
		жён ∅	неде́л**и**	пе́нси**и**	две́р**и**
I	*чем, кем*	газе́т**ами**	неде́л**ями**	пе́нси**ями**	двер**я́ми** двер**ьми́**[2]
P	*о чём, о ком*	о газе́т**ах**	о неде́л**ях**	о пе́нси**ях**	о двер**я́х**

1. The 7-letter spelling rule requires **и** after **к, г, х, ж, ч, ш,** and **щ:** кни́г**и,** студе́нтк**и,** ру́чк**и,** etc.
2. This form is less conversational.

Neuter Singular

		HARD	SOFT -е	SOFT . . . ие
N	*что*	окн**о́**	мо́р**е**	общежи́ти**е**
G	*чего́*	окн**а́**	мо́р**я**	общежи́ти**я**
D	*чему́*	окн**у́**	мо́р**ю**	общежи́ти**ю**
A	*что*	окн**о́**	мо́р**е**	общежи́ти**е**
I	*чем*	окн**о́м**	мо́р**ем**	общежи́ти**ем**
P	*о чём*	об окн**е́**	о мо́р**е**	об общежи́ти**и**[1]

1. Prepositional case forms do not permit nouns ending in **-ие.** Use **-ии** instead.

Neuter Plural

		HARD	SOFT -е	SOFT . . . ие
N	*что*	о́кн**а**[1]	мор**я́**[1]	общежи́ти**я**
G	*чего́*	о́к(**о**)н ∅	мор**е́й**	общежи́т**ий**
D	*чему́*	о́кн**ам**	мор**я́м**	общежи́ти**ям**
A	*что*	о́кн**а**	мор**я́**	общежи́ти**я**
I	*чем*	о́кн**ами**	мор**я́ми**	общежи́ти**ями**
P	*о чём*	об о́кн**ах**	о мор**я́х**	об общежи́ти**ях**

1. Stress in neuter nouns consisting of two syllables almost always shifts in the plural: **окно́ → о́кна; мо́ре → моря́.**

Irregular Nouns

Singular					
N	*что, кто*	и́мя	вре́мя	мать	дочь
G	*чего́, кого́*	и́мени	вре́мени	ма́тери	до́чери
D	*чему́, кому́*	и́мени	вре́мени	ма́тери	до́чери
A	*что, кого́*	и́мя	вре́мя	мать	дочь
I	*чем, кем*	и́менем	вре́менем	ма́терью	до́черью
P	*о чём, о ком*	об и́мени	о вре́мени	о ма́тери	о до́чери

Plural					
N	*что, кто*	имена́	времена́	ма́тери	до́чери
G	*чего́, кого́*	имён	времён	матере́й	дочере́й
D	*чему́, кому́*	имена́м	времена́м	матеря́м	дочеря́м
A	*что, кого́*	имена́	времена́	матере́й	дочере́й
I	*чем, кем*	имена́ми	времена́ми	матеря́ми	дочеря́ми дочерьми́
P	*о чём, о ком*	об имена́х	о времена́х	о матеря́х	о дочеря́х

Nouns with Irregular Plurals						
N	*кто*	друг друзья́	сосе́д сосе́ди	сын сыновья́	брат бра́тья	сестра́ сёстры
G	*кого́*	друзе́й	сосе́дей	сынове́й	бра́тьев	сестёр
D	*кому́*	друзья́м	сосе́дям	сыновья́м	бра́тьям	сёстрам
A	*кого́*	друзе́й	сосе́дей	сынове́й	бра́тьев	сестёр
I	*кем*	друзья́ми	сосе́дями	сыновья́ми	бра́тьями	сёстрами
P	*о ком*	о друзья́х	о сосе́дях	о сыновья́х	о бра́тьях	о сёстрах

Declension of Adjectives

Hard-Stem Adjectives

		MASCULINE, NEUTER		FEMININE	PLURAL
N	*что, кто*	но́**вый** молод**о́й**[1]	но́**вое** молод**о́е**	но́**вая**	но́**вые**
G	*чего́, кого́*	но́**вого**		но́**вой**	но́**вых**
D	*чему́, кому́*	но́**вому**		но́**вой**	но́**вым**
A	*что, кого́*	Modifying inan. noun—like nom.; animate noun—like gen.		но́**вую**	Modifying inan. noun—like nom.; animate noun—like gen.
I	*чем, кем*	но́**вым**		но́**вой**	но́**выми**
P	*о чём, о ком*	но́**вом**		но́**вой**	но́**вых**

1. Adjectives with stress on the ending use **-ой,** not **-ый/-ий,** in nominative.

Soft-Stem Adjectives

		MASCULINE, NEUTER		FEMININE	PLURAL
N	*что, кто*	си́н**ий**	си́н**ее**	си́н**яя**	си́н**ие**
G	*чего́, кого́*	си́н**его**		си́н**ей**	си́н**их**
D	*чему́, кому́*	си́н**ему**		си́н**ей**	си́н**им**
A	*что, кого́*	Modifying inan. noun—like nom.; animate noun—like gen.		си́н**юю**	Modifying inan. noun—like nom.; animate noun—like gen.
I	*чем, кем*	си́н**им**		си́н**ей**	си́н**ими**
P	*о чём, о ком*	си́н**ем**		си́н**ей**	си́н**их**

Adjectives Involving the 5- and 7-Letter Spelling Rules

Superscripts indicate which rule is involved.

		MASCULINE, NEUTER		FEMININE	PLURAL
N	*что, кто*	хоро́ш**ий**^{7} больш**о́й** ру́сск**ий**^{7}	хоро́ш**ее**^{5} больш**о́е** ру́сск**ое**	хоро́ш**ая** больш**а́я** ру́сск**ая**	хоро́ш**ие**^{7} больш**и́е**^{7} ру́сск**ие**^{7}
G	*чего́, кого́*	хоро́ш**его**^{5} больш**о́го** ру́сск**ого**		хоро́ш**ей**^{5} больш**о́й** ру́сск**ой**	хоро́ш**их**^{7} больш**и́х**^{7} ру́сск**их**^{7}
D	*чему́, кому́*	хоро́ш**ему**^{5} больш**о́му** ру́сск**ому**		хоро́ш**ей**^{5} больш**о́й** ру́сск**ой**	хоро́ш**им**^{7} больш**и́м**^{7} ру́сск**им**^{7}
A	*что, кого́*	Modifying inan. noun—like nom.; animate noun—like gen.		хоро́ш**ую** больш**у́ю** ру́сск**ую**	Modifying inan. noun—like nom.; animate noun—like gen.
I	*чем, кем*	хоро́ш**им**^{7} больш**и́м**^{7} ру́сск**им**^{7}		хоро́ш**ей**^{5} больш**о́й** ру́сск**ой**	хоро́ш**ими**^{7} больш**и́ми**^{7} ру́сск**ими**^{7}
P	*о чём, о ком*	хоро́ш**ем**^{5} больш**о́м** ру́сск**ом**		хоро́ш**ей**^{5} больш**о́й** ру́сск**ой**	хоро́ш**их**^{7} больш**и́х**^{7} ру́сск**их**^{7}

Special Modifiers

		MASC., NEUT.		FEM.	PLURAL	MASC., NEUT.		FEM.	PLURAL
N	*что, кто*	мой	моё	моя́	мои́	твой	твоё	твоя́	твои́
G	*чего́, кого́*	моего́		мое́й	мои́х	твоего́		твое́й	твои́х
D	*чему́, кому́*	моему́		мое́й	мои́м	твоему́		твое́й	твои́м
A	*что, кого́*	inan. like nom. anim. like gen.		мою́	inan. like nom. anim. like gen.	inan. like nom. anim. like gen.		твою́	inan. like nom. anim. like gen.
I	*чем, кем*	мои́м		мое́й	мои́ми	твои́м		твое́й	твои́ми
P	*о чём, о ком*	моём		мое́й	мои́х	твоём		твое́й	твои́х

		MASC., NEUTER		FEM.	PLURAL
N	*что, кто*	наш	на́ше	на́ша	на́ши
G	*чего́, кого́*	на́шего		на́шей	на́ших
D	*чему́, кому́*	на́шему		на́шей	на́шим
A	*что, кого́*	inan. like nom. anim. like gen.		на́шу	inan. like nom. anim. like gen.
I	*чем, кем*	на́шим		на́шей	на́шими
P	*о чём, о ком*	на́шем		на́шей	на́ших

		MASC., NEUTER		FEM.	PLURAL
N	*что, кто*	ваш	ва́ше	ва́ша	ва́ши
G	*чего́, кого́*	ва́шего		ва́шей	ва́ших
D	*чему́, кому́*	ва́шему		ва́шей	ва́шим
A	*что, кого́*	inan. like nom. anim. like gen.		ва́шу	inan. like nom. anim. like gen.
I	*чем, кем*	ва́шим		ва́шей	ва́шими
P	*о чём, о ком*	ва́шем		ва́шей	ва́ших

		MASC., NEUTER		FEM.	PLURAL
N	*что, кто*	чей	чьё	чья	чьи
G	*чего́, кого́*	чьего́		чьей	чьих
D	*чему́, кому́*	чьему́		чьей	чьим
A	*что, кого́*	inan. like nom. anim. like gen.		чью	inan. like nom. anim. like gen.
I	*чем, кем*	чьим		чьей	чьи́ми
P	*о чём, о ком*	чьём		чьей	чьих

		MASC., NEUTER		FEM.	PLURAL
N	*что, кто*	э́тот	э́то	э́та	э́ти
G	*чего́, кого́*	э́того		э́той	э́тих
D	*чему́, кому́*	э́тому		э́той	э́тим
A	*что, кого́*	inan. like nom. anim. like gen.		э́ту	inan. like nom. anim. like gen.
I	*чем, кем*	э́тим		э́той	э́тими
P	*о чём, о ком*	э́том		э́той	э́тих

		MASC., NEUTER		FEM.	PLURAL
N	*что, кто*	весь	всё	вся	все
G	*чего́, кого́*	всего́		всей	всех
D	*чему́, кому́*	всему́		всей	всем
A	*что, кого́*	inan. like nom. anim. like gen.		всю	inan. like nom. anim. like gen.
I	*чем, кем*	всем		всей	всёми
P	*о чём, о ком*	всём		всей	всех

		MASC., NEUTER		FEM.	PLURAL	MASC., NEUTER		FEM.	PLURAL
N	*что, кто*	оди́н	одно́	одна́	одни́	тре́тий	тре́тье	тре́тья	тре́тьи
G	*чего́, кого́*	одного́		одно́й	одни́х	тре́тьего		тре́тьей	тре́тьих
D	*чему́, кому́*	одному́		одно́й	одни́м	тре́тьему		тре́тьей	тре́тьим
A	*что, кого́*	inan. like nom. anim. like gen.		одну́	inan. like nom. anim. like gen.	inan. like nom. anim. like gen.		тре́тью	inan. like nom. anim. like gen.
I	*чем, кем*	одни́м		одно́й	одни́ми	тре́тьим		тре́тьей	тре́тьими
P	*о чём, о ком*	одно́м		одно́й	одни́х	тре́тьем		тре́тьей	тре́тьих

Personal Pronouns[1]

N	кто	что	я	ты	мы	вы	он, оно́	она́	они́
G	кого́	чего́	меня́	тебя́	нас	вас	(н)его́	(н)её	(н)их
D	кому́	чему́	мне	тебе́	нам	вам	(н)ему́	(н)ей	(н)им
A	кого́	что	меня́	тебя́	нас	вас	(н)его́	(н)её	(н)их
I	кем	чем	мной	тобо́й	на́ми	ва́ми	(н)им	(н)ей	(н)и́ми
P	ком	чём	мне	тебе́	нас	вас	нём	ней	них

1. Forms for **он, она́, оно́,** and **они́** take an initial **н** if preceded by a preposition. For example, in the genitive case, the initial **н** is required in the sentence:

    У неё есть кни́га.

    But not in the sentence:

    Её здесь нет.

Appendix D: Numerals

	Cardinal (one, two, three)	Ordinal (first, second, third)
1	оди́н, одна́, одно́	пе́рвый
2	два, две	второ́й
3	три	тре́тий
4	четы́ре	четвёртый
5	пять	пя́тый
6	шесть	шесто́й
7	семь	седьмо́й
8	во́семь	восьмо́й
9	де́вять	девя́тый
10	де́сять	деся́тый
11	оди́ннадцать	оди́ннадцатый
12	двена́дцать	двена́дцатый
13	трина́дцать	трина́дцатый
14	четы́рнадцать	четы́рнадцатый
15	пятна́дцать	пятна́дцатый
16	шестна́дцать	шестна́дцатый
17	семна́дцать	семна́дцатый
18	восемна́дцать	восемна́дцатый
19	девятна́дцать	девятна́дцатый
20	два́дцать	двадца́тый
21	два́дцать оди́н	два́дцать пе́рвый
30	три́дцать	тридца́тый
40	со́рок	сорокво́й
50	пятьдеся́т	пятидеся́тый (пятьдеся́т пе́рвый)
60	шестьдеся́т	шестидеся́тый (шестьдеся́т пе́рвый)
70	се́мьдесят	семидеся́тый (се́мьдесят пе́рвый)
80	во́семьдесят	восьмидеся́тый (во́семьдесят пе́рвый)
90	девяно́сто	девяно́стый (девяно́сто пе́рвый)
100	сто	со́тый
200	две́сти	
300	три́ста	
400	четы́реста	
500	пятьсо́т	
600	шестьсо́т	
700	семьсо́т	
800	восемьсо́т	
900	девятьсо́т	
1000	ты́сяча	
2000	две ты́сячи	
5000	пять ты́сяч	

Collectives

дво́е, тро́е, че́тверо (*apply to children in a family; see Unit 7, Section 4, specifying quantity*)

Photo Credits

All photos in the book were supplied by the author, Richard Robin, with the exception of the following:

p. 5: —Henrik Andersen/Dreamstime.com

p. 8:—Bettmann/Corbis (top row, left); Key Color/Photolibrary (top row, center left); Scala/Art Resource, NY (middle row, far left); ITAR-TASS/Emil Matveyev (middle row, center left); ITAR-TASS Photo Agency (middle row, center right); Portrait of Alexander Pushkin (1799-1837) (oil on canvas), Tropinin, Vasili Andreevich (1776–1857)/State Russian Museum, St. Petersburg, Russia/Giraudon/The Bridgeman Art Library (middle row, far right); Александр Кулебякин/ITAR-TASS Photo Agency (bottom row, far right)

p. 9:—ITAR-TASS/Vladimir Sindeyev (top row, right)

p. 83:—Archive Photos/Getty Images (top row, center); Library of Congress (center row, far left); TM and Copyright © 20th Century Fox Film Corp. All rights reserved. Courtesy: Everett Collection (middle row, center left); Bettmann/Corbis (middle row, center right); Geraldine Overton/Photofest (middle row, far right); Bettmann/Corbis (bottom row, far left); The Granger Collection, NYC (bottom row, center left); Image copyright © The Metropolitan Museum of Art/Art Resource, NY (bottom row, center right)

p. 136:—Great Soviet Encyclopedia (BSE), 1954

p. 137:—RIA Novosti/Alamy (bottom row, center right)

Index

Мурманск
Балтийское море
Таллинн
Калининград
ЭСТОНИЯ
Рига
Санкт-Петербург
Архангельск
РОССИЯ
ЛИТВА
ЛАТВИЯ
Вильнюс
Новгород
Пермь
УРАЛ
Львов
Минск
Смоленск
БЕЛАРУСЬ
Карпаты
МОСКВА
Ярославль
Вятка
Енисей
Киев
Нижний Новгород
Обь
МОЛДОВА
Кишинёв
УКРАИНА
Казань
РОССИЙСКАЯ
Харьков
Воронеж
Волга
Екатеринбург
Уфа
Чёрное море
Новороссийск
Краснодар
Волгоград
Омск
Сочи
КАВКАЗ
Новосибирск
Астрахань
Пятигорск
ГРУЗИЯ
Астана
Тбилиси
АРМЕНИЯ
КАЗАХСТАН
Ереван
Баку
АЗЕРБАЙДЖАН
Аральское море
Каспийское море
УЗБЕКИСТАН
ТУРКМЕНИСТАН
Бишкек
Ташкент
КЫРГЫЗСТАН
Ашхабад
Душанбе
ТАДЖИКИСТАН

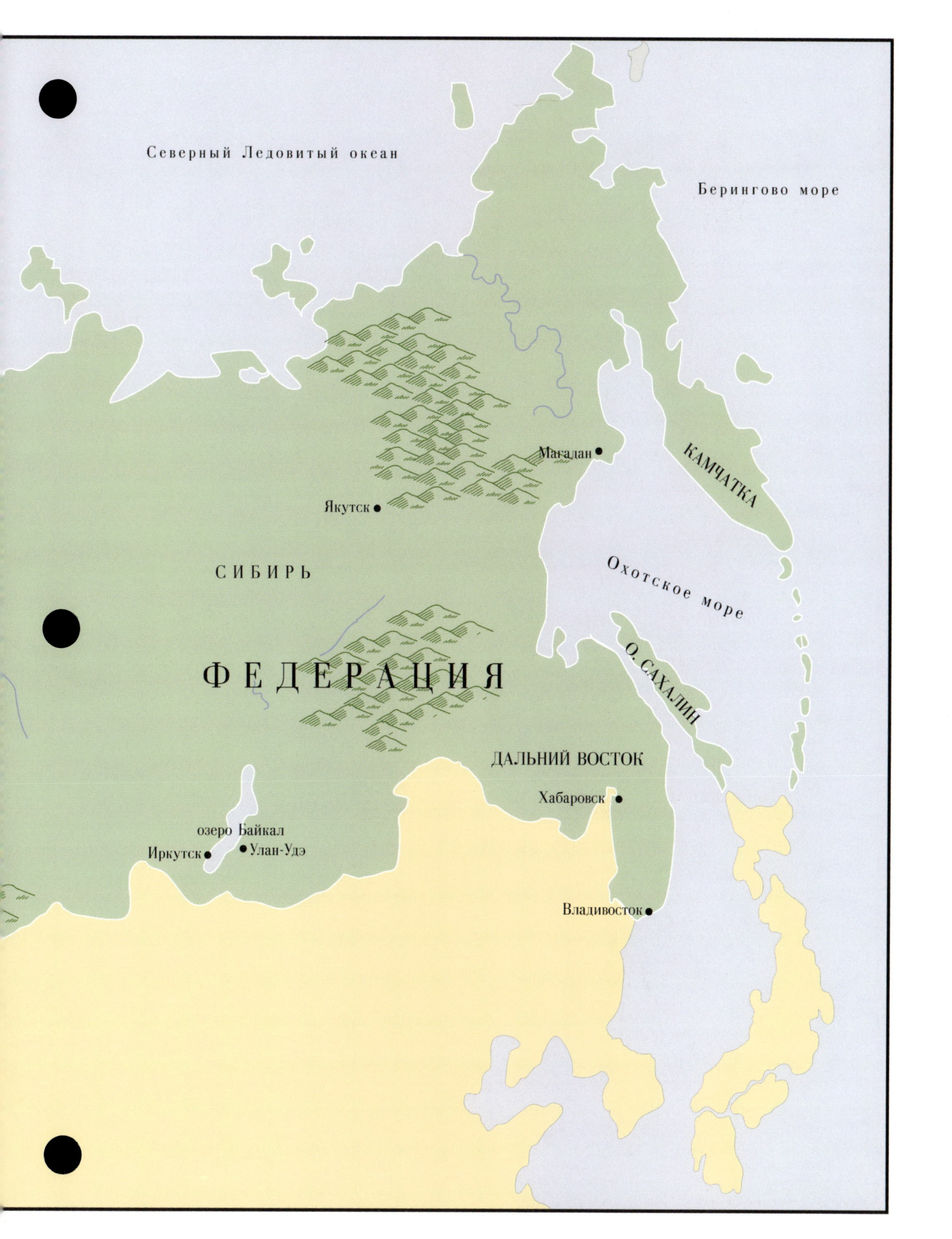
Северный Ледовитый океан
Берингово море
Магадан
КАМЧАТКА
Якутск
СИБИРЬ
Охотское море
ФЕДЕРАЦИЯ
О. САХАЛИН
ДАЛЬНИЙ ВОСТОК
Хабаровск
озеро Байкал
Иркутск
Улан-Удэ
Владивосток